La publication de cet ouvrage a été possible
grâce au soutien pédagogique et à la participation financière
de la Direction générale de l'enseignement collégial
du ministère de l'Éducation du Québec

Responsable du projet au ministère
Marie PÉPIN

Composition typographique
Le Griffon d'argile
Composition Ste-Foy

Graphisme et couverture
Bernard PAYEUR

Biochimie générale — ISBN 978-2-920210-56-1

DÉPOT LÉGAL
Bibliothèque nationale du Canada
Bibliothèque nationale du Québec
3e trimestre 1986

IMPRIMÉ AU CANADA ©

03 04 05 12 11 10

BIOCHIMIE GÉNÉRALE

ÉDITION REVUE ET CORRIGÉE

MARC-ANTOINE TREMBLAY
professeur
Cegep de Chicoutimi

les éditions
Le Griffon d'argile

À Louise,
À Pierre-Benoît et Véronique,
pour leur compréhension
et leur patience.

AVANT-PROPOS

D'abord conçu à l'intention des étudiants en Techniques de laboratoire médical, le contenu actuel de BIOCHIMIE GÉNÉRALE s'inscrit dans une sphère beaucoup plus large et rejoint aussi bien les étudiants d'autres programmes professionnels - techniques infirmières, techniques de réadaptation, d'inhalothérapie, de diététique, de chimie-biologie, etc. - que ceux des programmes généraux comme la chimie, la biologie, l'écologie qui supposent la connaissance des notions élémentaires de la biochimie.

BIOCHIMIE GÉNÉRALE, en effet, décrit les structures moléculaires et les propriétés des principaux composants de la matière vivante, leurs principales voies de transformation au sein de l'organisme et leurs principaux facteurs physiologiques de régulation. S'y ajoute l'étude des principes et méthodes de dosage couramment utilisés dans les laboratoires de biochimie clinique et des principaux facteurs physiologiques susceptibles d'influencer les résultats des tests.

C'est pourquoi ce volume se présente avant tout comme un exposé méthodique de la théorie biochimique, que les très nombreuses illustrations rendent, à mon avis, aussi claire que possible. L'étudiant peut y puiser toute l'information nécessaire à la compréhension des phénomènes biochimiques liés au développement des organismes vivants. Glucides, lipides, protéines, enzymes, vitamines et leurs rôles métaboliques respectifs sont répertoriés et expliqués sous cet angle primordialement important.

Pour permettre aussi bien à l'étudiant plus curieux qu'au professeur de pousser plus loin les connaissances que ce manuel contient, je cite à la fin du volume quelques ouvrages généraux ou spécifiques dont je me suis inspiré pour en présenter ici les notions qui me paraissaient essentielles. À cet égard, je tiens à remercier mon collègue, Roch Verreault, du Collège de Rimouski, qui m'a merveilleusement secondé dans l'élaboration et la réalisation de ce travail.

Je ne peux non plus passer sous silence les remarques judicieuses et le soutien moral de mes étudiants durant les nombreuses heures que j'ai consacrées à la rédaction de cet ouvrage; qu'ils en soient chaleureusement remerciés.

Août 1986 *Marc-Antoine Tremblay*

TABLE DES SUJETS

1

LA BIOCHIMIE

1.0 INTRODUCTION

La biochimie est une discipline scientifique qui trouve des applications dans plusieurs domaines tels la médecine, la pharmacologie, l'alimentation et l'industrie; elle est même un champ d'application idéal pour les biotechnologies qui ouvrent les voies de l'avenir.

La biochimie se définit comme une science qui étudie les principaux constituants de la matière vivante et leurs réactions de transformation. C'est pourquoi, pour bien saisir les données biochimiques appliquées aux différents phénomènes reliés à la vie, il faut posséder des connaissances précises en chimie générale, en chimie organique et en chimie des solutions, sans compter certaines connaissances générales en chimie minérale et en thermodynamique.

1.1 DIVISIONS DE LA BIOCHIMIE

La biochimie se divise en deux parties: la biochimie statique et la biochimie dynamique.

1.1.1 BIOCHIMIE STATIQUE

La biochimie statique étudie la composition et l'aspect physico-chimique des constituants de la matière vivante. En effet, elle constitue une sorte d'inventaire de l'ensemble des matériaux des cellules vivantes. C'est donc la partie descriptive de la biochimie.

1.1.2 BIOCHIMIE DYNAMIQUE

La biochimie dynamique étudie les transformations des constituants organiques et les réactions chimiques responsables de ces changements: c'est le métabolisme. Ce dernier compte deux phases: l'anabolisme et le catabolisme.

A. ANABOLISME

L'anabolisme comprend toutes les réactions et processus de synthèse qui forment des composés complexes à partir de composés simples et qui, de plus, exigent de l'énergie. Les réactions d'anabolisme présentent donc une variation d'énergie libre positive ($\Delta G > 0$).

B. CATABOLISME

Le catabolisme englobe toutes les réactions et processus de dégradation qui transforment les composés complexes en composés simples et libèrent de l'énergie. Les réactions de catabolisme présentent donc une variation d'énergie libre négative ($\Delta G < 0$).

Il est important de noter que toutes ces réactions sont *réversibles*, qu'elles sont catalysées par des enzymes, que tous leurs intermédiaires sont appelés *métabolites* et qu'elles impliquent de grandes quantités d'énergie. Enfin, un grand nombre d'entre elles sont principalement des réactions d'hydrolyse, d'oxydo-réduction et de phosphorylation.

1.2 COMPOSITION DES ÊTRES VIVANTS

L'eau est le constituant le plus important et le plus abondant des cellules vivantes. En effet, elle constitue 90% du plasma sanguin, 80% des muscles et plus de la moitié des autres tissus animaux et végétaux.

Les cellules vivantes contiennent aussi des protéines, des enzymes, des glucides, des lipides, des acides nucléiques (ADN, ARN), des hormones et des vitamines qui jouent tous des rôles de premier ordre dans le maintien de l'intégrité cellulaire. On trouve aussi une série de minéraux et d'électrolytes non moins importants comme Na^+, K^+, Mg^{2+}, Ca^{2+}, Cl^-, HCO_3^-, etc., tous nécessaires au maintien de la vie.

2

LES PROTÉINES

2.0 INTRODUCTION

Les protéines forment, au même titre que les acides nucléiques, une classe de composés biochimiques très diversifiés et présentent une organisation structurale des plus complexes. On les retrouve en grande quantité, autant chez des organismes simples comme les bactéries, que chez des organismes plus élaborés comme les plantes et les animaux. Même des organismes n'ayant pas de vie indépendante, comme les virus, ou ceux qui ne présentent aucune potentialité de vie, comme les spores, en contiennent beaucoup. Les protéines peuvent agir comme:

- catalyseurs biologiques: les *enzymes*;
- constituants des substances musculaires: la *myosine* et l'*actine*;
- substance de soutien cellulaire: le *collagène*;
- substance de protection: la *kératine*;
- défenseurs des organismes supérieurs: les *anticorps;*

à ces fonctions maîtresses s'en ajoutent bien d'autres, toutes autant diversifiées.

Contrairement aux autres constituants biochimiques comme les glucides ou les lipides, elles se distinguent de plus par leur caractère de *spécificité*. En effet, chaque espèce, chaque tissu, chaque organe ou chaque cellule est capable de donner naissance à une très grande variété de protéines qui lui sont caractéristiques. C'est pourquoi, parmi les composés biochimiques, les protéines sont considérées comme les plus caractéristiques, les plus typiques et les plus spécifiques de l'ensemble des organismes vivants.

2.1 COMPOSITION ET DÉFINITION DES PROTÉINES

On a isolé des centaines de protéines différentes dont l'étude, sous leur forme cristalline pure, a révélé que toutes sont constituées des éléments suivants: du carbone (50 à 55%), de l'oxygène (15 à 18%), de l'azote (15 à 18%), de l'hydrogène (6 à 8%) et du soufre (0 à 4%). De plus, certaines d'entre elles peuvent contenir des éléments additionnels en quantité beaucoup moins importante. C'est ainsi qu'on trouve des traces de phosphore, d'iode, de fer, de cuivre et de zinc chez les protéines.

On définit les protéines comme des macromolécules formées d'acides α-aminés reliés entre eux par des liaisons peptidiques. Ainsi, toutes les protéines montrent une structure polypeptidique (figure 2.1) dont la longueur peut varier de quelques unités à plus d'un million.

Plusieurs protéines ne contiennent qu'une seule chaîne alors que d'autres en contiennent deux ou plus. Chaque polypeptide ou chaque protéine possède donc une masse moléculaire, une composition chimique et une forme tridimensionnelle définies par le nombre et la séquence des acides aminés le long de la

Figure 2.1 Représentation d'une structure polypeptidique

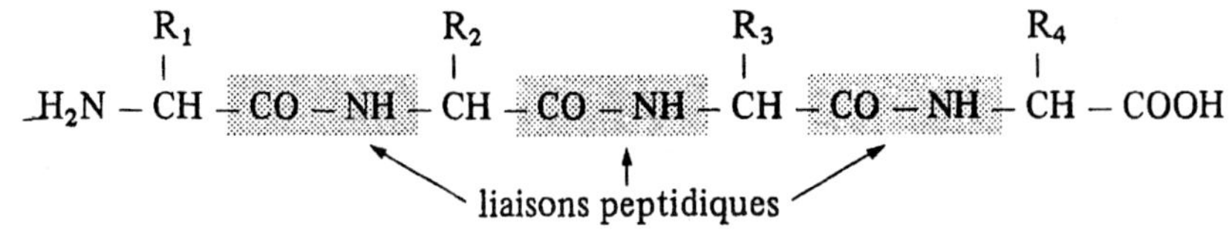

chaîne ainsi que par la façon dont celle-ci s'enroule, se replie sur elle-même ou s'entrecroise avec d'autres chaînes.

Cet ensemble de conditions permet aux organismes vivants d'élaborer plusieurs milliers de protéines différentes caractéristiques des organismes dont elles sont issues.

2.2 CLASSIFICATION DES PROTÉINES

On classifie les protéines selon leur composition, leur conformation ou leur solubilité.

2.2.1 COMPOSITION

Selon leur composition, les protéines se divisent en deux classes principales (tableau 2.1): les protéines simples et les protéines conjuguées. Les *protéines simples* ne sont formées que d'acides α-aminés ou de leurs dérivés. Les *protéines conjuguées* contiennent, en plus des acides α-aminés ou de leurs dérivés, d'autres types de composés organiques ou inorganiques appelés *groupements prosthétiques*.

Tableau 2.1 Classification des protéines selon leur composition

Protéines	Composition	Exemples
Simples	Acides α-aminés	Albumine Globulines
Conjuguées	Acides α-aminés + groupement prosthétique	Lipoprotéines Glycoprotéines Métalloprotéines Phosphoprotéines Chromoprotéines

Selon la nature du groupement prosthétique, on a alors des lipoprotéines, des glycoprotéines, des métalloprotéines, des phosphoprotéines, des nucléoprotéines ou des chromoprotéines.

2.2.2 CONFORMATION

Une autre façon de classifier les protéines repose sur la forme tridimensionnelle caractéristique que revêt chaque protéine dans son état natif; cette forme dépend de l'arrangement spatial des différents constituants des chaînes latérales de la structure protéique: c'est leur *conformation.* Selon la conformation, les protéines forment deux classes bien distinctes: les protéines fibreuses et les protéines globulaires (tableau 2.2).

Tableau 2.2 Classification des protéines selon leur conformation

Protéines	Conformation	Exemples
Fibreuses	long filament de polypeptides parallèles	Kératine Collagène
Globulaires	forme sphérique ou globulaire	Albumine Enzymes Hormones Anticorps

Les *protéines fibreuses* (figure 2.2) sont formées de chaînes polypeptidiques arrangées en parallèle le long d'un axe pour former de longues fibres ou filaments. Ces protéines sont physiquement très rigides, se caractérisent par leur insolubilité dans l'eau et forment habituellement la structure de base du tissu conjonctif comme les kératines et le collagène.

Figure 2.2 Structure de la chaîne polypeptidique typique d'une protéine fibreuse de type kératine

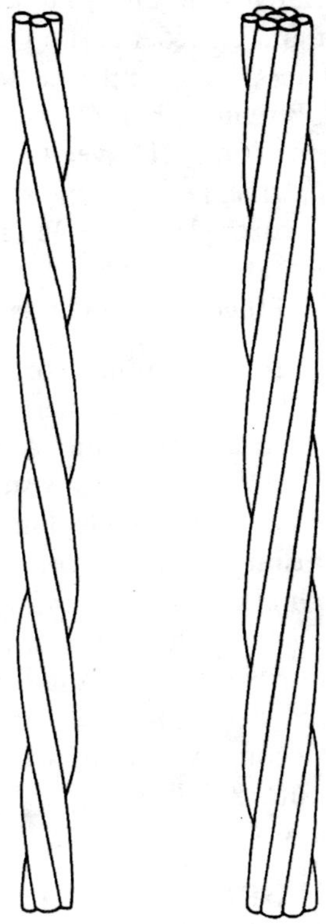

Les *protéines globulaires* (figure 2.3) sont constituées d'une ou de plusieurs chaînes polypeptidiques se repliant fermement sur elles-mêmes ce qui leur donne une forme sphérique ou globulaire. Elles sont généralement solubles dans les différents systèmes aqueux cellulaires et comprennent autant les protéines à fonction dynamique comme les enzymes, les hormones et les anticorps que les protéines de transport comme l'albumine ou l'hémoglobine.

Figure 2.3 Structure d'une chaîne polypeptidique de type globulaire

2.2.3 SOLUBILITÉ

La dernière classification repose sur la différence de solubilité des protéines dans certains milieux. On trouve trois classes distinctes: les albumines, les globulines et les albuminoïdes (tableau 2.3).

Tableau 2.3 Classification des protéines selon leur solubilité

Protéines	Solubilité (+) ou (−)	Exemples
Albumines	Eau (+) Saline diluée (+) (0,6 mol/L)	Sérumalbumine Ovalbumine
Globulines	Eau (−) Saline diluée (+) (0,6 mol/L) Saline concentrée (−) (0,9 − 4,5 mol/L)	Globulines α_1 Globulines α_2 Globulines β Globulines γ
Albuminoïdes	Eau (−) Autres solvants (−)	Collagène Kératine Élastine

Les *albumines* sont solubles dans l'eau et dans des solutions salines diluées: la sérumalbumine et l'ovalbumine en sont les deux principaux exemples.

Quant aux *globulines*, elles sont insolubles dans l'eau, solubles dans des solutions peu concentrées de sels (0,6 mol/L), mais insolubles dans des solutions très concentrées de sels (0,9 à 4,5 mol/L).

Enfin, les *albuminoïdes* forment une classe spéciale de protéines. Elles sont essentiellement insolubles dans l'eau et dans la plupart des solvants les plus couramment utilisés. On trouve parmi cette classe le collagène (peau, cartilage), l'élastine (tendon) et les kératines (cheveux, plumes, ongles).

2.3 LES ACIDES AMINÉS

2.3.1 DÉFINITION ET STRUCTURE GÉNÉRALE

Tous les acides aminés qui proviennent de l'hydrolyse des protéines sont des acides α-aminés. Ceux-ci (figure 2.4) possèdent une fonction amine primaire (sauf la proline) située sur le carbone adjacent à la fonction carboxyle, c'est-à-dire le premier carbone qui suit cette fonction carboxyle. Ce carbone central, qui supporte à la fois les fonctions amine et carboxyle libres, s'appelle le carbone alpha (α), d'où le nom d'acide α-aminé.

Le groupement R de la formule générale représente la chaîne latérale de l'acide aminé et caractérise chacun d'eux. En effet, jusqu'ici, on a réussi à isoler une quarantaine de résidus différents d'acides aminés d'origine protéique dont une vingtaine seulement sont

Figure 2.4 Formule de la structure générale des acides α-aminés trouvés dans les protéines. La partie ombrée est commune à tous les acides α-aminés

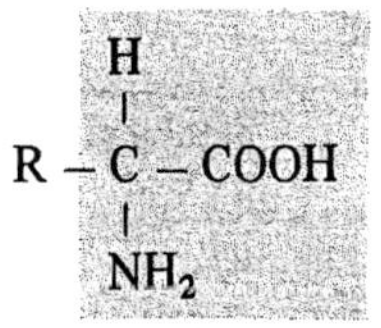

communs à toutes les protéines. On les appelle acides aminés standard ou acides aminés naturels; ils sont représentés au tableau 2.4. Les autres sont des acides aminés qu'on trouve chez certaines protéines spéciales, chez certains composés de nature non protéique ou tout simplement sous forme d'acide aminé libre. Même si ces derniers ne se retrouvent pas partout, ils sont importants à cause du rôle capital qu'ils jouent dans le métabolisme général.

2.3.2 CLASSIFICATION DES ACIDES AMINÉS

On a proposé plusieurs façons de classifier les acides aminés selon les propriétés de leur groupement R. La plus significative est sûrement celle basée sur le degré de polarité du groupement R (tableau 2.4); on dénombre quatre classes distinctes dans la zone de *p*H intracellulaire, soit entre les valeurs de *p*H 6,0 et 7,0:

- les groupements hydrophobes ou non polaires;
- les groupements polaires non chargés;
- les groupements chargés négativement;
- les groupements chargés positivement;

Cependant, il est évident qu'à l'intérieur d'une classe, il peut y avoir des variations considérables de grosseurs, de formes et de certaines autres propriétés des groupements R. Généralement, un acide aminé est désigné par un symbole de trois lettres. Le symbole à une lettre, moins fréquent cependant, peut aussi être utilisé. Ces deux symboles sont représentés au tableau 2.4.

A. R EST UN GROUPEMENT HYDROPHOBE OU NON POLAIRE

La famille des groupements hydrophobes ou non polaires contient huit acides aminés: quatre à chaîne de carbone aliphatique (alanine, leucine, isoleucine et valine), un à chaîne de carbone cyclique (proline), deux à noyau aromatique (phénylalanine et tryptophane) et un à chaîne de carbone contenant un atome interne de soufre (méthionine). C'est la famille d'acides aminés la moins soluble dans l'eau.

B. R EST UN GROUPEMENT POLAIRE NON CHARGÉ

Les acides aminés polaires non chargés de la deuxième famille sont relativement plus solubles dans l'eau que ceux de la famille précédente. Le groupement R de leur chaîne latérale contient une fonction polaire neutre, c'est-à-dire non chargée, qui peut établir des ponts hydrogène (pont H) avec l'eau. Cette famille comprend: la sérine, la thréonine et la tyrosine avec leur fonction hydroxyle (— OH); l'asparagine et la glutamine avec leur fonction amide ($-CONH_2$) et la cystéine avec sa fonction sulfhydryle (— SH).

L'asparagine et la glutamine sont respectivement des dérivés amides de l'acide aspartique et de l'acide glutamique. Le groupement thiol de la cystéine et le groupement phénol de la tyrosine sont les fonctions les plus polaires de cette famille, puisqu'ils tendent à s'ioniser (perdre un proton) plus rapidement que tous les autres membres de cette classe. La cystéine, de son côté, montre souvent une forme oxydée: la cystine. Cette dernière provient de l'oxydation des groupements thiols de deux molécules de cystéine pour produire une liaison covalente appelée pont disulfure. Ce pont disulfure stabilise la structure tertiaire des protéines (section 2.4).

C. R EST UN GROUPEMENT CHARGÉ NÉGATIVEMENT

Les acides aminés chargés négativement s'appellent aussi acides aminés acides puisqu'ils portent tous une charge nette négative à *p*H 7,0. Ce sont: l'acide aspartique et l'acide glutamique dont le groupement carboxyle de leur chaîne latérale est pleinement ionisé entre *p*H 6,0 et 7,0.

D. R EST UN GROUPEMENT CHARGÉ POSITIVEMENT

Les acides aminés chargés positivement s'appellent aussi acides aminés basiques puisqu'ils portent tous une charge nette positive à *p*H 7,0. De plus, ils possèdent tous une chaîne latérale composée de six atomes de carbone; ce sont: la lysine avec son groupement amine chargé en position ε de la chaîne aliphatique; l'arginine avec son groupement guanidium chargé et l'histidine avec son groupement imidazole faiblement chargé.

Parmi ces vingt acides aminés standard, quelques-uns sont considérés comme des *acides aminés essentiels,* c'est-à-dire qu'ils ne peuvent être synthétisés par un organisme vivant; ils doivent donc être fournis par une saine alimentation. Au tableau 2.4, les acides aminés essentiels sont identifiés par un astérisque (*).

Tableau 2.4 Liste des 20 acides aminés standard. On y trouve le nom, le symbole à trois et à une lettre ainsi que la masse moléculaire de chacun d'eux. La partie ombrée représente la forme ionique prédominante de la structure générale des acides aminés entre *p*H 6,0 et 7,0. L'astérisque (*) indique les acides aminés essentiels.

Nom Symbole	Masse moléculaire (g)	Structure	Commentaires
I - Acides aminés à groupement R non polaire (hydrophobe)			
Alanine Ala A	89	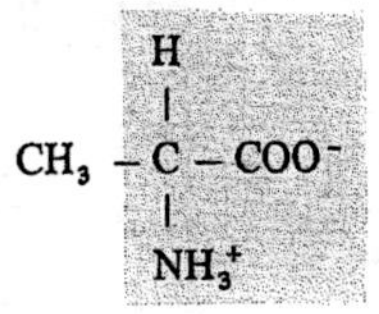	– Substrat pour ALT
Valine* Val V	117	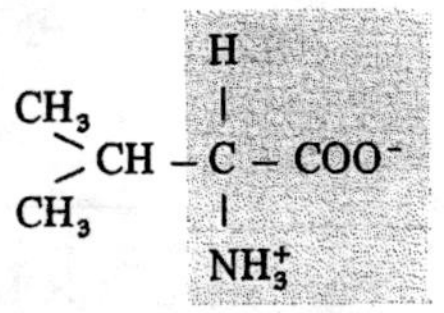	– Responsable de la maladie du « Sirop d'érable » (erreur métabolique) – Production de corps cétoniques
Leucine* Leu L	131	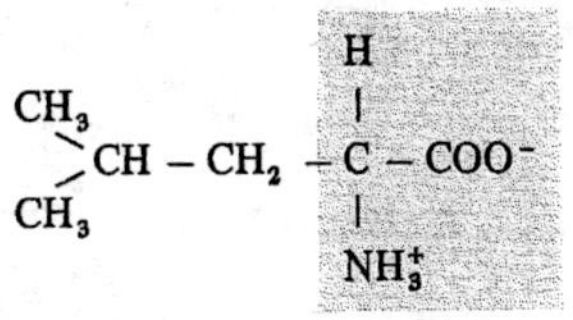	– Même que Valine
Isoleucine Ile I	131	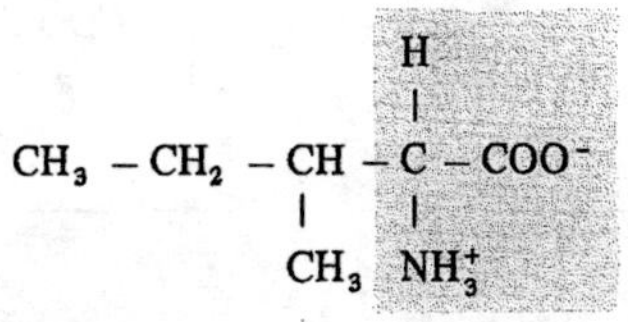	– Même que Valine
Proline Pro P	115	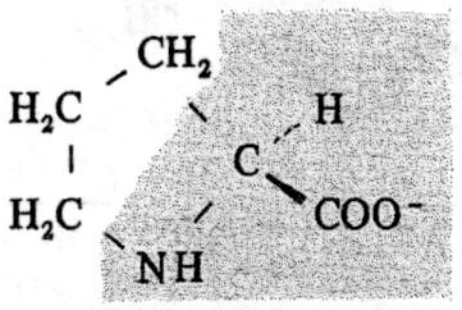	– Constituant important du collagène et de la gélatine
Phénylalanine* Phe F	165	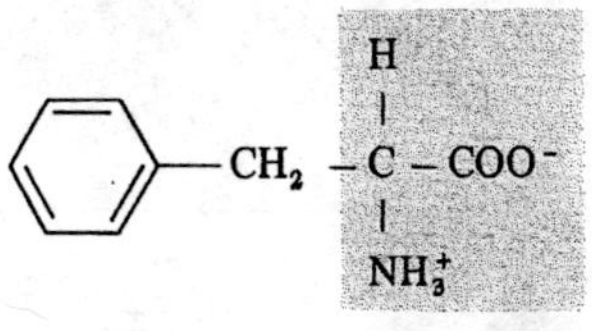	– Déficient dans phénylcétonurie
Tryptophane* Trp W	204	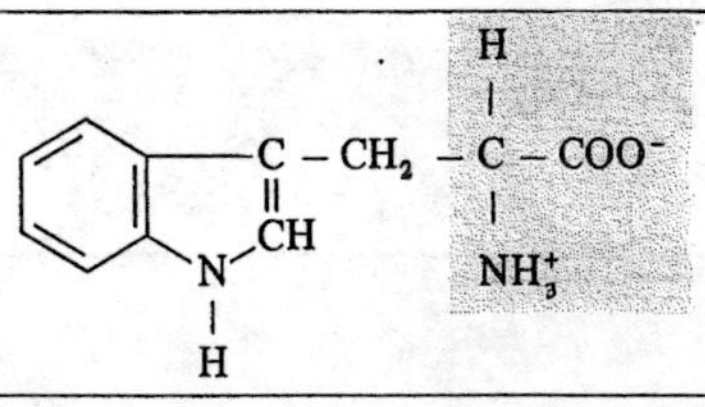	– Contient le noyau « Indol » – Métabolite trouvé dans les carcinomes
Méthionine* Met M	149	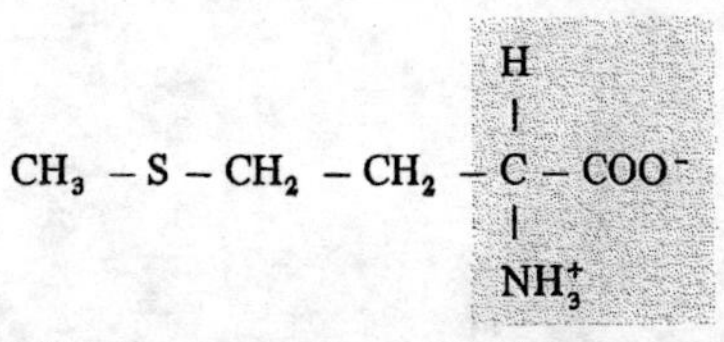	– Agent de transfert du groupement méthyle ($-CH_3$)

Tableau 2.4 Liste des 20 acides aminés standard (suite)

Nom Symbole	Masse moléculaire (g)	Structure	Commentaires
II - Acides aminés à groupement R polaire non chargé			
Glycine Gly G	75	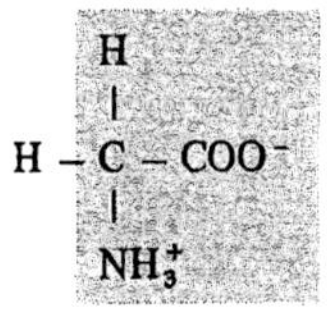	– Le plus simple des acides aminés – Isomère optique inactif – Employé comme tampon
Sérine Ser S	105	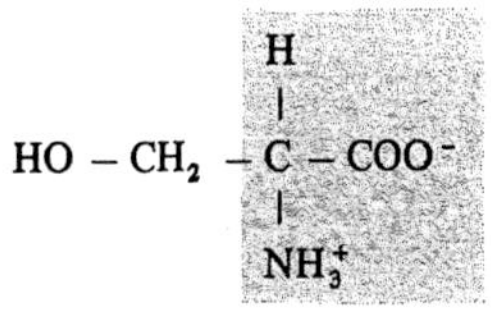	– Se trouve au « centre actif » de plusieurs enzymes – OH peut être phosphorylé
Thréonine* Thr T	119	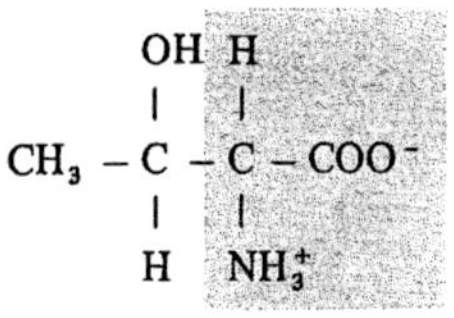	– OH peut être phosphorylé
Cystéine Cys C	121	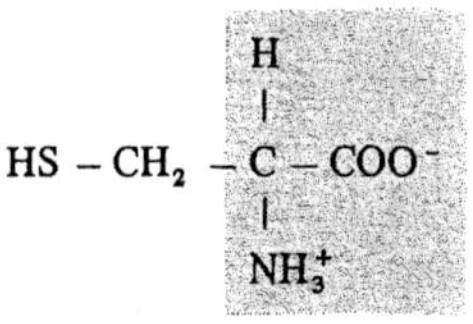	– SH libre → nécessaire à l'activité de plusieurs enzymes
Tyrosine Tyr Y	181	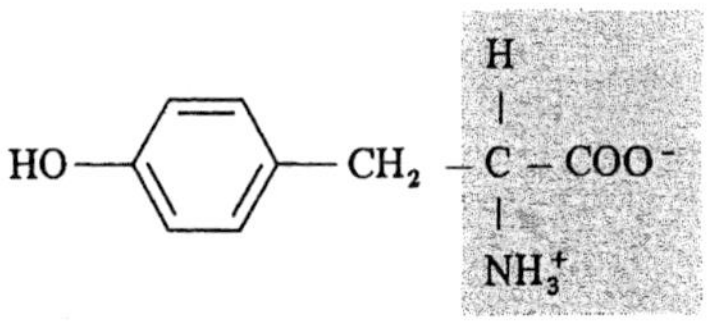	– Intermédiaire dans la synthèse des catécholamines et de la thyroxine – Réagit avec le réactif de Folin
Asparagine Asn N	132	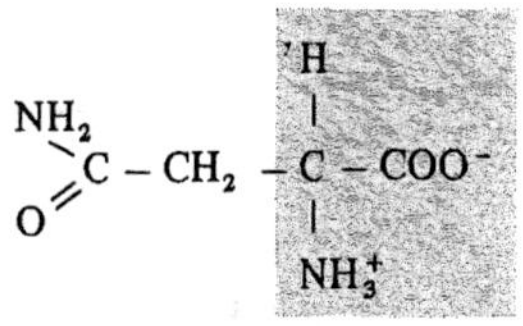	– Sert à l'emmagasinage de NH_3 dans les tissus
Glutamine Gln Q	146	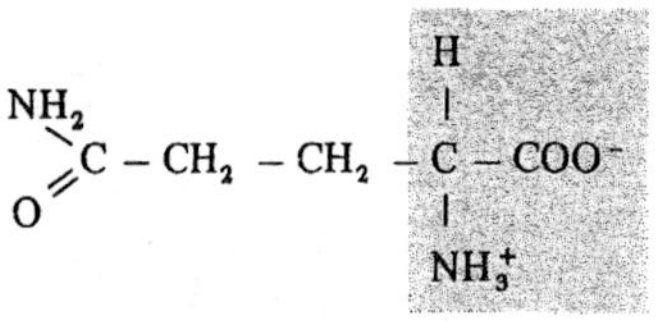	– Sert à l'emmagasinage de NH_3 dans les tissus

Tableau 2.4 Liste des 20 acides aminés standard (suite)

Nom Symbole	Masse moléculaire (g)	Structure	Commentaires
		III - Acides aminés à groupement R acide (chargé négativement)	
Acide aspartique Asp D	133	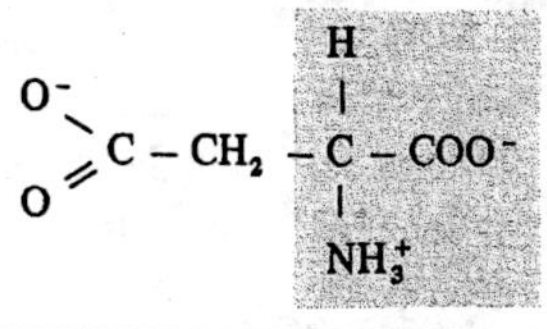	– Substrat pour ALT; – Pouvoir tampon important
Acide glutamique Glu E	147	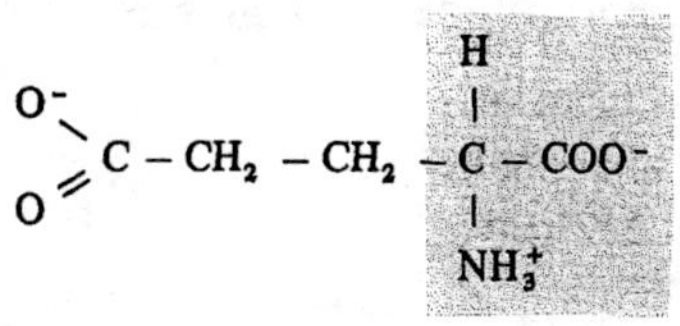	– Substrat pour ALT et AST – Pouvoir tampon important
		IV - Acides aminés à groupement R basique (chargé positivement)	
Lysine* Lys K	146	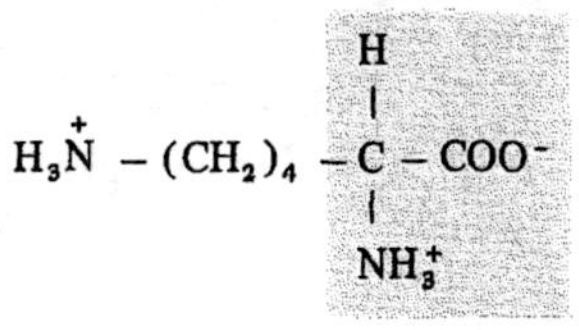	– $\overset{+}{N}H_3$ → position ε
Arginine Arg R	174	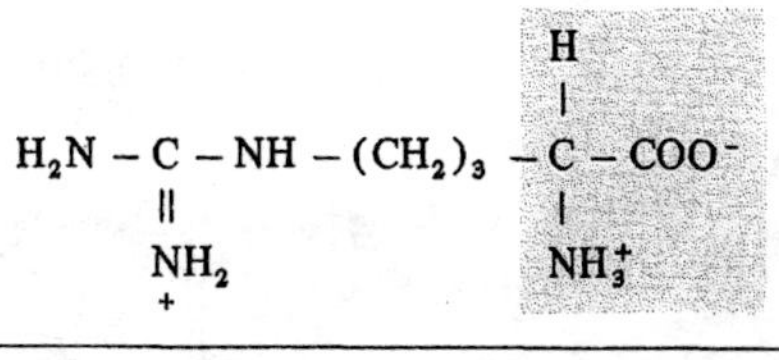	– Sert à la synthèse de l'urée – Groupement guanidine
Histidine His H	155	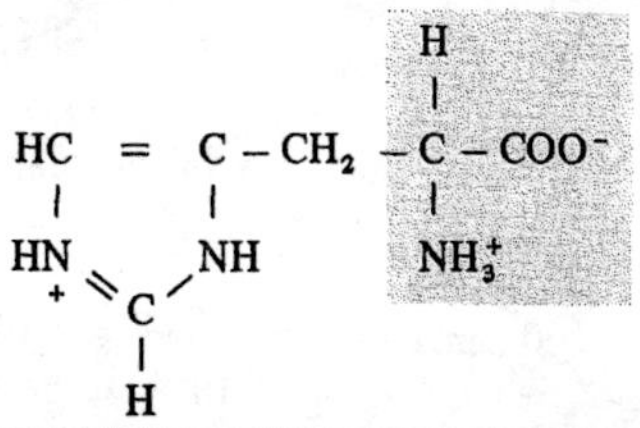	– Noyau imidazole – S'ionise à *p*H neutre – S'ionise lors de l'oxygénation de l'hémoglobine

2.3.3 PROPRIÉTÉS DES ACIDES AMINÉS

A. PROPRIÉTÉS PHYSIQUES

Solubilité

Les acides aminés existent tous, à l'état pur, sous forme de poudre blanche plus ou moins cristalline. De façon générale, ils sont inodores et montrent une solubilité variable dans l'eau. Ce phénomène s'explique du fait que non seulement les fonctions amine et carboxyle sont responsables de leur solubilité, mais aussi la structure du groupement R de la chaîne latérale. En effet, des acides aminés à chaîne aliphatique ou aromatique non polaire, comme la valine, la leucine ou le tryptophane, auront une solubilité limitée dans l'eau alors que des acides aminés à groupement chargé ou polaire non chargé, comme l'acide aspartique, la lysine ou l'arginine, auront une meilleure solubilité dans l'eau puisque celle-ci est elle-même polaire.

Spectre d'absorption de la lumière

Tous les acides aminés absorbent les rayonnements infrarouges par leurs groupements amine et carboxyle ainsi que par leur chaîne latérale. Ce sont évidemment les bandes d'absorption de cette dernière qui permettent de les caractériser. Cependant, il est très difficile d'en faire l'analyse dans un mélange puisque l'eau absorbe aussi considérablement dans cette zone.

Si tous les acides aminés absorbent dans l'infrarouge, aucun d'eux cependant n'absorbe dans la lumière visible. Toutefois, trois d'entre eux, la tyrosine, la phénylalanine et le tryptophane, absorbent la lumière ultraviolette de façon très significative comme l'illustre la figure 2.5. Or, la majorité des protéines contenant un grand nombre de résidus de tyrosine, il est possible de faire une estimation rapide et assez significative du contenu en protéines d'une solution par une mesure de son absorption ultraviolette à 280 nm. Enfin, tous les acides aminés absorbent dans la région lointaine de l'ultraviolet ($<$220 nm), mais cette zone s'avère difficile d'accès expérimental.

Figure 2.5 Spectre d'absorption de la lumière ultraviolette du tryptophane, de la tyrosine et de la phénylalanine

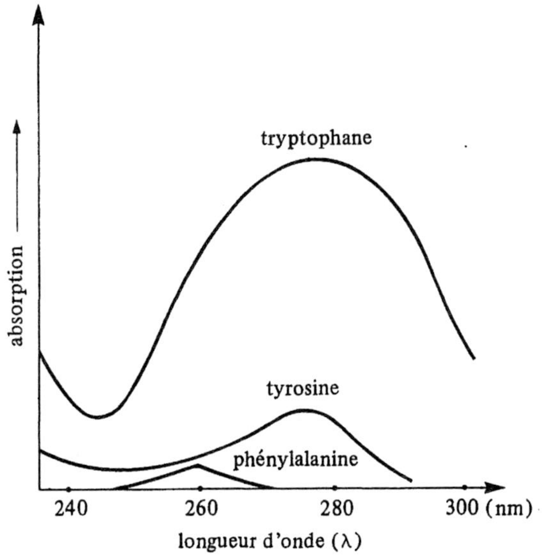

Tous les acides aminés peuvent aussi montrer de la fluorescence ; cependant, seuls la tyrosine et le tryptophane ont une fluorescence appréciable.

Stéréoisomérie

a) Formes D ou L

La propriété physique dominante des acides aminés est assurément leur stéréoisomérie. En effet, chez tous les acides aminés à l'exception de la glycine, le carbone central (carbone α) est substitué par quatre groupements différents. Ce carbone central est appelé carbone asymétrique et est souvent identifié par un astérisque (*) (figure 2.6). La présence d'un tel carbone et la nature tétraédrique de ses orbitales sp^3 se traduisent par l'existence de deux stéréoisomères, ou énantiomères, puisque les quatre groupements différents peuvent occuper dans l'espace deux arrangements différents : c'est leur configuration absolue dans l'espace. Par convention, cette dernière est déterminée par rapport à un composé de référence possédant un même centre d'asymétrie. C'est le glycéraldéhyde, sucre simple à trois carbones, qui sert de composé de référence. La figure 2.6 illustre la relation entre les stéréoisomères du glycéraldéhyde et ceux de l'alanine.

Figure 2.6 Configurations des stéréoisomères du glycéraldéhyde et de l'alanine

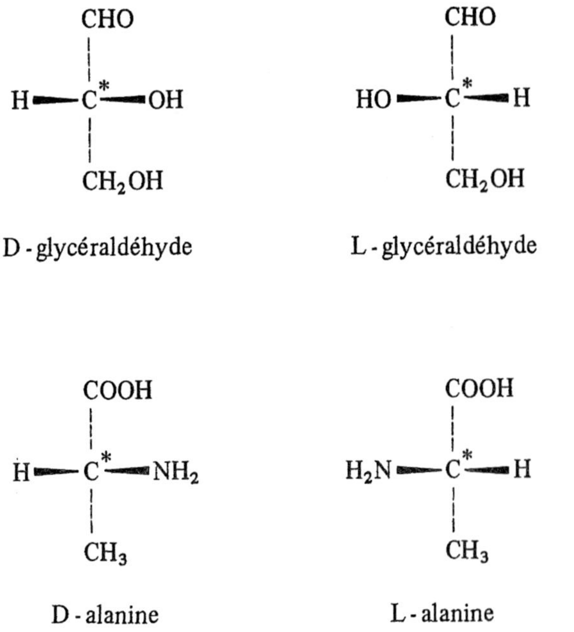

Les groupements $-COOH$, $-NH_2$ et $-CH_3$ de l'alanine peuvent être reliés aux groupements $-CHO$, $-OH$ et $-CH_2-OH$ du glycéraldéhyde. Ainsi, lorsque le groupement amine de l'alanine se trouve à droite de la chaîne principale, on a la configuration D alors que lorsqu'il se retrouve à gauche, on a la configuration L. Les symboles D et L réfèrent donc à la configuration absolue des acides aminés.

b) Activité optique + ou −

Tous les composés possédant un centre d'asymétrie (carbone asymétrique) sont optiquement actifs, c'est-à-dire qu'ils peuvent dévier, dans un polarimètre, un rayon de lumière polarisée soit vers la droite (le composé est dextrogyre), soit vers la gauche (le

$$[\alpha]_D^{25} = \text{degré de rotation observé} \times \frac{100}{\text{longueur du trajet optique (dm)} \times \text{concentration (g/dL)}} \qquad (2\text{-}1)$$

composé est lévogyre). C'est ce qu'illustre la figure 2.7.

L'activité optique ou pouvoir rotatoire spécifique [α] s'exprime quantitativement selon la relation ci-dessus (2-1)

L'équation 2-1 montre que le pouvoir rotatoire dépend de la température (habituellement 25°C) et de la longueur d'onde utilisée (habituellement la raie D du sodium à 589,3 nm).

Les composés lévogyres (l) sont désignés par le symbole (−) et les composés dextrogyres (d) par le symbole (+) afin de ne pas mélanger les symboles (d) et (l) avec ceux de la configuration D et L.

Figure 2.7 Déviation de la lumière polarisée par un composé asymétrique

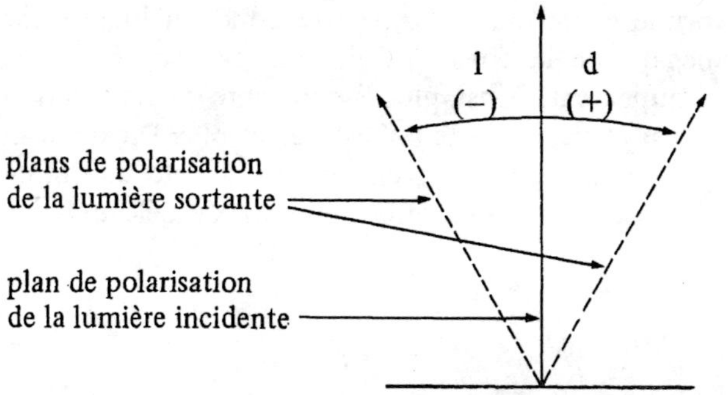

Tableau 2.5 Pouvoir rotatoire spécifique de quelques acides aminés isolés de protéines en solution aqueuse. Ce sont tous des stéréoisomères de configuration L.

Acide aminé	Pouvoir rotatoire $[\alpha]_D^{25}$
L-acide aspartique	+ 5,0
L-acide glutamique	+ 12,0
L-alanine	+ 1,8
L-arginine	+ 12,5
L-leucine	− 11,0
L-isoleucine	+ 12,4
L-phénylalanine	− 34,5
L-histidine	− 38,5
L-méthionine	− 10,0
L-lysine	+ 13,5
L-sérine	− 7,5
L-proline	− 86,2
L-thréonine	− 28,5
L-tryptophane	− 33,7
L-valine	+ 5,6

À l'exception de la glycine, tous les acides aminés obtenus de l'hydrolyse des protéines dans des conditions normales, possèdent une activité optique. Cependant, il n'existe aucune corrélation entre le sens de rotation du plan de polarisation (+ ou −) des acides aminés et leur configuration absolue D et L. En effet, les acides aminés d'origine protéique n'ont pas tous le même pouvoir rotatoire [α]; les uns sont dextrogyres (+), les autres sont lévogyres (−) à *p*H neutre (tableau 2.5).

Cependant, tous les acides aminés d'origine protéique ont la même configuration absolue, c'est-à-dire la configuration L découlant de l'aldéhyde glycérique lévogyre (−), lui-même de configuration L.

B. PROPRIÉTÉS PHYSICO-CHIMIQUES

Substance amphotère

On sait que la structure générale d'un acide aminé fait intervenir deux groupements: le groupement carboxylique, acide et donneur de protons, et le groupement aminé, basique et accepteur de protons, selon les équations suivantes:

$$-COOH \longrightarrow -COO^- + H^+ \qquad (2\text{-}2)$$

$$-NH_2 + H^+ \longrightarrow -NH_3^+ \qquad (2\text{-}3)$$

Puisque ces deux groupements existent simultanément dans l'acide aminé, celui-ci, placé dans une solution de *p*H voisin de la neutralité, se présente sous forme d'ion double puisque le proton libéré par le groupement acide ($-COOH$) est immédiatement capté par le groupement basique ($-NH_2$), selon la représentation suivante:

$$\underset{\text{forme non dissociée}}{\underset{(I)}{R-\overset{\overset{\displaystyle NH_2}{|}}{C}H-COOH}} \rightleftharpoons \underset{\text{forme dissociée}}{\underset{(II)}{R-\overset{\overset{\displaystyle NH_3^+}{|}}{C}H-COO^-}} \qquad (2\text{-}4)$$

L'équation 2-4 laisse supposer que l'acide aminé peut *a priori* exister sous deux formes, mais des études en spectroscopie et en infrarouge ont démontré qu'en solution neutre tous les acides aminés possèdent deux groupements chargés. C'est donc la représentation II de l'équation 2-4 qui représente le plus fidèlement la réalité. Cet ion double s'appelle *zwitterion* (mot dérivé de l'allemand pour désigner une molécule dipolaire).

Le caractère dipolaire ou amphotère des acides aminés se traduit par une bonne solubilité dans des solvants polaires, comme l'eau, puisqu'ils se dissolvent comme des sels et non pas comme des molécules apolaires. Cependant, ils sont insolubles dans des solvants non polaires comme le benzène, l'hexane ou l'éther.

Courbe de titrage

Puisqu'ils existent sous forme d'ion double, les acides aminés sont soumis aux variations de *p*H du milieu.

L'équation 2-5 montre que lorsque l'acide aminé est placé dans un milieu alcalin, c'est la forme anionique qui prédomine alors qu'en milieu acide, c'est la forme cationique qui prédomine.

Selon la définition de BRÖNSTED-LOWRY, un acide est une substance qui peut libérer un proton; il devient donc clair que l'acide aminé, placé en milieu acide (équation 2-5b), devient une espèce ionique diacide prédominante qui peut libérer des protons H^+ (voir équations 2-6 et 2-7).

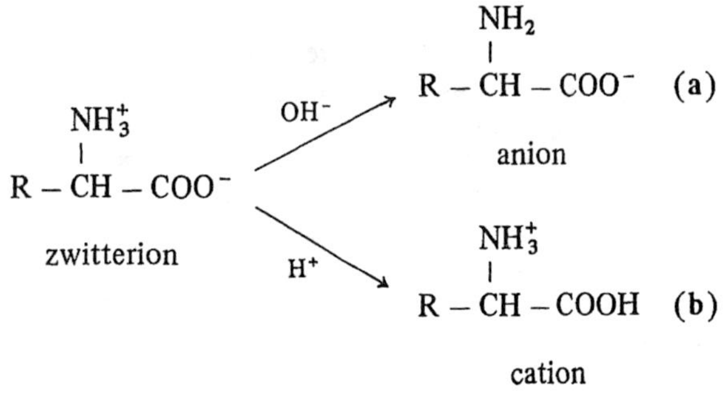

(2-5)

$$-COOH \rightarrow -COO^- + H^+ \qquad (2\text{-}6)$$

$$-NH_3^+ \rightarrow -NH_2 + H^+ \qquad (2\text{-}7)$$

Ces deux groupements acides sont considérés comme des acides faibles; par conséquent, ils ont un pouvoir acide différent qui dépend de leur constante de dissociation. Or, selon l'équation 2-8 suivante:

$$pK = \lg \frac{1}{K} \quad \text{ou} \quad -\lg K \qquad (2\text{-}8)$$

le pouvoir acide d'un groupement fonctionnel, exprimé en terme de *pK*, correspond au logarithme négatif de la constante de dissociation, *K*, de ce groupement. Ainsi, plus la constante de dissociation *K* est élevée, plus le *pK* est bas et plus l'acide a un pouvoir acide fort; inversement, plus cette constante de dissociation *K* est faible, plus le *pK* est élevé et plus l'acide est faible. C'est ainsi que le groupement $-COOH$, dont la constante de dissociation est plus élevée que celle du groupement $-NH_3^+$, est considéré comme un acide plus fort que ce dernier. C'est ce que confirme d'ailleurs l'étude de la courbe de titrage de l'alanine (figure 2.8).

Figure 2.8 Courbe de titrage de l'alanine. Les espèces ioniques prédominantes à pK_1, pK_2 et au pH_i sont illustrées dans la partie ombrée. R représente le groupement méthyle ($-CH_3$) de l'alanine.

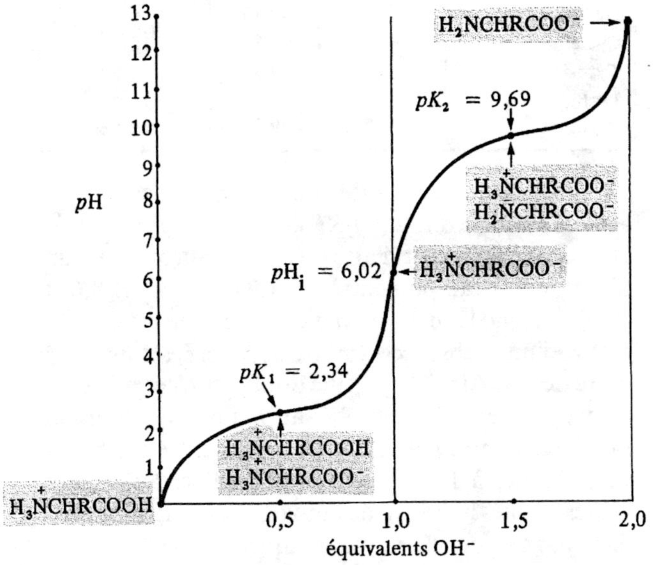

Puisque nous sommes en présence d'acides faibles, il est important de rappeler ici l'équation d'HENDERSON-HASSELBACH (équation 2-9) selon laquelle la présence des formes dissociées ou non dissociées influence le pH.

$$pH = pK + \lg \frac{[A^-]}{[AH]} \qquad (2\text{-}9)$$

L'équation 2-9 montre que lorsque la concentration de A^- égale celle de AH, le pH est égal au pK; donc le pK d'un groupement acide correspond au pH quand la forme associée et la forme dissociée sont présentes en concentration équimolaire.

Ces quelques notions nous permettent d'établir la courbe de titrage d'un acide aminé simple : l'alanine. Si on place cet acide aminé dans un milieu acide et qu'on en étudie le comportement au cours de son titrage avec un alcali (NaOH), on obtient une courbe d'allure biphasique (figure 2.8) qui correspond vraisemblablement au pouvoir de dissociation de chacun des deux groupements acides en présence. D'ailleurs, les équations 2-10 et 2-11 décrivent les réactions chimiques responsables des deux phases du titrage.

La figure 2.8 révèle en plus la présence de deux plateaux d'ionisation très distincts correspondant à chacun des deux groupements acides ionisables. Chaque plateau montre un point central où la variation de pH est minime par rapport à la quantité d'ions OH^- ajoutés et peut servir à déterminer la valeur du pK de chacune des deux étapes de la dissociation. Par exemple, pour l'alanine, le pK_1 et le pK_2 sont respectivement de 2,34 et 9,69. Cela signifie qu'à pH 2,34, les espèces ioniques de l'équation 2-10 existent en concentrations équimolaires alors qu'à pH 9,69, ce sont les formes ioniques de l'équation 2-11 qui existent en concentrations équimolaires ; cette constatation est conforme à l'équation d'HENDERSON-HASSELBACH.

À la figure 2.8, on note aussi un point d'inflexion entre les deux phases du titrage. Ce point correspond à un pH où l'alanine est *électriquement neutre* puisqu'elle ne porte aucun excédent de charge électrique. C'est le pH_i (pH isoélectrique) de la molécule ; il correspond à la moyenne arithmétique des deux pK selon la relation 2-12.

$$CH_3-\underset{|}{\overset{NH_3^+}{CH}}-COOH \xrightarrow[K_1]{OH^-} CH_3-\underset{|}{\overset{NH_3^+}{CH}}-COO^- + H_2O \qquad (2\text{-}10)$$

$$CH_3-\underset{|}{\overset{NH_3^+}{CH}}-COO^- \xrightarrow[K_2]{OH^-} CH_3-\underset{|}{\overset{NH_2}{CH}}-COO^- + H_2O \qquad (2\text{-}11)$$

$$pH_i = \frac{1}{2}(pK_1 + pK_2) \qquad (2\text{-}12)$$

Tous les acides aminés simples, c'est-à-dire porteurs d'un seul groupement — COOH et d'un seul groupement — NH_2, produiront essentiellement la même allure de courbe. Les acides aminés qui présentent d'autres groupements ionisables sur leur chaîne latérale (groupements R) produiront une courbe plus complexe ; c'est le cas des courbes de titrage de l'acide glutamique, de la lysine et de l'histidine (figure 2.9). Le tableau 2.6 donne les *pK* des principaux groupements ionisables de plusieurs acides aminés.

Figure 2.9 Courbes de titrage de l'acide glutamique, de la lysine et de l'histidine. pK_R représente le *p*K des groupements R.

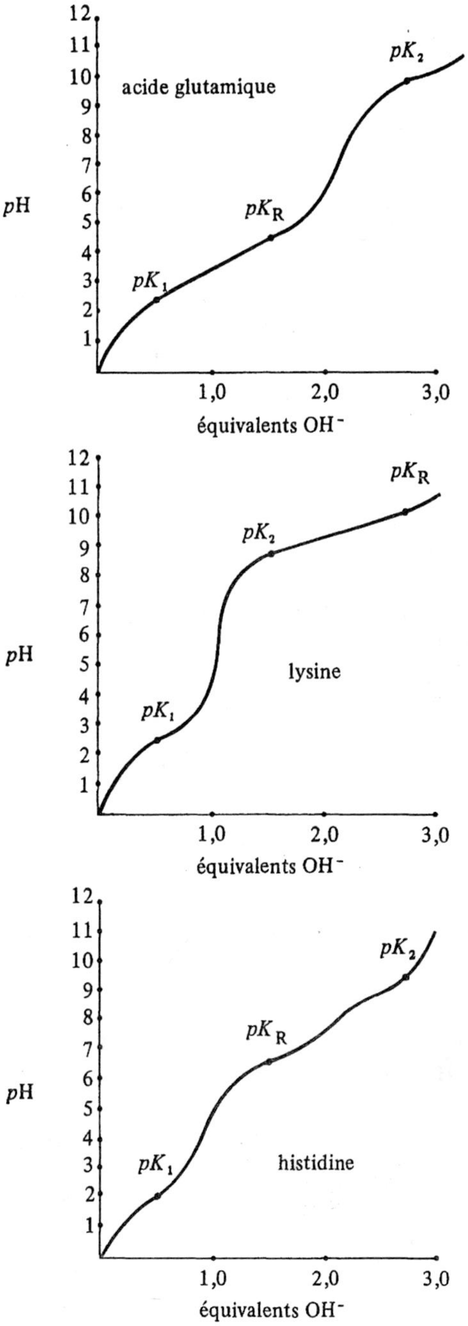

Tableau 2.6 Valeur de *p*K des groupements ionisables de quelques acides aminés à 25 °C

Acide aminé	pK_1 α – COOH	pK_2 α – NH_3^+	pK_R groupement – R
Glycine	2,34	9,6	
Alanine	2,34	9,69	
Leucine	2,36	9,60	
Sérine	2,21	9,15	
Thréonine	2,63	10,43	
Glutamine	2,17	9,13	
Acide aspartique	2,09	9,82	3,86
Acide glutamique	2,19	9,67	4,25
Histidine	1,82	9,17	6,0
Cystéine	1,71	8,33	10,78
Tyrosine	2,20	9,11	10,07
Lysine	2,18	8,95	10,53
Arginine	2,17	9,04	12,48

À la lecture de ce tableau, on note que tous les acides aminés ont un pK_1 et un pK_2 à peu près voisins ; ceci permet d'affirmer qu'ils auront tous un bon pouvoir tampon entre *p*H 1,3 et 3,3 et *p*H 8,6 et 10,6, puisque le maximum d'effet tampon est obtenu au *pK* d'une substance donnée avec un écart de ± 1,5 unité de *p*H. Ainsi, la glycine dont les pK_1 et pK_2 sont respectivement 2,34 et 9,6 aura un effet tampon maximum entre *p*H 1,0 et 3,84, puis entre *p*H 8,1 et 11,1. Donc, à l'exception de l'histidine, aucun des acides aminés libres n'a de pouvoir tampon significatif dans la zone du *p*H physiologique.

Cependant, il est important de noter que la valeur des *pK* des acides aminés libres peut changer légèrement lorsque ceux-ci font partie de la structure des protéines ; ceci est dû à la proximité d'autres résidus d'acides aminés ou d'autres groupements chargés le long de la chaîne protéique (tableau 2.7).

Tableau 2.7 Changements des valeurs de *p*K de certains groupements ionisables sur un acide aminé libre ou sur une structure protéique

Groupement ionisable	Écart des *p*K	
	Acide aminé libre	Protéine
α - COOH (pK_1)	1,71 – 2,63	3,0 – 3,2
α – NH_3^+ (pK_2)	9,04 – 10,80	7,6 – 8,4
– COOH (Asp - Glu)	3,86 – 4,25	3,0 – 4,5
⩾ N^+ – H (His)	6,0	5,6 – 7,0
– SH (Cys)	8,3	9,1 – 10,8
– OH (Tyr)	10,07	9,2 – 9,8
ε – NH_3^+ (Lys)	10,53	9,4 – 10,6
– C(NH_2)=NH_2^+ (Arg)	12,48	11,5 – 12,6

Mobilité électrophorétique

L'état d'ionisation des acides aminés dépend du *p*H du milieu. Ainsi, lorsque des acides aminés sont placés dans une solution de *p*H donné et que celle-ci est placée dans un champ électrique, ils affichent une mobilité électrophorétique selon les choix suivants :

- si le *p*H de la solution est égal au pH_i d'un acide aminé, celui-ci est alors électriquement neutre et ne migre pas ;
- si le *p*H de la solution est plus élevé que le pH_i d'un acide aminé, celui-ci se charge alors négativement et migre vers l'anode ;
- si le *p*H de la solution est plus petit que le pH_i d'un acide aminé, celui-ci se charge positivement et migre vers la cathode.

La figure 2.10 donne le pourcentage d'ionisation des groupements $-COOH$ et $-NH_2$ en fonction du *p*H de la solution. Ce sera à partir de ce principe que nous expliquerons, à la section 2.7, une technique très utilisée de séparation des protéines : l'électrophorèse des protéines.

Figure 2.10 Courbe au pourcentage d'ionisation des groupements $-$ COOH et $-$ NH_2 en fonction du *p*H

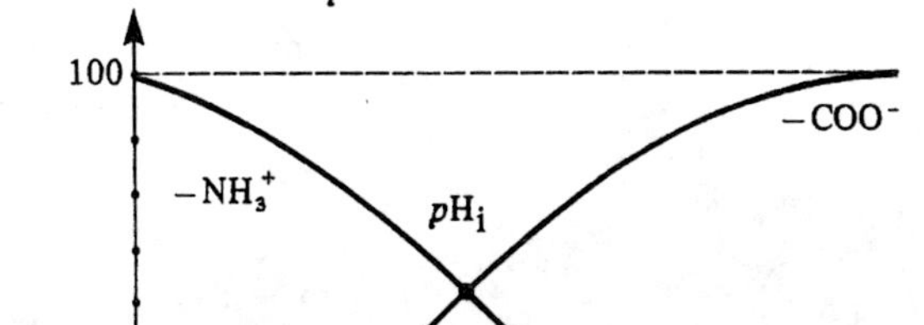

La connaissance des propriétés acido-basiques des acides aminés est donc extrêmement importante pour la compréhension des phénomènes reliés aux protéines ainsi qu'à leur analyse. Elles sont à la base des différentes techniques de séparation, d'identification et de quantification autant des acides aminés que des protéines elles-mêmes.

C. PROPRIÉTÉS CHIMIQUES

Les propriétés chimiques des acides aminés sont essentiellement celles reliées à leurs groupements fonctionnels : le groupement carboxylique, le groupement *a*-aminé et les différents groupements réactionnels de leur chaîne latérale R.

Puisque l'étude détaillée de l'ensemble des propriétés chimiques des acides aminés n'est pas nécessaire à la compréhension de l'ouvrage et que par surcroît elles sont très nombreuses, seules les plus usuelles sont citées.

Réactions du groupement – COOH

Le groupement carboxyle ($-COOH$) des acides aminés peut subir des réactions d'estérification (équation 2-13) et d'amidination (équation 2-14).

Une réaction importante du groupement carboxyle est sa réduction dans un milieu anhydre par du borohydrure de lithium, $LiBH_4$, pour donner l'alcool primaire correspondant (équation 2-15).

Réactions du groupement a-aminé

Le groupement *a*-aminé ($-NH_2$) peut être acétylé par réaction avec des anhydrides, comme le benzylchlorocarbonate (équation 2-16).

Une autre réaction, largement utilisée aussi pour la détermination quantitative des acides aminés, est celle à la ninhydrine. En effet, le groupement *a*-aminé d'un acide aminé réagit sous l'effet de la chaleur avec deux molécules de ninhydrine pour donner un produit coloré (équation 2-17). Ce produit pourpre se forme à partir de tous les acides

$$\underset{\text{acide aminé}}{H_2N-\overset{\overset{\displaystyle R}{|}}{CH}-COOH} + \underset{\text{alcool}}{HO-R_1} \rightarrow \underset{\text{ester}}{H_2N-\overset{\overset{\displaystyle R}{|}}{CH}-COO-R_1} + H_2O \qquad (2\text{-}13)$$

$$\underset{\text{acide aminé}}{H_2N-\overset{\overset{\displaystyle R}{|}}{CH}-COOH} + \underset{\text{amine}}{H_2N-R_1} \rightarrow \underset{\text{amide}}{H_2N-\overset{\overset{\displaystyle R}{|}}{CH}-CO-NH_2} + \underset{\text{alcool}}{R_1-OH} \qquad (2\text{-}14)$$

$$\underset{\text{acide aminé}}{H_2N - \overset{\overset{\displaystyle R}{|}}{C}H - COOH} \xrightarrow{LiBH_4} \underset{\text{alcool I}}{H_2N - \overset{\overset{\displaystyle R}{|}}{C}H - CH_2 - OH} \qquad (2\text{-}15)$$

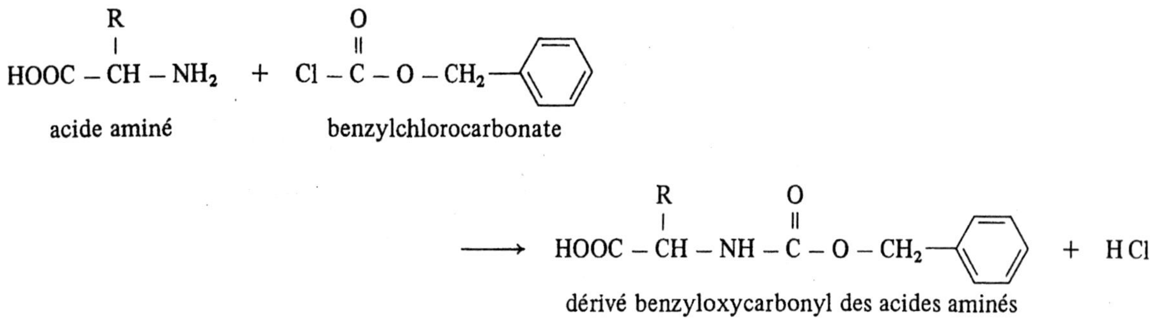

(2-16)

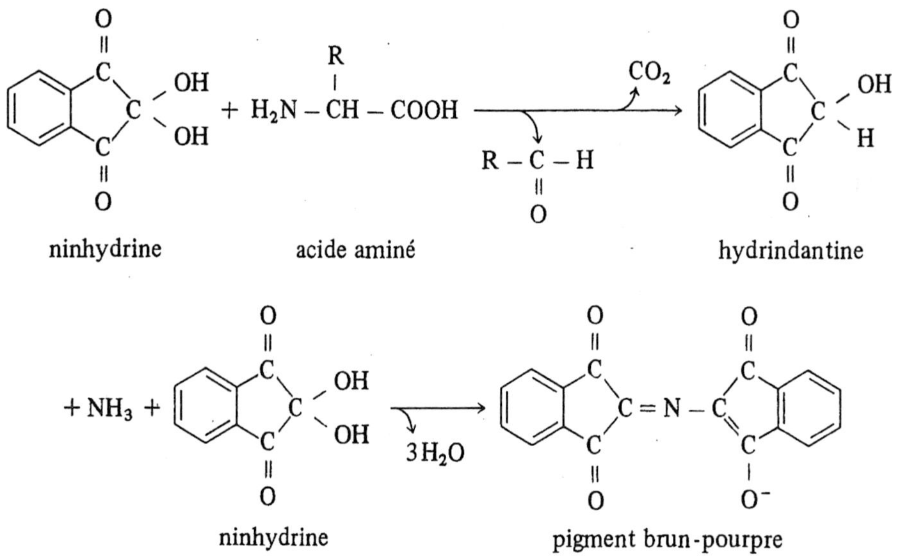

(2-17)

$$\underset{\text{acide aminé}}{HOOC - \overset{\overset{\displaystyle R}{|}}{C}H - NH_2} + \underset{\text{aldéhyde}}{O = \overset{\overset{\displaystyle H}{|}}{C} - R_1} \underset{-H_2O}{\overset{+H_2O}{\rightleftharpoons}} \underset{\text{base de SCHIFF}}{HOOC - \overset{\overset{\displaystyle R}{|}}{C}H - N = CH - R_1} \qquad (2\text{-}18)$$

(Imide) Hémoglobine glucose protéine t. glucosée

aminés libres et de tous les peptides ayant un groupement α-aminé libre. Quant à la proline et à l'hydroxyproline dont le groupement α-aminé est substitué, ils donnent des dérivés dont la coloration jaune est très caractéristique.

Une dernière réaction importante est la formation d'une base de SCHIFF entre le groupement α-aminé et un aldéhyde selon l'équation 2-18. La formation de cette base de SCHIFF est fréquente lorsque les réactions enzymatiques impliquent une interaction entre l'enzyme et le groupement amine des substrats sur lesquels il agit.

Réactions des groupements R des chaînes latérales

Les vingt chaînes latérales des acides aminés standard ont une faible réactivité chimique ou n'en ont pas du tout. Cependant, quelques groupements fonctionnels, en plus de montrer une réaction colorimétrique typique mais qualitative, jouent un rôle important dans l'activité biologique des protéines. C'est le cas notamment du groupement phénolique de la tyrosine et du groupement thiol ou sulfhydryle de la cystéine.

La forte réactivité de la tyrosine est due au groupement phénolique; la présence de l'hydroxyle lui permet en effet de faire des réactions de substitution électrophile. C'est le cas par exemple de l'iodation du noyau phénol qui conduit *in vivo,* par catalyse enzymatique, à la formation de la thyroxine, hormone secrétée par la thyroïde (équation 2-19).

Quant au groupement thiol de la cystéine, il est très sensible aux réactions d'oxydation et de formation de mercaptides. En effet, la cystéine est facilement oxydable (équation 2-20). Laissée à l'air libre, c'est-à-dire en présence d'oxygène et sous l'effet d'un sel métallique (Fe), elle se transforme facilement en cystine où le pont disulfure constitue une liaison covalente entre deux résidus de cystéine.

Ces ponts disulfure jouent un rôle important dans la stabilisation de la structure des protéines puisqu'ils permettent de relier deux points d'une même chaîne ou de deux chaînes différentes.

2.4 STRUCTURE DES PROTÉINES

2.4.1 LIAISON PEPTIDIQUE

Quelle que soit leur taille, les protéines ont une chose en commun: elles sont formées d'un enchaînement d'acides α-aminés reliés entre eux par les groupements $-NH_2$ et $-COOH$. Cette liaison dite *liaison peptidique* est le produit de la condensation du groupement amine d'un acide aminé avec le groupement carboxyle d'un autre acide aminé par perte d'une molécule d'eau (figure 2.11).

Ainsi, l'enchaînement de deux, trois, quatre, ..., dix acides aminés constitue un di, tri, tétra, ..., décapeptide et chaque acide aminé est alors appelé un *résidu* du fait qu'il a perdu une molécule d'eau. Un peptide contenant quelques acides aminés est appelé *oligopeptide*; s'il en contient un grand nombre, c'est un *polypeptide*. Par convention, l'extrémité aminé libre ($-NH_2$) s'appelle extrémité N-terminale; elle s'écrit à gauche et constitue le début de la chaîne protéique. L'extrémité carboxyle libre ($-COOH$) s'appelle extrémité C-terminale; elle s'écrit à droite et constitue la fin de la chaîne protéique. De plus, le nombre de

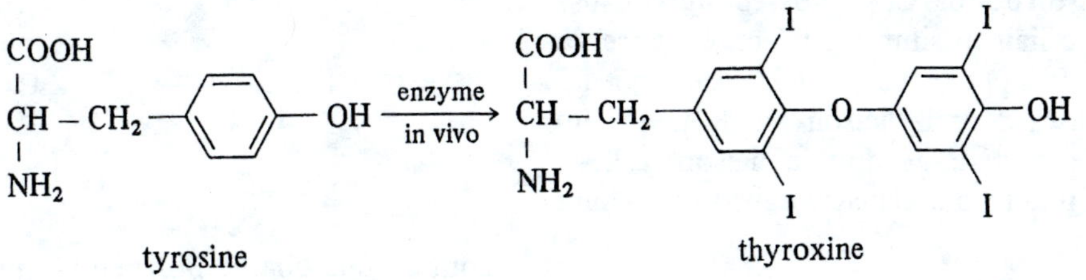

(2-19)

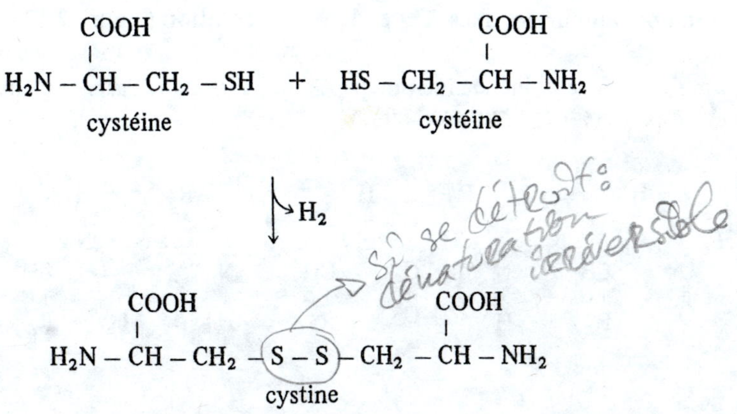

(2-20)

Figure 2.11 Formation de la liaison peptidique

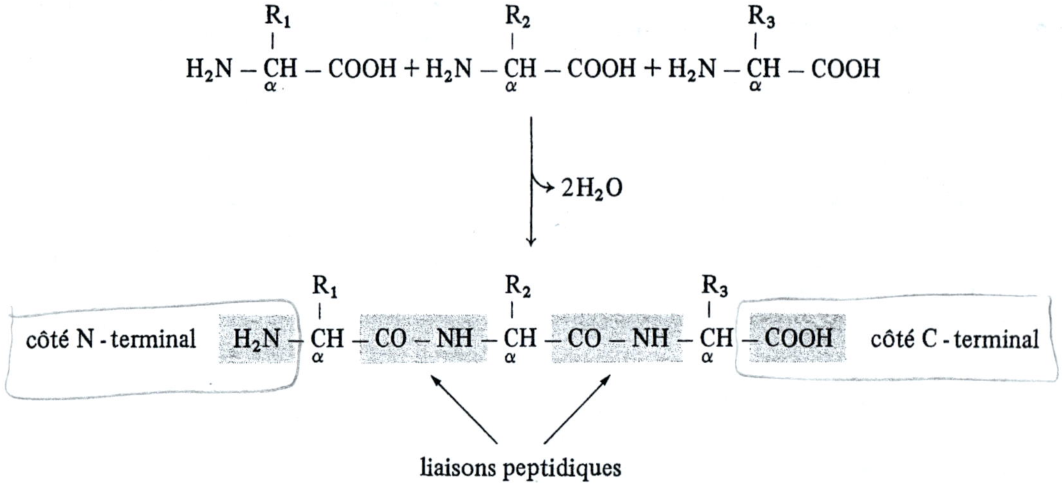

liaisons peptidiques d'une chaîne protéique est toujours égal au nombre d'acides aminés moins un. Ainsi, une protéine contient habituellement un grand nombre de liaisons peptidiques dont les propriétés stériques vont affecter la structure de sa chaîne polypeptidique.

Les liaisons peptidiques qui relient les acides aminés entre eux sont des liaisons covalentes (figure 2.11). La liaison simple C—N de la liaison peptidique possède à 40% un caractère de double liaison et la liaison double C=O possède aussi à 40% un caractère de liaison simple. En conséquence, la résonance, illustrée par l'équation 2-21, révèle que les électrons localisés dans la liaison amide C—N lui confèrent un caractère de double liaison; celle-ci présente alors une forme planaire dans sa structure (figure 2.12).

Par suite de la rigidité relative du plan dans lequel sont impliquées les liaisons C=O et N—H, il ne peut y avoir de rotation libre autour des axes. Cependant,

Figure 2.12 Schéma montrant l'aspect planaire d'une liaison peptidique dû à sa résonance

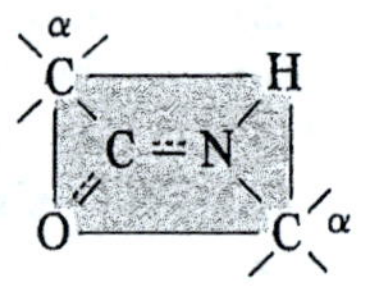

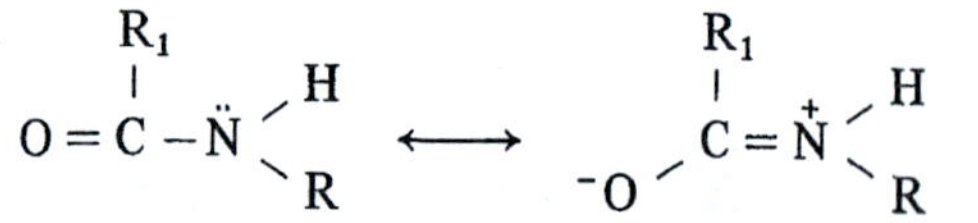
(2-21)

comme une chaîne polypeptidique consiste en une série de liaisons peptidiques planaires reliées par les carbones α, ces derniers leur serviront de centre de rotation (figure 2.13).

Figure 2.13 Formule générale d'une chaîne polypeptidique montrant l'aspect planaire des liaisons peptidiques. Les carbones α servent de pivot de rotation. -> hélice α

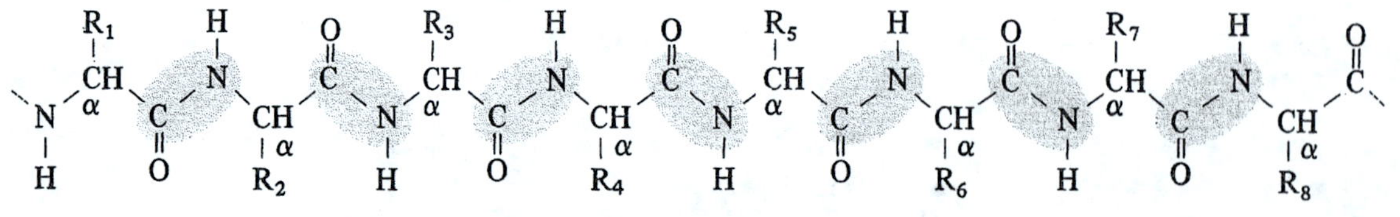

Figure 2.14 Les quatre plans amides sont reliés ensemble par les atomes de carbones α qui leur permettent de tourner autour des axes ϕ (C_α – N) et ψ (C_α – C) seulement.

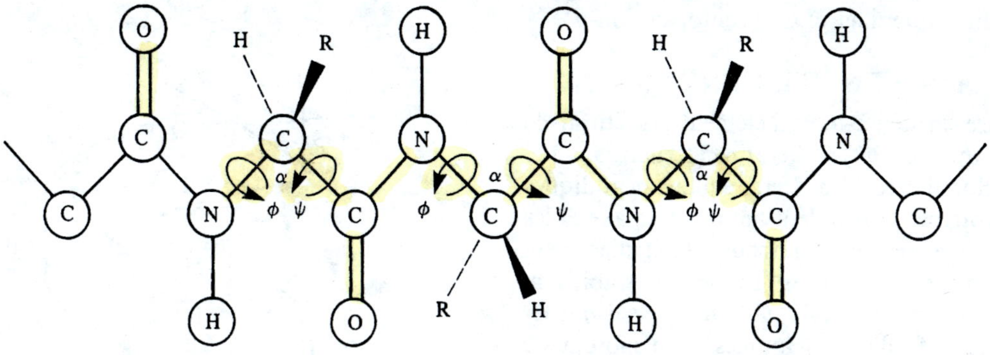

Puisque des liaisons peptidiques sont planaires, la seule rotation possible autour du carbone a ne peut se faire que suivant deux axes : l'axe φ, C_a – N, et l'axe ψ, C_a – C, représentés à la figure 2.14.

On relève donc quatre niveaux d'organisation structurale qui permettent aux protéines d'être maintenues en place par différents types de forces ou de liaisons. Ces quatre niveaux d'organisation sont désignés par une appellation distincte. Ce sont :

- la structure primaire ou enchaînement polypeptidique ;
- la structure secondaire ou organisation selon un modèle répétitif ;
- la structure tertiaire ou repliement de la chaîne selon un modèle précis ;
- la structure quaternaire ou association de plusieurs chaînes polypeptidiques monomères.

2.4.2 STRUCTURE PRIMAIRE

La structure primaire d'une protéine est donnée par le nombre et la séquence des acides aminés dans une chaîne protéique.

Tout changement du nombre ou de l'ordre (séquence) dans lequel les acides aminés sont placés le long de la chaîne entraîne automatiquement un changement dans la structure primaire de la protéine. Il existe donc un grand nombre de possibilités de protéines différentes à partir des vingt acides aminés standard retrouvés dans la structure des protéines.

Ainsi, une protéine de 57 acides aminés sera différente d'une autre de 58 ou de 56 acides aminés ; de plus, le changement d'un seul acide aminé dans la séquence d'une protéine lui donne une identité différente : par exemple, un changement dans la séquence du tripeptide Leu-Val-Gly permet six séquences différentes, soit six tripeptides différents.

2.4.3 STRUCTURE SECONDAIRE

La liaison peptidique est le motif structural de base de la conformation dans l'espace d'un polypeptide. Pour deux motifs successifs, le carbone a devient ainsi le pivot permettant la rotation des plans. Ceux-ci doivent adopter la position la plus stable. La figure 2.15 illustre les deux positions possibles (cis ou trans) que peuvent prendre ces deux motifs successifs. Ils prennent alors la forme *trans* puisque c'est cette forme qui, à cause du plus grand éloignement de ses carbones, montre le plus de stabilité.

Figure 2.15 Positions possibles de deux motifs successifs

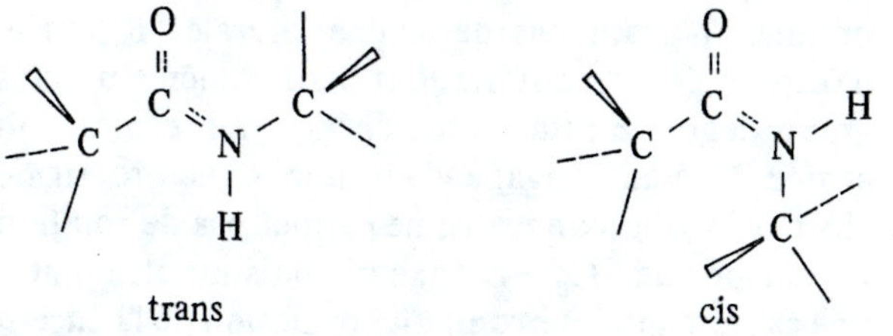

En solution, *a fortiori* à l'état cristallin, la polarité des liaisons peptidiques permet en outre la formation de liaisons hydrogène, appelées aussi ponts hydrogène (pont H). Les ponts hydrogène se forment entre le groupement carboxyle ($^+C = O^-$) d'une liaison peptidique et le groupement imido (^-N – H^+) d'une autre liaison peptidique. Ce genre de liaison permet d'identifier deux motifs structuraux responsables de la structure secondaire des protéines :

- la structure en hélice-α;
- la structure en feuillet plissé (conformation-β).

A. STRUCTURE EN HÉLICE-α

La structure en hélice-α est l'élément structural de base des protéines de type kératine (structurales) et myosine (globulaires). En effet, les plans peptidiques de telles protéines s'enroulent autour d'un axe et les résidus d'acides aminés se retrouvent régulièrement les uns au-dessus des autres. Le facteur stabilisant d'une telle structure est la *liaison hydrogène*; les résidus successifs d'acides aminés se disposent de façon à favoriser au maximum la formation de ce genre de liaisons. Ce phénomène permet à chaque groupement carboxyle de se retrouver vis-à-vis et au-dessus d'un groupement imido (figure 2.16).

Puisque le C_α est le point de rotation des chaînes polypeptidiques, la présence de chaînes latérales R sur ce dernier peut défavoriser la formation de l'hélice-α. En règle générale, les chaînes latérales qui ne sont pas trop volumineuses et qui n'ont pas de groupements polaires comme les fonctions alcools primaires ou comme les groupements chargés, $-NH_3^+$ et $-COO^-$, permettent le maximum d'α-hélicité. Par contre, la présence groupée des fonctions $\varepsilon-NH_3^+$ de la lysine, $\varepsilon-NH_2^+$ de l'arginine, $\beta-COO^-$ de l'acide aspartique ou $\gamma-COO^-$ de l'acide glutamique défavorise la formation de l'hélice-α. Cependant, lorsque ces résidus arrivent de façon isolée sur la chaîne polypeptidique, aucune déstabilisation de l'hélice-α n'est observée.

D'autres acides aminés comme la glycine et la proline, ont un effet déstabilisateur de l'hélice-α. Le premier, n'ayant pas de chaîne latérale (R = H), n'offre pas de gêne stérique et permet même un plus grand degré de rotation de l'hélice. Le second, son atome N étant engagé dans une structure rigide (formation d'un anneau), ne permet pas de rotation autour de l'axe $C_\alpha-N$ (axe φ) mais montre plutôt une cassure qui interrompt la formation de l'hélice-α (figure 2.17).

La majorité des protéines globulaires (section 2.4.4) contiennent un degré important mais variable d'α-hélicité (figure 2.18).

Figure 2.16 Modèle d'une structure hélicoïdale α droite stabilisée par des liaisons hydrogène

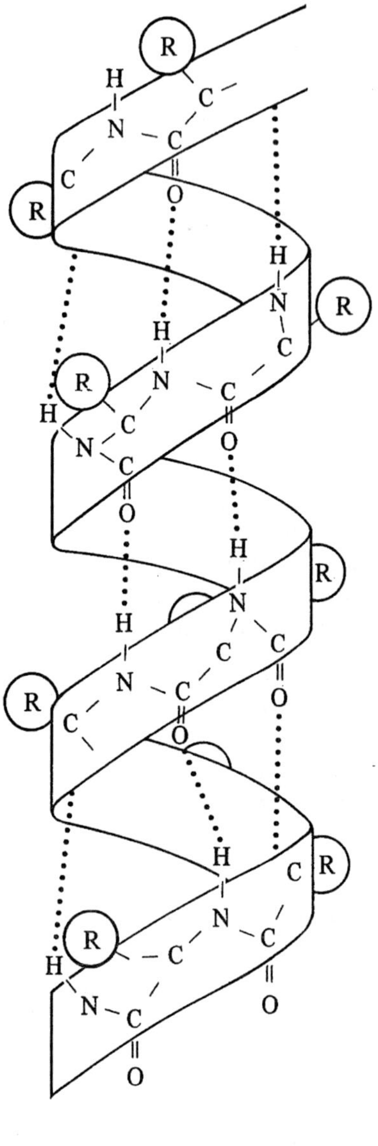

Figure 2.17 Inversion du sens de la chaîne polypeptidique (cassure) sous l'influence de la proline

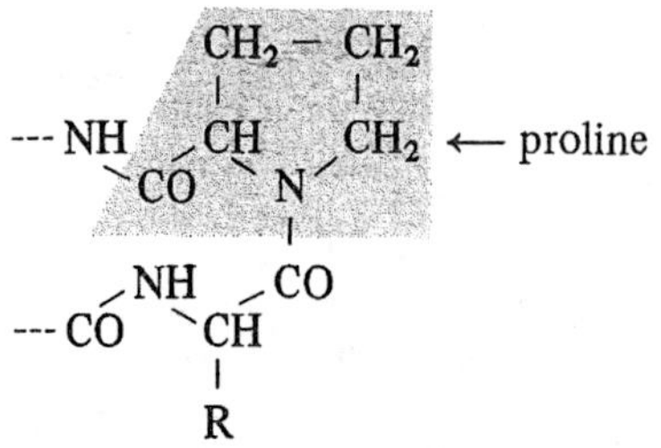

Figure 2.18 Contenu en hélice α de différentes protéines

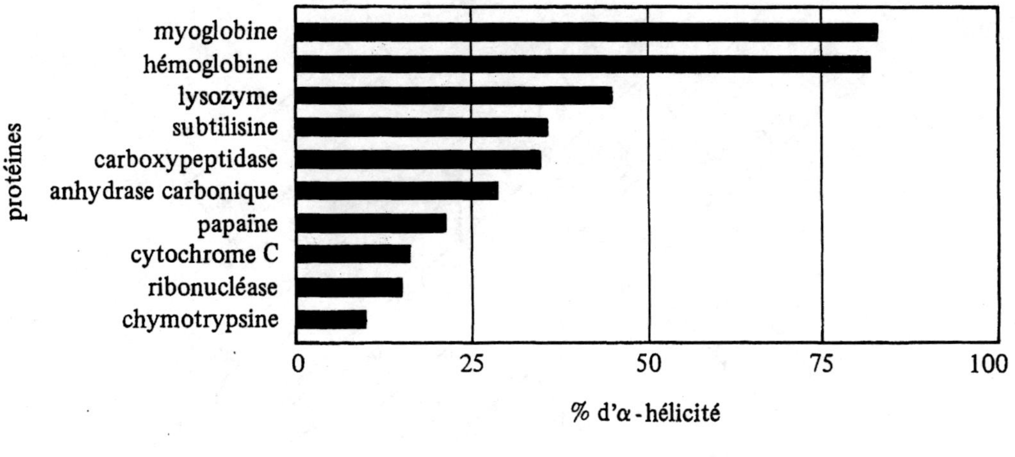

Enfin, l'hélice-α est aussi la structure de base des kératines de type α, protéines insolubles d'origine animale. La plupart des α-kératines, représentées à la figure 2.2, contiennent des acides aminés standard et sont relativement riches en résidus cystines; environ 22% dans le cas des kératines dures comme les ongles et de 10 à 14% dans le cas des kératines flexibles comme la peau.

B. STRUCTURE EN FEUILLET PLISSÉ

Lorsque des protéines du type α-kératine sont soumises à une chaleur humide, les liaisons hydrogène intramoléculaires stabilisatrices de l'hélice-α sont alors rompues. Les chaînes ainsi allongées prennent aussitôt une conformation en zig-zag, appelée conformation-β et illustrée à la figure 2.19. Celles-ci ont tendance à se lier parallèlement par le biais de liaisons hydrogène pour former un feuillet plissé représenté à la figure 2.20.

Figure 2.19 Effet de la température sur les protéines de type α-kératine

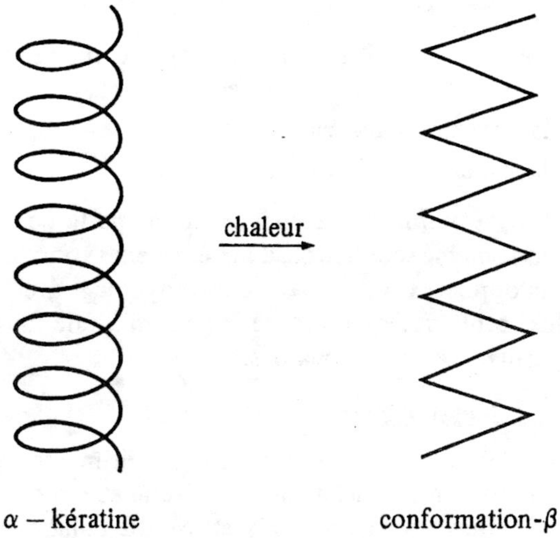

Les deux principales caractéristiques des α-kératines sont les suivantes:

- elles ne contiennent pas de résidus cystines, donc pas de ponts disulfure;
- elles sont très riches en acides aminés à chaînes courtes comme la glycine, l'alanine et la sérine, ce qui permet la juxtaposition des chaînes.

Cependant, l'interaction de groupements R volumineux ou chargés, empêchera la formation de la structure en feuillet.

Figure 2.20 Schéma de la structure en feuillet plissé

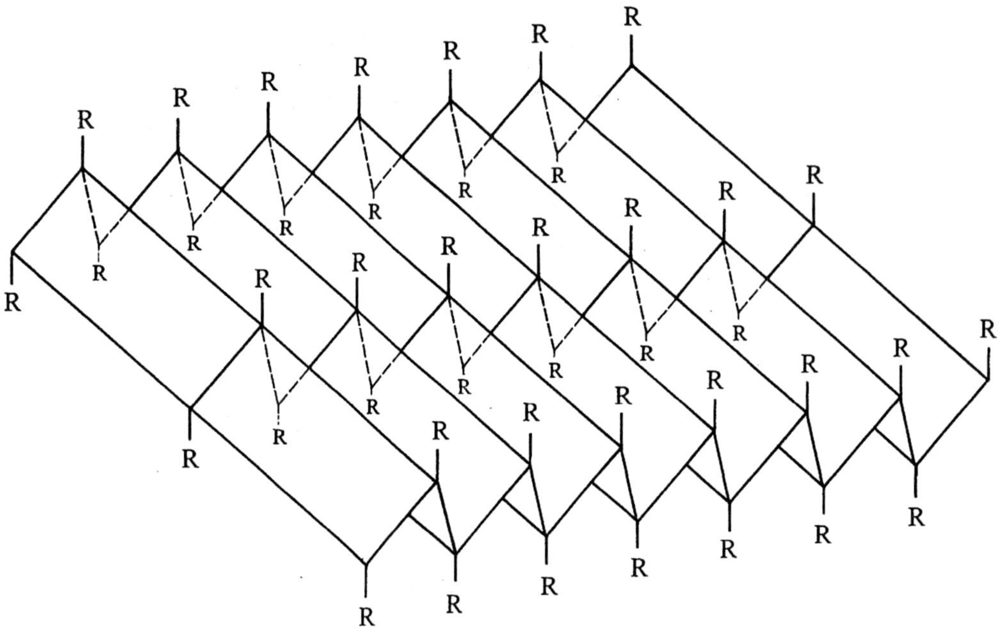

La figure 2.21 illustre les deux conformations possibles de la structure en feuillet plissé:

- la structure parallèle;
- la structure antiparallèle.

Sur la première, les chaînes polypeptidiques vont dans le même sens; sur la deuxième, elles vont dans le sens opposé. C'est ce dernier arrangement qui est le plus stable puisqu'il assure le maximum de liaisons hydrogène entre les chaînes voisines.

2.4.4 STRUCTURE TERTIAIRE

Les motifs réguliers du type hélice-α de même que la structure en feuillet plissé confèrent aux molécules protéiques une forme très étirée ou aplatie et de rapport volume/surface faible. Or, on sait que, sans être des sphères parfaites, un grand nombre de protéines ont une forme globulaire ramassée (figure 2.3). On appelle structure tertiaire l'organisation dans l'espace qui confère à une protéine sa forme et ses propriétés biologiques.

La tendance des protéines à prendre la forme d'un complexe globulaire est liée à l'existence de forces ou de liaisons provenant de l'interaction des différents résidus acides aminés qui les composent. Les interactions, qui maintiennent en place l'édifice structural complexe que représente l'organisation tridimensionnelle d'une protéine, sont habituellement d'énergie peu élevée mais leur grand nombre en favorise la

Figure 2.21 Différentes conformations de protéines fibreuses. (Structure β)

A) Structure en feuillet plissé (parallèle) de la kératine

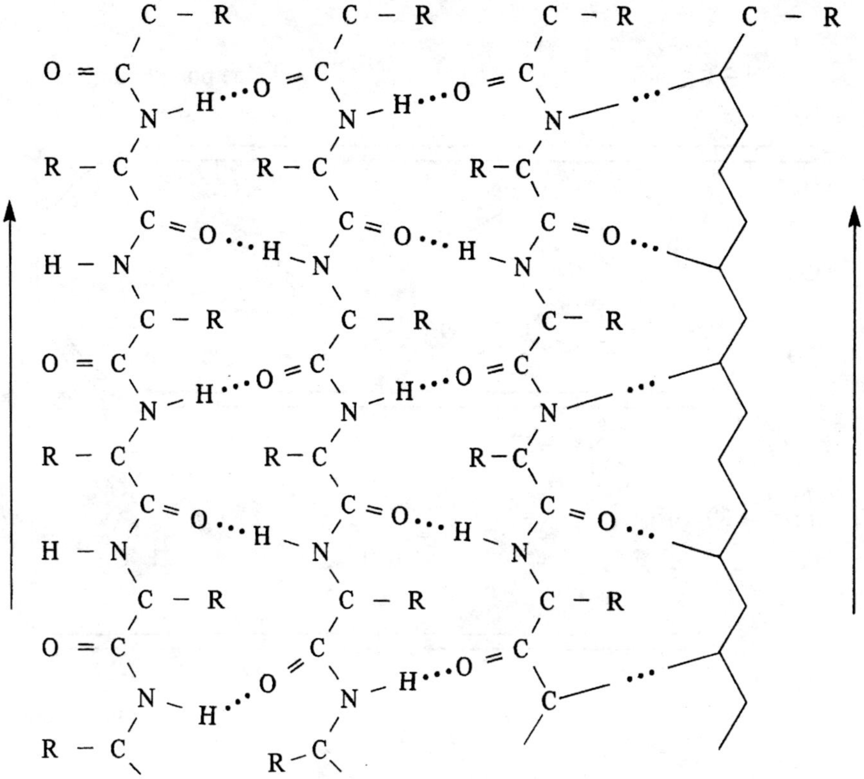

B) Structure en feuillet plissé (antiparallèle) de la soie

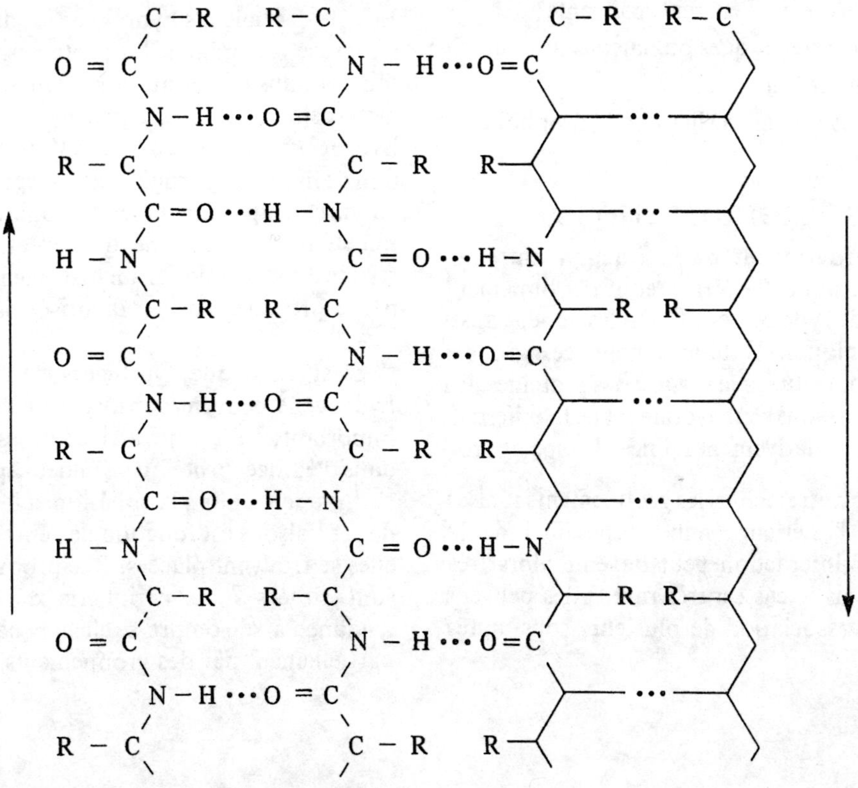

Figure 2.22 Représentation des différents types de liaisons non covalentes qui stabilisent la structure protéique: (a) interaction électrostatique; (b) pont hydrogène des groupements R; (c) interaction hydrophobe des chaînes latérales non polaires; (d) interaction dipôle-dipôle; (e) pont disulfure, seul lien covalent

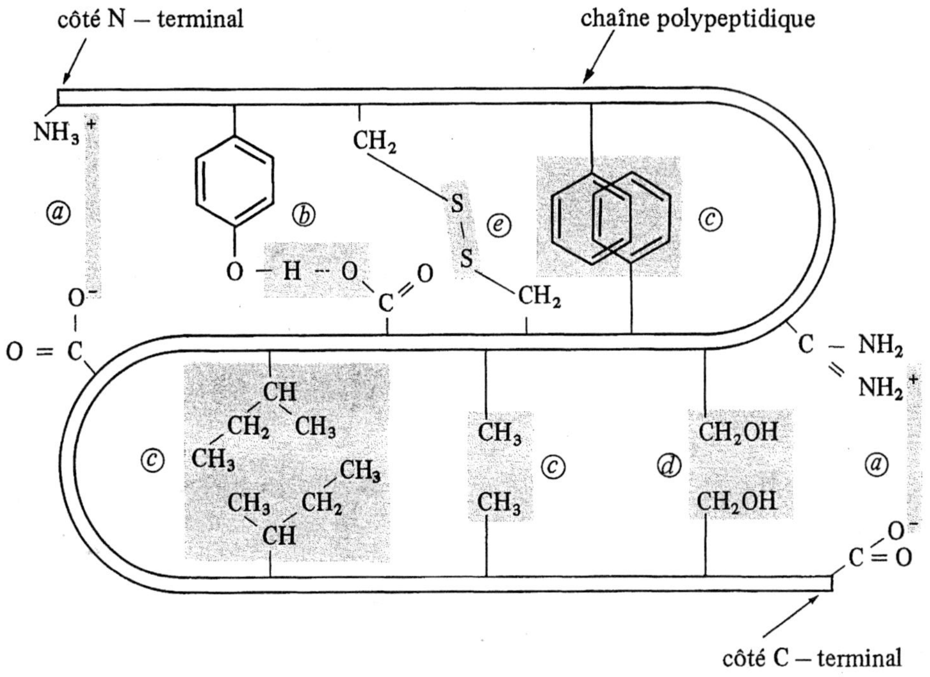

stabilité. Ces interactions, représentées à la figure 2.22, sont, par ordre d'énergie croissante:

- les liaisons électrostatiques ou liaisons ioniques;
- les liaisons hydrogène;
- les interactions apolaires (liaisons hydrophobes);
- les ponts disulfure.

A. LIAISONS ÉLECTROSTATIQUES

Ces liaisons proviennent de l'attraction entre un groupement basique ($-NH_3^+$) et un groupement acide (COO^-) de type Na^+ et Cl^-. On les appelle aussi des liaisons ioniques. Habituellement, ces groupements ionisés sont situés à la surface des protéines. En milieu aqueux, ces ions sont hydratés et ne manifestent qu'une tendance relativement faible à l'association.

Il peut en être autrement si les groupements ionisés se trouvent à l'intérieur (milieu apolaire) de la molécule. Leur interaction peut devenir alors très significative, mais le cas est très rare. Elles peuvent enfin servir à l'association de plusieurs sous-unités protéiques.

B. LIAISONS HYDROGÈNE

Le rôle des liaisons hydrogène est déjà connu dans la structure secondaire des protéines. Cependant, certains résidus acides aminés à fonction $-OH$ comme la tyrosine et la sérine peuvent former des liaisons hydrogène supplémentaires. Mais puisque la formation de liaisons hydrogène est exergonique ($\Delta G < O$) en milieu apolaire et endergonique ($\Delta G > O$) en milieu polaire, comme dans l'eau par exemple, il résulte donc qu'une liaison hydrogène sera défavorisée par la présence d'eau et favorisée par son absence.

C'est ainsi que, protégées de l'eau, les liaisons hydrogène peuvent constituer un élément structural important; c'est ce qui arrive à celles qui sont enfouies dans l'édifice protéique (milieu apolaire). Elles en maintiennent alors la cohésion et la force de chacune de ces liaisons est fonction de l'entourage dans lequel elles se trouvent placées. Réciproquement, celles qui sont situées à la périphérie de la molécule ont tendance à se rompre si elles ne sont pas protégées partiellement par des groupements apolaires.

Il faut donc d'autres types de forces pour imposer initialement un entourage non-aqueux aux liaisons hydrogène. Ces forces sont les interactions apolaires.

C. INTERACTIONS APOLAIRES (LIAISONS HYDROPHOBES)

Un grand nombre de chaînes latérales sont aliphatiques ou aromatiques de caractère liposoluble, c'est-à-dire possédant la tendance spontanée de passer d'une phase aqueuse à une phase organique. On dit de ces chaînes qu'elles sont hydrophobes.

Le passage des différents groupements depuis l'eau vers le milieu apolaire créé au centre de la molécule protéique est un processus spontané ($\Delta G < O$); il est donc d'ordre entropique. C'est pourquoi on appelle liaisons hydrophobes les interactions négatives entre les chaînes latérales des acides aminés et l'eau. Les liaisons hydrophobes sont responsables du repliement de la chaîne polypeptidique et de la formation de la structure tertiaire des protéines. Elle contribuent également à favoriser la formation de l'hélice-*a*.

Il est difficile d'assigner une énergie précise à une liaison hydrophobe, car cette énergie est fonction de la nature du groupement et de son entourage. Prises individuellement, ces liaisons sont relativement faibles; mais en grand nombre, elles favorisent le repliement de la chaîne sur elle-même créant un milieu intérieur apolaire et favorisant la formation de liaisons hydrogène stabilisatrices de la structure tertiaire.

D. PONTS DISULFURE

Quelques protéines contiennent des résidus de cystine provenant de l'oxydation de deux résidus cystéines placés face à face lors du repliement de la chaîne polypeptidique. Ces ponts disulfure contribuent alors fortement à la stabilité de la molécule, leur enthalpie de formation étant très élevée par rapport aux forces décrites précédemment. Ils ne servent que comme liaisons supplémentaires à la formation de la structure tertiaire puisque cette dernière est d'abord imposée par les interactions apolaires et les liaisons hydrogène.

Parce qu'ils sont covalents, les ponts disulfure sont très difficiles à briser. C'est pourquoi, une fois formés, ils deviennent un agent très important dans la stabilisation finale de la structure tertiaire des protéines.

L'interaction de toutes ces forces donne les résultats suivants:

- les molécules de protéines prennent une forme globulaire compacte;
- tous les groupements polaires des résidus acides aminés sont localisés sur la surface extérieure de la molécule et sont hydratés;
- presque tous les groupements non polaires ou hydrophobes se retrouvent à l'intérieur de la molécule à l'abri de l'eau;
- la formation de l'hélice-*a* se trouve favorisée par le milieu apolaire;
- les ponts disulfure stabilisent la structure tertiaire uniquement lorsque celle-ci a déjà été formée par l'ensemble des interactions précédentes.

2.4.5 STRUCTURE QUATERNAIRE

La structure quaternaire est le résultat de l'association ou de la polymérisation d'unités protéiques monomères (figure 2.23). En effet, certains groupements résiduels situés à la surface de ces unités permettent à deux, trois ou plusieurs protéines de s'associer les unes aux autres. Ainsi, chaque molécule protéique devient une sous-unité de l'ensemble final. Les sous-unités peuvent être identiques; on a alors une structure quaternaire homogène. Les sous-unités peuvent aussi être différentes; on parle alors de structure quaternaire hétérogène. Ces sous-unités sont désignées sous le nom de *protomère* et une protéine formée de deux protomères ou plus s'appelle un *oligomère*. Le tableau 2.8 donne le nombre de protomères de quelques protéines parmi les plus connues.

Figure 2.23 Un dimère protéique illustrant la structure quaternaire d'un complexe protéique globulaire

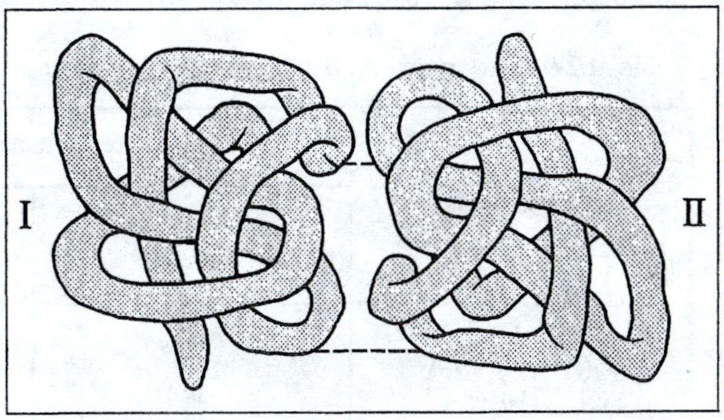

Tableau 2.8 Nombre de sous-unités protomères de quelques protéines les plus connues

Protéine	Sous-unités	
	Nombre	Masse moléculaire (g)
Alcool déshydrogénase	2	42 000
Apoferritine	20	27 000
Catalase	4	65 000
Fumarase	4	48 500
γ-Globuline	2	22 000
	+ 2	55 000
Hémoglobine	2	17 000
	+ 2	17 000
Phosphatase alcaline	2	40 000
Protéine de Bence-Jones	2	22 000
Protéine manteau du virus de la mosaïque du tabac	2 100	17 500

Normalement, dans la majorité des cas étudiés, les protomères seuls ne possèdent pas l'activité biologique de l'oligomère.

L'un des oligomères le plus connu est l'hémoglobine formée de deux protomères de type α et deux protomères de type β. On dit alors qu'elle a une structure $\alpha_2\beta_2$ (section 2.6).

2.5 PROPRIÉTÉS GÉNÉRALES DES PROTÉINES

2.5.1 PROPRIÉTÉS ACIDO-BASIQUES

Les propriétés acido-basiques des protéines sont largement déterminées par le nombre et la nature des groupements R ionisables présents sur leurs chaînes polypeptidiques. Aussi, puisque les protéines diffèrent dans la composition et la séquence de leurs acides aminés, chaque protéine a des propriétés acido-basiques distinctes.

Pour bien comprendre celles-ci, étudions la courbe de titrage acido-basique d'une protéine représentative de l'ensemble des protéines globulaires dont le contenu en acides aminés est connu: la ribonucléase. La figure 2.24 décrit cette courbe de titrage de la ribonucléase native avec ses 124 acides aminés dont 34 possèdent des groupements ionisables en plus des extrémités C— et N—terminales. Cette courbe de titrage, applicable à n'importe quelle protéine, est le reflet du comportement de l'ensemble des groupements R ionisables dont la contribution approximative est déterminée au tableau 2.9.

Figure 2.24 Courbe de titrage de la ribonucléase. Le titrage commence au *p*H isoélectrique et se fait vers la gauche par addition d'un acide et vers la droite par addition d'une base.

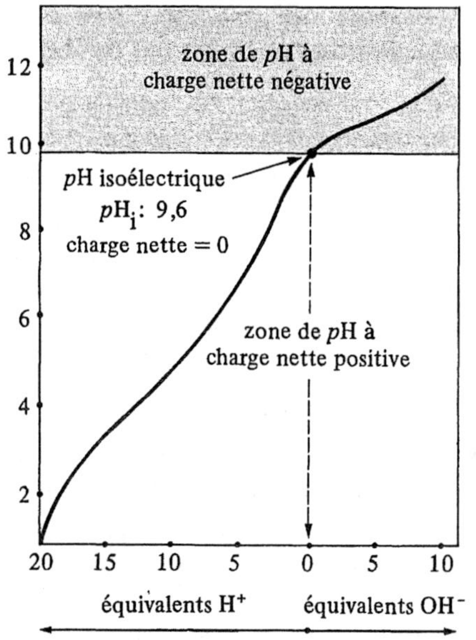

Tableau 2.9 Groupements titrables de la ribonucléase*

Groupements	Nombre par molécule		*p*K approximatif	*p*K acide aminé libre
	Composition en acide aminé	Groupements titrables* (accessibles)		
α-COOH	1		4,7	2,3
-COOH (Gly, Asp)	10		4,7	4,0
Imidazole (His)	4	} 5	6,5	6,0
α-NH_2	1		7,8	9,7
Phénolique (Tyr)	6	} 13-16	9,95	10,0
ϵ-NH_2 (Lys)	10		10,2	10,5
Guanidyle (Arg)	4	4	12,0	12,5

* tous ces groupements deviennent accessibles à la titration sur la ribonucléase dénaturée.

Pratiquement tous les groupements R ionisables de la ribonucléase native sont accessibles au titrage, preuve que, sur une protéine globulaire native, la plupart des groupements R ionisables se retrouvent à la surface de celle-ci. Chez d'autres protéines natives toutefois, certains groupements R ionisables ne sont pas accessibles au titrage, soit parce qu'ils sont cachés à l'intérieur de la molécule, soit parce qu'ils participent aux liaisons hydrogène. Cependant, tous ces groupements deviennent accessibles au titrage si la protéine native est dénaturée.

La figure 2.24 illustre le *p*H isoélectrique de la ribonucléase. On sait déjà qu'à pH_i, la molécule est électriquement neutre et ne migre pas lorsque placée dans un champ électrique. Normalement, le pH_i d'une protéine est déterminé par l'ensemble des *pK* de ses groupements ionisables. Le pH_i sera relativement élevé, c'est-à-dire au-dessus de *p*H 7,0, si la protéine a un contenu élevé en acides aminés basiques (lysine, arginine, histidine, etc.); c'est le cas ici de la ribonucléase avec son pH_i de 9,6. Au contraire, il sera bas, c'est-à-dire au-dessous de *p*H 7,0, si la protéine a un contenu élevé en acides aminés acides (acide aspartique, acide glutamique); c'est le cas notamment de la sérumalbumine avec son pH_i de 4,9. D'ailleurs, la majorité des protéines globulaires ont un pH_i entre *p*H 4,5 et 7,0 (tableau 2.10).

De plus, la courbe de titrage illustre le signe et le degré de charge net de la protéine à n'importe quel *p*H. À *p*H plus élevé que son pH_i, la protéine se charge négativement et agit comme un anion (Pr^-). Son degré de charge va augmenter avec l'élévation du *p*H en conformité avec la courbe de titrage. Par contre, si le *p*H est plus bas que son pH_i, la protéine se charge positivement et agit comme un cation (Pr^+). Son degré de charge va augmenter cette fois avec la diminution du *p*H. Les propriétés acido-basiques des protéines permettent donc de prédire leur comportement dans un champ électrique.

Tableau 2.10 *p*H isoélectrique de quelques protéines

Protéine	pH_i
Pepsine	~ 1,0
Ovalbumine	4,6
Sérumalbumine	4,9
Uréase	5,0
β-Lactoglobuline	5,2
γ-Globuline	6,6
Hémoglobine	6,8
Myoglobine	7,0
Ribonucléase	9,6
Chymotrypsinogène	9,5
Cytochrome C	10,6
Lysozyme	11,0

Comme la majorité des protéines sériques ont des pH_i variant de *p*H 4,9 pour l'albumine à *p*H 5,6 – 6,2 pour les globulines, il résulte qu'elles existent toutes sous forme d'anions (Pr^-) puisque tous leurs pH_i sont plus bas que le *p*H physiologique (7,45) du milieu dans lequel elles se trouvent. C'est pourquoi, en ce qui concerne l'équilibre acido-basique de l'organisme, elles sont considérées comme des anions au même titre que les Cl^-, HCO_3^-, $H_2PO_4^-$, etc.

Les protéines ont habituellement un pouvoir tampon maximum à leur pH_i. Cependant, chacun des groupements R ionisables des protéines possède aussi un pouvoir tampon qui se situe à son *pK* propre. C'est ainsi qu'à *p*H physiologique (7,45), seule l'histidine joue un rôle tampon puisqu'elle est le seul acide aminé dont le *pK* (groupement imidazole) lui est voisin (*p*H 6,5). Comme la sérumalbumine contient 16 résidus par molécule et qu'elle constitue environ entre 60% et 65% des protéines sériques totales, il en résulte que 95% du pouvoir tampon des protéines sériques à *p*H physiologique provient du groupement imidazole (histidine) de l'albumine.

2.5.2 SOLUBILITÉ

L'eau constitue le milieu naturel dans lequel baignent les molécules protéiques. C'est donc en solution aqueuse que ces dernières manifestent habituellement leur activité avec une grande efficacité. Cependant, l'eau, de par sa nature polaire, possède un certain degré d'organisation en absence de tout soluté. En effet, les propriétés anormales de l'eau par rapport aux autres solvants résultent des fortes interactions entre les molécules. Ces interactions dépendent de l'existence de liaisons hydrogène entre les molécules d'eau (figure 2.25). Ainsi, une molécule d'eau peut participer à quatre liaisons hydrogène: deux d'entre elles impliquent les deux atomes d'hydrogène et les deux autres les paires d'électrons de l'oxygène.

A. COURONNE HYDRATANTE

Lorsqu'une molécule de protéine se trouve en milieu aqueux, il se forme une couche structurée d'eau autour d'elle, appelée *couronne hydratante*; la figure 2.26 illustre cette couronne hydratante, conséquence de la formation de liaisons hydrogène entre les groupements polaires de la protéine et l'eau qui l'entoure. L'épaisseur de la couronne hydratante dépend de la distribution et du nombre relatif de

Figure 2.25 Molécule d'eau formant quatre liaisons hydrogène

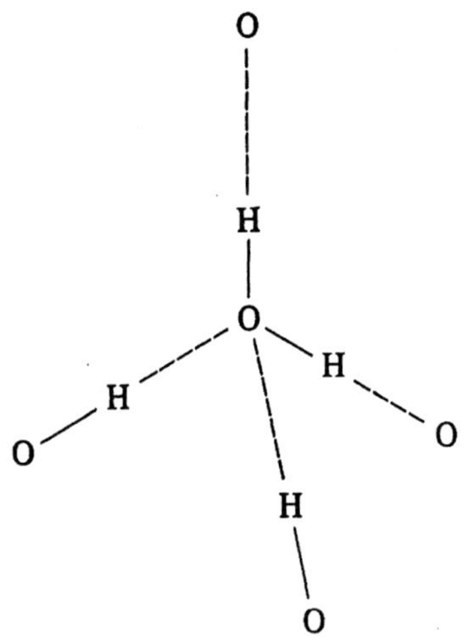

groupements polaires ou non polaires à la surface de la protéine.

Ainsi, si la proportion des groupements hydrophobes et hydrophiles est convenable, la protéine se présente sous forme d'une sphère compacte présentant un volume intérieur hydrophobe et une couche externe complètement occupée par les résidus polaires.

Au contraire, si le nombre de résidus non polaires devient très grand, il n'y a plus suffisamment de groupes polaires pour former une couche externe complète. Il ne se forme plus de couronne hydratante et il en résulte alors une tendance à l'agrégation.

La solubilité des protéines est donc augmentée par la présence d'eau libre puisqu'elle favorise la présence de la couronne hydratante. C'est pourquoi, tout ce qui tend à diminuer l'activité de l'eau libre – l'addition de sels inorganiques ou de solvants organiques tels l'éthanol ou l'acétone – brise la couronne hydratante des protéines pour diminuer ainsi leur solubilité; en effet, les charges découvertes des protéines tendent à promouvoir leur agrégation par suite des forces d'attraction électrostatique.

B. DEGRÉ DE CHARGE

La solubilité est aussi influencée par le degré de charge des protéines, variable en fonction du *p*H. La figure 2.27 illustre que la solubilité d'une protéine est minimum à son pH_i puisque les forces de répulsion entre les molécules protéiques sont aussi au minimum. Cependant, lorsque le *p*H varie de part et d'autre du pH_i, les protéines se chargent du même signe (+ ou –, selon le cas) et les forces de répulsion entre les protéines sont alors maximum, ce qui favorise leur solubilité.

Figure 2.26 Schéma d'une couronne hydratante entourant une protéine globulaire

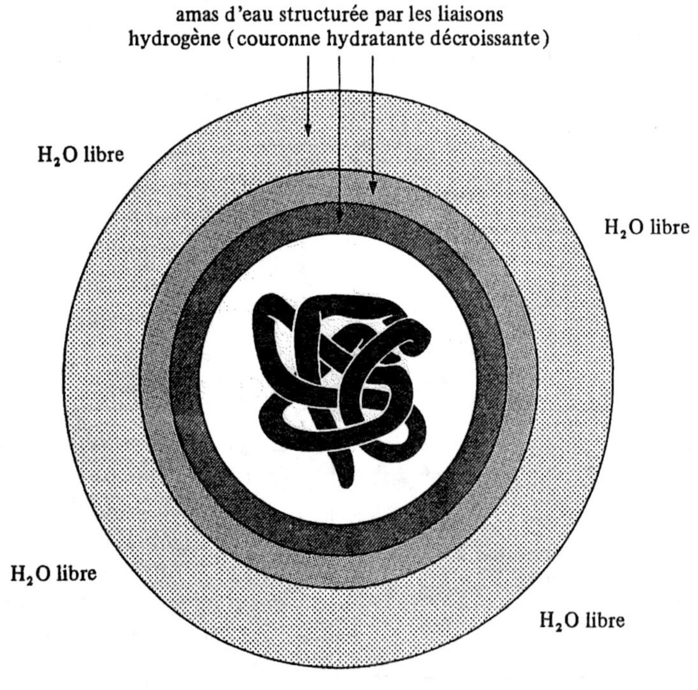

Figure 2.27 Courbe générale de solubilité des protéines en fonction du pH

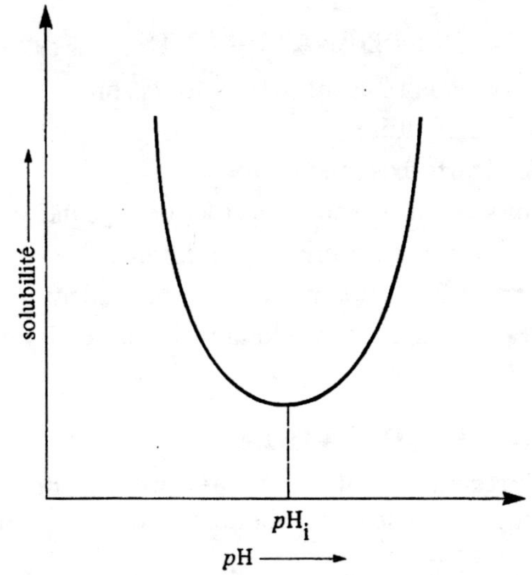

Figure 2.28 Dénaturation et renaturation d'une protéine globulaire

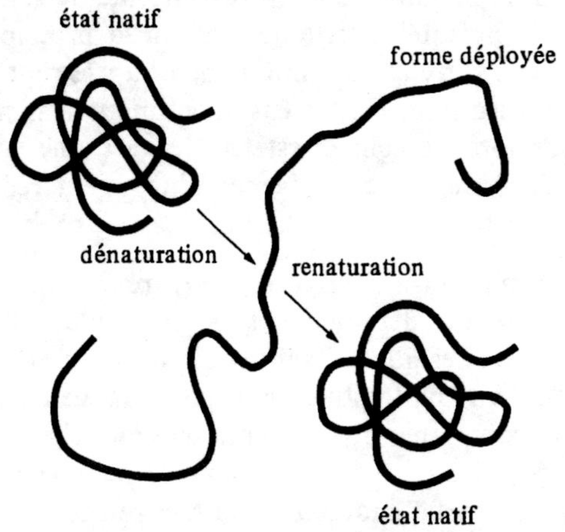

En conséquence, tout phénomène qui tend à briser la couronne hydratante des protéines ainsi qu'à diminuer les forces de répulsion entre les molécules protéiques entraîne automatiquement une diminution de leur solubilité.

2.5.3 DÉNATURATION

L'ensemble des états conformationnels très voisins que peut présenter une protéine biologiquement active constitue ce qu'on appelle son *état natif*. Cette structure fragile est perdue facilement. La protéine passe alors d'une structure initiale exceptionnelle, l'état natif, à l'une des innombrables conformations que la chaîne polypeptidique peut acquérir et qui constituent globalement *l'état dénaturé*. Dans cet état, l'activité biologique de la protéine disparaît et ses propriétés chimiques et physico-chimiques changent.

La dénaturation est donc le phénomène par lequel les protéines globulaires subissent des altérations de leur structure native. Les agents dénaturants affectent, de façon réversible ou irréversible, les différentes forces d'interactions qui stabilisent la structure tridimensionnelle des protéines. Ces forces sont: les liaisons électrostatiques, les liaisons hydrogène, les liaisons hydrophobes et les ponts disulfure. Ainsi, tout agent dénaturant, qui détruit ces interactions, tend à dénaturer les protéines en changeant leur conformation native pour une conformation ouverte ou déployée (*random coil*) comme l'illustre la figure 2.28.

A. MÉCANISME DE DÉNATURATION

Habituellement, les protéines à groupements (—SH) présentent une fragilité plus grande à la dénaturation irréversible que les protéines à ponts disulfure (—S—S—); en effet, ces derniers stabilisent leur structure tertiaire. Ainsi, certains auteurs comme KAUZMANN ont attribué aux ponts disulfure la possibilité de dénaturation réversible. Selon le modèle représenté à la figure 2.29, aussi longtemps que les

Figure 2.29 Mécanisme de la dénaturation de la sérumalbumine d'après KAUZMANN

1: état natif
2: forme dénaturée réversible
3: forme dénaturée irréversible

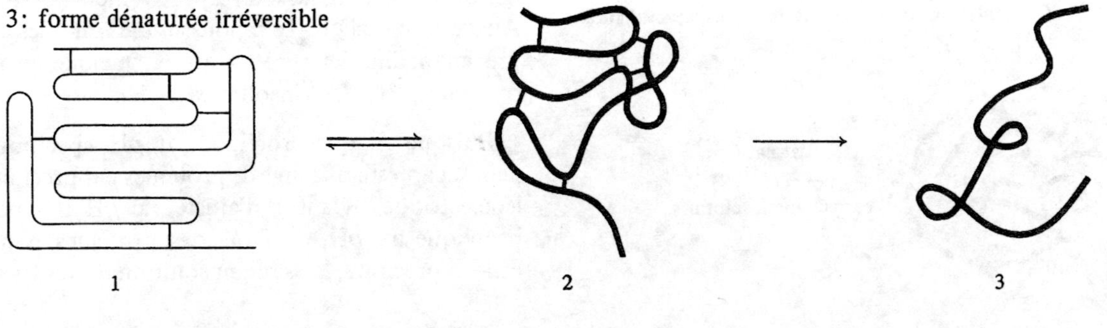

ponts disulfure sont inaltérés, la dénaturation peut être réversible et ne devient irréversible qu'après rupture de ces derniers. Cependant, il est difficile de conclure avec certitude que l'existence des liaisons disulfure conditionnent la réversibilité de la dénaturation, puisqu'il existe des cas où la protéine peut revenir à son état natif initial même après rupture des ponts disulfure. C'est le cas notamment de la ribonucléase lorsque celle-ci est traitée avec une solution d'urée 8 mol/L en présence d'un agent réducteur comme le β-mercaptoéthanol.

Ce mécanisme (figure 2.30) révèle que l'effet combiné du déploiement de la chaîne et de la réduction des ponts disulfure cause la perte complète de l'activité biologique mais que, lorsque l'urée et le β-mercaptoéthanol sont enlevés graduellement par dialyse, l'activité de la ribonucléase revient aussi graduellement, indiquant alors le retour à son état natif. La chaîne polypeptidique de la ribonucléase contient donc l'information nécessaire à son repliement spontané en structure tertiaire catalytiquement active. Mais, dans ce cas précis, on parle plutôt de *renaturation* que de dénaturation réversible puisqu'il ne s'agit pas d'un équilibre mais d'une suite de réactions contribuant à reformer la structure native.

Figure 2.30 Dénaturation et renaturation de la ribonucléase avec rétablissement des ponts disulfure originaux

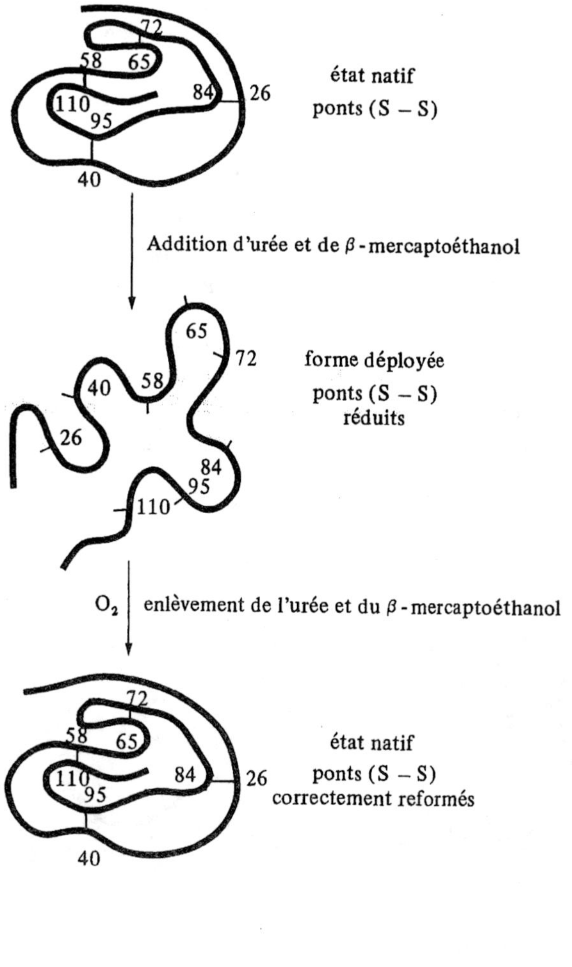

B. AGENTS DÉNATURANTS

Les principaux agents dénaturants sont:
- la température;
- les écarts extrêmes de *p*H;
- les solvants organiques et les détergents;
- l'urée et le chlorure de guanidium;
- les agents rompant les liaisons covalentes;
- les agents agissant chimiquement sur les chaînes latérales.

2.5.4 PRÉCIPITATION

La précipitation des protéines provient de changements profonds de solubilité. Ces changements sont fonction:
- du *p*H;
- de la force ionique;
- des propriétés diélectriques du solvant;
- de la température.

Ces variables, attribuables au fait que les protéines réagissent comme des électrolytes, sont utilisées soit pour les précipiter, soit pour les séparer d'un mélange; en effet, chaque protéine, de par sa composition en acides aminés, est caractéristique et se distingue des autres.

A. PRÉCIPITATION ISOÉLECTRIQUE

La solubilité de la majorité des protéines globulaires est profondément influencée par le *p*H du milieu dans lequel elles se trouvent (figure 2.27). En effet, les protéines affichent un minimum de solubilité au pH_i puisque, dans ces conditions, les forces électrostatiques de répulsion entre les molécules protéiques voisines sont inexistantes. Par contre, les forces électrostatiques d'attraction entre les molécules sont au maximum et favorisent ainsi leur précipitation. Cependant, à des valeurs de *p*H plus élevées ou plus basses que le pH_i, toutes les protéines ont une charge nette du même signe, soit respectivement (−) ou (+). Ainsi, les molécules se repoussent les unes les autres, prévenant ainsi leur précipitation. Quelques protéines sont complètement insolubles à pH_i.

Puisque chaque protéine a un pH_i spécifique, on peut séparer un mélange de protéines par précipitation isoélectrique. Il suffit d'ajuster le *p*H du mélange protéique au pH_i de l'une des protéines pour que celle-ci précipite, laissant en solution toutes les autres protéines ayant un pH_i au-dessus ou en dessous de ce pH. Il est à remarquer, cependant, que la protéine précipitée reste dans sa conformation native; celle-ci peut être resolubilisée dans un milieu de pH et de concentration de sel appropriés.

B. EFFET DE LA CONCENTRATION DE SEL ET DE LA FORCE IONIQUE

L'effet des sels neutres sur la solubilité et la précipitation des protéines globulaires est très important (figures 2.31 et 2.32). En effet, à basse concentration, les sels augmentent la solubilité des protéines; c'est ce qu'on appelle le *salting in* ou effet dissolvant. Les ions bivalents, dérivés de $MgCl_2$ et de $(NH_4)_2SO_4$, sont beaucoup plus efficaces dans le *salting in* que les ions monovalents dérivés de NaCl, de NH_4Cl et de KCl. De plus, la capacité des sels neutres d'influencer la solubilité ou la précipitation des protéines est fonction de la *force ionique* du milieu, à la fois mesure de la concentration et du nombre de charges électriques des anions et des cations fournis par le sel.

Figure 2.31 Effet du pH et de la concentration de NaCl (mM) sur la solubilité de la β-lactoglobuline à 25°C

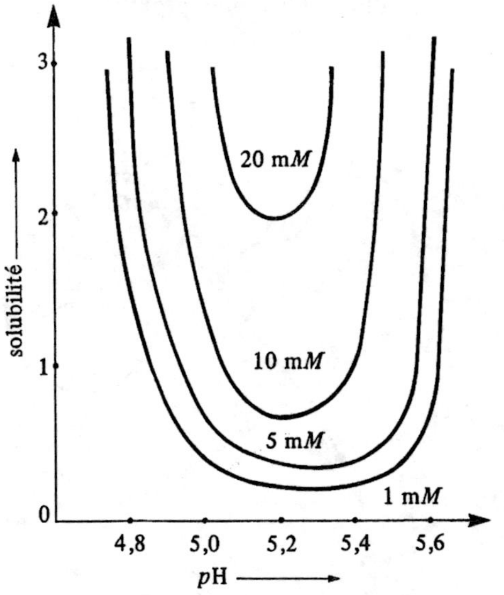

La figure 2.32 illustre, en effet, que l'augmentation de la force ionique du milieu s'accompagne d'une diminution de la solubilité des protéines. Ainsi, lorsque la force ionique du milieu est suffisamment élevée, les protéines peuvent précipiter. C'est un effet appelé *salting out* ou relargage. C'est un phénomène complexe dont l'un des facteurs principaux est sûrement le bris de la couronne hydratante accompagné d'une réduction considérable de la solubilité des protéines. Les protéines ainsi précipitées gardent leur conformation native et peuvent se dissoudre de nouveau sans dénaturation en enlevant les ions par dialyse.

Figure 2.32 Effet d'un sel neutre (K_2SO_4) sur la solubilité de la carbaminohémoglobine à son pH_i. La force ionique (μ) est donnée par $1/2\ \Sigma\ CZ^2$ où C égale la concentration et Z égale la charge.

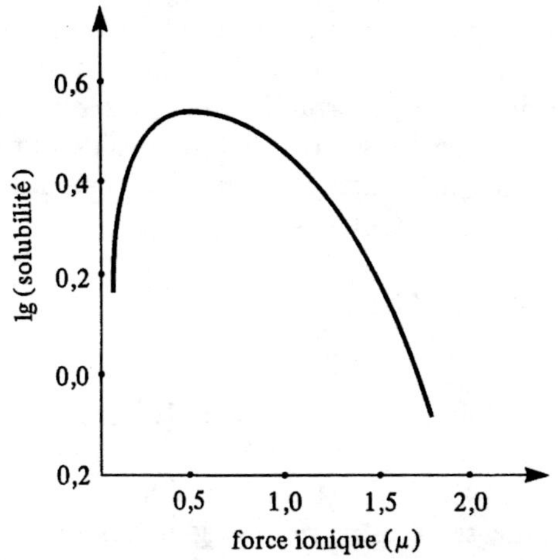

C. PROPRIÉTÉS DIÉLECTRIQUES DU MILIEU

L'addition de solvants organiques neutres miscibles à l'eau, comme l'éthanol et l'acétone, diminue la solubilité de la majorité des protéines globulaires dans l'eau et favorise ainsi leur précipitation. Il a été démontré qu'à un pH et à une force ionique donnés, la solubilité des protéines est aussi fonction de la constante diélectrique du milieu. En effet, puisque l'éthanol a une constante diélectrique inférieure à celle de l'eau, son addition à une solution aqueuse de protéines augmente les forces d'attraction entre charges opposées et diminue ainsi le degré d'ionisation des groupements R des protéines. Il en résulte donc une tendance des protéines à former des agrégats et à précipiter.

On peut séparer un mélange protéique selon la différence de solubilité des protéines dans des mélanges froids eau-éthanol ou eau-acétone. Il importe de travailler à basse température puisqu'à température élevée, de tels solvants dénaturent les protéines.

D. EFFET DE TEMPÉRATURE

Dans certaines limites, soit entre 0°C et 40°C, la plupart des protéines globulaires augmentent leur solubilité avec l'augmentation de la température. Cependant, entre 40°C et 50°C, la majorité des protéines deviennent très instables et commencent à se dénaturer, ordinairement avec perte de solubilité à une zone de *p*H neutre. Il se produit alors une perte de la structure tertiaire avec bris des liaisons peptidiques, ce qui favorise la formation d'agrégats peptidiques insolubles.

En conclusion, nous pouvons constater que les phénomènes dus à la solubilité, à la dénaturation et à la précipitation des protéines sont tous interreliés; ils doivent donc tous être pris en considération dans l'étude des différentes techniques de séparation et de dosages des protéines (section 2.7).

2.6 HÉMOGLOBINE

2.6.1 STRUCTURE

L'hémoglobine est une molécule de forme sphéroïdale possédant une cavité centrale; sa masse moléculaire est de 64 456 g. C'est une protéine *oligomérique* à cause de ses quatre résidus globines, *conjuguée* à cause de son groupement prosthétique, appelée *hème* et *symétrique* parce qu'elle peut être séparée en quatre segments semblables.

A. STRUCTURE DE L'HÈME

Le groupement prosthétique hème est formé d'une ferroprotoporphyrine (figure 2.33). En effet, les porphyrines sont des corps cycliques constitués de quatre noyaux pyrroliques (I, II, III et IV) reliés entre eux par des ponts méthyléniques (— CH =). Elles possèdent en plus huit chaînes latérales sur les noyaux d'où l'explication du terme *proto*; ces huit chaînes latérales sont formées de quatre groupements méthyles ($-CH_3$), deux groupements vinyles ($-CH=CH_2$) et deux groupements propionyles ($-CH_2-CH_2-COOH$) (figure 2.33).

Une propriété importante est la formation de complexes avec des ions métalliques. Un atome de fer à l'état ferreux (Fe^{2+}) s'unit aux quatre atomes d'azote des noyaux pyrroliques au moyen de quatre liaisons: deux liaisons covalentes et deux liaisons de coordination. Ces quatre liaisons deviennent toutefois équivalentes du fait des grandes possibilités de résonance du noyau porphyrique. L'atome de fer de la portion hème est responsable de la liaison de l'oxygène.

Figure 2.33 Structure de l'hème. (Ferroprotoporphyrine)

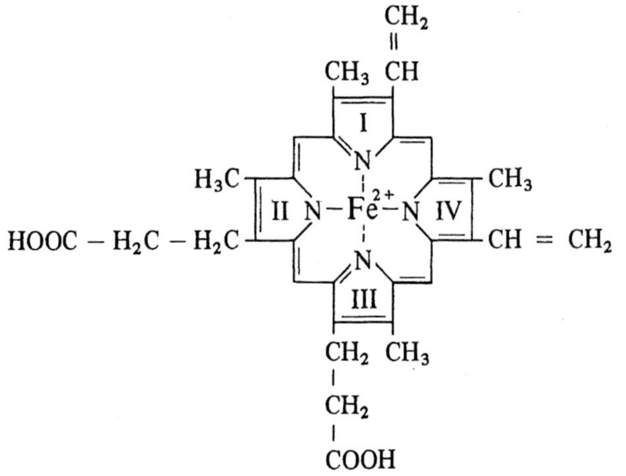

I, II, III, IV → noyaux pyrroles
$-CH_3$ → groupement méthyle
$-CH = CH_2$ → groupement vinyle
$-CH_2 - CH_2 - COOH$ → groupement propionyle

Figure 2.34 Structure tridimensionnelle de la chaîne *β* de l'hémoglobine. On peut y voir les points d'attachement de la partie hème avec la globine: l'histidine proximale (92) et l'histidine distale (63).

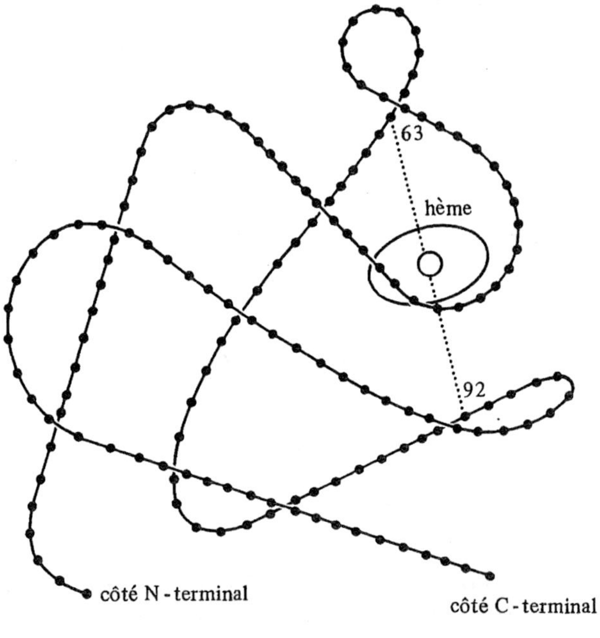

B. STRUCTURE DES GLOBINES

L'unité protéique structurale de base de l'hémoglobine est la globine. Celle-ci, illustrée à la figure 2.34, est constituée d'une longue chaîne simple d'acides aminés repliée sur elle-même et présentant environ 70% de structure en hélice-*α* entrecoupée par de courts segments non hélicoïdaux.

Il existe quatre types différents de globines dont la structure tertiaire est sensiblement de même forme et qui ne diffèrent que par leur structure primaire. En effet, il y a la chaîne α comportant 141 acides aminés et sept segments hélicoïdaux et les chaînes β, δ et γ qui comprennent 146 acides aminés et huit segments hélicoïdaux chacun, mais qui ne diffèrent que par leur séquence d'acides aminés. La figure 2.35 présente d'ailleurs, en parallèle, les séquences de ces quatre types différents de globines.

C. LIAISON HÈME-GLOBINE

Chaque unité globine présente, en outre, une cavité constituée entièrement de résidus acides aminés hydrophobes (non polaires) dans laquelle va s'insérer la partie hème.

En effet, la portion hème est suspendue à l'intérieur de cette cavité par un attachement de la cinquième liaison de coordination de son atome de fer avec le groupement imidazole d'un résidu histidine de la globine, appelé histidine proximale (position 92 des chaînes β, δ et γ et position 87 de la chaîne α). Cette liaison est très stable. La sixième liaison de coordination du fer est aussi présente mais de façon non constante avec le groupement imidazole d'un autre résidu histidine, appelé histidine distale (position 63 des chaînes β, δ et γ et position 58 de la chaîne α); en effet, cette dernière liaison est moins stable car elle se défait ou se refait selon que l'atome de fer capte ou libère une molécule d'oxygène. Ainsi, qu'il soit oxygéné ou non, l'atome de fer reste toujours à l'état ferreux (Fe^{2+}). Cette liaison hème-globine est représentée à la figure 2.34 (chaîne β) et à la figure 2.36 (chaînes α et β).

Figure 2.35 Séquence comparative des quatre chaînes de globine (β, δ, γ et α)

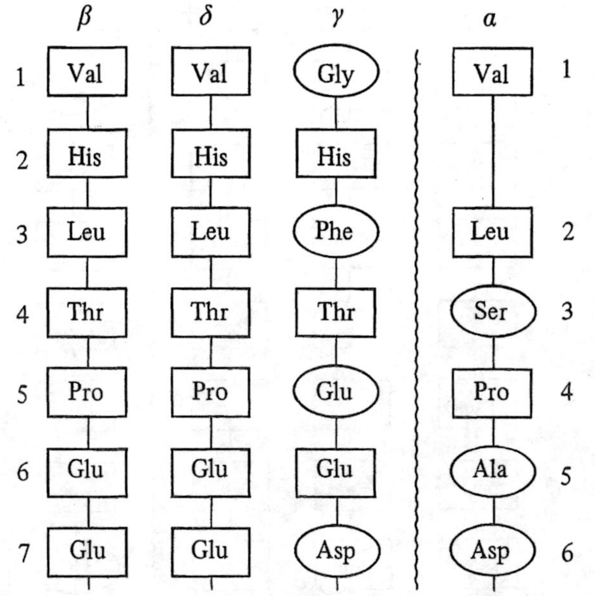

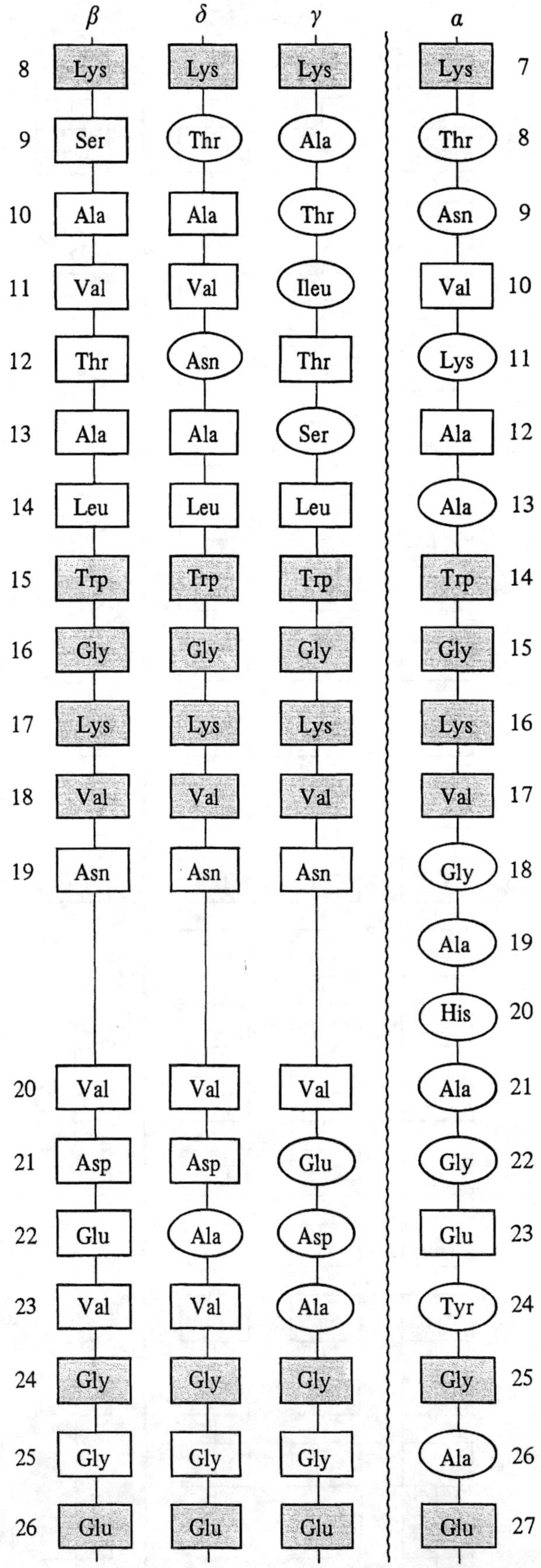

	β	δ	γ	α	
27	Ala	Ala	Thr	Ala	28
28	Leu	Leu	Leu	Leu	29
29	Gly	Gly	Gly	Glu	30
30	Arg	Arg	Arg	Arg	31
31	Leu	Leu	Leu	Met	32
32	Leu	Leu	Leu	Phe	33
33	Val	Val	Val	Leu	34
34	Val	Val	Val	Ser	35
35	Tyr	Tyr	Tyr	Phe	36
36	Pro	Pro	Pro	Pro	37
37	Trp	Trp	Trp	Thr	38
38	Thr	Thr	Thr	Thr	39
39	Gln	Gln	Gln	Lys	40
40	Arg	Arg	Arg	Thr	41
41	Phe	Phe	Phe	Tyr	42
42	Phe	Phe	Phe	Phe	43
43	Glu	Glu	Asp	Pro	44
44	Ser	Ser	Ser	His	45
45	Phe	Phe	Phe	Phe	46
46	Gly	Gly	Gly		
47	Asp	Asp	Asn	Asp	47

	β	δ	γ	α	
48	Leu	Leu	Leu	Leu	48
49	Ser	Ser	Ser	Ser	49
50	Thr	Ser	Ser	His	50
51	Pro	Pro	Ala	Gly	51
52	Asp	Asp	Ser	Ser	52
53	Ala	Ala	Ala		
54	Val	Val	Ile		
55	Met	Met	Met		
56	Gly	Gly	Gly		
57	Asn	Asn	Asn		
58	Pro	Pro	Pro	Ala	53
59	Lys	Lys	Lys	Gln	54
60	Val	Val	Val	Val	55
61	Lys	Lys	Lys	Lys	56
62	Ala	Ala	Ala	Gly	57
63	His	His	His	His	58
64	Gly	Gly	Gly	Gly	59
65	Lys	Lys	Lys	Lys	60
66	Lys	Lys	Lys	Lys	61
67	Val	Val	Val	Val	62
68	Leu	Leu	Leu	Ala	63

	β	δ	γ	α			β	δ	γ	α	
69	Gly	Gly	Thr	Asp	64	90	Glu	Glu	Glu	Asp	85
70	Ala	Ala	Ser	Ala	65	91	Leu	Leu	Leu	Leu	86
71	Phe	Phe	Leu	Leu	66	92	His	His	His	His	87
72	Ser	Ser	Gly	Thr	67	93	Cys	Cys	Cys	Ala	88
73	Asp	Asp	Asp	Asn	68	94	Asp	Asp	Asp	His	89
74	Gly	Gly	Ala	Ala	69	95	Lys	Lys	Lys	Lys	90
75	Leu	Leu	Ile	Val	70	96	Leu	Leu	Leu	Leu	91
76	Ala	Ala	Lys	Ala	71	97	His	His	His	Arg	92
77	His	His	His	His	72	98	Val	Val	Val	Val	93
78	Leu	Leu	Leu	Val	73	99	Asp	Asp	Asp	Asp	94
79	Asp	Asp	Asp	Asp	74	100	Pro	Pro	Pro	Pro	95
80	Asn	Asn	Asp	Asp	75	101	Glu	Glu	Glu	Val	96
81	Leu	Leu	Leu	Met	76	102	Asn	Asn	Asn	Asn	97
82	Lys	Lys	Lys	Pro	77	103	Phe	Phe	Phe	Phe	98
83	Gly	Gly	Gly	Asn	78	104	Arg	Arg	Lys	Lys	99
84	Thr	Thr	Thr	Ala	79	105	Leu	Leu	Leu	Leu	100
85	Phe	Phe	Phe	Leu	80	106	Leu	Leu	Leu	Leu	101
86	Ala	Ser	Ala	Ser	81	107	Gly	Gly	Gly	Ser	102
87	Thr	Gln	Gln	Ala	82	108	Asn	Asn	Asn	His	103
88	Leu	Leu	Leu	Leu	83	109	Val	Val	Val	Cys	104
89	Ser	Ser	Ser	Ser	84	110	Leu	Leu	Leu	Leu	105

	β	δ	γ	α	
111	Val	Val	Val	Leu	106
112	Cys	Cys	Thr	Val	107
113	Val	Val	Val	Thr	108
114	Leu	Leu	Leu	Leu	109
115	Ala	Ala	Ala	Ala	110
116	His	Arg	Ile	Ala	111
117	His	Asn	His	His	112
118	Phe	Phe	Phe	Leu	113
119	Gly	Gly	Gly	Pro	114
120	Lys	Lys	Lys	Ala	115
121	Glu	Glu	Glu	Glu	116
122	Phe	Phe	Phe	Phe	117
123	Thr	Thr	Thr	Thr	118
124	Pro	Pro	Pro	Pro	119
125	Pro	Gln	Gln	Ala	120
126	Val	Met	Val	Val	121
127	Gln	Gln	Gln	His	122
128	Ala	Ala	Ala	Ala	123

	β	δ	γ	α	
129	Ala	Ala	Ser	Ser	124
130	Tyr	Tyr	Trp	Leu	125
131	Gln	Gln	Gln	Asp	126
132	Lys	Lys	Lys	Lys	127
133	Val	Val	Met	Phe	128
134	Val	Val	Val	Leu	129
135	Ala	Ala	Thr	Ala	130
136	Gly	Gly	Gly	Ser	131
137	Val	Val	Val	Val	132
138	Ala	Ala	Ala	Ser	133
139	Asn	Asn	Ser	Thr	134
140	Ala	Ala	Ala	Val	135
141	Leu	Leu	Leu	Leu	136
142	Ala	Ala	Ser	Thr	137
143	His	His	Ser	Ser	138
144	Lys	Lys	Arg	Lys	139
145	Tyr	Tyr	Tyr	Tyr	140
146	His	His	His	Arg	141

Note: 1° Les chaînes β, δ et γ ont la même numérotation car elles ont 146 acides aminés.
2° La chaîne α a une numérotation différente parce qu'elle a seulement 141 acides aminés.
3° La chaîne β est la chaîne de référence.

(ellipse) acides aminés différents de la chaîne β

(case grisée) acides aminés identiques pour toutes les chaînes

Figure 2.36 Site d'attachement de la partie hème sur les globines α et β

globuline α: histidine proximale (87)
histidine distale (58)

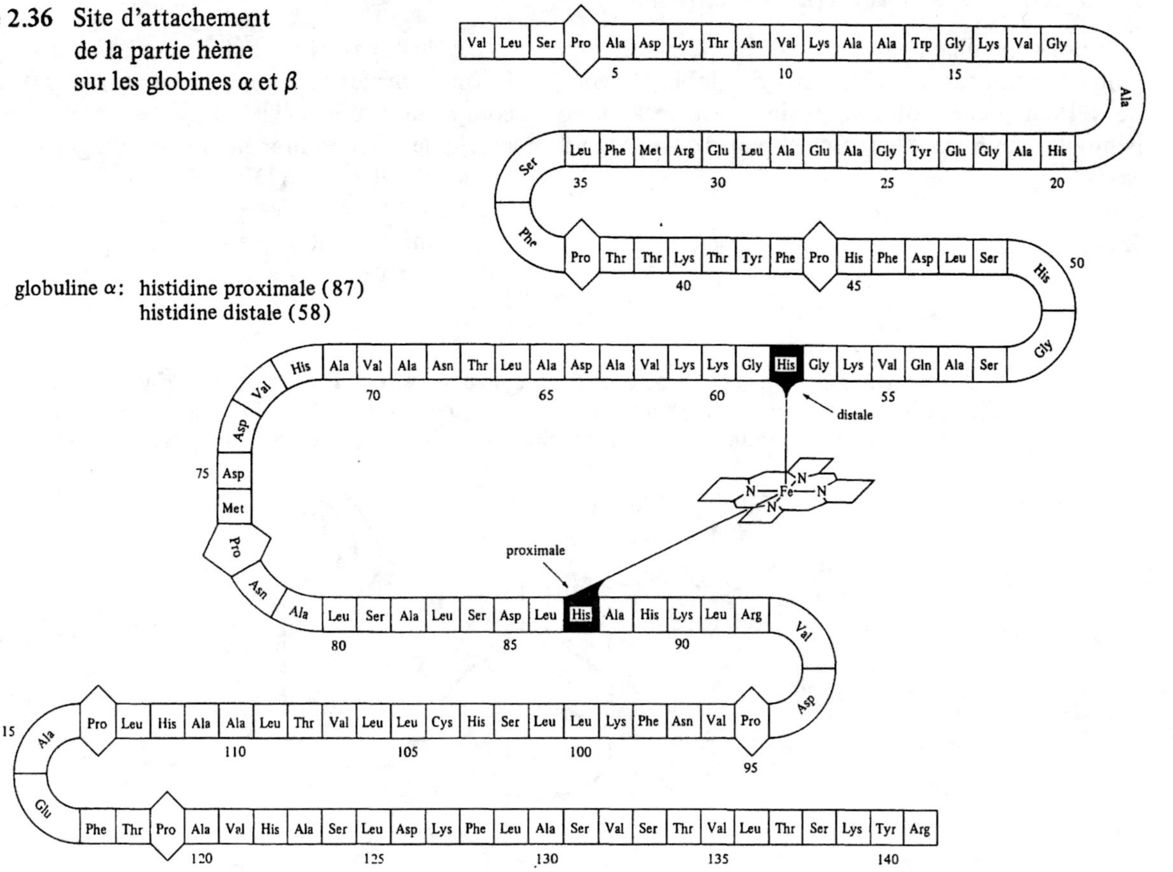

globuline β: histidine proximale (92)
histidine distale (63)

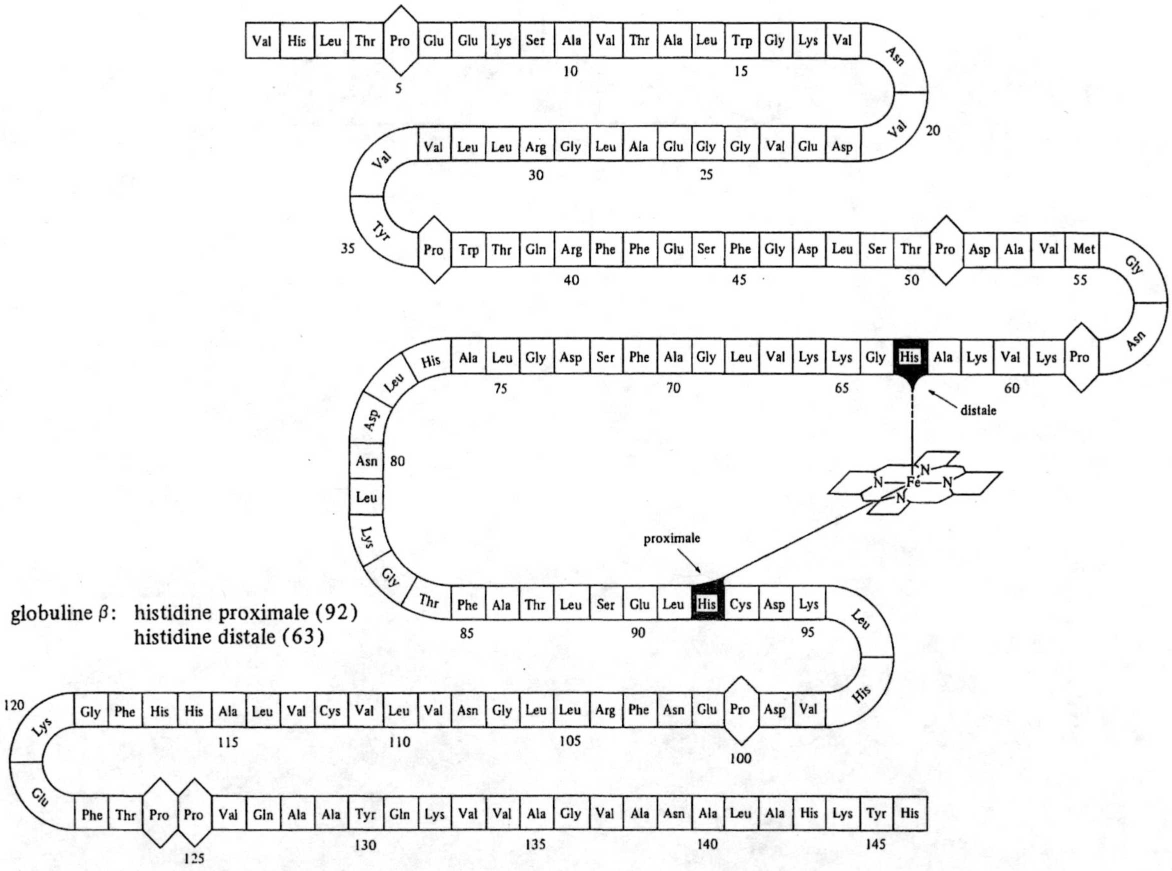

D. STRUCTURE DE L'HÉMOGLOBINE

La molécule d'hémoglobine est un tétramère de globines composé de deux paires de globines identiques. Pour l'hémoglobine humaine normale, appelée hémoglobine A, celles-ci sont des paires de type α et β ($\alpha_2 \beta_2$).

Les deux paires de chaînes α et β sont arrangées de façon à former une molécule de forme sphéroïdale comportant une cavité centrale où va loger une molécule dérivée du métabolisme du glucose, le 2,3-diphosphoglycérate (DPG) (figures 2.37 et 2.38). Les chaînes α sont reliées par leurs extrémités C— et N—terminales; il en va de même pour les liaisons entre les deux chaînes β.

Figure 2.37 Vue supérieure du modèle schématique de l'hémoglobine A contenant deux chaînes α et deux chaînes β. Chaque résidu globine est relié à un groupement hème (partie ombrée). La forme non oxygénée (désoxyhémoglobine) représentée ici contient du 2,3 - diphosphoglycérate (DPG) dans sa cavité centrale.

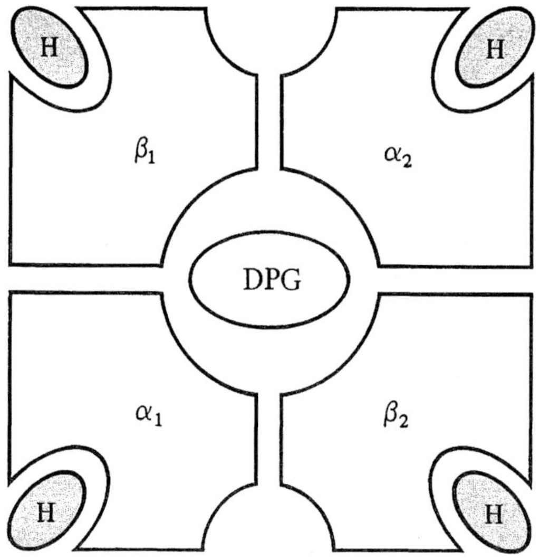

Figure 2.38 Vue latérale de la structure quaternaire de l'hémoglobine A

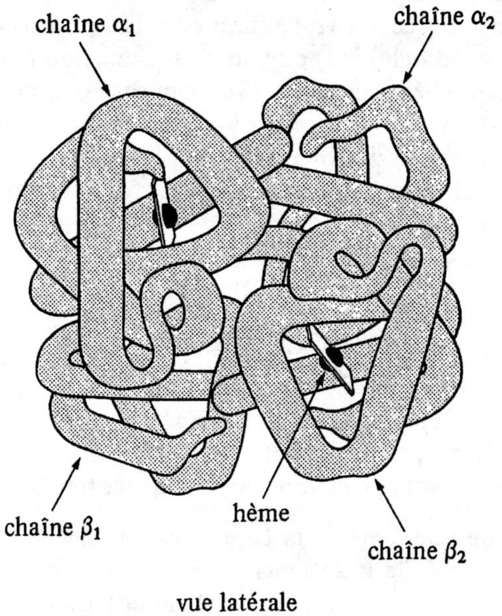

Il est à noter que les groupements hèmes sont situés vers l'extérieur du complexe globulaire de façon à favoriser l'interaction de l'atome de fer avec l'oxygène.

Enfin, le sang humain normal contient, en plus de l'hémoglobine A, une hémoglobine A_2 de composition $\alpha_2\,\delta_2$ et une hémoglobine F de composition $\alpha_2\,\gamma_2$.

2.6.2 FONCTIONS

A. OXYHÉMOGLOBINE

La fonction première de l'hémoglobine est de véhiculer, le plus rapidement possible, l'oxygène pulmonaire vers les tissus périphériques pauvres en oxygène et ce, dans un écart relativement faible de pression partielle de O_2 (pO_2).

Des analyses aux rayons-X de l'oxyhémoglobine et de la désoxyhémoglobine démontrent qu'il n'y a pas de changements significatifs de la structure tertiaire des sous-unités globines, mais que la structure quaternaire de l'hémoglobine est cependant altérée de façon très significative.

Ainsi, la liaison de quatre molécules d'oxygène de dimension relativement petite entraîne un changement profond dans la structure quaternaire de l'hémoglobine.

Mécanisme coopératif

Ce changement profond de la structure quaternaire suggère que le fonctionnement de l'hémoglobine est le résultat d'une interaction chaîne à chaîne entre les sous-unités globines, appelée *mécanisme coopératif*. Les étapes des réactions d'équilibre entre l'hémoglobine et l'oxygène sont exprimées par les équations suivantes:

$$Hb + O_2 \rightleftharpoons HbO_2 \qquad (2\text{-}22)$$

$$HbO_2 + O_2 \rightleftharpoons Hb(O_2)_2 \qquad (2\text{-}23)$$

$$Hb(O_2)_2 + O_2 \rightleftharpoons Hb(O_2)_3 \qquad (2\text{-}24)$$

$$Hb(O_2)_3 + O_2 \rightleftharpoons Hb(O_2)_4 \qquad (2\text{-}25)$$

Ainsi, l'oxygénation d'une des sous-unités de la molécule d'hémoglobine entraîne l'augmentation de l'affinité des autres sous-unités pour l'oxygène.

Courbe de saturation en O_2 de l'hémoglobine

La forme sigmoïdale de la courbe de saturation en O_2 de l'hémoglobine (figure 2.39) signifie que l'hémoglobine a une affinité relativement faible pour lier la première ou les deux premières molécules de O_2 mais, une fois qu'elles sont liées, la rapidité de liaison des molécules de O_2 suivantes est considérablement augmentée. À l'inverse, la perte d'une molécule de O_2 d'une oxyhémoglobine provoque la dissociation rapide des autres molécules si la pO_2 est diminuée.

Figure 2.39 Courbe de saturation en O_2 de l'hémoglobine. La forme sigmoïdale de la courbe permet à l'hémoglobine d'être pleinement saturée au niveau des poumons (pO_2 = 100 mm Hg) et d'être déchargée de son O_2 d'environ 30 % au niveau des tissus (pO_2 = 45 mm Hg).

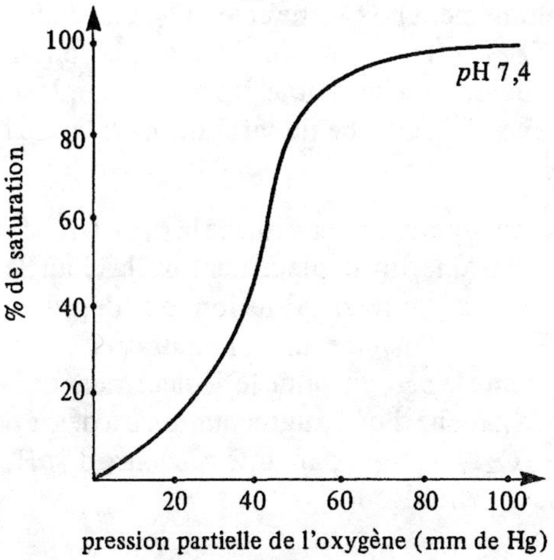

Cet effet de coopération entre les sous-unités globines permet donc à l'hémoglobine de fonctionner avec le maximum d'efficacité dans des conditions physiologiques normales. Ainsi, au niveau des poumons où la pression partielle de O_2 est élevée (environ 104 mm de Hg), l'hémoglobine tend à devenir presque complètement saturée en O_2 (environ 96%); dans ces conditions, environ 1,34 ml d'oxygène est combiné à chaque gramme d'hémoglobine. Par contre, au niveau des tissus périphériques où la pression partielle de O_2 est faible (environ 45 mm de Hg), l'hémoglobine libère O_2 jusqu'à l'obtention d'un taux de saturation de 65%.

On peut donc affirmer que l'hémoglobine oscille entre 96 et 65% de saturation en O_2 dans sa fonction de transporteur d'oxygène; on parle alors, pour un organisme vivant, d'un coefficient normal d'utilisation en O_2 d'environ 30%.

Cette réponse de l'hémoglobine à des écarts faibles de p_{O_2} est absolument vital à son fonctionnement efficace et dépend de plusieurs autres facteurs dont le *p*H, le DPG et la température.

B. CARBAMINOHÉMOGLOBINE

La fonction de l'hémoglobine n'est pas seulement de transporter l'oxygène des poumons vers les tissus, mais aussi de transporter le CO_2 produit par les tissus vers les poumons pour l'excréter. En effet, environ 30% du CO_2 produit par les cellules se fixe sur l'hémoglobine, mais à un autre endroit que l'oxygène. Le CO_2 réagit avec une fonction $-NH_2$ de la partie globine pour former une fonction carbamine selon l'équation suivante:

$$Hb-NH_2 + CO_2 \rightleftarrows Hb-NH-COOH \quad (2\text{-}26)$$

C'est ainsi que l'hémoglobine peut transporter simultanément l'oxygène et le CO_2. Cependant, puisque la p_{CO_2} est une fonction directe de la concentration de CO_2 et qu'elle a une influence sur le *p*H, elle influencera la courbe de saturation en O_2 de l'hémoglobine.

Aussi, une augmentation de la p_{CO_2} (qui diminue le *p*H) entraîne un déplacement de la courbe vers la droite d'où une diminution du degré d'affinité $Hb-O_2$; à l'inverse, une diminution de la p_{CO_2} (qui augmente le *p*H) entraîne le déplacement de la courbe vers la gauche d'où l'augmentation du degré d'affinité $Hb-O_2$. La p_{CO_2}, par l'intermédiaire du *p*H, produit donc un effet BOHR.

2.6.3 DÉRIVÉS

Le terme hémoglobine signifie que l'atome de fer existe à l'état réduit ou bivalent, c'est-à-dire à l'état ferreux. Ceci est vrai autant pour la forme oxygénée (oxyhémoglobine) que pour la forme non oxygénée (désoxyhémoglobine). C'est pourquoi, il faut proscrire les termes *hémoglobine réduite* et *ferrohémoglobine* pour désigner la désoxyhémoglobine puisque, par définition, son atome de fer est déjà à l'état réduit ou ferreux.

A. MÉTHÉMOGLOBINE

Lorsque le fer ferreux (Fe^{2+}) de l'hémoglobine est oxydé en fer ferrique (Fe^{3+}), le dérivé qui en résulte, la méthémoglobine (mét$-$Hb), forme un pigment brunâtre qui ne peut ni lier, ni transporter l'oxygène.

Habituellement, la concentration érythrocytaire normale de la méthémoglobine est d'environ 1,0 g/L. Cette concentration faible s'explique du fait que les érythrocytes possèdent un mécanisme de réduction de la méthémoglobine par l'entremise de l'action concertée de la méthémoglobine-réductase et de son coenzyme NADH,H. Une déficience de ce système peut provoquer une augmentation de la méthémoglobine jusqu'à 10 % à 30 % de l'hémoglobine totale.

B. CARBOXYHÉMOGLOBINE

La carboxyhémoglobine (CO$-$Hb) provient de la formation d'un complexe entre l'hémoglobine et le monoxyde de carbone. Le monoxyde de carbone (CO) vient se combiner avec le fer (Fe^{2+}) de l'hémoglobine; l'affinité de CO pour l'hémoglobine est 210 fois plus grande que celle de l'oxygène. Il en résulte donc que, en présence de monoxyde de carbone, la carboxyhémoglobine est incapable de se lier à l'oxygène; par conséquent, elle devient une hémoglobine empoisonnée.

Une concentration de CO aussi faible que 0,1% neutralise déjà la moitié de l'hémoglobine totale alors qu'une concentration de 0,2% en neutralise la totalité. Le seul remède à apporter dans cette situation est l'administration sous pression de grande quantité d'oxygène.

C. SULFHÉMOGLOBINE

La sulfhémoglobine (sulf—Hb) est également un produit de dégradation de l'hémoglobine lorsque sa partie hème (ferroprotoporphyrine) subit des changements structuraux irréversibles. Ces changements irréversibles sont généralement causés par la présence de certains médicaments comme l'aniline, la phénacétine, les sulfonamides, etc. Il en résulte alors une baisse de la concentration effective de l'hémoglobine.

2.7 TECHNIQUES DE DOSAGE ET DE SÉPARATION

2.7.1 ACIDES AMINÉS

Les anciennes méthodes lentes de précipitation fractionnée, de cristallisation et de distillation ne sont plus guère utilisées aujourd'hui pour séparer des mélanges d'acides aminés. Les méthodes modernes reposent essentiellement sur les propriétés amphotères de ces composés. Les trois méthodes employées sont l'électrophorèse sur papier, la chromatographie sur échangeur d'ions et la chromatographie de partage.

A. ÉLECTROPHORÈSE SUR PAPIER

Sauf au *p*H isoélectrique (pH_i), la charge nette d'un acide aminé n'est jamais nulle. Le *pK* et le pH_i étant différents, la charge variera d'un acide aminé à l'autre dans un tampon de *p*H donné. Placées dans un champ électrique, les molécules auront alors une mobilité en fonction du *p*H et différente selon l'acide aminé. Ainsi, les acides aminés migreront dans des directions opposées et à des vitesses différentes selon leur degré de charge nette (+, − ou 0) et selon la force électromotrice (fém) appliquée. Par exemple, à *p*H 1,0, l'histidine, l'arginine et la lysine ont un degré de charge de +2 alors que tous les autres acides aminés ont un degré de charge de +1. Par contre, à *p*H 11,0, l'aspartate, le glutamate, la cystéine et la tyrosine ont un degré de charge de −2 et tous les autres, −1.

C'est donc à partir de la connaissance de ces propriétés acido-basiques que l'on peut choisir les conditions de séparation d'un mélange d'acides aminés.

Le support de migration est généralement une feuille de papier imprégnée de solution tampon et immergée à ses deux extrémités dans des bacs recevant les électrodes (figure 2.40). Un champ électrique élevé (environ 400 V) permet la séparation rapide de la plupart sinon de tous les acides aminés (une heure); après séchage du papier, la révélation des différents constituants est réalisable par coloration à la ninhydrine. Cependant, les désavantages de cette méthode sont les difficultés inhérentes à l'établissement d'un système de refroidissement adéquat et les dangers d'un haut voltage.

Figure 2.40 Électrophorèse sur papier

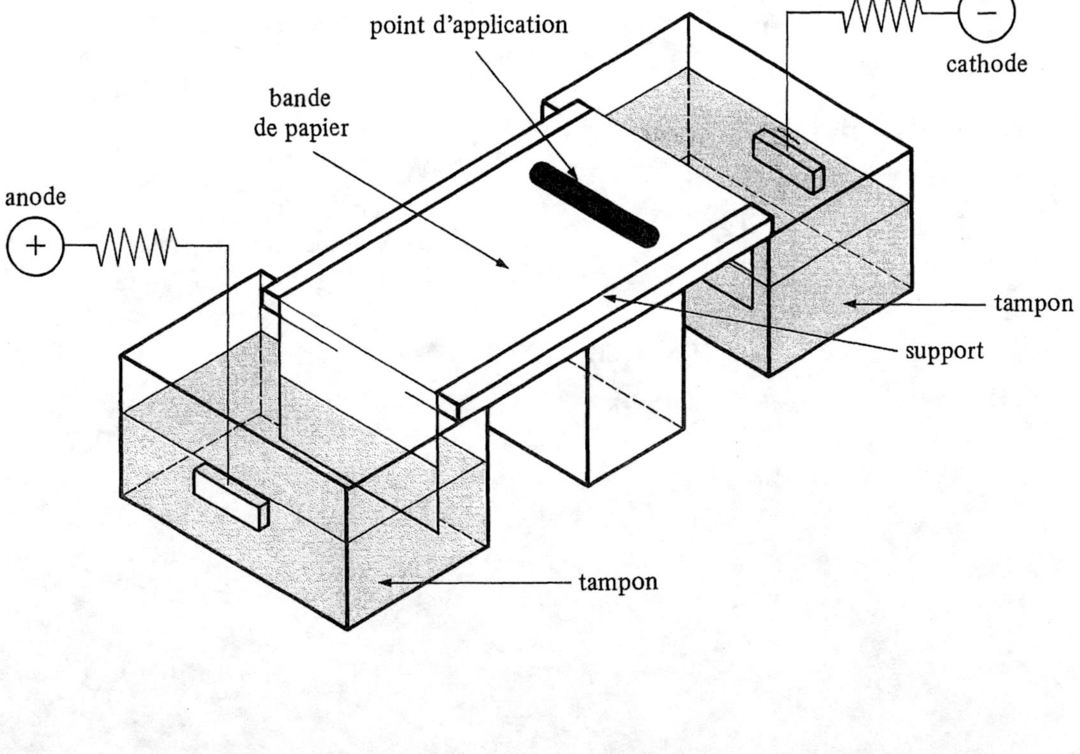

B. CHROMATOGRAPHIE SUR ÉCHANGEUR D'IONS

Les groupements chargés des acides aminés forment des liaisons électrostatiques (salines) avec des ions de charges opposées; cependant, si ces ions se présentent sous forme de réseau solide insoluble dans un solvant, il y a fixation réversible des acides aminés sur le réseau.

En pratique, le réseau est formé en remplissant une colonne de granules d'une résine synthétique portant des groupements chargés. Le réseau est constitué de chaînes de polystyrène réunies par des ponts éthylène dont les noyaux phényls sulfonylés sont en équilibre avec une solution de NaOH; le but est de neutraliser le groupement acide sulfonique ($-SO_3^-$) avec le Na^+. Cette forme de résine est appelée forme sodium. On peut préparer aussi la forme protonée ou forme hydrogène en lavant la résine avec un acide. À cette forme lavée, on additionne une solution acide (*p*H 3,0) d'un mélange d'acides aminés; à ce *p*H, les acides aminés existent sous forme de cations, la charge nette étant positive. Les acides aminés tendent alors à déplacer les ions Na^+ sur la résine (figure 2.41). Cependant, la capacité de déplacement varie avec le degré de charge (ionisation) des acides aminés; ainsi, à *p*H 3,0, la plupart des acides aminés basiques sont fermement liés à la résine par des forces électrostatiques alors que la plupart des acides aminés acides le sont un peu moins.

Lorsque le *p*H et la concentration de NaCl de la solution d'élution sont graduellement augmentés, les acides aminés sont déplacés de la résine à des vitesses différentes; l'éluat est recueilli par petites fractions au bas de la colonne. Celles-ci sont analysées quantitativement par réaction à la ninhydrine. Normalement, les plus acides apparaissent en premier et les plus basiques en dernier (figure 2.42).

C. CHROMATOGRAPHIE DE PARTAGE

La structure amphotère des acides aminés leur assure une bonne solubilité dans l'eau, mais faible dans les solvants organiques. Cependant, cette solubilité dans les solvants organiques est d'autant plus grande que la chaîne latérale R est moins polaire. Donc, si une solution aqueuse d'acides aminés est mise en présence d'un solvant organique partiellement miscible à l'eau, il y aura passage de l'acide aminé de la phase aqueuse à la phase organique, passage d'autant plus important si la chaîne latérale favorise la solubilité dans la phase organique; le *partage* entre les deux phases sera donc variable d'un acide aminé à l'autre.

Figure 2.41 Mécanisme de la réaction de déplacement des acides aminés par addition progressive de NaCl lors d'une chromatographie sur résine échangeuse d'ions

a) $\text{résine} \vdash SO_3^- \cdots H_3\overset{+}{N} - \underset{\underset{R}{|}}{CH} - COOH$ — résine retenant le mélange d'acides aminés

b) $\text{résine} \vdash SO_3^- \cdots H_3\overset{+}{N} - \underset{\underset{R}{|}}{CH} - COOH + Na^+Cl^-$

$$\downarrow\uparrow$$ — déplacement des acides aminés par compétition avec le NaCl

$\text{résine} \vdash SO_3^- \cdots Na^+ + Cl^- H_3\overset{+}{N} - \underset{\underset{R}{|}}{CH} - COOH$

Figure 2.42 Courbe d'élution des acides aminés par chromatographie sur une colonne échangeuse d'ions

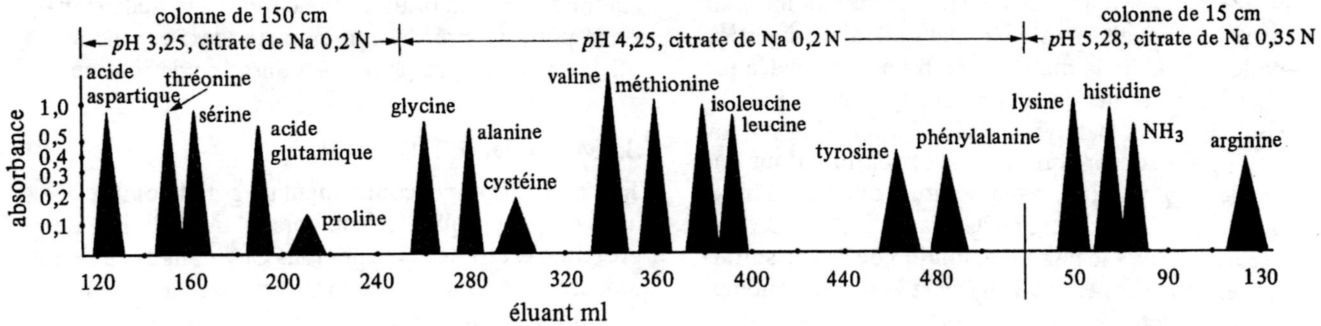

En pratique, il est possible d'assurer un partage continu entre une phase aqueuse fixe et une phase organique mobile en laissant migrer la phase organique sur une feuille de papier saturée de vapeur d'eau : la feuille, immergée par une de ses extrémités, sert de support fixe à la phase aqueuse (la cellulose est hydrophile), tandis que la phase organique progresse par capillarité en entraînant avec elle les acides aminés selon leur solubilité. À la fin du processus, les acides aminés montreront, à partir du point d'origine, une distance de migration différente caractéristique de leur solubilité dans la phase organique. Le papier est ensuite séché, vaporisé avec une solution de ninhydrine et chauffé dans le but de localiser les acides aminés (figure 2.43). Leur R_f est calculé selon l'équation 2-27.

$$R_f = \frac{\text{distance de la substance } p/\text{r au point d'application}}{\text{distance du front du solvant } p/\text{r au point d'application}} \qquad (2\text{-}27)$$

Il est également possible de faire de la chromatographie bidimensionnelle pour obtenir une meilleure séparation (figure 2.43) : une fois la première migration terminée, le papier est séché et soumis à une deuxième migration avec un autre solvant, mais dans une direction à angle droit avec la première.

Figure 2.43 Chromatographie sur papier, en deux dimensions des acides aminés

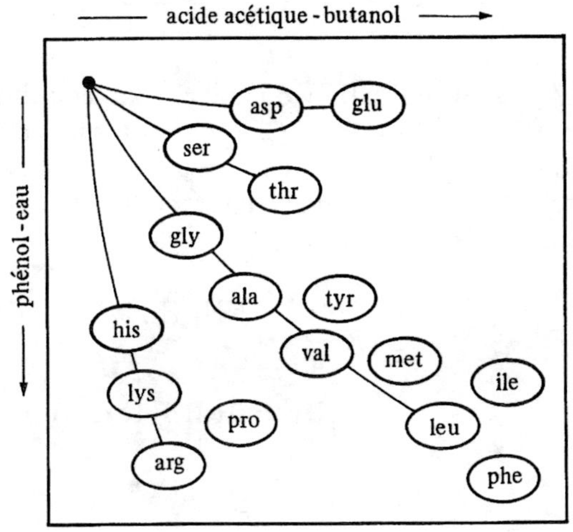

2.7.2 PROTÉINES

A. MÉTHODE DE KJELDAHL

Puisque toutes les protéines contiennent de l'azote provenant de leurs résidus acides aminés, elles peuvent être analysées par la mesure de la quantité d'azote contenu dans un isolat ou une solution de protéines. En effet, comme la proportion d'azote des protéines constitue en moyenne 16% de celles-ci, on peut établir la relation suivante :

$$\begin{aligned}[\text{protéines}] &= 100/16 \times [\text{N}] \\ &= 6{,}25 \times [\text{N}]\end{aligned} \qquad (2\text{-}28)$$

où [N] = concentration de l'azote protéique.

Des études récentes ont révélé que le facteur 6,25 pour la conversion de l'azote protéique en protéine est un peu trop bas et que la vraie valeur pourrait se situer aux environs de 6,45. Cependant, l'ancienne valeur de 6,25 continue encore d'être utilisée par les scientifiques, puisque cette valeur demeure une valeur arbitraire.

L'azote protéique est habituellement mesuré par la méthode classique de KJELDAHL: l'échantillon de protéines à analyser est placé dans un tube à digestion de KJELDAHL et la matière organique est oxydée par chauffage à reflux dans un milieu très acide (H_2SO_4) contenant des catalyseurs tels $CuSO_4$, $HgSO_4$ ou SeO_2 pour activer la réaction d'oxydation. Pour une meilleure oxydation, la température doit être maintenue entre 340°C et 360°C; l'addition de K_2SO_4 permet d'élever le point d'ébullition de l'acide sulfurique. Le carbone, l'hydrogène et le soufre contenus dans les protéines sont oxydés en CO_2, CO, H_2O et SO_2 alors que l'azote est converti en NH_4HSO_4 selon la relation suivante:

On trouve ensuite le résultat à l'aide d'une courbe standard d'azote protéique.

Vu sa grande précision et son exactitude, la méthode de KJELDAHL sert encore de méthode standard pour calibrer les autres méthodes; cependant, elle est trop longue pour une utilisation de routine.

B. MÉTHODE DU BIURET

Toutes les protéines contiennent un grand nombre de liaisons peptidiques. Ainsi, lorsqu'une solution de protéines est traitée avec des ions Cu^{2+} dans un milieu modérément alcalin, il se forme un complexe coloré de composition inconnue entre les ions Cu^{2+} et les groupements carbonyles (> C = O) et imido (> NH) des liaisons peptidiques. Comme cette réaction est analogue à celle produite entre les ions cuivriques et un composé organique appelé biuret ($NH_2-CO-NH-CO-NH_2$), on lui donne le nom de *réaction du biuret*.

$$\text{protéines}\,[C, H, N, O, S, P] \xrightarrow[H_2SO_4]{\text{chaleur, catalyseurs}} CO_2 + H_2O + SO_2 + P_2O_7^{4-} + CO + NH_4^+ + HSO_4^- \quad (2\text{-}29)$$

Après alcalinisation du milieu par addition de NaOH 40%, le NH_4HSO_4 est transformé en NH_3 (équation 2-30) qui distille dans une solution d'acide borique; on titre à l'aide d'un standard acide (équations 2-31 et 2-32).

$$NH_4HSO_4 + 2\,OH^- \longrightarrow NH_3 + 2H_2O + SO_4^{2-} \quad (2\text{-}30)$$

$$NH_3 + H_3BO_3\,(\text{excès}) \longrightarrow NH_4H_2BO_3 \longrightarrow NH_4^+ + H_2BO_3^- \quad (2\text{-}31)$$

$$H_2BO_3^- + H^+ \longrightarrow H_3BO_3 \quad (2\text{-}32)$$

On peut également mesurer l'azote protéique par nesslérisation directe de la solution digérée selon la relation 2-33:

$$NH_4^+ + OH^- + \underbrace{2(KI)_2HgI_2}_{\text{sel de NESSLER}} + KOH \longrightarrow \underbrace{NH_2Hg_2I_2}_{\text{iodure d'ammonium dimercurique (jaune orange)}} + 5\,KI + 2\,H_2O \quad (2\text{-}33)$$

Cette réaction se produit entre des ions cuivriques et n'importe quel des composés contenant au moins deux groupements NH_2CO-, NH_2CH_2-, NH_2CS- et des groupements semblables reliés par leur atome de carbone ou d'azote. Les acides aminés libres et les dipeptides ne donnent pas de réaction; cependant, les tri et les polypeptides ainsi que les protéines réagissent pour donner des produits variant du rose (peptides) au violet (protéines).

Au cours de la réaction au biuret, un ion cuivrique se coordonne à quatre, cinq ou six liaisons peptidiques voisines; plus il y a de protéines, plus il y a de liaisons peptidiques et plus il y a de formation de complexes cuivre-liaisons peptidiques. Donc, l'intensité de la coloration produite est directement proportionnelle au nombre de liaisons peptidiques. C'est pourquoi, l'utilisation de cette réaction est une méthode simple et rapide pour la détermination des protéines. Elle est encore largement utilisée aujourd'hui car elle donne des résultats d'une précision et d'une exactitude très adéquates.

C. MÉTHODE AU COLORANT

Toutes les protéines, et spécialement les albumines, ont tendance à réagir avec de nombreuses espèces chimiques au moyen de forces électrostatiques ou tout simplement de liaisons hydrogène. En effet, le sérum, la bilirubine, les acides gras, la majorité des hormones et certains médicaments sont véhiculés par liaison aux protéines et principalement à l'albumine. Un grand nombre de colorants possèdent aussi, sous leur forme anionique, la propriété de liaison aux protéines. Cette propriété est donc utilisée pour mesurer rapidement et directement les protéines et spécialement l'albumine.

Dans les méthodes à colorant, les colorants ou les indicateurs utilisés doivent former de fortes liaisons avec les molécules d'albumine de façon à lier 100% de toutes les molécules. De plus, la liaison colorant-albumine ne doit pas être affectée par de petites variations de la force ionique et du *p*H. Enfin, la couleur du colorant lié doit être différente de celle du colorant seul, c'est-à-dire que les deux formes du colorant doivent absorber à des longueurs d'ondes suffisamment éloignées l'une de l'autre afin de pouvoir mesurer la concentration du complexe albumine-colorant en présence d'un excès de colorant libre.

Les principaux colorants utilisés aujourd'hui pour le dosage de l'albumine sont:

- Le *méthyl-orange* proposé par Bracken, Klotz, Watson et Nankiville.
- *L'acide 2—(4—hydroxyazobenzène) benzoïque* proposé par Rutstein, Ingenito, Reynold et Martinek.
- Le *vert de bromecrésol* proposé par Rodkey.

Le vert de bromecrésol donne le moins d'interférences pour mesurer l'albumine.

D. ÉLECTROPHORÈSE

Principe

Le principe de l'électrophorèse repose sur la séparation de particules chargées par migration dans un champ électrique. C'est un procédé très utile pour la séparation non seulement des protéines sériques, mais aussi des lipoprotéines, des isoenzymes et de l'hémoglobine. Normalement, cette migration se fait sur un milieu-support. On en retrouve deux catégories:

- les milieux possédant des pores assez grosses pour permettre aux molécules protéiques de migrer librement: le papier, le gel d'agar et l'acétate de cellulose;
- les milieux possédant des pores de diamètre si petit qu'ils agissent comme un tamis moléculaire: le gel d'amidon et l'acrylamide.

Les premiers donnent de quatre à sept fractions alors que les seconds donnent plus de vingt fractions. Le milieu-support le plus couramment utilisé aujourd'hui est l'acétate de cellulose.

Mode opératoire

La première opération consiste à humecter la bande d'acétate de cellulose avec la solution tampon; la meilleure façon consiste à déposer doucement la bande d'acétate de cellulose à la surface de la solution tampon contenue dans un bain plat de façon à permettre au tampon de mouiller la bande avant de l'immerger complètement. La bande d'acétate de cellulose est ensuite placée sur son support puis, à l'aide d'un applicateur, la solution de protéines est déposée sur celle-ci. On dépose ensuite le tout dans la chambre à électrophorèse en s'assurant d'abord que le point d'application se trouve du côté de la cathode et que les deux extrémités de la bande plongent dans les réservoirs à tampon. On branche les électrodes et on ajuste le courant entre 10 et 30 milliampères pour un voltage se situant entre 200 et 300 volts. On laisse enfin opérer la migration entre 30 et 45 minutes ou jusqu'à ce que la migration désirée soit obtenue.

Les protéines vont migrer à des vitesses différentes en fonction de leur grosseur (masse) et de leur charge nette (*p*H du tampon versus le pH_i de chaque protéine); le tampon habituellement utilisé est un tampon barbital de *p*H 8,6 et de force ionique 0,05 permettant à toutes les protéines sériques de se charger négativement et de migrer vers l'anode.

Après l'électrophorèse, la bande est enlevée et placée dans un bain de colorant pour quelques minutes. Ce dernier, en plus de colorer les protéines, contient un agent fixatif afin d'empêcher les protéines d'être déplacées lors des opérations de rinçage. La bande est ensuite lavée de son colorant par quelques passages successifs dans des bains contenant de l'acide acétique à 5%. La bande d'acétate de cellulose montre alors des zones colorées correspondant aux différentes fractions protéiques (figure 2.44).

Le degré de coloration de chaque zone est directement proportionnel à la quantité de protéines présentes. Le colorant généralement utilisé avec l'acétate de cellulose est le Ponceau S.

Quantification

La dernière étape consiste à déterminer la concentration des protéines contenues dans chaque fraction par la mesure de leur degré de coloration. Deux méthodes de mesure peuvent être utilisées:

a) Dilution

Après avoir séché la bande, on coupe chaque fraction le long des lignes pointillées (figure 2.44); on les introduit dans des tubes contenant un solvant du colorant et de l'acétate. On lit ensuite l'absorbance de chacune des fractions sur un photomètre à 520 nm. Puisque la quantité de solvant contenu dans chaque tube est la même, l'absorbance est proportionnelle à la quantité de protéines contenues dans chaque fraction.

Pour obtenir le pourcentage relatif d'une fraction donnée, on prend l'absorbance de cette fraction

Figure 2.44 Corrélation entre la bande électrophorétique d'un sérum humain normal et son électrophorégramme obtenu sur un densimètre-enregistreur

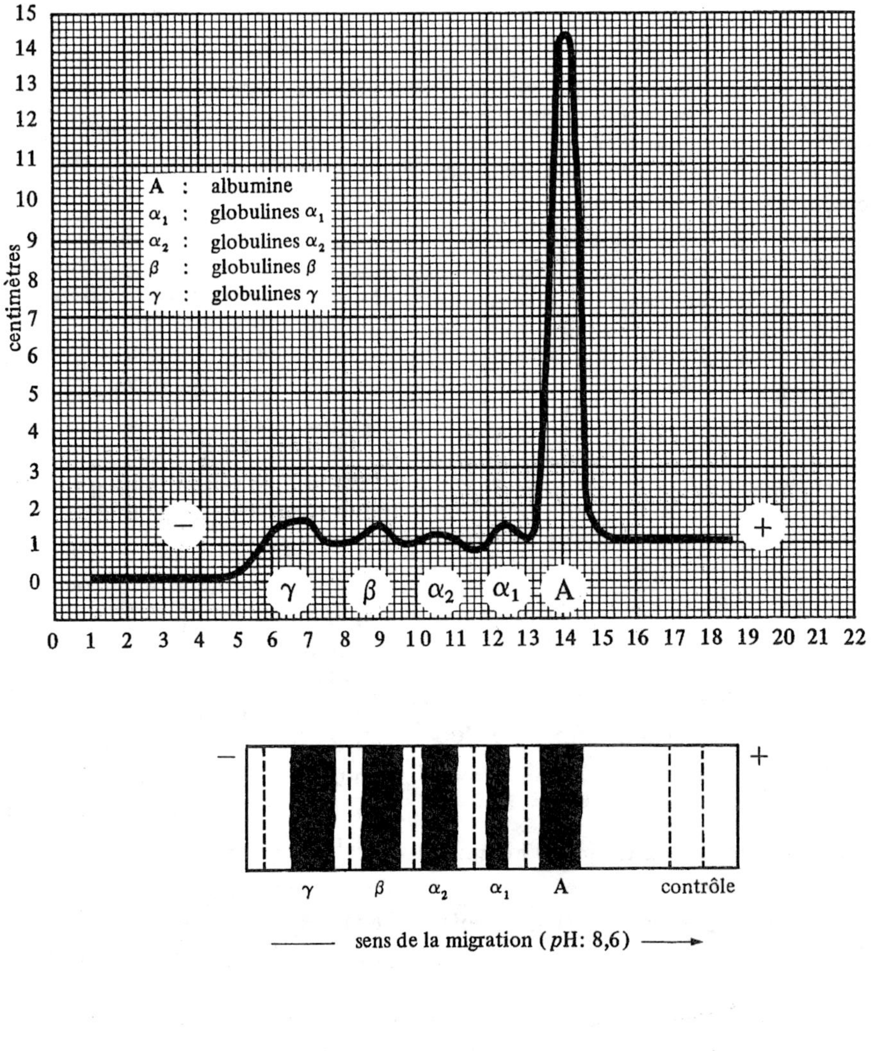

divisée par la somme de toutes les absorbances des autres fractions multipliée par cent. Ainsi, le pourcentage relatif d'une fraction multiplié par la concentration totale des protéines déterminée par la méthode au biuret donnera la concentration en protéine de cette fraction.

b) Intégration sur un densimètre-enregistreur

La bande doit être transparisée par traitement avec une solution de transparisation suivi d'un séchage sur lamelle; elle est ensuite passée sur le densimètre-enregistreur. L'enregistrement du résultat donne un graphique (figure 2.44) et l'appareil calcule automatiquement la surface relative de chacune des fractions.

E. IMMUNOÉLECTROPHORÈSE

Principe

L'immunoélectrophorèse associe l'électrophorèse des protéines avec une technique relative aux réactions antigènes-anticorps. La méthode consiste à effectuer d'abord la séparation électrophorétique d'un mélange de protéines sur gel d'agar ou d'agarose puis à laisser diffuser les composants protéiques (antigènes) vers une zone contenant des anticorps; ces derniers diffusent dans la direction opposée et produisent, aux points de rencontre antigène-anticorps, une série d'arcs de précipitations visibles, résultat d'une réaction spécifique d'agrégation entre un antigène et son anticorps correspondant. Ainsi, il y a autant d'arcs de précipitation qu'il y a de réactions antigène-anticorps. La figure 2.45 illustre les étapes de cette méthode.

L'identification des constituants protéiques se fait ensuite par l'étude du nombre d'arcs de précipitation, de leur position, de leur densité, de leur forme, de leur épaisseur et de leur étalement par comparaison avec des contrôles connus opérés de la même façon.

Mode opératoire

Le mélange à analyser est placé dans un petit trou à gauche sur la couche d'agar de *p*H 8,6 recouvrant une lamelle de verre (figure 2.45). On effectue ensuite l'électrophorèse en appliquant, pour quelques heures, une différence de potentiel de sorte que les différentes protéines du mélange se séparent comme dans une électrophorèse sur acétate de cellulose. L'illustration a) montre la séparation de deux protéines seulement et la flèche indique le sens de migration.

À la fin de l'électrophorèse, on place un antisérum (immun-sérum) dans le godet parallèle au sens de la migration, puis on incube pendant 24 heures afin de

Figure 2.45 Illustration des étapes du mode opératoire d'une électrophorèse sur une couche d'agar. A = migration électrophorétique; B = diffusion des antigènes et des anticorps les uns vers les autres; C = formation des arcs de précipitation.

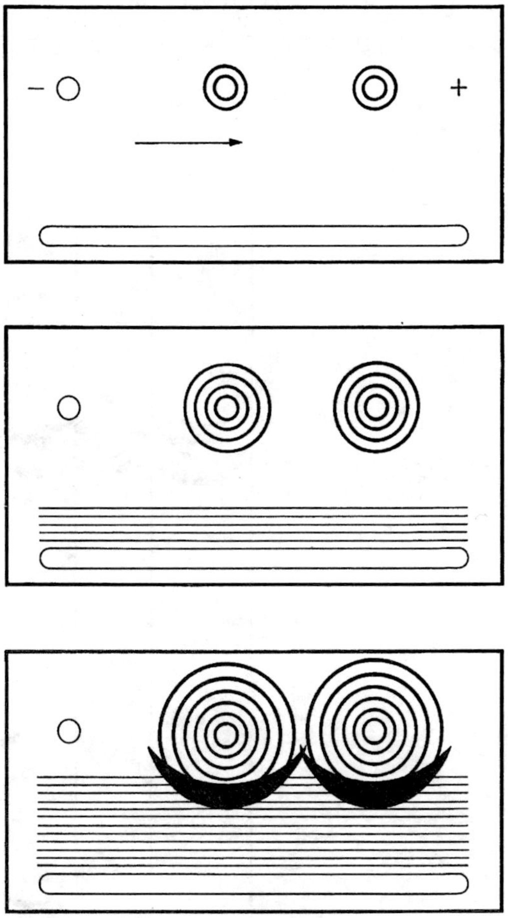

A

B

C

permettre aux protéines séparées et aux anticorps de l'antisérum de diffuser l'un vers l'autre (illustration b). L'antisérum contenant l'ensemble de tous les anticorps correspondants aux protéines sériques est appelé *antisérum polyvalent* alors que celui qui ne contient qu'un seul anticorps est appelé *antisérum spécifique.*

L'illustration c) montre enfin la formation des arcs de précipitation visibles aux points de rencontre antigène-anticorps.

Identification

La méthode précitée est très spécifique puisqu'elle précise le nombre exact de constituants protéiques du sérum par le nombre et la position (mobilité électrophorétique) d'arcs de précipitation (figure 2.46). Elle permet de plus de faire une évaluation semi-quantitative de la concentration de chaque fraction au moyen de la mesure de la longueur, la largeur, la densité, la forme, etc. des arcs de précipitation. Enfin, la méthode est très sensible puisqu'elle permet de déceler des *traces* de protéines ce qui devient très important dans la recherche de protéines anormales.

Figure 2.46 Corrélation entre une électrophorèse et une immunoélectrophorèse des protéines d'un sérum normal

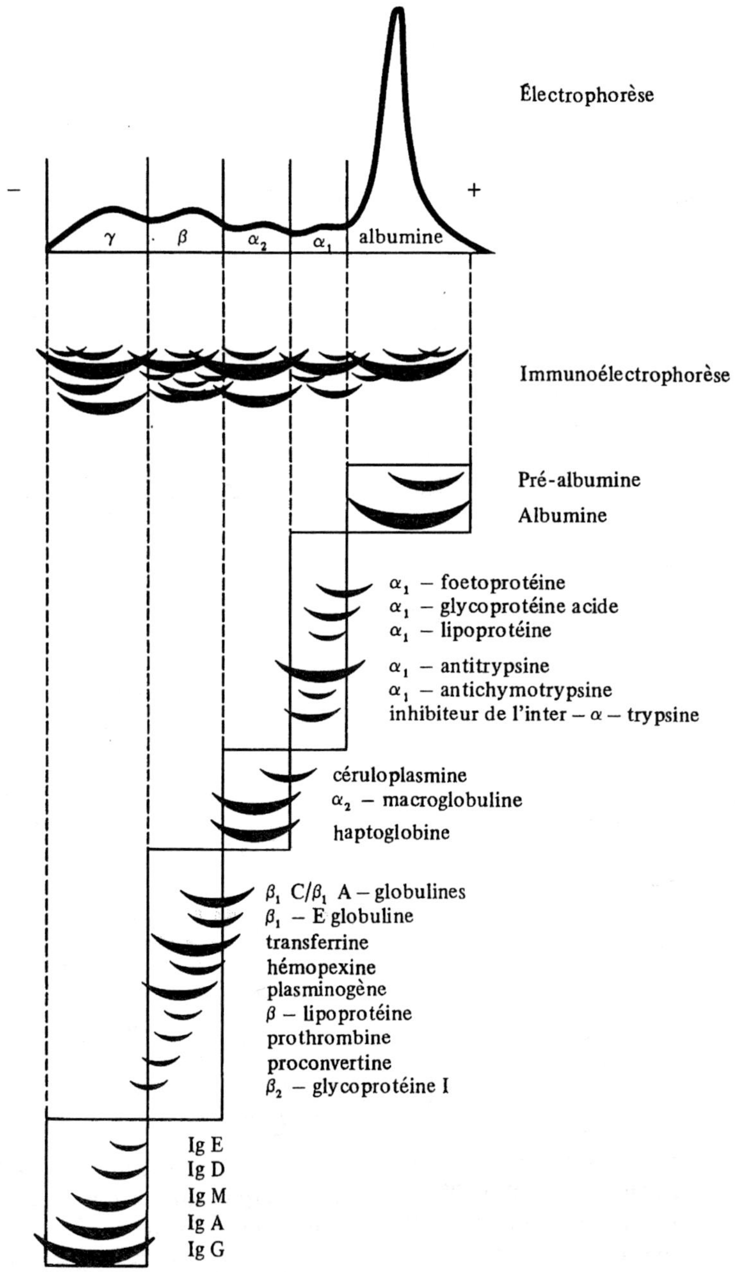

Note: ce tableau est incomplet. Il ne représente pas toutes les protéines sériques.

2.8 PROTÉINES PLASMATIQUES ET SÉRIQUES

2.8.1 FONCTIONS DES PROTÉINES

A. PLASMA ET SÉRUM

Le sang est fait de cellules et de particules en suspension dans un milieu liquide appelé *plasma*; il constitue un mélange très complexe de substances inorganiques et organiques simples ou élaborées dissoutes dans l'eau. Lorsque le sang est recueilli sans anticoagulant dans des tubes dont la surface interne est non polaire ou enduite de silicone, le liquide séparé obtenu est dit *plasma natif*; il a une composition très proche de celle du sang circulant.

En pratique cependant, le sang est recueilli avec des anticoagulants comme les oxalates, les citrates, l'EDTA et l'héparine pour préparer les spécimens de plasma à être analysés. La composition de ce plasma diffère de celle du plasma natif car elle est modifiée par la présence des produits chimiques ajoutés ou par la perte partielle de calcium, si l'oxalate est utilisé.

Par contre, si le sang est recueilli sans anticoagulant et que la formation du caillot est complète, le liquide ainsi obtenu est appelé *sérum*. Il lui manque alors la fibrinogène normalement présente dans le plasma; en effet, elle a été transformée en fibrine insoluble pendant le processus de coagulation. La fibrinogène cependant ne constitue que 3 à 6% des protéines plasmatiques totales. Dans la plupart des analyses cliniques, l'utilisation du sérum est beaucoup plus convenable que celle du plasma.

Enfin, l'eau constitue environ 93% du plasma ou du sérum. L'ensemble des solutés, dont la majorité est constituée par les protéines, représente 7%. En terme de masse, la concentration des protéines est d'environ 70 g/L; par contre, à cause de leur masse moléculaire très élevée, la concentration moléculaire des protéines est de seulement 1 mmol/L.

B. FONCTIONS DES PROTÉINES

Prises individuellement, les protéines ont certaines fonctions spécifiques soit comme enzymes, comme anticorps, comme facteurs de coagulation ou tout simplement comme transporteurs; en effet, beaucoup de métabolites vitaux, d'ions métalliques, d'hormones ou de lipides sont véhiculés, à travers l'organisme, sous forme liée à des protéines.

Globalement cependant, elles servent à beaucoup d'autres fonctions très différentes: premièrement, elles ont un rôle nutritif puisqu'elles constituent la réserve la plus importante du corps en acides aminés. Les protéines peuvent être dégradées par le foie en acides aminés afin de synthétiser d'autres protéines. De plus, par désamination, elles sont transformées en corps cétoniques pouvant servir à produire de l'énergie calorique ou être transformés en glucides ou en lipides.

Deuxièmement, puisque les protéines sont des macromolécules non diffusibles, c'est-à-dire qu'elles ne peuvent traverser les parois des capillaires comme les autres solutés, elles exercent une pression osmotique interne qui maintient constant le volume sanguin ainsi que le volume d'eau contenu dans le liquide interstitiel et les tissus. C'est l'albumine qui joue principalement ce rôle. En effet, si la concentration de l'albumine baisse, l'eau quitte le circuit sanguin et pénètre dans le liquide interstitiel et les tissus pour produire de l'œdème.

Troisièmement, elles servent à maintenir l'équilibre acido-basique du sang. En tant que composés amphotères, elles fonctionnent comme un tampon et servent à minimiser les écarts soudains de *p*H.

Même si les protéines ont des rôles communs, elles ne proviennent pas toutes de la même source; en effet, l'albumine et la plupart des globulines α et β, incluant les protéines de coagulation et de transport, sont synthétisées par le foie; par contre, les anticorps (immunoglobulines, γ-globulines) sont synthétisées par les cellules plasmatiques et secrétées dans la lymphe, la moëlle épinière, la rate et ailleurs.

2.8.2 CLASSIFICATION DES PROTÉINES

Les protéines sanguines se divisent en deux fractions principales: la fraction albumine qui constitue environ 60 à 65% des protéines totales et la fraction globuline qui constitue le reste; les globulines se subdivisent en quatre sous-fractions, soit les globulines α_1, α_2, β et γ.

Ces différentes sous-fractions contiennent plusieurs protéines qui ne sont pas décelables par électrophorèse normale. Cependant, avec des techniques plus sophistiquées, comme l'immunoélectrophorèse, on a déjà réussi à identifier plus de 80 protéines dans le plasma humain.

2.8.3 TECHNIQUES DE SÉPARATION

Les protéines sériques peuvent être séparées en plusieurs fractions différentes dont le nombre dépend de la méthode de séparation utilisée. Celle-ci est à son tour gouvernée par les besoins du diagnostic pour lequel l'analyse est faite. Dans certains cas, il peut être suffisant de connaître uniquement les protéines totales; celles-ci sont alors déterminées par une simple réaction colorimétrique comme celle du biuret ou par réfractométrie. Dans d'autres cas cependant, il peut être utile d'obtenir plus d'information concernant les différents constituants protéiques. Il existe alors des méthodes basées sur certaines propriétés chimiques, physiques ou biologiques des protéines; ces méthodes permettent de séparer les protéines en différentes fractions plus ou moins spécifiques.

A. PRÉCIPITATION DIFFÉRENTIELLE

La précipitation différentielle est la méthode la plus simple de séparation des protéines sériques; elle est basée sur leur différence de solubilité en présence de sels ou de solvants organiques. La précipitation différentielle permet de séparer les protéines en deux fractions bien distinctes: la fraction albumine et la fraction globuline.

Méthode de HOWE

Cette méthode consiste à faire précipiter les globulines d'un sérum par addition de sulfate de sodium (Na_2SO_4) à 26,85%; les molécules d'albumine, plus petites, restent alors en solution. Après séparation des globulines par centrifugation, la fraction albumine, restée en solution, est dosée par la réaction au biuret. La fraction globuline est enfin déterminée de façon indirecte en soustrayant la valeur de la fraction albumine de celle des protéines totales.

Quoique cette méthode ne donne pas une séparation très nette (il reste une partie des globulines en solution), elle est quand même satisfaisante dans la détermination du rapport albumine-globuline.

On peut également utiliser du sulfate d'ammonium $(NH_4)_2SO_4$ à 50% pour faire précipiter les globulines.

Méthode de COHN

Pour précipiter les globulines par cette méthode, on utilise un solvant déshydratant qui, diminuant la présence d'eau libre, brise la couronne hydratante et modifie les propriétés diélectriques du milieu. L'éthanol est souvent utilisé ainsi que l'acétone.

Le travail à basse température (environ 0°C) en vue d'éviter la dénaturation des protéines représente l'inconvénient majeur de cette méthode.

B. ULTRACENTRIFUGATION

Puisque les protéines diffèrent par le nombre et la nature de leurs acides aminés, elles possèdent donc des masses moléculaires différentes. Ainsi, lorsque les protéines sériques sont placées dans une centrifugeuse opérant à très grande vitesse (ultracentrifugeuse), la force centrifuge force les protéines à se sédimenter selon leur masse moléculaire; celles à masse moléculaire plus grande se sédimentent plus rapidement que celles à masse moléculaire plus faible. Une telle séparation donne trois groupes différents de protéines.

Le premier groupe, dont la constante de sédimentation se situe entre 4,2 et 4,5 Swedbergh, possède des masses moléculaires d'environ 65 000; il correspond à la fraction albumine.

Le deuxième groupe, dont la constante de sédimentation varie de 6,5 à 7,8 Swedbergh, possède des masses moléculaires variant entre 150 000 et 300 000; il correspond à une grande partie de la fraction globuline.

Le troisième groupe, dont la constante de sédimentation varie de 14 à 20 Swedbergh avec un pic important situé à 19 Swedbergh, possède des masses moléculaires d'environ un million; il correspond aux macromolécules de la fraction globuline, les macroglobulines.

La constante de sédimentation, exprimée ici en unité Swedbergh, se définit selon la relation 2-34:

$$1 \text{ Swedbergh} = 10^{-13} \text{ cm/sec/dyne/g} \quad (2\text{-}34)$$

La constante est valable à 26°C dans une solution de NaCl de masse volumique 1,063.

Cette technique est surtout très utile pour la séparation des lipoprotéines dont la masse moléculaire est plus légère que les autres protéines sériques par suite d'un contenu élevé en lipides.

C. ÉLECTROPHORÈSE

À *p*H 8,6, les protéines sériques se chargent négativement et montrent une migration électrophorétique vers l'anode lorsque placées dans un champ électrique (section 2.7.2). Ainsi, la bande qui migre le plus rapidement correspond à la fraction albumine tandis que les autres bandes de migration correspondent à des sous-fractions de la fraction globuline. Ces trois ou quatre sous-fractions sont appelées globulines α, β

ou γ, cette dernière étant celle migrant la moins vite (figure 2.44).

Il est important de rappeler que les principaux facteurs d'influence de la migration sont le degré de charge des protéines, leur masse moléculaire, le *p*H et la force ionique du milieu, la température, le temps et le voltage appliqué.

L'électrophorèse des protéines sériques est aujourd'hui une technique couramment utilisée en laboratoire hospitalier.

D. CHROMATOGRAPHIE

Chromatographie sur colonne échangeuse d'ions

À cause de leur différence de grosseur, de forme et de composition affectant le degré de charge, les protéines sériques peuvent être adsorbées sur différents milieux adsorbants et éluées à des vitesses variables. Ainsi, en contrôlant le *p*H, la sorte de tampon et la concentration de même qu'en faisant un choix approprié du milieu adsorbant et de la solution d'élution, les protéines sériques peuvent être séparées les unes des autres et être obtenues sous forme hautement purifiée.

Actuellement, cette technique n'est pas très utilisée en routine, sauf peut-être pour la séparation de la protéine liée à la thyroxine à partir de matériel contaminé contenant de l'iode; cependant, elle deviendra probablement importante dans les laboratoires cliniques. Les milieux les plus communément utilisés sont des milieux modifiés de cellulose: la diéthylaminoéthyl cellulose et la carboxyméthyl cellulose.

Chromatographie par filtration sur gel

Cette technique de séparation des protéines sériques est basée sur la différence de grosseur et de forme des protéines. En effet, le mélange protéique est passé à travers une colonne contenant des particules de gel en suspension dans un liquide de suspension qui peut être de la saline, un tampon, de l'eau ou un autre liquide (figure 2.47). Puisque les particules de gel possèdent des pores de grosseur déterminée, le liquide de suspension baigne à la fois l'intérieur des particules ainsi que l'espace extérieur entre ces mêmes particules; ceci a donc pour effet de créer une sorte de tamis moléculaire.

Au cours de l'élution, les protéines de faible masse moléculaire sont prises au piège à l'intérieur des pores des particules de gel où elles sont retenues, tandis que les protéines à masse moléculaire plus élevée, trop grosses pour pénétrer dans les pores des particules de gel, passent facilement au travers de la colonne et sont éluées rapidement. Ainsi, en faisant varier l'ouverture du tamis, c'est-à-dire la grosseur des pores des particules de gel, on peut séparer un mélange protéique selon les masses moléculaires. Il est important de noter aussi que la forme moléculaire peut également influencer la séparation.

Figure 2.47 Schéma représentant une séparation de protéines par une technique de chromatographie par filtration sur gel contenu dans une colonne

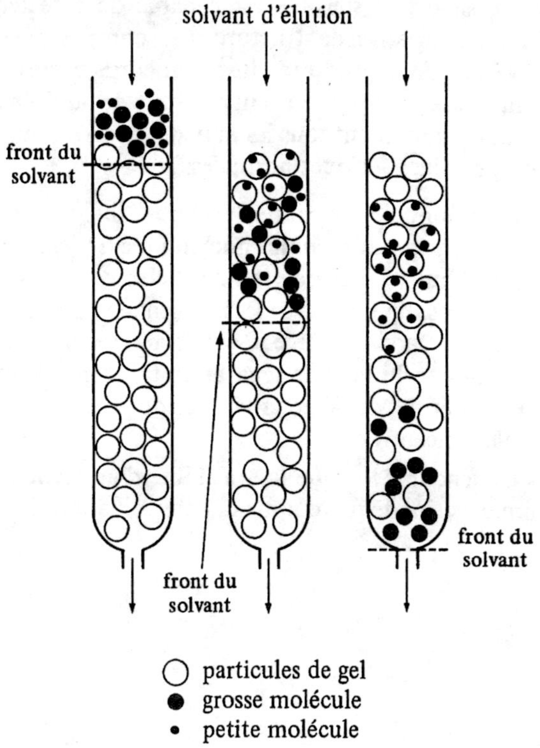

La chromatographie par filtration sur gel peut être utilisée pour la séparation de matériel hydrophilique ou hydrophobique selon la sorte de gel utilisé: le gel hydrophilique est utilisé particulièrement pour la séparation de protéines en milieu aqueux comme les enzymes, les nucléoprotéines ou l'hémoglobine; le gel hydrophobique est utilisé pour la séparation de protéines solubles dans des solvants organiques. Ce dernier gel est très utile pour la séparation des triglycérides et des acides gras.

E. MÉTHODES IMMUNOCHIMIQUES

Les méthodes immunochimiques sont des méthodes très spécifiques et très sensibles basées sur la réaction spécifique antigène-anticorps. En effet, lorsque des protéines sont injectées à un animal approprié, celui-ci met en action son mécanisme biologique d'immunité en fabriquant des anticorps capables de réagir spécifiquement pour neutraliser les protéines antigènes. Ce mécanisme très sensible est capable de détecter la moindre variation de structure ou de composition des protéines pour produire ainsi l'anticorps correspondant. De cette façon, on peut produire des antisérums humains contenant tous les anticorps correspondant aux protéines sériques normales.

L'immunoélectrophorèse est une technique de dosage et de séparation immunochimique très employée aujourd'hui; elle associe la simple électrophorèse des protéines sanguines avec le phénomène immunochimique de réaction antigène-anticorps (section 2.7.2). C'est une technique de séparation très sensible puisqu'elle permet de détecter la trace de protéines à très faible concentration.

Cependant, lorsque la sensibilité d'une telle technique est inadéquate pour la détermination de protéines à trop faible concentration, comme par exemple l'immunoglobuline E, on peut combiner la spécificité de cette technique à la sensibilité d'une technique radioimmunologique permettant la détection de concentration aussi faible que quelques pg/ml.

Toutes les techniques de séparation des protéines sanguines en différentes fractions utilisent des propriétés spécifiques aux protéines. C'est pourquoi, une fraction qui peut apparaître homogène à l'électrophorèse peut révéler plusieurs sous-fractions à l'ultracentrifugation et vice-versa. De la même façon, la fraction albumine obtenue par précipitation différentielle montrera invariablement deux ou plusieurs autres bandes sur un électrophorégramme. De plus, les techniques immunochimiques, en plus de permettre la séparation des protéines, rendent possibles l'identification et la quantification des protéines individuelles dans un mélange protéique. Ces techniques de séparation des protéines sont donc complémentaires.

3

LES GLUCIDES

3.0 INTRODUCTION

Les unités de base des glucides sont des sucres simples appelés oses ou monosaccharides, dérivés d'aldéhydes ou de cétones polyhydroxylés. Ce sont des composés *hydrosolubles*; ils sont également *réducteurs* puisqu'ils réduisent en particulier des solutions alcalines de cuivre appelées liqueurs de FEHLING.

Les oses ou monosaccharides sont formés de carbone, d'oxygène et d'hydrogène et répondent à la formule générale suivante: $C_nH_{2n}O_n$, où «n» représente le nombre d'atomes de carbone de la molécule de sucre; celle-ci se présente sous forme de chaîne linéaire d'atomes de carbone où tous, sauf un, possèdent un groupement hydroxyle.

La structure des oses leur confère les caractéristiques suivantes:

- ils sont formés d'une chaîne d'au moins trois atomes de carbone;
- ils possèdent une fonction aldéhydique (−CHO) ou une fonction cétonique (>C=O);
- ils contiennent deux groupements hydroxyle (−OH) ou plus;
- ils présentent au moins un carbone asymétrique (C*).

Note: le dihydroxyacétone, précurseur de l'érythrulose, ne possède pas de carbone asymétrique.

Les glucides sont très largement répandus dans la nature et sont appelés à jouer plusieurs rôles importants dans l'ensemble des organismes vivants; à l'état de monomères libres ou phosphorylés, ils sont essentiels à leur métabolisme.

Sous forme polymérisée, ils constituent une importante réserve métabolique tels l'amidon chez les végétaux ou le glycogène chez les animaux. Ils jouent aussi un rôle de premier plan comme élément de soutien: la cellulose et l'hémicellulose chez les végétaux, la chitine chez les articulés et les mucopolysaccharides chez les animaux supérieurs. Ils servent enfin d'élément d'identification: soit les polyosides des groupes sanguins et les polyosides ou lipopolyosides antigéniques des bactéries.

Le plus connu des glucides est sûrement le glucose, monosaccharide qui joue un rôle primordial dans le métabolisme cellulaire. Un autre glucide très connu est le saccharose, disaccharide extrait de la canne à sucre et formé par l'association de deux oses à six carbones: le glucose et le fructose.

3.1 CLASSIFICATION

Les glucides se divisent en deux classes principales: les *oses* et les *osides* (tableau 3.1). Les oses, appelés aussi monosaccharides ou sucres simples, constituent l'ensemble des unités de base des glucides. Ils se subdivisent en deux catégories: les *aldoses*, qui possèdent une fonction aldéhydique, et les *cétoses* qui possèdent une fonction cétonique.

Tableau 3.1 Classification des glucides

oses (sucres simples)	aldoses (– CHO)	aldohexoses (6 C)	glucose (dextrose) mannose galactose
		aldopentoses (5 C)	ribose désoxyribose xylose
	cétoses (– CO –)	cétohexoses (6 C)	fructose (lévulose) sorbose
		cétopentoses (5 C)	ribulose xylulose

osides (sucres complexes)	holosides (sucres seulement)	oligosides (2 - 10 sucres)	diholosides (2 sucres)	saccharose lactose maltose cellobiose
			tri,... décaholosides (3 - 10 sucres)	
		polyholosides (plus de 10 sucres)	homopolysaccharides (unités identiques)	amidon glycogène cellulose
			hétéropolysaccharides (unités différentes)	acide hyaluronique
	hétérosides (sucre + groupement aglycone)	cérébrosides (sucre + lipide)		

Parmi les aldoses les plus connus se trouvent le glucose, appelé aussi dextrose, le galactose, le mannose, le ribose et le désoxyribose. Le glucose, le galactose et le mannose sont des hexoses ou sucres à six carbones alors que le ribose et le désoxyribose sont des pentoses ou sucres à cinq carbones. Le fructose, sucre à six carbones appelé aussi lévulose, est le représentant le plus connu des cétoses.

Les osides proviennent de la condensation de plusieurs unités oses reliées par des liaisons osidiques ; ils constituent une classe de sucres complexes aussi appelés glycosides.

Lorsque ceux-ci sont formés uniquement d'unités oses, on les appelle *holosides*. Parmi ceux-ci, on distingue les *oligosides* ou *oligosaccharides* qui désignent les osides contenant jusqu'à dix oses ; les osides formés par l'union de deux unités oses comme le saccharose, le lactose ou le maltose s'appellent des *diholosides* ; ceux qui sont formés de trois, quatre ou cinq oses s'appellent des *triholosides*, des *tétraholosides* ou des *pentaholosides*.

Lorsque des osides ont plus de dix oses, on les appelle *polyholosides* ou *polysaccharides*. Si ces derniers sont formés d'unités oses identiques, tels l'amidon et le glycogène qui ne contiennent que du glucose, on les appelle *homopolysaccharides*. Par contre, ceux qui sont formés de différents monomères condensés en une même molécule s'appellent des *hétéropolysaccharides*. Par exemple, l'acide hyaluronique, une mucoprotéine, contient en alternance des résidus d'acide D-glucuronique et de N-acétyl-D-glucosamine reliés par des liaisons osidiques.

Enfin, le terme *hétéroside* est réservé aux osides dans lesquels la substance unie à l'ose par une liaison osidique n'est pas un sucre. Cette substance de nature non glucidique s'appelle *groupement aglycone*. Les cérébrosides qui proviennent de l'union d'un lipide (groupement aglycone) avec du glucose ou du galactose en sont des exemples.

3.2 LES OSES

3.2.1 FAMILLES DES MONOSACCHARIDES

Parce que les monosaccharides possèdent une fonction aldéhydique ou une fonction cétonique, on les divise en deux familles: les *aldoses*, qui possèdent une fonction aldéhydique et les *cétoses* qui possèdent une fonction cétonique. Les monosaccharides les plus simples qui sont à l'origine de chacune des familles sont les deux trioses représentés à la figure 3.1, soit le *glycéraldéhyde*, un aldotriose, et le *dihydroxyacétone*, un cétotriose.

Figure 3.1 Les trioses

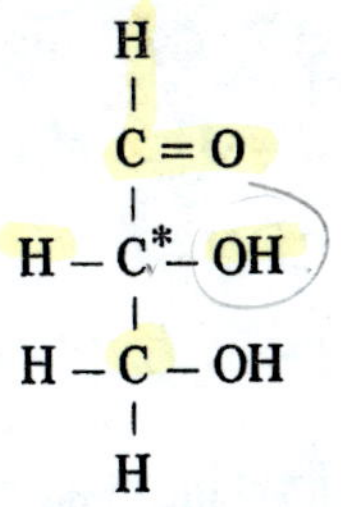

glycéraldéhyde

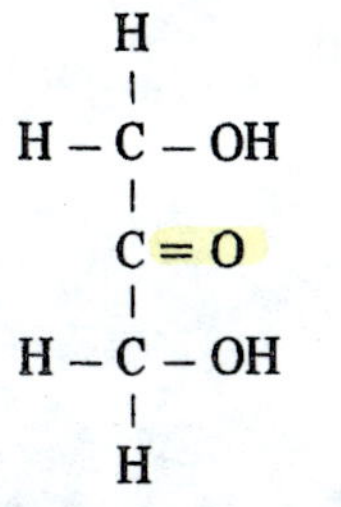

dihydroxyacétone

3.2.2 STÉRÉOISOMÉRIE

A. RAPPEL DE LA NOTION DE CARBONE ASYMÉTRIQUE

Lorsque quatre groupements différents sont attachés à un carbone tétraédrique, ce dernier est dit asymétrique, puisque les quatre groupements peuvent être arrangés dans l'espace de deux façons différentes. On constate, à la figure 3.2, que cette asymétrie est à l'origine de deux composés non superposables, appelés énantiomères, dont le second est l'image du premier reflétée par un miroir placé entre les deux.

La plupart de leurs propriétés, telles le point d'ébullition, le point de fusion et la solubilité, restent les mêmes. Ils présentent toutefois une activité optique différente. En effet, ils dévient un plan de lumière polarisée dans des sens opposés. Pour l'un, la déviation se fait dans le sens des aiguilles d'une montre, il est dit *dextrogyre* (+). Pour l'autre, la déviation se fait dans le sens inverse, il est dit *lévogyre* (−).

Par convention, et selon la projection de FISCHER (figure 3.2), les liaisons représentées horizontalement pointent en avant du plan alors que celles qui sont représentées verticalement pointent en arrière.

B. DÉFINITION DES ISOMÈRES D ET L

L'aldéhyde glycérique, ou glycéraldéhyde, est le composé le plus simple de la série des aldoses. Il contient un carbone asymétrique et peut donc exister sous les deux formes énantiomères représentées à la figure 3.3. En 1906, Fischer choisit ce composé comme base de référence pour l'étude de la configuration des glucides. Il prit donc le composé dextrogyre et lui attribua arbitrairement la structure comportant le groupement −OH à droite de même que le symbole D.

Depuis, tous les oses dérivés de la structure du glycéraldéhyde dextrogyre appartiennent à la série D alors que la série L comprend les dérivés du glycéraldéhyde lévogyre.

Quant au dihydroxyacétone, qui est le composé le plus simple de la série des cétoses, il ne contient pas de carbone asymétrique et, par conséquent, ne possède pas de centre d'asymétrie. L'érythrulose, son dérivé, possède un tel carbone et sert donc de composé de référence pour la différenciation des composés D ou L de la série des cétoses.

C. ASCENSION DE LA SÉRIE DES OSES PAR LA SYNTHÈSE DE KILIANI

La synthèse de KILIANI représentée à la figure 3.4, permet d'établir la filiation des sucres avec le glycé-

Figure 3.2 Représentation du carbone asymétrique et des énantiomères ainsi formés

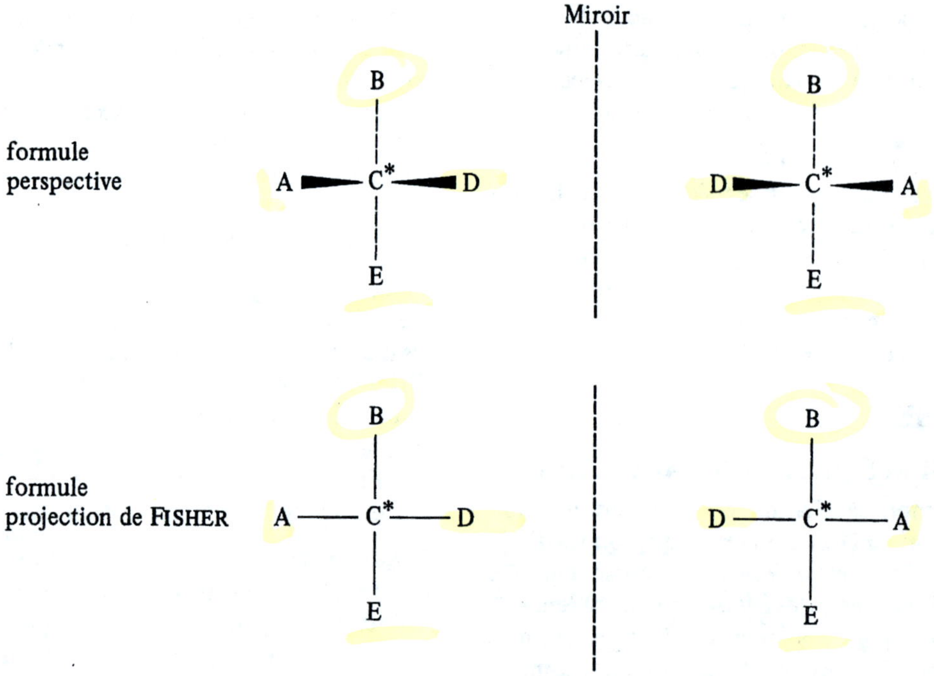

Figure 3.3 Formes énantiomères du glycéraldéhyde

D-(+)-glycéraldéhyde
$[\alpha]_D^{20} = +14°$

L-(−)-glycéraldéhyde
$[\alpha]_D^{20} = -14°$

raldéhyde. La réaction d'un aldose avec l'acide cyanhydrique permet d'ajouter un carbone à l'extrémité réductrice et de créer ainsi un nouveau centre d'asymétrie sans interférer avec ceux qui existent déjà.

À partir du D-glycéraldéhyde, on obtient deux cyanhydrines qui, transformées en acide par hydrolyse acide, donnent, par chauffage, une γ-lactone que l'on réduit ensuite en tétroses. Les deux tétroses, issus de cette réaction de synthèse, proviennent donc de l'apparition d'un nouveau carbone asymétrique. La filiation des séries aldoses et cétoses est représentée par les figures 3.5 et 3.6.

L'appartenance d'un sucre à la série D ou L est déterminée par la configuration du carbone asymétrique le plus éloigné de la fonction aldéhydique ou cétonique, c'est-à-dire toujours sur l'avant-dernier carbone de la chaîne moléculaire. Quant à leur activité optique (+ ou −), elle est due à la somme des effets des divers centres d'asymétrie (règle de VAN'T HOFF). L'appartenance à une série n'implique donc pas la détermination du sens de la déviation de la lumière polarisée (sauf pour le glycéraldéhyde). Ainsi, un composé de la série D peut dévier la lumière polarisée vers la droite comme, par exemple, le D-(+)-glucose qui est dextrogyre (+ 52,7°) ou la dévier vers la gauche comme, par exemple, le D-(−)-fructose (− 92,4°) qui est lévogyre.

D. STÉRÉOISOMÉRIE DES OSES

Le nombre de stéréoisomères possibles des oses dépend du nombre de carbones asymétriques qu'ils contiennent et est égal à la relation suivante : 2^n, où « n » correspond au nombre de carbones asymétriques de la molécule. Les aldotétroses, qui ont deux carbones asymétriques, possèdent quatre stéréoisomères différents ($2^2 = 4$) : deux de forme D et deux de forme L (figure 3.4). Quant aux aldohexoses qui contiennent quatre carbones asymétriques, ils ont seize stéréoisomères ($2^4 = 16$), soit huit de forme D (figure 3.5) et huit de forme L (non représentés).

Pour les cétohexoses qui possèdent trois carbones asymétriques, on compte huit stéréoisomères, soit quatre de forme D (figure 3.6) et quatre de forme L (non représentés).

Quant aux aldoses et aux cétoses de la série L, ils sont à l'image de leur double de la série D tel que démontré à la figure 3.7 pour le glucose et le fructose. Les aldohexoses possèdent donc huit paires d'énantiomères et les cétohexoses en possèdent quatre. Cependant, ce sont les isomères de la série D qui sont les sucres dominants dans la nature. Les plus importants, biologiquement, sont : le D-glycéraldéhyde, le D-ribose, le D-glucose, le D-mannose et le D-galactose pour les aldoses et le dihydroxyacétone, le D-ribulose et le D-fructose pour les cétoses.

Les sucres d'une même série (D ou L par exemple) sont des stéréoisomères, mais ne sont pas des énantiomères puisqu'aucun ne constitue l'image de l'autre ; on les appelle des *diastéréoisomères*, et les huit aldohexoses de la série D font partie de cette catégorie.

Toutefois, lorsque deux sucres diastéréoisomères ne sont différents que par la configuration d'un seul carbone, on les appelle *épimères*. Le D-glucose et le D-mannose sont des épimères en C_2 alors que le D-glucose et le D-galactose le sont en C_4.

Ex. : Aldotétrose = 2 C* donc
2^2 = 4 stéréoisomères différents, 2D et 2L

Énantiomères = Paire L & D en miroir parfait

Épimères = 2 sucres différents uniquement par 1 OH

Figure 3.4 Synthèse de KILIANI à partir du D et du L-glycéraldéhyde

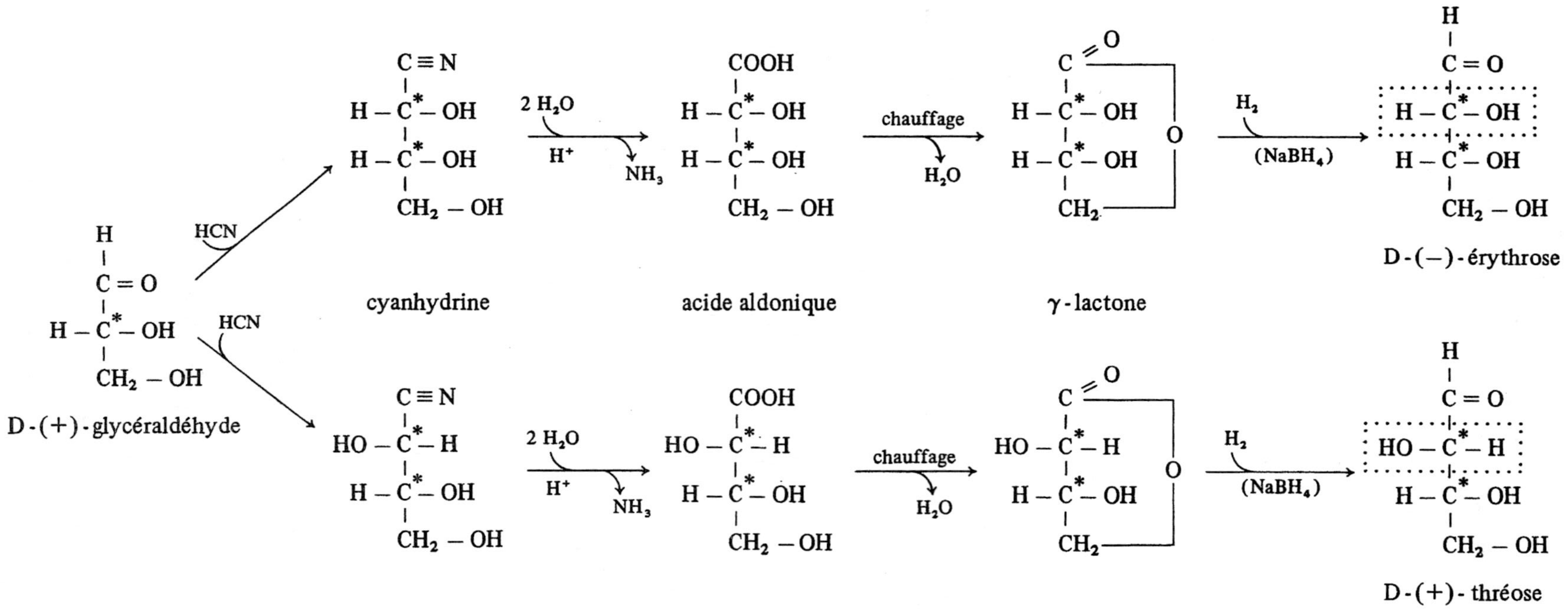

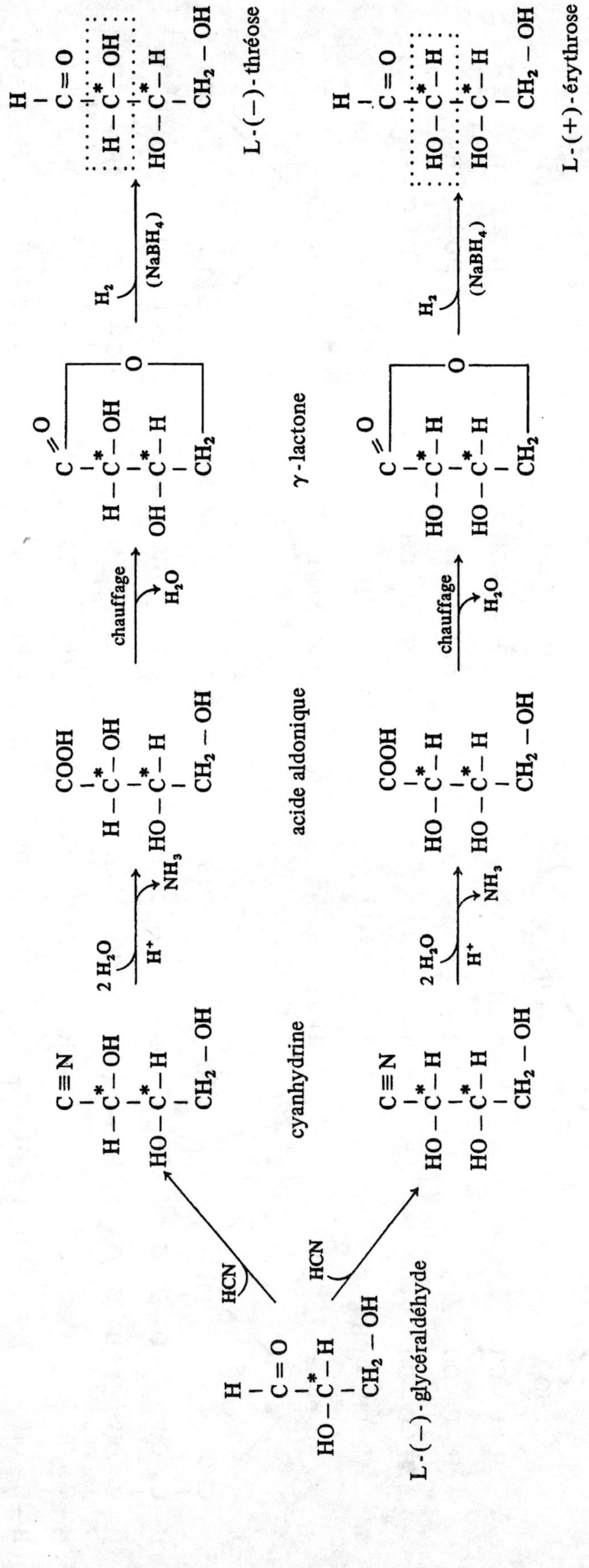
L-(−)-glycéraldéhyde
HCN
HCN
cyanhydrine
2 H2O
H+
NH3
acide aldonique
chauffage
H2O
γ-lactone
H2
(NaBH4)
L-(−)-thréose
L-(+)-érythrose

Figure 3.5 Filiation de la série D des aldoses de 3 à 6 carbones montrée selon la formule linéaire de FISCHER

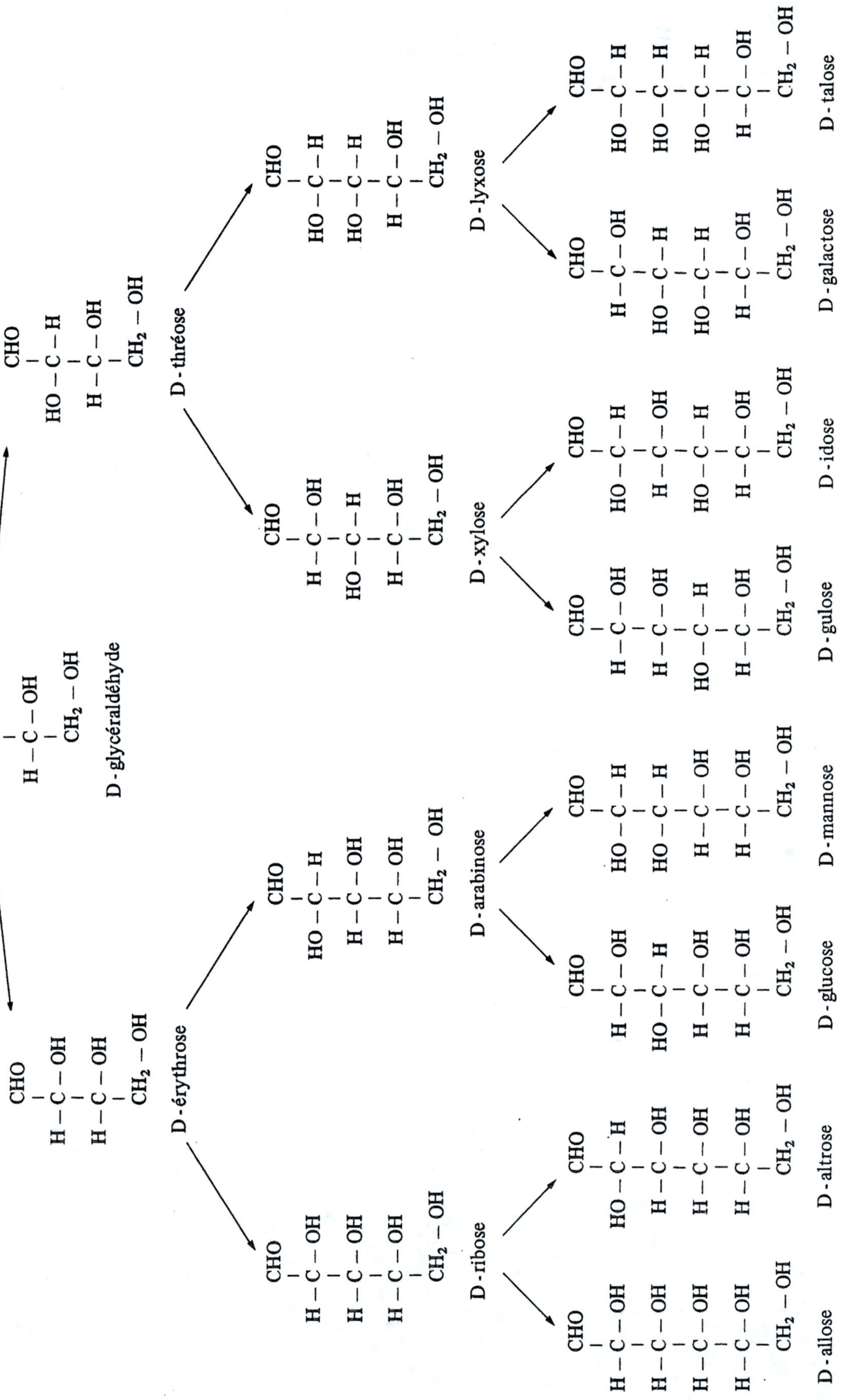

Figure 3.6 Filiation de la série D des cétoses de 4 à 6 carbones montrée selon la formule linéaire de FISCHER

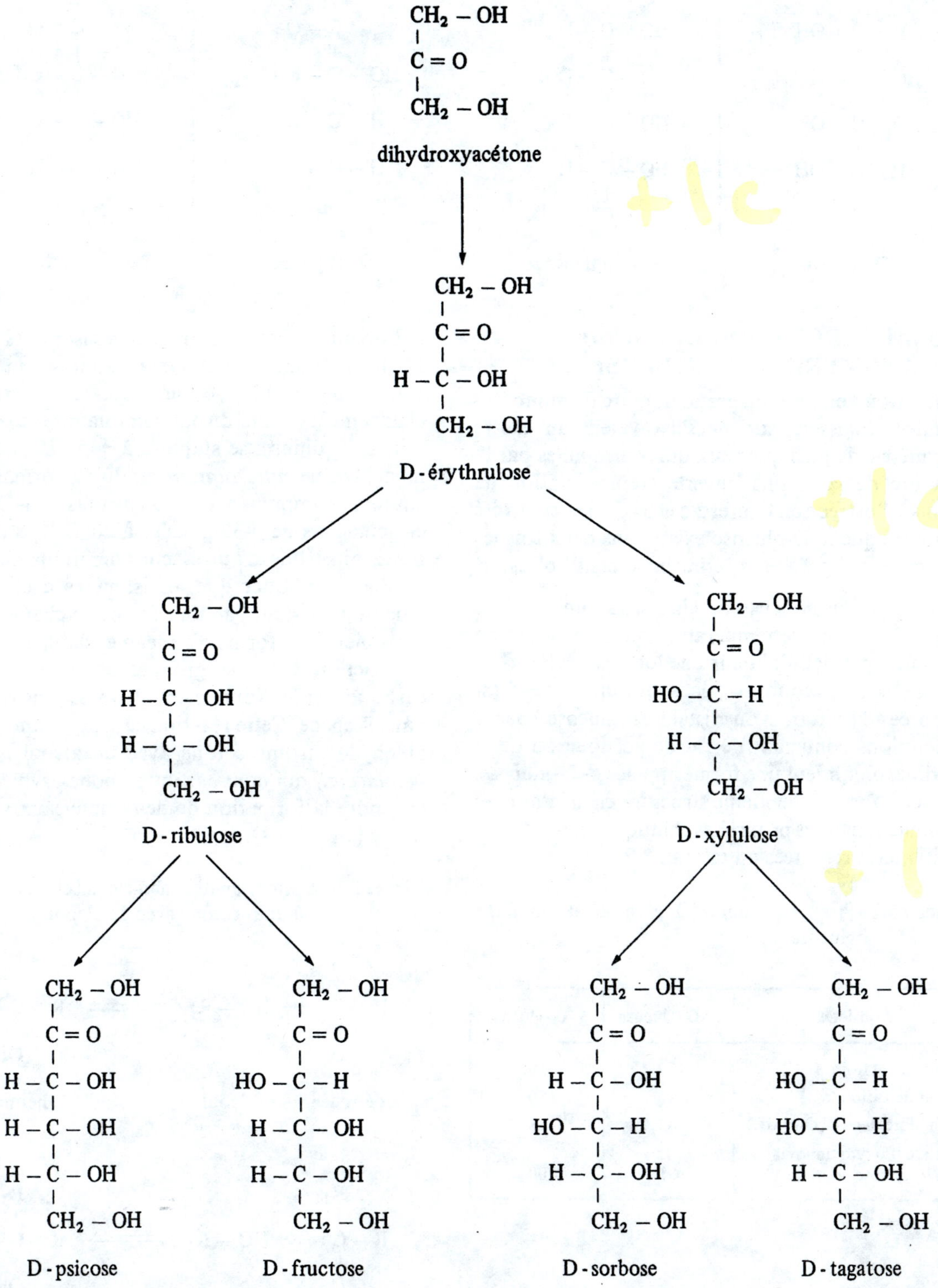

Figure 3.7 Énantiomères du glucose et du fructose

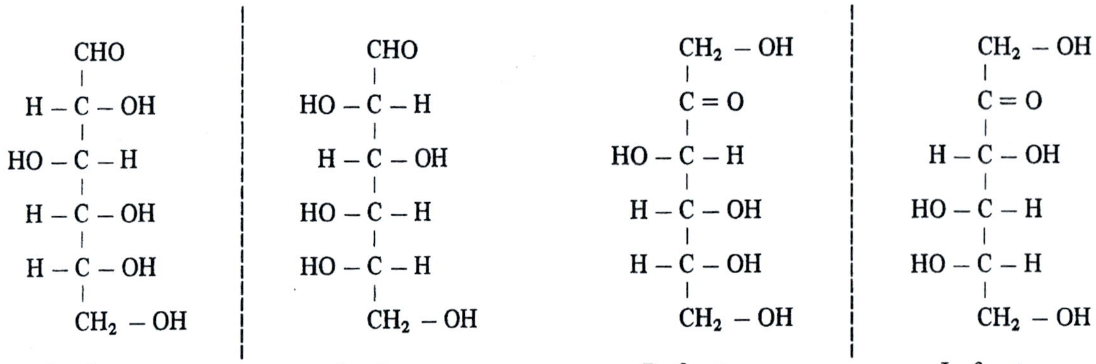

D - glucose L - glucose D - fructose L - fructose

3.2.3 MUTAROTATION ET FORME ANOMÈRE DU D-GLUCOSE

En solution aqueuse, un grand nombre de monosaccharides réagissent comme s'ils avaient un centre d'asymétrie de plus que ceux qui sont donnés par la structure de la chaîne ouverte (représentation de FISHER) illustrée aux figures 3.5 et 3.6. En effet, il a été démontré que le D-glucose existe sous deux formes différentes qui ont été expérimentalement isolées.

Une solution aqueuse de glucose, soumise à une évaporation à basse température ou à une addition d'éthanol, permet d'obtenir une forme appelée α-D-glucose. Si, au contraire, la solution aqueuse est évaporée à 110°C ou si on cristallise le glucose à partir de solutions contenant de l'acide acétique ou de la pyridine, on obtient une forme appelée β-D-glucose. Ces deux formes, de même structure élémentaire, se distinguent par des propriétés chimiques et physiques différentes, présentées au tableau 3.2.

Tableau 3.2 Propriétés du α-D-glucose et du β-D-glucose

Propriétés	α-D-glucose	β-D-glucose
Pouvoir rotatoire $[\alpha]_D^{20}$	+ 112,2°	+ 18,7°
Point de fusion (°C)	146	150
Solubilité dans H_2O (g/dL)	82,5	178
Vitesse d'oxydation relative par le glucose oxydase	< 1	100

Lorsqu'on dissout dans l'eau les isomères α et β du D-glucose dont les pouvoirs rotatoires sont respectivement de + 112,2° et de + 18,7°, on assiste à un changement graduel du pouvoir rotatoire de la solution qui, à l'équilibre, se stabilise à + 52,7°. Ce phénomène, appelé *mutarotation,* est dû à la formation d'un équilibre comprenant environ un tiers de α-D-glucose et deux tiers de β-D-glucose à 20°C. Ces constatations, ainsi que d'autres considérations chimiques, semblent indiquer que les isomères α et β du D-glucose n'existent pas sous forme de chaîne ouverte, mais bien sous forme d'anneau cyclique résultant de la réaction entre le groupement aldéhydique du carbone 1 et le groupement alcool le plus rapproché dans l'espace. Cette réaction caractéristique entre un aldéhyde ou une cétone avec un alcool forme un *hémiacétal,* qui contient un carbone asymétrique et engendre la formation de deux nouveaux stéréoisomères (figure 3.8).

Figure 3.8 Formation d'un hémiacétal entre un aldéhyde ou une cétone avec un alcool

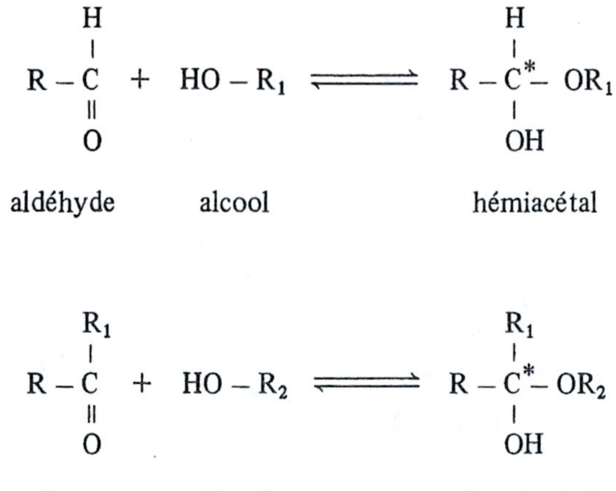

Figure 3.9 Cyclisation dans l'espace du D - glucose

A) Cyclisation C_1 - C_5 :

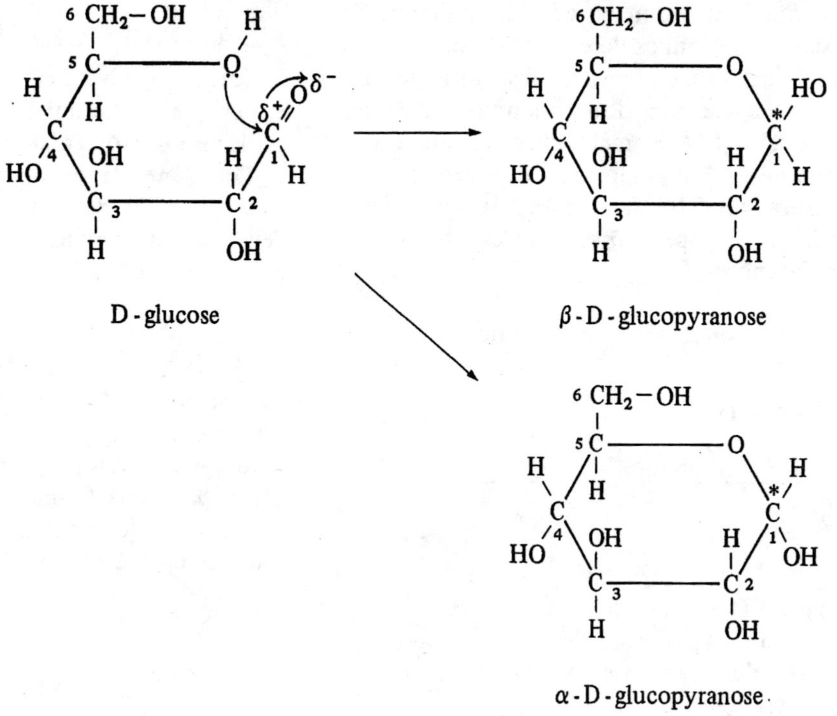

B) Cyclisation C_1 - C_4 :

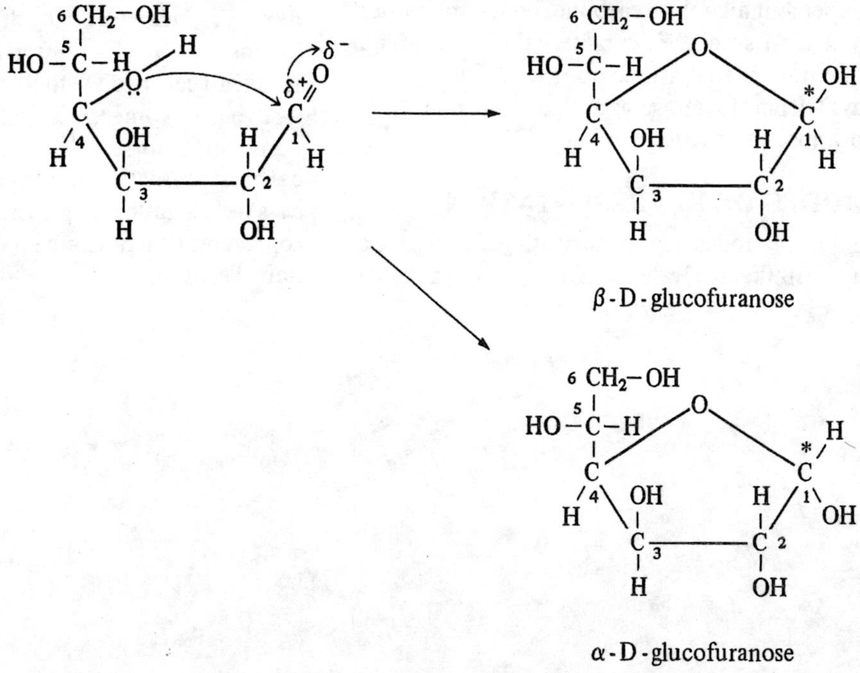

Comme les angles de valence (109°) du carbone permettent au squelette carboné du glucose de former un cercle dans l'espace (figure 3.9), la réaction peut se faire avec le groupement alcool de carbone 5 qui donnera un cycle à six sommets ou avec celui du carbone 4, qui donnera un cycle à cinq sommets. Ce sont les seules possibilités de cyclisation puisque les autres créeraient trop de tension sur la structure. La fermeture du cycle crée donc un nouveau centre d'asymétrie et les stéréoisomères qui en résultent sont appelés *anomères*. Par analogie avec les hétérocycles pyrane et furane illustrés à la figure 3.10, les cycles à six sommets sont appelés *pyranoses* et ceux à cinq sommets, furanoses.

Figure 3.10 Les hétérocycles pyrane et furane

pyrane furane

Dans le cas du D-glucose, la forme naturelle prédominante est celle du pyranose d'où son nom systématique de α-D-glucopyranose pour l'anomère α et de β-D-glucopyranose pour l'anomère β. Il en est de même pour tous les aldoses de cinq carbones et plus.

Dans le cas des cétoses de cinq carbones et plus, c'est le furanose qui prédomine puisque l'hémiacétal se forme entre le groupement cétonique du carbone 2 et le groupement alcool du carbone 5 pour constituer un cycle à cinq sommets, caractéristique du noyau furane. Le nom systématique pour le D-fructose est donc: α-D-fructofuranose pour l'anomère α et β-D-fructofuranose pour l'anomère β.

3.2.4 MODES DE REPRÉSENTATION

Il existe quatre modes de représentation des oses. Ce sont: la formule générale, la formule linéaire, la formule cyclique et la formule planaire. Comme le glucose et le fructose sont les représentants classiques des sucres à fonction aldéhydique et à fonction cétonique, nous les utiliserons comme exemples.

A. FORMULE GÉNÉRALE

La formule générale $C_nH_{2n}O_n$, appelée aussi formule empirique ou formule brute, ne nous renseigne que sur le nombre total d'atomes de carbone, d'hydrogène et d'oxygène. Par exemple, pour les hexoses, (n = 6), cette formule devient $C_6H_{12}C_6$, et correspond à l'ensemble des isomères de la série des aldohexoses et des cétohexoses sans distinction.

B. FORMULE LINÉAIRE

La formule linéaire ou représentation de FISCHER, illustrée aux figures 3.5 et 3.6, permet d'abord de distinguer, pour une série donnée, les aldoses des cétoses et ensuite chacun des différents stéréoisomères. Elle permet donc de distinguer les énantiomères, les diastéréoisomères et les épimères et de leur attribuer un nom.

C. FORMULE CYCLIQUE

La formule cyclique ou représentation de TOLLENS (figure 3.11), introduit la notion de cyclisation des sucres à cause de la formation d'un hémiacétal entre, d'une part, le groupement aldéhydique ou cétonique et, d'autre part, le groupement alcool le plus rapproché dans l'espace. Cette cyclisation, ($C_1 - C_5$ pour le glucose et $C_2 - C_5$ pour le fructose) produit alors un nouveau centre d'asymétrie qui est à l'origine de deux nouveaux isomères, appelés anomères α ou β. Par convention, lorsque le groupement —OH du nouveau carbone asymétrique est placé à droite, on a l'anomère α; s'il est à gauche, on a l'anomère β. Cependant cette représentation ne donne pas la forme réelle des sucres dans l'espace.

Figure 3.11 Cyclisation du D-glucose et du D-fructose par formation d'un hémiacétal interne selon la représentation de TOLLENS

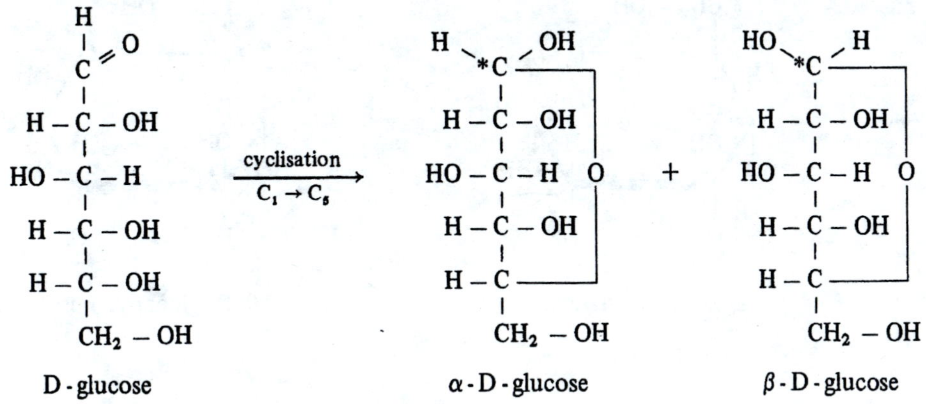

(représentation de TOLLENS)

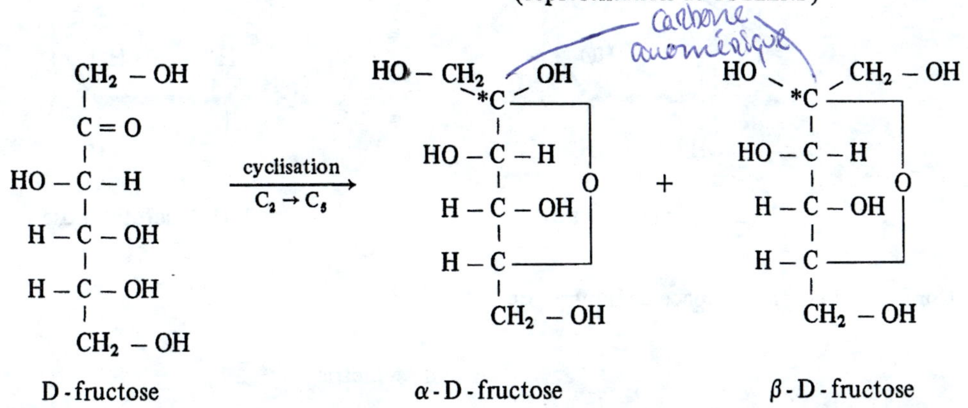

(représentation de TOLLENS)

Il est important de noter qu'au cours de cette cyclisation, la formule générale des sucres ne change pas.

D. FORMULE PLANAIRE

La formule planaire ou représentation de Haworth que l'on retrouve à la figure 3.12, présente la forme cyclique des sucres comme une structure planaire, c'est-à-dire la forme pyranose pour le glucose et la forme furanose pour le fructose. Les atomes de carbone et l'oxygène du cycle sont les sommets d'une surface plane sur laquelle on inscrit la formule du sucre. La ligne plus épaisse, en bas, représente la partie du plan la plus près du lecteur. De cette façon, les valences des carbones qui ne sont pas impliquées dans le cycle pointent, soit au-dessus, soit au-dessous du plan.

La règle de transformation du modèle de TOLLENS vers celui de HAWORTH est la suivante : tout ce qui se trouve à droite sur le modèle de TOLLENS se retrouve au-dessous du plan sur celui de HAWORTH et tout ce qui se trouve à gauche sur le modèle de TOLLENS se retrouve au-dessus du plan sur le modèle de HAWORTH.

La configuration du glucose dont le groupement — OH du carbone anomérique est situé au-dessous du plan s'appelle anomère *α* et correspond à l'anomère le plus dextrogyre (+ 112,2°). Celle dont le groupement — OH du même carbone anomérique est situé au-dessus du plan s'appelle anomère *β* et correspond à l'anomère le moins dextrogyre (+ 18,7°). Cette même règle s'applique pour la configuration du fructose : si son groupement — OH en position 2 est au-dessous du plan, on a l'anomère *α* et s'il est au-dessus du plan, on a l'anomère *β*.

Le modèle planaire de HAWORTH ne fait pas état de la conformation réelle des sucres dans l'espace, c'est-à-dire des divers arrangements spatiaux qui peuvent être obtenus par des rotations autour des liaisons

Figure 3.12 Représentation planaire de HAWORTH

Glucose:

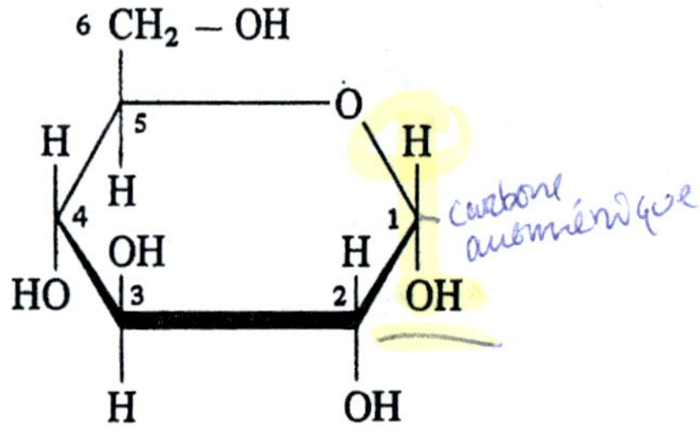

α - D - glucopyranose

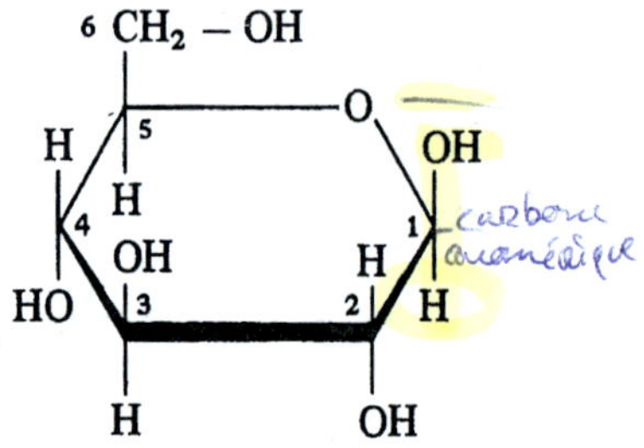

β - D - glucopyranose

Fructose:

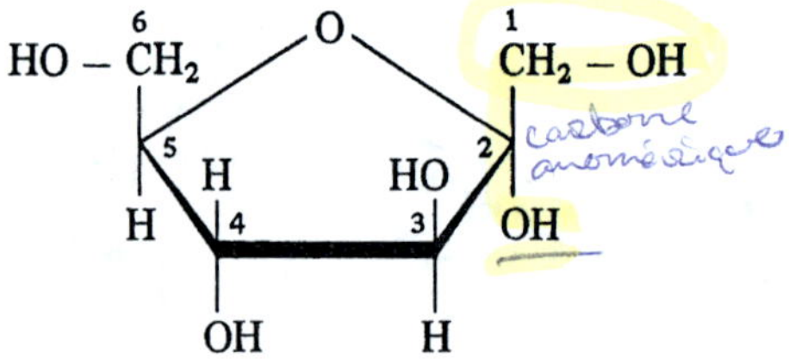

α - D - fructofuranose

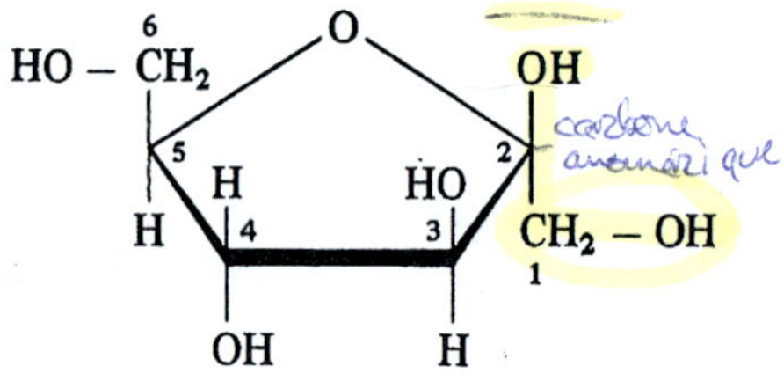

β - D - fructofuranose

Figure 3.13 Conformations dans l'espace d'un pyranose

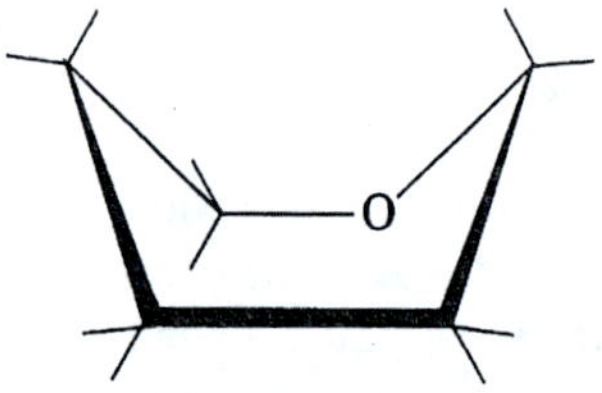

conformation bateau

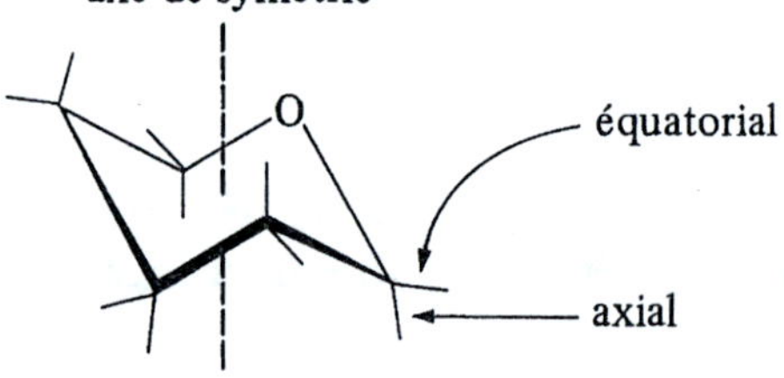

conformation chaise

simples du cycle. En effet, l'anneau pyranose existe dans l'espace suivant deux conformations, la *chaise* et le *bateau,* illustrées à la figure 3.13.

La conformation chaise de l'anneau pyranose est relativement rigide et beaucoup plus stable que la conformation bateau. C'est elle qui prédomine en solution aqueuse car, par rapport à un axe perpendiculaire au plan défini par les liaisons C—C et C—O et passant par son centre, les substituants sont parallèles à l'axe, et sont alors dits *axiaux*, ou perpendiculaires à cet axe et appelés *équatoriaux*. Cet arrangement des substituants minimise leurs interactions en les écartant au maximum les uns des autres, ce qui n'est pas le cas pour la conformation bateau.

Les travaux de REEVES ont révélé qu'il existe deux conformations chaise différentes, soit C1 et 1C représentées à la figure 3.14. On voit facilement que lorsque le cycle pyranose passe de la conformation C1 à 1C et réciproquement, les groupements qui étaient axiaux dans l'une deviennent équatoriaux dans l'autre. Dans le cas du β-D-glucopyranose de la figure 3.14, il est évident que tous les groupements substituants importants de la conformation C1 —soit les groupements hydroxyle en C_1, C_2, C_3 et C_4 et le groupement alcoolique primaire du carbone 5 — sont équatoriaux. C'est la conformation la plus stable, puisque les interactions y sont les plus faibles.

3.2.5 PROPRIÉTÉS CHIMIQUES DES MONOSACCHARIDES

Puisque les oses, comme nous l'avons vu, sont des polyalcools à fonction aldéhydique ou cétonique, ils produiront, de façon générale, toutes les réactions relatives aux hydrocycles alcooliques et aux groupements carbonyles.

A. ACTION DES ACIDES ET DES BASES

Les monosaccharides sont stables dans des solutions chaudes et diluées d'acides minéraux. Cependant, des solutions concentrées d'acides causent la déshydratation des sucres en *furfurals*, dérivés aldéhydiques des furanes. Par exemple, si l'on chauffe le D-glucose avec du HCL concentré, il se transforme en 5-hydroxyméthylfurfural, comme on peut le voir à la figure 3.15. Ces dérivés furfurals se condensent ensuite avec des phénols, comme l'orcinol, pour donner des complexes colorés, caractéristiques de chacun d'eux, et qui peuvent être employés pour leur analyse colorimétrique.

Par contre, des solutions faiblement alcalines vont causer, à la température ambiante, des réarrangements importants autour du carbone anomérique des sucres

Figure 3.14 Les deux conformations chaises du β-D-glucose selon REEVES

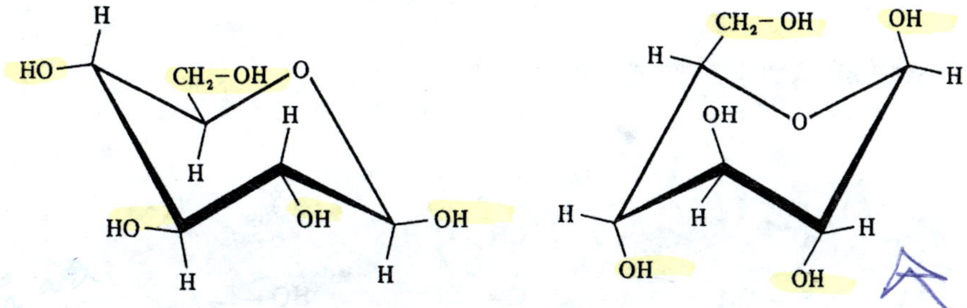

C1 β-D-glucopyranose (REEVES) 1C

⊕ encombrement stérique (OH ⊕ gros & ⊕ proches)

Figure 3.15 Formation d'un furfural en milieu acide

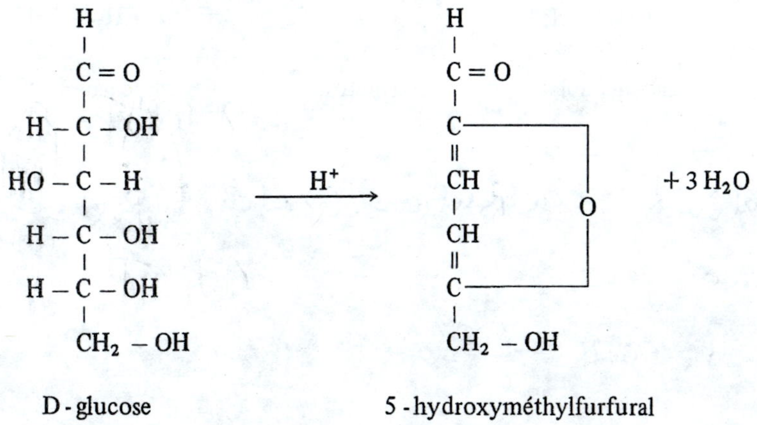

D-glucose 5-hydroxyméthylfurfural

et de leur carbone adjacent, sans toutefois affecter les autres carbones. À la température ambiante, le traitement du D-glucose avec une solution faiblement alcaline donne, à l'équilibre, un mélange de l'aldose original, (le D-glucose), du 2-cétose correspondant, (le D-fructose) et de son aldose épimère (le D-mannose) comme illustré à la figure 3.16. Cette réaction est rendue possible grâce à la production d'une forme intermédiaire, appelée *ènediol.*

B. FORMATION D'OSAZONES

Les monosaccharides, chauffés à 100°C dans une solution d'acide faible, réagissent avec un excès de phénylhydrazine pour former des *osazones*, insolubles dans l'eau et cristallisables. Le mécanisme réactionnel de formation de l'osazone du D-glucose est donné à la figure 3.17. Tout d'abord, il y a formation d'une phénylhydrazone (b), laquelle subit un réarrangement d'AMADORI, c'est-à-dire la formation d'un groupement carbonyle en C_2 par migration de deux H du groupement alcool secondaire sur la double liaison (c). Une condensation se produit ensuite avec une deuxième molécule de phénylhydrazine (d), puis un réarrangement allylique (e) et l'élimination de l'alinine pour conduire aux imines (f). Enfin, une condensation de l'imine avec une troisième molécule de phénylhydrazine forme la phénylosazone (g) et l'ammoniaque.

En général, les osazones servent à identifier les sucres puisqu'ils donnent des structures cristallines différentes. Notons cependant que le glucose, le fructose et le mannose donnent le même osazone puisque leur différence de structure disparaît à cause de la configuration des carbones 1 et 2.

C. OXYDATION

La façon d'oxyder les sucres produit trois sortes de dérivés acides: les acides aldoniques, uroniques et aldariques.

L'oxydation douce ou ménagée de la fonction aldéhydique d'un aldose par des agents oxydants faibles, comme l'eau de brome ou l'hypoiodate de sodium, conduit généralement à la formation d'un acide aldonique. Comme le démontre la figure 3.18, *l'oxydation de D-glucose donne l'acide gluconique.* Cette réaction est stœchiométrique et permet le dosage spécifique des aldoses.

Figure 3.16 Isomérisation du D-glucose en milieu faiblement alcalin

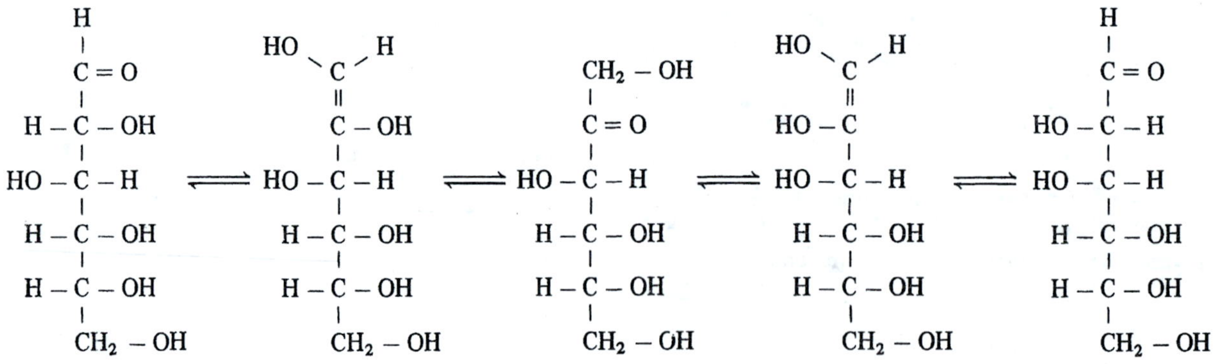

D-glucose trans-ènediol D-fructose cis-ènediol D-mannose

- à T°↓, [ ]alcalin ↓ : cyclisation (mutarotation du glucose)

- à [ ]alcalin ↑ : caramélisation

Figure 3.17 Mécanisme de formation des osazones

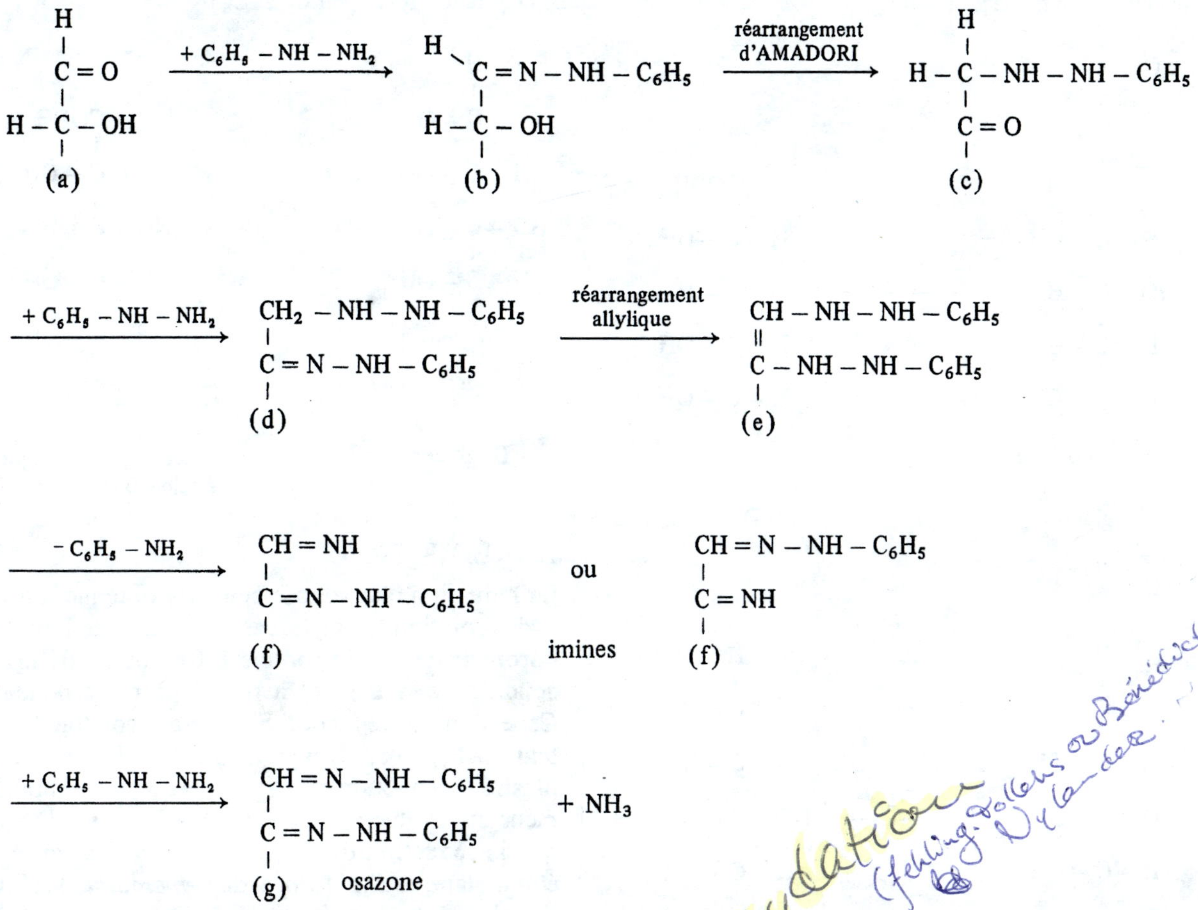

De plus, certains agents oxydants peuvent n'oxyder que la fonction alcool primaire du carbone 6 des aldoses pour former des acides uroniques. Dans ces conditions, le *D-glucose donne l'acide glucuronique* (figure 3.18). Les acides uroniques ont une grande importance biologique et font partie de la structure de plusieurs polysaccharides.

Par contre, l'emploi d'agents oxydants plus forts, l'acide nitrique par exemple, produit une oxydation plus poussée, puisqu'en plus de la fonction aldéhydique, la fonction alcool primaire du carbone 6 est aussi oxydée pour donner un diacide, l'acide aldarique. Dans ces conditions, le *D-glucose donne l'acide glucarique* (figure 3.18). Les acides aldariques n'ont pas une grande importance biologique.

De plus, tous les sucres à fonction aldéhydique (— CHO) ou cétonique (— CO —) *libre* ont le pouvoir de réduire certains ions métalliques se trouvant en solution alcaline; les sucres capables de réduire de tels agents oxydants sont appelés *sucres réducteurs*. Donc, tous les monosaccharides et les diholosides (sauf le saccharose) sont des sucres réducteurs. Quant aux polyholosides, ils sont faiblement réducteurs.

En conséquence, toute méthode basée sur l'oxydation des sucres réducteurs par des solutions alcalines de sulfate de cuivre, de nitrate d'argent, de ferricyanure de potassium ou de sel de tétrazolium peut servir à les doser quantitativement. La figure 3.19 montre la réaction de réduction d'une solution cuproalcaline (réaction de FEHLING) par un sucre réducteur. Au cours de cette réaction, le sucre est oxydé en acide aldonique et l'ion cuivrique (Cu^{2+}) est réduit en ion cuivreux (Cu^{+}).

Figure 3.18 Oxydation du D-glucose

A) Oxydation ménagée (douce)

sur C_1 :

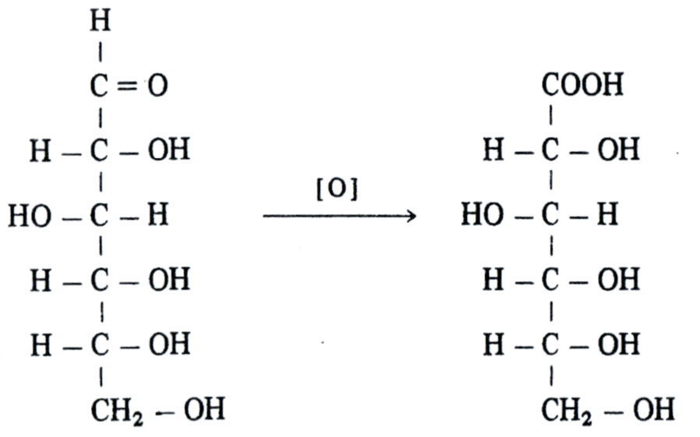

D-glucose — acide D-gluconique

sur C_6 :

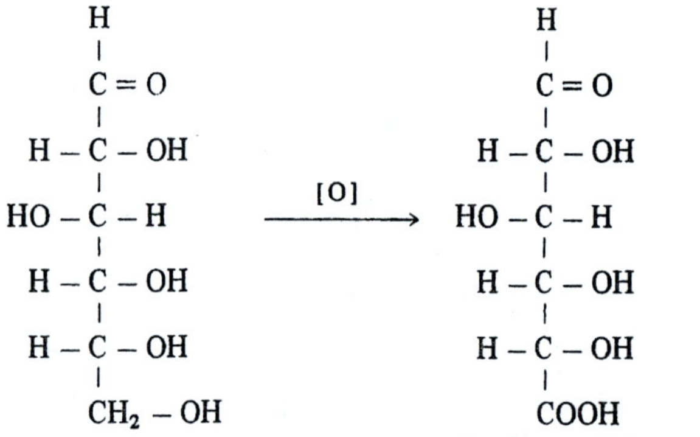

D-glucose — acide D-glucuronique

B) Oxydation forte (sur C_1 et C_6)

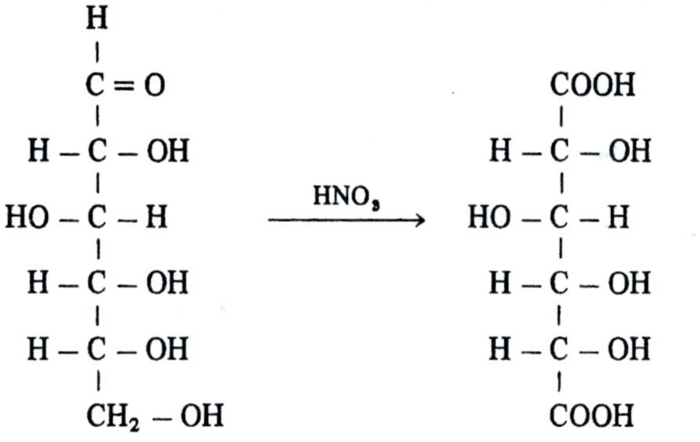

D-glucose — acide D-glucarique (acide D-saccharique)

D. RÉDUCTION

La réduction d'un aldose peut être obtenue soit par hydrogénation catalytique, soit par l'action d'un borohydrure alcalin comme $LiBH_4$ ou $NaBH_4$. Elle conduit nécessairement au polyalcool correspondant. Cependant, la réduction d'un cétose conduit à l'obtention de deux polyalcools épimères. La figure 3.20 illustre la réduction du D-glucose qui donne uniquement du *D*-glucitol (appelé aussi D-sorbitol) alors que la réduction du D-fructose donne un mélange équimolaire de *D-glucitol* et de *D-mannitol*; la réduction de la fonction cétonique du D-fructose a généré un nouveau carbone asymétrique. On peut donc affirmer que le D-glucitol est le produit de la réduction du D-glucose alors qu'il est l'un des produits de réduction du D-fructose.

→ Mélange racémique 50/50

Figure 3.19 Réaction de FEHLING (pouvoir réducteur des sucres)

Réaction générale:

$$\text{Sucre}\ (-CHO) + 2\,Cu^{2+} \xrightarrow{NaOH} \text{acide aldonique}\ (-COOH) + 2\,Cu^{+}$$

$$2\,Cu^{+} + 2\,OH^{-} \longrightarrow \underset{\text{précipité rouge}}{Cu_2O} + H_2O$$

Réaction détaillée:

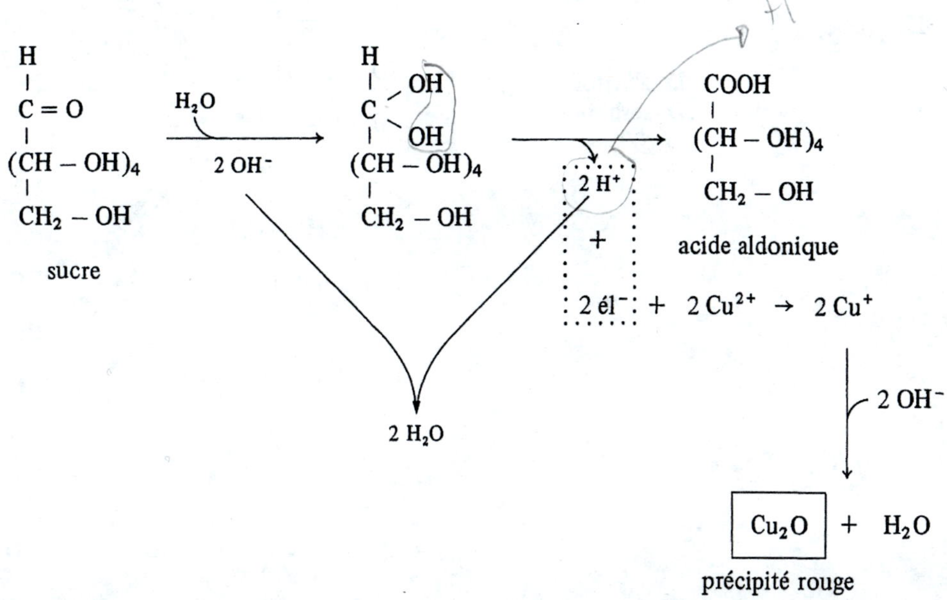

E. ACÉTYLATION

Les groupements hydroxyles libres des monosaccharides peuvent être facilement protégés par acétylation pour donner des dérivés O-acétylés qui sont importants tant pour la détermination de leur structure que pour la synthèse chimique de leurs liaisons osidiques. On peut voir, à la figure 3.21, que le traitement à froid de l'α-D-glucose avec un excès d'anhydride acétique donne un pentaacétate d'α-D-glucose. Les groupements hydroxyles ont tous été acétylés, mais à des vitesses différentes.

F. PHOSPHORYLATION

Les monosaccharides peuvent aussi former des esters avec l'acide phosphorique (H_3PO_4). Les dérivés phosphorylés des sucres sont retrouvés dans toutes les cellules vivantes et constituent des intermédiaires de première importance dans le métabolisme des sucres. Quelques-uns des principaux sucres phosphorylés sont présentés à la figure 3.22.

3.3 LES OSIDES

Les osides ou glycosides sont d'importants dérivés des monosaccharides dans lesquels l'hydroxyle du groupement hémiacétalique du carbone anomérique d'un ose a été associé à un groupement hydroxylique d'un alcool (figure 3.23). La liaison qui en résulte s'appelle liaison osidique ou glycosidique.

À la figure 3.23, on remarque qu'une liaison osidique peut aussi résulter d'une réaction du carbone anomérique d'un ose avec le groupement hydroxyle d'un autre ose pour former soit des diholosides, soit des polyholosides. Dans un diholoside, une seule liaison osidique unit deux oses; dans un polyholoside, les nombreux oses sont unis par plusieurs liaisons osidiques.

Cependant, la participation de l'hydroxyle hémiacétalique d'un ose à une liaison osidique entraîne automatiquement la disparition de son pouvoir réducteur. Toutefois, sa configuration est bloquée et stabilisée sous les formes α ou β.

Figure 3.20 Réduction du D-glucose et du D-fructose

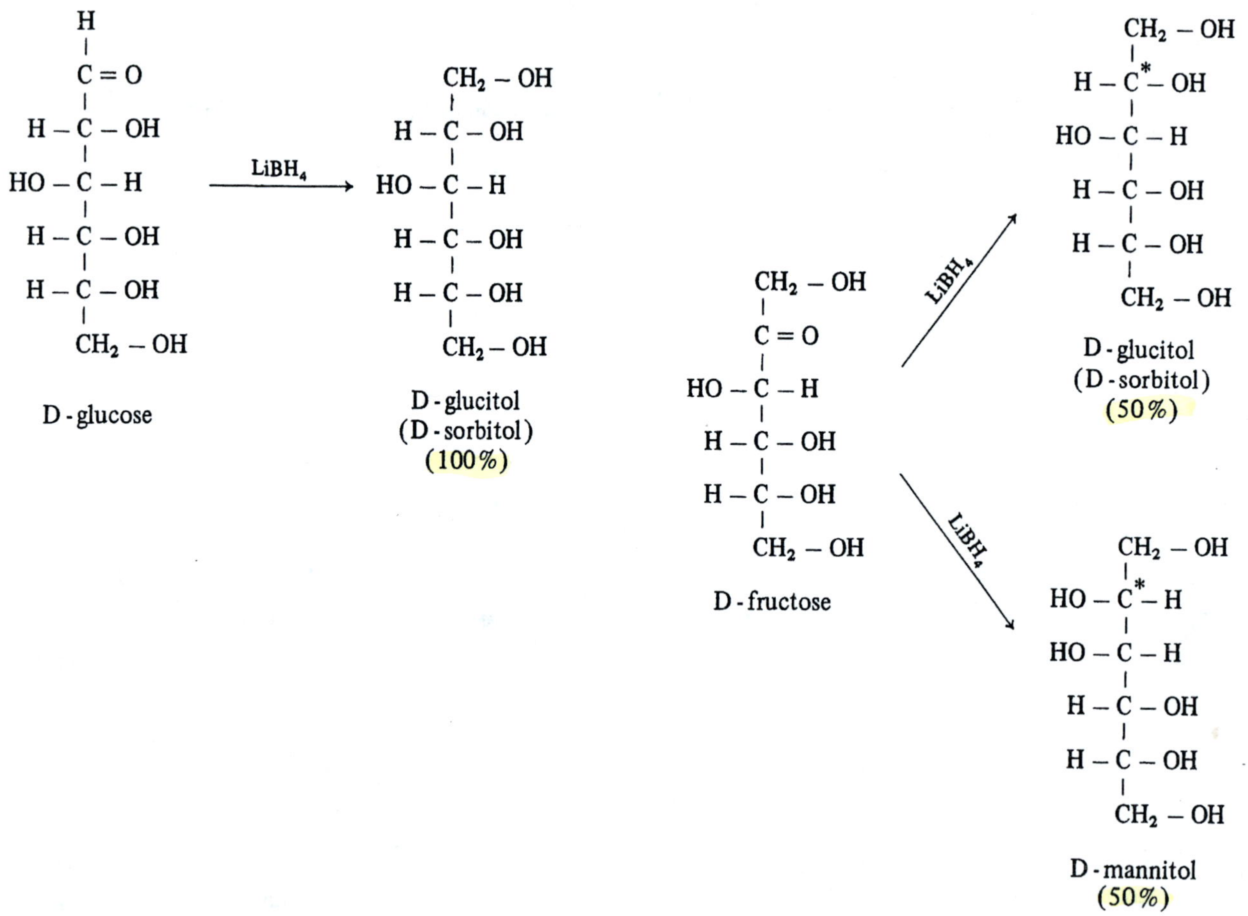

Figure 3.21 Acétylation du α-glucose par l'anhydride acétique dans la pyridine à froid

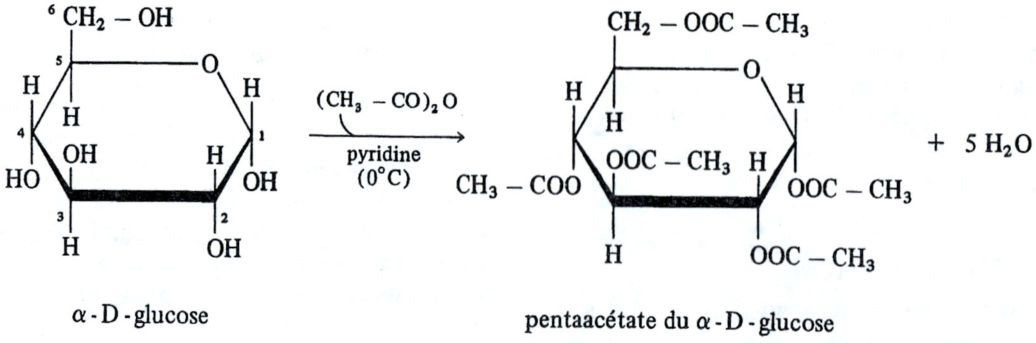

Figure 3.22 Les principaux dérivés phosphorylés du D - glucose et du D - fructose

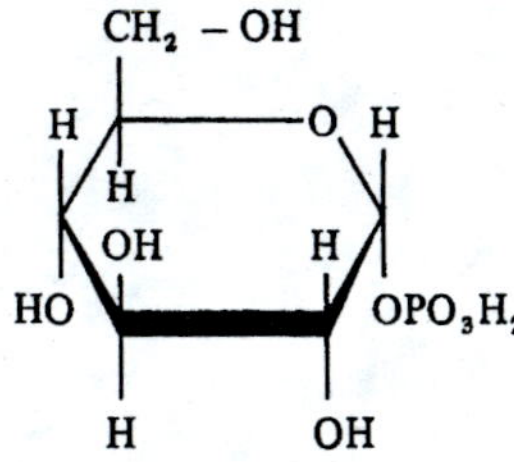

α - D - glucose - 1 - phosphate

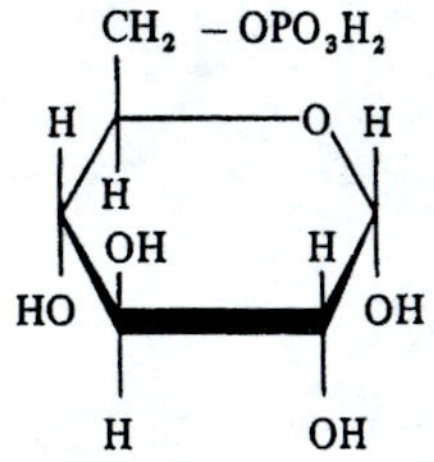

α - D - glucose - 6 - phosphate

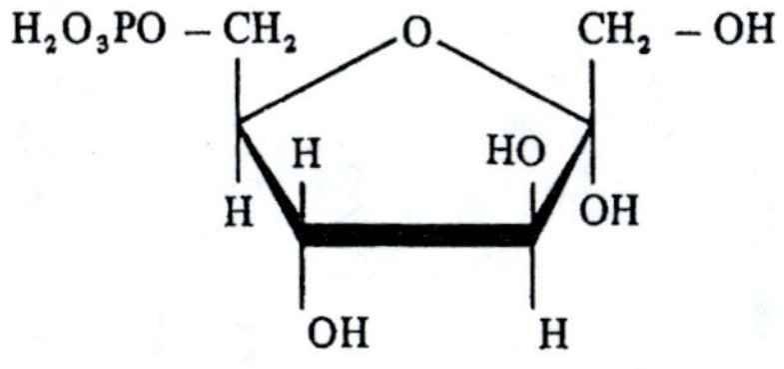

α - D - fructose - 6 - phosphate

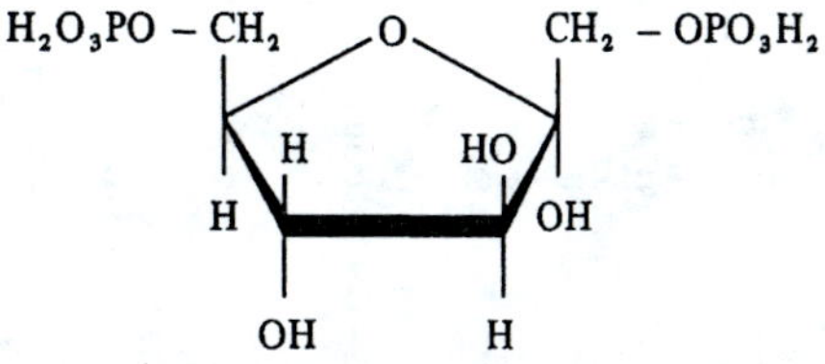

α - D - fructose - 1,6 - diphosphate

La liaison osidique est stable en milieu alcalin, mais elle peut être facilement hydrolysée par chauffage en milieu acide pour libérer des monosaccharides libres (figure 3.23). Elle peut également être hydrolysée par l'action d'enzymes spécifiques.

3.3.1 LES DIHOLOSIDES

Les diholosides ou disaccharides sont formés de deux monosaccharides unis par une liaison osidique. Les diholosides les plus connus sont: le maltose, le cellobiose, le lactose et le saccharose (figure 3.24).

A. LE MALTOSE

Le maltose, un produit d'hydrolyse provenant de l'action de l'amylase sur l'amidon, contient deux résidus d'α-D-glucose de forme pyranosique réunis par une liaison osidique. Cette liaison, de type α, s'effectue par perte d'une molécule d'eau entre le groupement hydroxyle hémiacétalique du carbone anomérique 1 du premier glucose et le groupement hydroxyle du carbone 4 du second résidu glucose. Son nom systématique devient donc: α-D-glucopyranosyl-(1→4)-α-D-glucopyranose.

Habituellement, la nomenclature désigne le résidu dont le groupement réducteur est engagé dans la liaison osidique, par le nom de l'ose correspondant, auquel on ajoute le suffixe «YL».

Le maltose reste un sucre réducteur puisque son second résidu glucose conserve son carbone anomérique libre.

B. LE CELLOBIOSE

Le cellobiose, obtenu par la dégradation de la cellulose, est formé de deux résidus de β-D-glucose de forme pyranosique réunis par une liaison osidique de type β entre le groupement hydroxyle anomérique du carbone 1 du premier résidu glucose et le groupement hydroxyle du carbone 4 du second résidu glucose. Son nom systématique devient alors: β-D-glucopyranosyl-(1→4)-β-D-glucopyranose. Le cellobiose reste aussi un sucre réducteur.

C. LE LACTOSE

Le lactose, seul diholoside réducteur à exister à l'état libre, est synthétisé dans les glandes mammaires et constitue le sucre principal du lait. Contrairement aux deux diholosides précédents, il se compose de deux sucres différents: un β-D-galactose et un β-D-glucose. La liaison osidique (1→4) entre les deux sucres est de type β. Son nom systématique est donc: β-D-galactopyranosyl-(1→4)-β-D-glucopyranose.

Figure 3.23 Formation (et hydrolyse) d'une liaison osidique

A) Formation d'une liaison osidique:

1 - Avec un alcool:

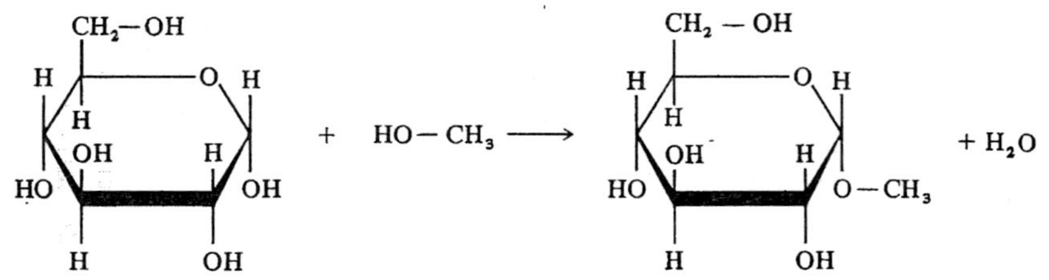

α - D - glucopyranose méthanol méthyl - α - D - glucopyranoside

2 - Avec un autre ose:

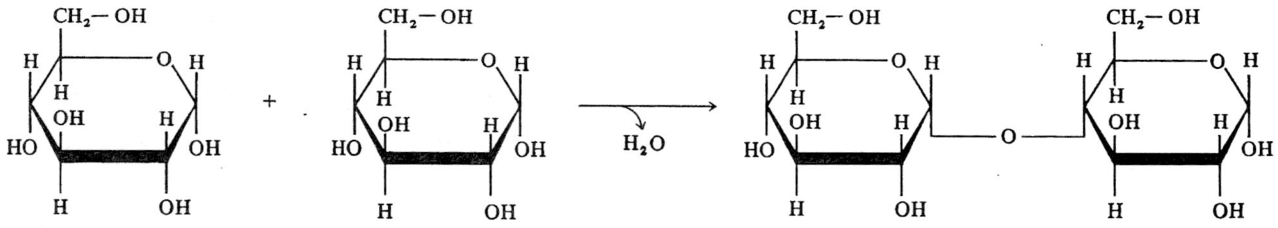

α - D - glucopyranose α - D - glucopyranose maltose

B) Hydrolyse d'une liaison osidique:

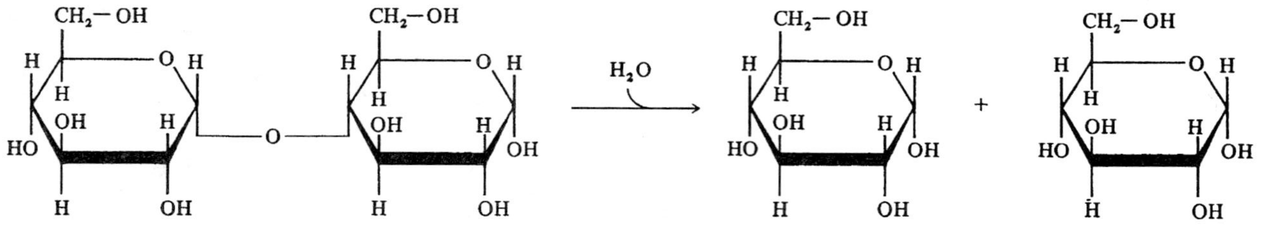

maltose α - D - glucopyranose α - D - glucopyranose

Figure 3.24 Structure des principaux diholosides

A) Le maltose :

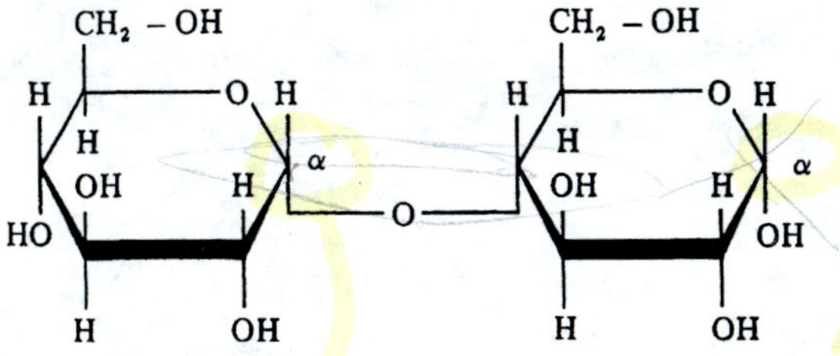

α - D - glucopyranosyl - (1 → 4) - α - D - glucopyranose

B) Le cellobiose :

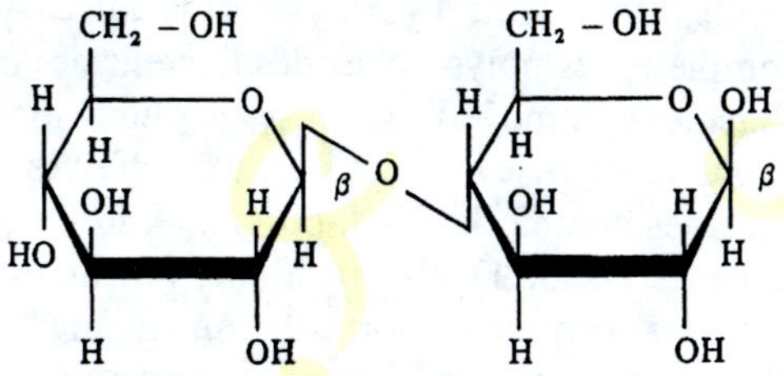

β - D - glucopyranosyl - (1 → 4) - β - D - glucopyranose

C) Le lactose

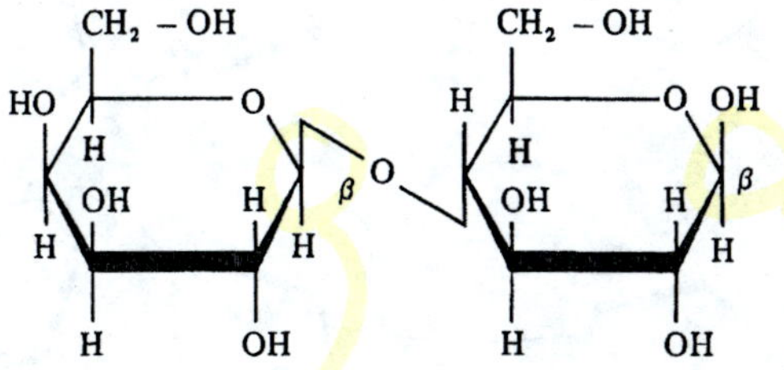

β - D - galactopyranosyl - (1 → 4) - β - D - glucopyranose

D) Le saccharose (sucrose)

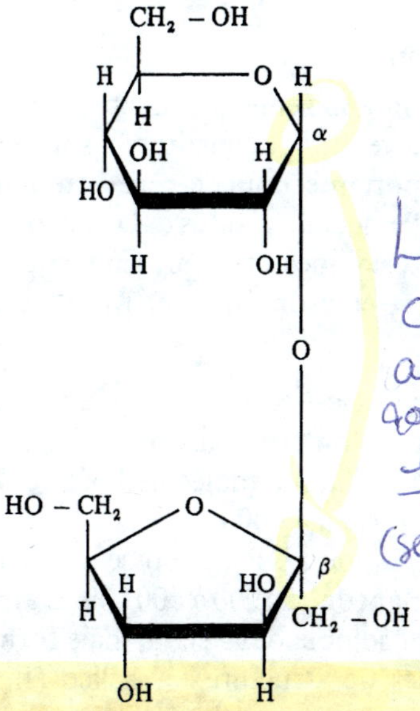

α - D - glucopyranosyl - (1 → 2) - β - D - fructofuranoside

D. LE SACCHAROSE

Le saccharose, extrait de la canne à sucre, est extrêmement abondant dans le monde végétal et nous est très familier comme sucre de table. C'est un disaccharide formé d'un α-D-glucose de forme pyranosique et d'un β-D-fructose de forme furanosique reliés par les groupements hydroxyles hémiacétaliques de leur carbone anomère respectif. Dans ce cas précis, la liaison (1→2) est appelée *liaison diosidique*, puisque les deux groupements anomériques y sont inclus. La nomenclature officielle ajoute donc le suffixe IDE au deuxième résidu ose puisque son groupement réducteur est aussi engagé dans la liaison osidique. Son nom systématique devient alors : α-D-glucopyranosyl-(1 → 2)-β-D-fructofuranoside.

Comme le saccharose ne contient pas de carbones anomériques libres (ils sont pris dans la liaison diosidique), il ne présente pas de phénomène de mutarotation, ne réagit pas avec la phénylhydrazine pour former des osazones, ni ne réagit comme sucre réducteur. Il est pourtant plus facile à hydrolyser que les autres disaccharides.

Le saccharose a un pouvoir rotatoire positif: $[\alpha]_D^{20} = +66{,}5°$. Par hydrolyse acide ou enzymatique, il donne un mélange équimolaire de D-glucose ($[\alpha]_D^{20} = +52{,}7°$) et de D-fructose ($[\alpha]_D^{20} = -92{,}4°$) dont le pouvoir rotatoire est négatif. Ce phénomène est souvent appelé *inversion* du saccharose puisque son hydrolyse produit un changement net dans le pouvoir rotatoire du mélange ainsi obtenu; ce mélange est souvent appelé *sucre inverti*. C'est pourquoi, l'enzyme *saccharase* qui catalyse cette réaction d'hydrolyse pouvant être suivie au moyen d'un polarimètre, s'appelle aussi *invertase*.

3.3.2 LES POLYHOLOSIDES

La plupart des sucres trouvés dans la nature le sont sous forme de polysaccharides à masse moléculaire élevée. Lors d'une hydrolyse acide ou enzymatique complète, ces polysaccharides libèrent des monosaccharides comme le D-glucose (le plus important), le D-mannose ou le D-fructose, ou des dérivés monosaccharides comme le D-glucosamine, le D-galactosamine ou l'acide D-glucuronique. Parmi les polysaccharides les plus importants, on distingue ceux de réserve, comme l'amidon et le glycogène, et ceux de soutien comme la cellulose.

A. LES POLYSACCHARIDES DE RÉSERVE

L'amidon

L'amidon représente la principale réserve glucidique du règne végétal et constitue la source de glucides la plus importante pour le règne animal. Il est formé essentiellement de résidus α-D-glucose réunis par des liaisons osidiques et se présente sous deux formes: l'*amylose*, environ 20 %, et l'*amylopectine*, environ 80 %.

L'amylose est formée par une chaîne linéaire d'α-D-glucose dont les liaisons osidiques sont de type α-(1 → 4). Chaque molécule linéaire d'amylose contient de 1 000 à 4 000 unités glucose, appelé *degré de polymérisation* (DP), et possède une masse moléculaire variant de 150 000 à 600 000. L'amylose n'est pas vraiment soluble dans l'eau, mais forme des micelles hydratées de structure en hélice (figure 3.25) qui confèrent un état colloïdal à la solution. De plus, l'amylose réagit avec l'iode qui se place dans l'axe central de l'hélice pour former un complexe bleu vif. La couleur du complexe associé à l'iode dépend du DP de la chaîne linéaire: 12-14, rouge pâle; 14-30, rouge pourpre; 30-40, pourpre à bleu pourpre; 40 et plus, bleu à bleu vert.

L'amylopectine présente une structure hautement ramifiée; la longueur moyenne de chacune des ramifications est d'environ 24 à 30 résidus glucose. Les liaisons osidiques qui retiennent les résidus le long d'une chaîne sont de type α-(1 → 4) alors que celles qui unissent les débuts de ramifications à une autre chaîne sont de type α-(1 → 6) (figure 3.26a). L'amylopectine, dont la masse moléculaire peut atteindre 100 millions (DP > 500 000), donne des solutions colloïdales et présente une coloration rouge-violet à l'iode.

L'amylose et l'amylopectine sont des sucres peu réducteurs puisque la grande majorité des carbones

Figure 3.25 Structure linéaire en hélice de l'amylose

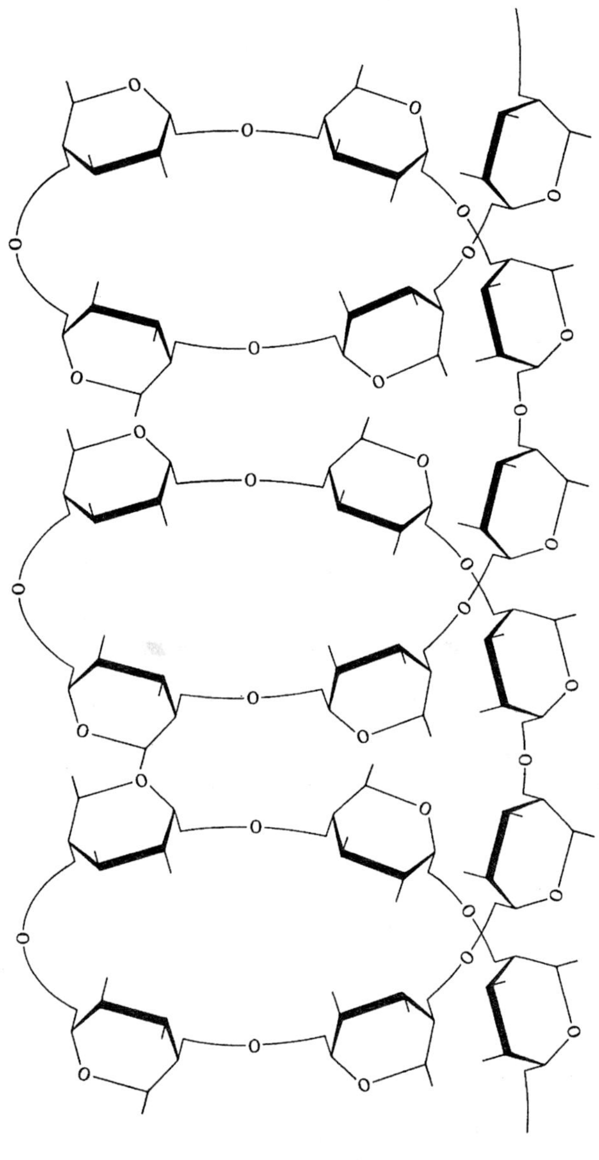

anomériques réducteurs des résidus glucose sont pris dans les liaisons α-(1 → 4) et α-(1 → 6) (figure 3.26b).

La dégradation de l'amidon peut se faire de deux façons:

a) Par simple hydrolyse acide

Celle-ci permet de briser, *au hasard*, toutes les liaisons osidiques, qu'elles soient de type α-(1 → 4) ou de type α-(1 → 6). On obtient donc, après une hydrolyse complète, des unités de α-D-glucose.

b) Par hydrolyse enzymatique

Différents enzymes peuvent dégrader l'amidon en coupant les liaisons osidiques. On en trouve trois

Figure 3.26 Structure de l'amylopectine

A) Liaisons α-(1 → 6) du début d'une ramification de l'amylopectine

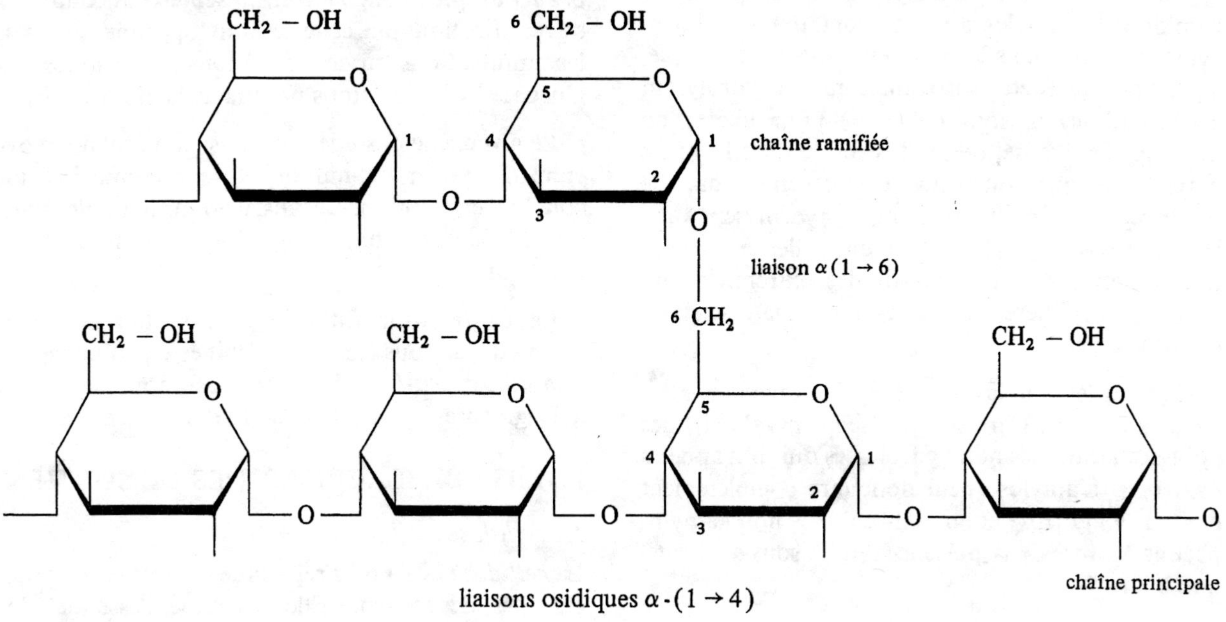

B) Structure d'une molécule d'amylopectine

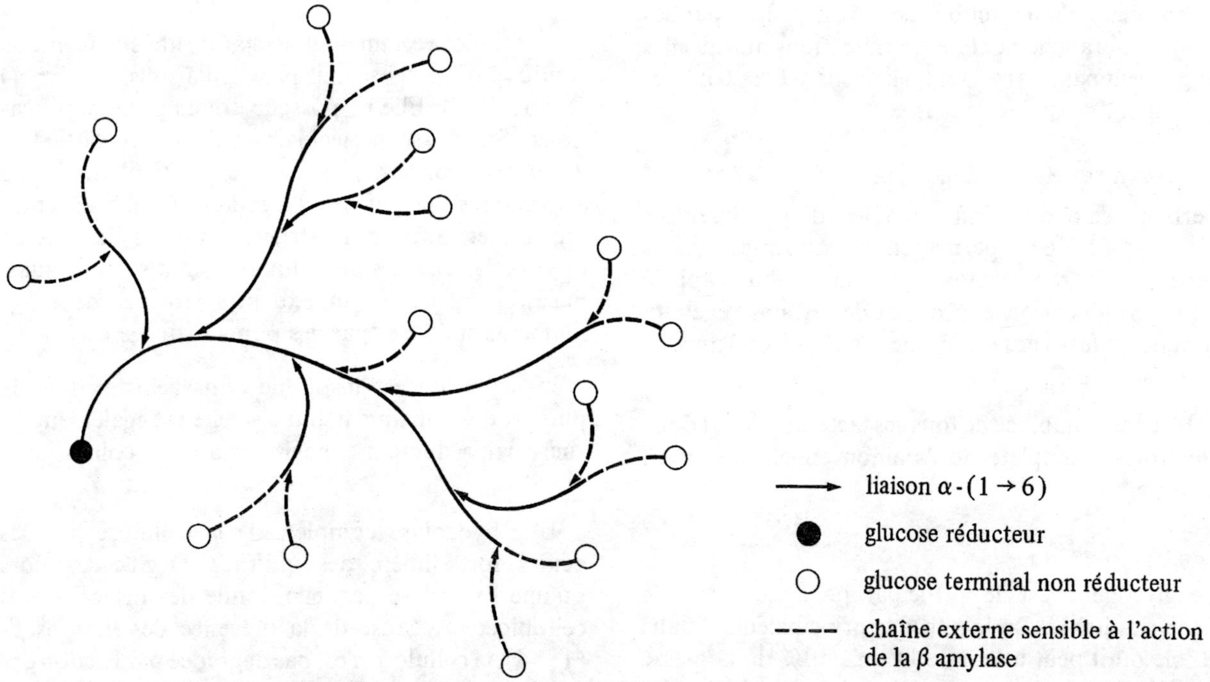

sortes : les amylases, les phosphorylases et les enzymes de débranchement.

Les amylases

Il existe deux sortes d'amylases pour hydrolyser l'amidon : les amylases-α, qui sont des métalloenzymes présents dans la salive et le suc pancréatique, agissent sur le tractus gastrointestinal en hydrolysant au hasard les liaisons α-(1 → 4) pour libérer un mélange de glucose, de maltose et de dextrines ; les amylases-β, que l'on trouve exclusivement dans le règne végétal, le malt par exemple, hydrolysent aussi les liaisons α-(1 → 4). Cependant, celles-ci coupent une liaison sur deux à partir des extrémités non réductrices et libèrent donc des unités maltose et des dextrines.

Comme les amylases α et β n'attaquent pas les liaisons α-(1 → 6), il reste des segments de chaînes polysaccharidiques non hydrolysées qui sont appelés *dextrines*. L'amylose peut donc être complètement dégradé en glucose et en maltose mais non l'amylopectine à cause de la présence des liaisons α-(1 → 6) non hydrolysées.

Les phosphorylases

Les phosphorylases attaquent les chaînes à partir des extrémités non réductrices et, par phosphorolyse des liaisons α-(1 → 4), libèrent des unités d'α-D-glucose-1-phosphate. Leur action est aussi arrêtée par les points de branchement des ramifications puisqu'elles ne peuvent pas hydrolyser les liaisons α-(1 → 6). Elles produisent aussi des dextrines.

Les enzymes de débranchement

Certains enzymes sont capables d'hydrolyser les liaisons α-(1 → 6) et permettent de couper les liaisons de début de ramifications. Le plus connu, appelé α-(1 → 6) glucosidase, provient de certains végétaux comme les fèves et les pommes de terre ; on l'appelle aussi enzyme-R.

L'action combinée de tous ces facteurs permet donc l'hydrolyse complète de l'amidon en glucose et en maltose.

Le glycogène

Le glycogène est le principal polysaccharide de réserve animale. On le retrouve principalement dans le foie où il peut atteindre jusqu'à 10 % de la masse nette de l'organe ; il constitue aussi de 1 à 2 % de celle des muscles squelettiques.

Comme l'amylopectine, le glycogène possède une structure hautement ramifiée d'α-D-glucoses réunis par des liaisons α-(1 → 4).

Cependant, chaque molécule de glycogène est beaucoup plus compacte et présente beaucoup plus de ramifications que celle de l'amylopectine ; en effet, les ramifications surviennent à tous les 8 à 12 résidus glucose et débutent tous par une liaison α-(1 → 6).

Le glycogène possède une masse moléculaire moyenne d'environ un million et se présente à l'état colloïdal en solution. De plus, il donne une coloration rouge à l'iode et, comme l'amidon, il est un sucre peu réducteur.

La dégradation du glycogène se fait de façon enzymatique sous l'action combinée d'une phosphorylase et de l'α-(1 → 6)-glucosidase pour libérer du α-D-glucose-1-phosphate et du α-D-glucose libre.

B. LES POLYSACCHARIDES DE SOUTIEN

La cellulose

La *cellulose* est la plus répandue de tous les polysaccharides de soutien. Elle constitue l'essentiel des parois des cellules végétales ; elle est aussi la principale composante du bois, par conséquent du papier. Le coton est aussi de la cellulose pure à 98 %. On trouve aussi la cellulose chez certaines bactéries. Toutefois, elle a toujours une importance extracellulaire.

La cellulose est un polysaccharide linéaire formé de résidus β-D-glucose unis par des liaisons β-(1 → 4) (figure 3.27). Elle ne possède donc pas de ramifications. Sa masse moléculaire varie entre 50 000 et 2 500 000 selon son origine, avec un DP allant de 300 à 15 000 résidus glucose. La cellulose a une structure cristalline. Grâce à la structure de ses liaisons β-(1 → 4), les chaînes de cellulose sont disposées quasi linéairement selon un axe pour former de longs filaments stabilisés par des ponts hydrogène.

La cellulose est insoluble dans l'eau et dans la plupart des solvants habituels ; elle est également un sucre peu réducteur et ne donne aucune coloration à l'iode.

Une hydrolyse complète de la cellulose par des acides forts libère des unités β-D-glucose, alors qu'une hydrolyse partielle donne des disaccharides cellobiose. À cause de la présence des liaisons β-(1 → 4), la cellulose n'est pas dégradée par l'action des amylases α et β. En effet, les enzymes qui sont capables d'hydrolyser la cellulose ne sont pas secrétés

Figure 3.27 Structure de la cellulose

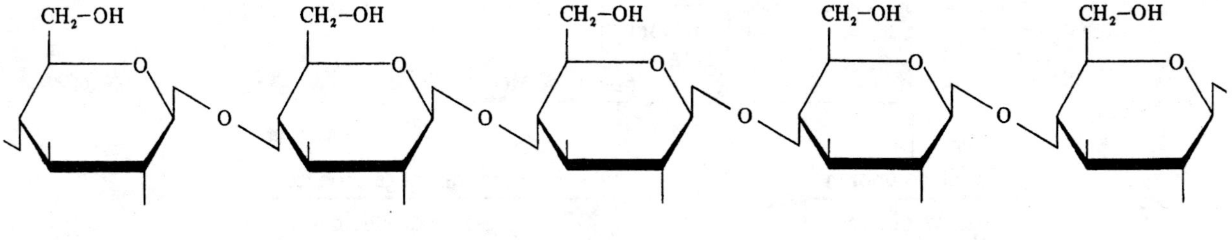

liaisons osidiques β-(1 → 4)

dans les voies digestives de la plupart des mammifères et ceux-ci ne peuvent donc pas utiliser la cellulose comme nourriture. Cependant, les ruminants constituent une exception: ils peuvent utiliser la cellulose comme nourriture, puisque certaines bactéries contenues dans le rumen synthétisent l'enzyme *cellulase* qui hydrolyse la cellulose pour donner du β-D-glucose.

3.4 ÉPREUVE D'IDENTIFICATION GÉNÉRALE DES SUCRES

3.4.1 TECHNIQUES CHROMATOGRAPHIQUES

La séparation et l'identification des sucres peut s'accomplir de nos jours par des techniques de chromatographie d'adsorption sur couche mince. Habituellement, dans ce genre de chromatographie, la phase stationnaire, solide et polarisée, est constituée d'un gel de silice alors que la phase mobile est formée d'un mélange monophasique fait de trois volumes de méthyléthylcétone avec un volume d'acide acétique et un volume de méthanol.

Au cours de la chromatographie, chaque sucre est soumis à une force de fixation qui est la résultante de son affinité pour la phase stationnaire et de la force d'entraînement produite par la phase mobile. Il s'établit donc, comme le démontre la figure 3.28, une migration différentielle des sucres dont la position sur le chromatographe est révélée par une réaction chimique caractéristique des propriétés furfuraliques des sucres. Chaque sucre est ensuite identifié par le calcul de son R_f (rapport de la distance du sucre sur la distance du front de solvant) et comparé à ceux d'une solution de sucres connus, traitée de la même façon.

3.4.2 MÉTHODES CHIMIQUES

Il existe toutefois, et depuis fort longtemps, des épreuves chimiques qualitatives qui permettent de caractériser les sucres. Le tableau 3.3 nous donne une brève description de chacune de ces épreuves ainsi qu'un aperçu de leur utilité.

Figure 3.28 Chromatographie d'adsorption des sucres

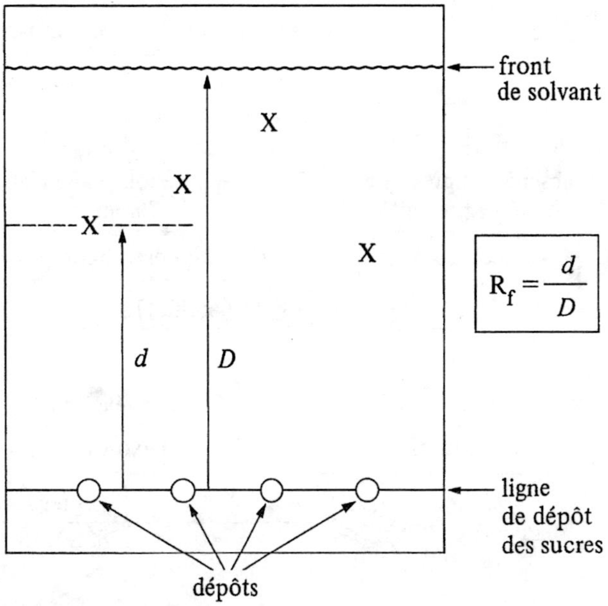

d: distance de migration de chacun des sucres

D: distance de migration du front de solvant

A. ÉPREUVE DE BARFŒD

Cette réaction permet de caractériser les mono- et les disaccharides réducteurs. Il suffit de chauffer un sucre inconnu dans une solution d'acide acétique contenant du cuivre. Si la solution ne forme pas de précipité, c'est du saccharose; s'il y a formation d'un abondant précipité rouge après 5 à 7 minutes, c'est un monosaccharide réducteur et si le précipité se forme entre 7 à 12 minutes, c'est un disaccharide réducteur.

B. ÉPREUVE DE FERMENTATION

À une suspension à 20% de levure ordinaire, on ajoute une solution de sucre inconnu et une solution

Tableau 3.3 Épreuves qualitatives d'identification des sucres

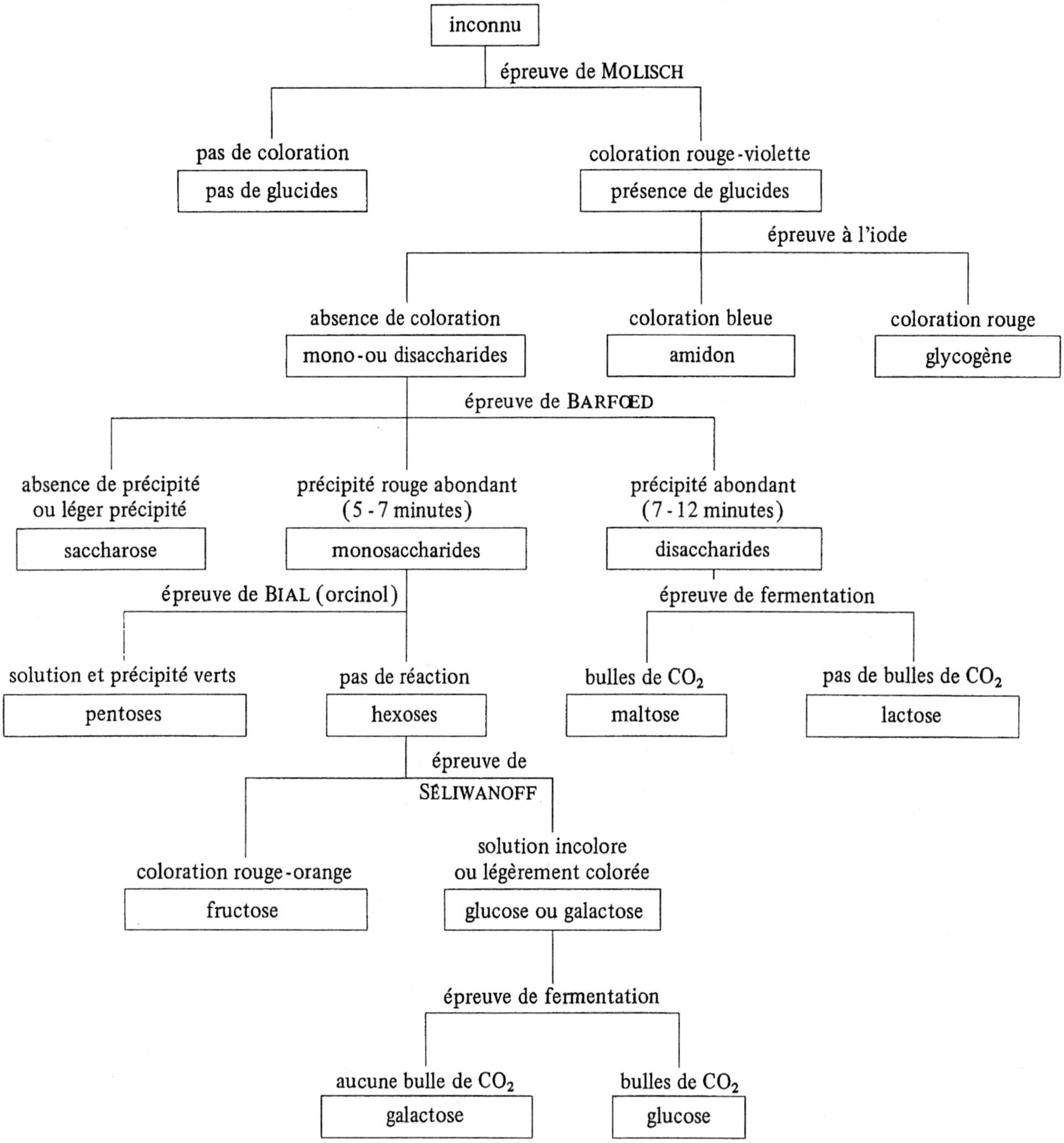

d'un tampon phosphate de *p*H 6,4 à 6,8. On laisse fermenter une heure dans un tube à fermentation. L'apparition de bulles de gaz (CO_2) indique une fermentation. Seul le glucose fermente.

C. ÉPREUVE À L'IODE

On acidifie une solution de sucre inconnu avec de l'acide chlorhydrique, puis on ajoute quelques gouttes d'iode. L'apparition d'une coloration bleue indique la présence d'amidon alors qu'une coloration rouge indique celle de glycogène.

D. ÉPREUVE DE MOLISCH

À une solution de sucre inconnu, on ajoute quelques gouttes d'une solution fraîche d'α-naphtol à 10% qu'on mélange. Puis, sans agiter, on laisse couler lentement, le long de la paroi, 2 mL d'acide sulfurique concentré de sorte qu'il se forme une couche sous le mélange. L'apparition d'un anneau rouge violacé à l'interphase des deux zones révèle la présence de sucre.

E. ÉPREUVE À L'ORCINOL CHLORHYDRIQUE DE BIAL

Cette épreuve permet de distinguer les pentoses des autres sucres, principalement des hexoses. Ce réactif est mélangé à une solution de sucre inconnu et chauffé jusqu'à la formation de bulles à la surface. Une solution et un précipité verts révèlent la présence de pentoses.

F. ÉPREUVE AU RÉSORCINOL DE SÉLIWANOFF

À un mélange contenant du résorcinol 0,5% et de l'acide chlorhydrique, on ajoute une solution de sucre inconnu, puis on chauffe le mélange pendant 10 minutes au bain-marie. L'apparition d'une coloration rouge cerise indique la présence d'un cétose, habituellement le fructose.

3.5 MÉTHODES DE DOSAGE DU GLUCOSE

Historiquement, le glucose fut l'une des premières substances analysées dans le sang. C'est pourquoi les méthodes servant à sa détermination sont plus nombreuses que pour tout autre constituant sanguin. Voici les principales : les méthodes d'oxydo-réduction, la méthode de condensation aldose-amine aromatique et les méthodes enzymatiques.

3.5.1 MÉTHODES D'OXYDO-RÉDUCTION

A. MÉTHODES DE RÉDUCTION DU CUIVRE

Méthodes de Folin-Wu

Après la déprotéinisation du sérum à l'aide de l'acide tungstique, le glucose, en solution chaude tartrique alcaline, réduit l'ion cuivrique (Cu^{2+}) en ion cuivreux (Cu^{+}) avec formation d'oxyde cuivreux (Cu_2O). Ensuite, l'oxyde cuivreux réduit à son tour l'acide phosphomolybdique pour former des composés de molybdène dont l'état d'oxydation est plus bas et qui développent une coloration bleue appelée bleu de molybdène. La lecture se fait à 520 nm versus un blanc de réactifs.

$$\text{glucose}\,(-\text{CHO}) + Cu^{2+} \rightarrow Cu_2O + \text{acide gluconique}\,(-\text{COOH}) \tag{3-1}$$

$$Cu_2O + \text{acide phosphomolybdique} \rightarrow \text{bleu de molybdène (coloration bleue)} \tag{3-2}$$

Cette réaction n'est pas stœchiométrique mais elle dépend de l'alcalinité du milieu, du temps, de la température de chauffage et de la concentration des réactifs. Lorsque ces conditions sont soigneusement contrôlées, la réaction est cependant reproductible et donne des résultats satisfaisants.

Pourtant, cette méthode manque de spécificité, puisqu'elle permet à des substances réductrices non glucidiques (glutathione, acide urique, créatinine, etc.) non totalement précipitées par l'acide tungstique, de réagir positivement. C'est pourquoi cette méthode est aujourd'hui tombée en désuétude.

Méthode de Nelson-Somogyi

Dans la méthode de Nelson-Somogyi, l'acide arsénomolybdique remplace l'acide phosphomolybdique comme agent oxydant du Cu_2O et les protéines sont précipitées par addition d'un mélange d'hydroxyde de barium, $Ba(OH)_2$, et de sulfate de zinc, $ZnSO_4$.

$$ZnSO_4 + Ba(OH)_2 \rightarrow Zn(OH)_2 + BaSO_4 \quad (3\text{-}3)$$

Les protéines sont précipitées sous forme de protéinates de zinc, les composés sulfurés sous forme de sels de zinc et le zinc et le barium restant, sous forme d'hydroxyde de zinc et de sulfate de barium. L'avantage principal de cette méthode par rapport à la précédente réside dans le fait que plusieurs substances réductrices non glucidiques (glutathione, acide urique, créatinine) sont précipitées et adsorbées par le sulfate de barium de sorte que le filtrat résultant est pratiquement libre de ces substances.

Malgré cette relative spécificité, cette méthode est aussi considérée comme désuète.

B. MÉTHODE DE RÉDUCTION DU FERRICYANURE

En solution chaude alcaline, le glucose réduit les ions ferricyanures de coloration jaune en ions ferrocyanures incolores.

$$\text{glucose}\,(-CHO) + \underset{\text{(jaune)}}{Fe^{3+}(CN)_6^{3-}} \rightarrow \text{acide gluconique}\,(-COOH) + \underset{\text{(incolore)}}{Fe^{2+}(CN)_6^{4-}} \quad (3\text{-}4)$$

La diminution de la coloration de l'ion ferricyanure, mesurée à 420 nm, est proportionnelle à la concentration du glucose.

Cette méthode permet d'obtenir une bonne précision par automation, c'est pourquoi elle est largement utilisée sur autoanalyseur. Cependant, la présence d'acide urique et de créatinine interfère beaucoup sur la réaction et produit des résultats faussement élevés.

3.5.2 MÉTHODE DE CONDENSATION ALDOSE-AMINE AROMATIQUE

Une grande variété d'amines aromatiques réagissent avec le glucose en solution chaude d'acide acétique pour donner des dérivés colorés. Parmi ces composés, on retrouve l'aniline, la benzidine, le 2-aminobiphényle et l'ortho-toluidine qui est le composé le plus couramment utilisé.

MÉTHODE À L'O-TOLUIDINE

L'o-toluidine se condense avec le groupement aldéhydique du glucose pour former un mélange de glycosylamine en équilibre avec sa base de SCHIFF correspondante (figure 3.29). Des réactions subséquentes de réarrangement de ces deux produits de condensation originale, produisent un mélange de chromogènes verts dont le maximum d'absorption se situe à 630 nm.

Figure 3.29 Réaction du glucose avec l'o-toluidine

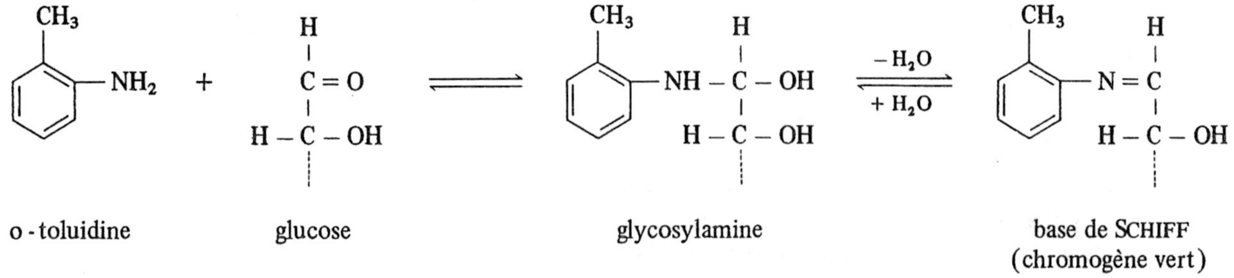

Cette réaction n'est pas spécifique au glucose puisque d'autres aldohexoses comme le mannose ou le galactose réagissent positivement; cependant, leur concentration dans le sang est fort négligeable.

Les pentoses peuvent aussi réagir avec l'o-toluidine pour produire une coloration orange dont le maximum d'absorption se situe à 480 nm; donc, par une lecture à des longueurs d'onde de 630 et 480 nm, on peut doser un pentose, le xylose par exemple, en présence du glucose et vice versa.

3.5.3 MÉTHODES ENZYMATIQUES

Les méthodes enzymatiques de dosage du glucose sont très utilisées aujourd'hui à cause de leur caractère hautement spécifique. Il existe présentement deux méthodes très bien connues: la méthode à la *glucose oxydase* et celle à l'*hexokinase.*

A. MÉTHODE À LA GLUCOSE OXYDASE

La glucose oxydase est l'enzyme qui catalyse l'oxydation du glucose en acide gluconique et en peroxyde d'hydrogène. Ensuite, en présence de l'enzyme peroxydase et d'un accepteur d'oxygène comme l'o-tolidine ou l'o-dianisidine, ce dernier est oxydé en un chromogène de coloration rouge en milieu très acide, et dont le maximum d'absorption se trouve à 540 nm.

$$\text{glucose} + O_2 + H_2O \xrightarrow{\text{glucose oxydase}} \text{acide gluconique} (-\text{COOH}) + H_2O_2 \qquad (3\text{-}5)$$

$$\text{o-dianisidine} + H_2O_2 \xrightarrow{\text{peroxydase}} \text{o-dianisidine oxydé (coloré)} + H_2O \qquad (3\text{-}6)$$

La glucose oxydase est hautement spécifique au β-D-glucose. Or, comme nous l'avons vu, le glucose en solution existe à 36% sous forme α et à 64% sous forme β. C'est pourquoi, les préparations commerciales de glucose oxydase contiennent une *mutarotase* qui accélère la mutarotation de la forme α du glucose à la forme β et en permet l'oxydation complète.

L'étape de la peroxydase est moins spécifique puisque plusieurs substances inhibent la réaction par compétition avec le chromogène pour l'oxygène et donnent ainsi des résultats inférieurs à ceux qui étaient prévus (erreur négative). Ces substances sont: l'acide urique, l'acide ascorbique, la bilirubine et le glutathione. La plupart d'entre elles sont éliminées par l'emploi du filtrat de NELSON-SOMOGYI. L'hémoglobine cause aussi une erreur négative puisqu'elle provoque la décomposition prématurée du peroxyde d'hydrogène.

B. MÉTHODE À L'HEXOKINASE

L'hexokinase est un enzyme qui catalyse la phosphorylation du glucose en présence de l'adénosine triphosphate (ATP) pour donner du glucose-6-phosphate et de l'adénosine diphosphate (ADP). Ensuite, un deuxième enzyme, la glucose-6-phosphate déshydrogénase, catalyse, à l'aide de la nicotinamide adénine dinucléotide phosphate ($NADP^+$), l'oxydation du glucose-6-phosphate pour former de l'acide-6-phosphogluconique et du NADPH,H de façon proportionnelle à la concentration initiale de glucose. Celle-ci est obtenue par la mesure de l'absorbance de NADPH,H à 340 nm.

$$\text{glucose} + \text{ATP} \xrightarrow{\text{hexokinase}} \text{glucose-6-phosphate} + \text{ADP} \qquad (3\text{-}7)$$

$$\text{glucose-6-phosphate} + NADP^+ \xrightarrow{\text{glucose-6-phosphate déshydrogénase}} \text{acide-6-phospho-gluconique} + \text{NADPH} + H^+ \qquad (3\text{-}8)$$

Cette méthode doit être faite sur un filtrat de NELSON-SOMOGYI, si on utilise du sang entier ou sans aucune déprotéinisation, si on utilise du sérum ou du plasma.

L'acide urique ou l'acide ascorbique ou encore la présence d'anticoagulants comme l'héparine, les oxalates et le EDTA n'affectent pas cette méthode. Cependant, une hémoglobinémie supérieure à

5,0 g/L permet aux globules rouges de libérer des esters de phosphate et des enzymes capables d'altérer la concentration de $NADP^+$.

3.5.4 VALEURS NORMALES

Les valeurs normales de référence de la concentration du glucose sérique ou plasmatique dépendent du degré de spécificité des méthodes utilisées. Ainsi, les méthodes enzymatiques (*glucose oxydase* et *hexokinase*) très spécifiques au glucose donnent la valeur réelle du glucose dans le sang, appelée *glucose vrai.* Quant aux autres méthodes, moins spécifiques celles-là, elles donnent toutes une valeur de glucose sanguin supérieure à celle du glucose vrai. Elles donnent donc une *erreur positive* par rapport à celle du glucose vrai. Le tableau 3.4 donne les écarts de valeurs normales du glucose sanguin selon les méthodes utilisées.

De plus, il est important de savoir que la concentration en glucose du sang entier est d'environ 5% supérieure à celle du glucose vrai du sérum ou du plasma par suite de son utilisation par l'ensemble des cellules sanguines.

Enfin, la concentration du glucose du liquide céphalo-rachidien (LCR) est d'environ 60 à 70 % celle du glucose vrai. Elle varie donc de 2,2 à 4,2 mmol/L.

Tableau 3.4 Écarts des valeurs normales du glucose sérique ou plasmatique selon les méthodes utilisées

Méthodes	Degré de spécificité	Concentration mmol/L
Glucose oxydase	Enzymatique	3,3-5,6
Hexokinase	Enzymatique	3,3-5,6
O-toluidine	Aldose	3,6-5,8
Ferricyanure	Oxydo-réduction	4,2-6,1
Folin-Wu (cuivre)	Oxydo-réduction	4,4-6,7

4

LES LIPIDES

4.0 INTRODUCTION

Les lipides sont des composés organiques insolubles dans l'eau, mais solubles dans des solvants organiques comme l'éther, le chloroforme et le benzène. Ils sont généralement extraits des cellules par un mélange de solvants organiques (chloroforme–méthanol ou éther–méthanol) dont l'un, non miscible à l'eau, assure leur solubilisation alors que l'autre, solvant polaire à double miscibilité, provoque la dissociation des complexes lipoprotéiques auxquels les lipides participent, à l'intérieur des structures cellulaires.

Cette solubilité caractéristique des lipides dans des solvants organiques est due à la présence d'acides gras à longue chaîne de carbone (entre 12 et 24 atomes) à l'état libre ou le plus souvent estérifiés avec un alcool ou un polyol.

Les lipides sont d'importants constituants d'un bon régime alimentaire, non seulement à cause de leur grande valeur énergétique, mais aussi à cause de leur association avec les vitamines liposolubles et les acides gras essentiels qui accompagnent les graisses des aliments naturels.

Pour l'organisme, les lipides ont aussi plusieurs fonctions biologiques importantes à jouer : 1) ils sont des constituants structuraux importants des membranes cellulaires ; 2) ils ont une importante valeur énergétique immédiate ou de réserve, (emmagasinage dans les tissus adipeux) ; 3) ils servent de matériau isolant dans les tissus sous-cutanés et autour de certains organes vitaux comme le cœur, les reins, le foie, etc. ; 4) ils sont des constituants importants du tissu nerveux où leur teneur y est très élevée.

Quoique les lipides forment une classe hétérogène de molécules, ils se combinent avec d'autres classes pour former des hybrides comme les glycolipides ou les lipoprotéines qui contiennent respectivement des groupements glucidiques ou protéiques. Ceux-ci sont appelés à jouer des rôles biologiques très spécialisés.

4.1 CLASSIFICATION

Le tableau 4.1 présente la classification des lipides selon trois familles principales : les lipides simples, les lipides complexes et les molécules liposolubles.

4.1.1 LES LIPIDES SIMPLES

Les lipides simples comprennent uniquement ceux qui sont formés d'esters d'acides gras avec différents alcools. La nature de l'alcool qui estérifie ces acides gras permet de les subdiviser en trois catégories :

- les *glycérides* qui forment des esters d'acides gras avec le glycérol ;
- les *stérides* dont l'acide gras est estérifié avec un stérol, en particulier le cholestérol, qui est un alcool cyclique ;
- les *cérides* dont l'acide gras est estérifié avec un alcool aliphatique à chaîne longue.

Tableau 4.1 Classification des lipides

A) Lipides simples	
1. Glycérides	Glycérol + acides gras
2. Stérides	Stérols + acides gras
3. Cérides	Alcools gras + acides gras
B) Lipides complexes	
1. Glycérophospholipides	
a) Acide phosphatidique	Glycérol + acides gras + H_3PO_4
b) Phosphatidyl inositol	Glycérol + acides gras + H_3PO_4 + inositol
c) Phosphatidyl choline (lécithines)	Glycérol + acides gras + H_3PO_4 + choline
d) Phosphatidyl éthanolamine (céphalines)	Glycérol + acides gras + H_3PO_4 + éthanolamine
e) Phosphatidyl sérine (céphalines)	Glycérol + acides gras + H_3PO_4 + sérine
2. Sphingolipides	
a) Sphingomyéline	Sphingosine + acides gras + H_3PO_4 + choline
b) Cérébrosides	Sphingosine + acides gras + galactose (glucose)
c) Gangliosides	Sphingosine + acides gras + oses + osamines + acides sialique
C) Molécules liposolubles	
1. Stéroïdes	
a) Stérols	
b) Dérivés des stérols	Acides biliaires, vitamines D et hormones stéroïdiennes
2. Caroténoïdes	
3. Vitamines A, E, K	

4.1.2 LES LIPIDES COMPLEXES

Les lipides complexes sont aussi des esters d'acides gras avec des alcools, mais ils contiennent en plus divers groupements qui permettent de les subdiviser en deux catégories:

- les *glycérophospholipides* qui, en plus des acides gras et du glycérol, contiennent de l'acide phosphorique et un autre alcool (inositol) ou encore une base azotée (choline, éthanolamine, sérine).
- les *sphingolipides* dans lesquels la sphingosine remplace le glycérol et dont les autres composantes sont des sucres seuls — glucose ou galactose — (les cérébrosides) ou des sucres et de l'acide sialique (les gangliosides) (figure 4.28).

4.1.3 LES MOLÉCULES LIPOSOLUBLES

Les molécules liposolubles sont des molécules qui, à cause d'une structure carbonée plus complexe, possèdent un caractère d'hydrophobicité qui les rend solubles dans les solvants des lipides. Celles-ci regroupent les stéroïdes avec les stérols et leurs dérivés, les carotènoïdes et les vitamines A, E et K.

4.2 LES ACIDES GRAS

Les acides gras, considérés comme des acides faibles, sont les constituants caractéristiques des lipides; on les obtient généralement par leur hydrolyse. Peu abondants à l'état libre, on en trouve des traces dans les cellules, les tissus et le plasma. Plus d'une centaine ont été isolés à partir de lipides naturels issus du règne animal, végétal ou de microorganismes. Tous présentent une chaîne droite monocarboxylique dont les carbones sont en nombre pair tel qu'illustré à la figure 4.1. Cette chaîne peut être saturée ou posséder une ou plusieurs liaisons doubles.

4.2.1 LES ACIDES GRAS SATURÉS

Les acides gras saturés sont caractérisés par une absence de liaisons doubles sur la chaîne carbonée. Ils répondent à la formule générale suivante:

$$C_nH_{2n+1} - COOH \qquad (4\text{-}1)$$

Les principaux acides gras saturés ainsi que leurs caractéristiques les plus importantes sont énumérés au tableau 4.2.

4.2.2 LES ACIDES GRAS INSATURÉS

Les acides gras insaturés sont caractérisés par la présence de liaisons doubles le long de la chaîne carbonée. L'emplacement de ces liaisons est généralement indiqué par le signe «Δ» suivi du numéro du carbone sur lequel elles sont situées; le carbone 1 est

Figure 4.1 Structure d'un acide gras montrant ses parties hydrophile et hydrophobe selon trois représentations conventionnelles

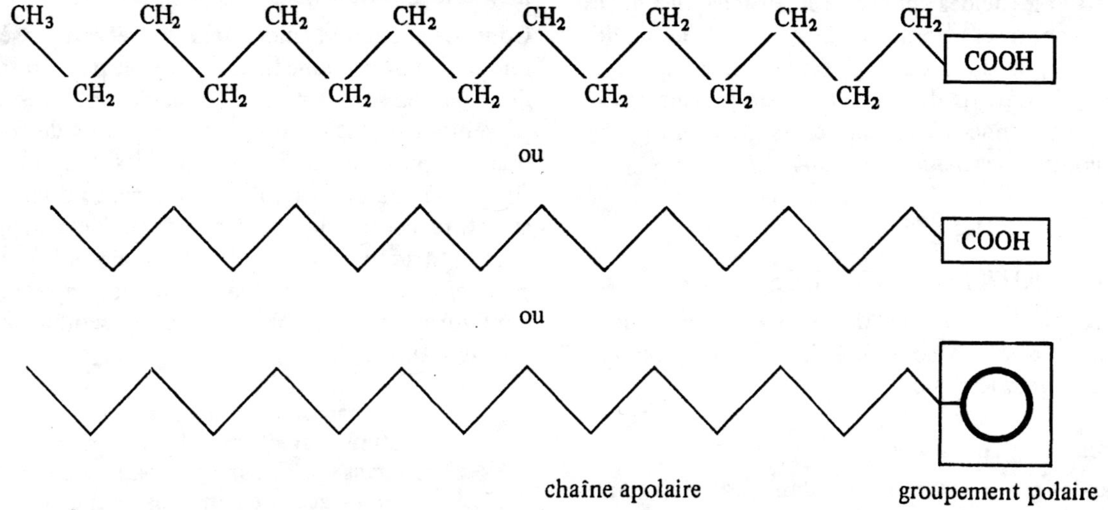

Tableau 4.2 Structures et caractéristiques des principaux acides gras

Nom commun (Nom chimique)	Nombre d'atomes de carbone	Formule générale	Position des c = c	Point de fusion (°C)
Saturés:				
Acide butyrique (n-butanoïque)	4	C_3H_7 – COOH		– 8
Acide caproïque (n-hexanoïque)	6	C_5H_{11} – COOH		– 3,5
Acide caprique (n-décanoïque)	10	C_9H_{19} – COOH		32
Acide laurique (n-dodécanoïque)	12	$C_{11}H_{23}$ – COOH		44
Acide myristique (n-tétradécanoïque)	14	$C_{13}H_{27}$ – COOH		54
Acide palmitique (n-hexadécanoïque)	16	$C_{15}H_{31}$ – COOH		63
Acide stéarique (n-octadécanoïque)	18	$C_{17}H_{35}$ – COOH		70
Acide arachidique (n-eicosanoïque)	20	$C_{19}H_{39}$ – COOH		75
Acide lignocérique (n-tétracosanoïque)	24	$C_{23}H_{47}$ – COOH		84
Non-saturés:				
Acide oléique	18	$C_{17}H_{33}$ – COOH	Δ: 9	13
Acide linoléique	18	$C_{17}H_{31}$ – COOH	Δ: 9: 12	– 5
Acide linolénique	18	$C_{17}H_{29}$ – COOH	Δ: 9: 12: 15	– 10
Acide arachidonique	20	$C_{19}H_{31}$ – COOH	Δ: 5: 8: 11: 14	– 50

naturellement celui qui porte la fonction carboxyle (– COOH). En conséquence, la formule générale des acides gras insaturés devient le reflet du nombre de liaisons doubles contenues sur la chaîne carbonée; il faut lui retrancher 2H par liaison double. Ainsi, la formule générale devient C_nH_{2n-1} – COOH pour un acide gras à une liaison double et C_nH_{2n-3} – COOH pour un acide gras avec deux liaisons doubles.

On distingue donc les *monoinsaturés* qui possèdent une double liaison et les *polyinsaturés* qui en possèdent plusieurs.

Comme dans le cas des acides gras saturés, le tableau 4.2 établit la liste des principaux acides gras insaturés ainsi que leurs caractéristiques les plus importantes.

4.2.3 LES ACIDES GRAS ESSENTIELS

On a démontré que le règne animal pouvait synthétiser tous les acides gras saturés et monoinsaturés à partir de certains précurseurs, mais qu'il était incapable de synthétiser les acides linoléique et linolénique. Or, ces derniers comptent pour 10 à 20% de tous les acides gras contenus dans les triglycérides et les glycérophospholipides. Ils doivent donc être fournis par la diète quotidienne. Ces deux acides gras sont considérés comme des *acides gras essentiels*.

4.2.4 PROPRIÉTÉS

A. PROPRIÉTÉS PHYSIQUES

Les propriétés physiques des acides gras que nous étudierons sont: la solubilité, le point de fusion et l'isomérie géométrique.

Solubilité

Les acides gras sont insolubles dans l'eau puisque la majeure partie de la molécule, la chaîne carbonée, est hydrophobe et que seule sa fonction carboxyle (— COOH) est hydrophile (figure 4.1). Mélangées à l'eau, les molécules vont remonter à la surface comme illustré à la figure 4.2.

Cependant, à cause de leur caractère hydrophobe, ils sont solubles dans des solvants organiques tels que l'éther, le chloroforme ou le benzène.

Point de fusion

Celui-ci est influencé par la longueur de la chaîne carbonée et par son degré d'insaturation. Normalement, le point de fusion augmente parallèlement à la longueur de cette chaîne et diminue inversement au degré d'insaturation, comme on peut voir au tableau 4.2.

Figure 4.2 Insolubilité des acides gras dans l'eau

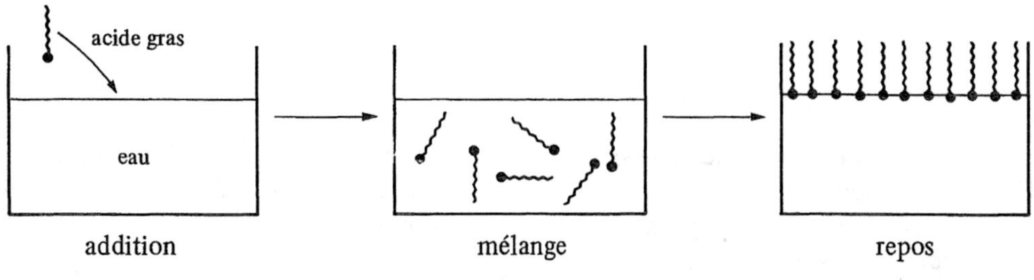

De plus, les acides gras saturés à C_{16} et C_{18} sont solides à la température ambiante alors que leurs homologues insaturés sont liquides.

Isomérie géométrique

Contrairement aux acides gras saturés qui possèdent une chaîne de carbone flexible assurée par la rotation libre des liaisons simples, les acides gras insaturés présentent plutôt un ou plusieurs points de rigidité dus à la présence de liaisons doubles. On note, à la figure 4.3, qu'une double liaison peut adopter une structure géométrique *cis* ou *trans*. Normalement, c'est la structure «cis» qui prédomine puisqu'elle a pour effet de raccourcir la chaîne par rapport à la configuration «trans» qui, elle, ressemble à une chaîne saturée.

Figure 4.3 Comparaison de la longueur d'une chaîne saturée avec ses homologues insaturés «trans» et «cis». La chaîne saturée est la plus longue; la chaîne «cis», la plus courte.

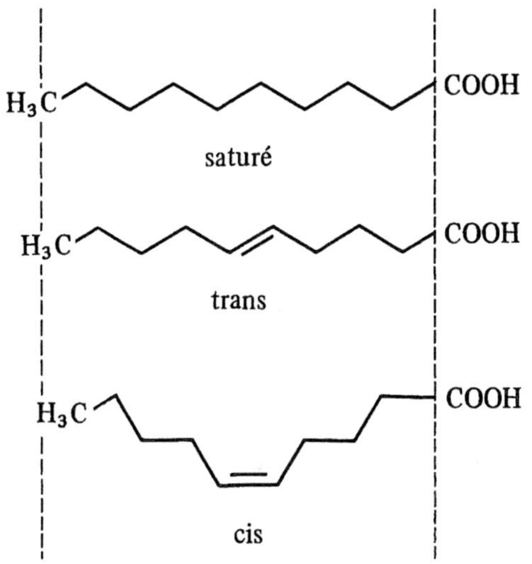

B. PROPRIÉTÉS CHIMIQUES

Sur la chaîne carbonée

La chaîne carbonée des acides gras saturés est chimiquement inerte alors que celle des acides gras insaturés peut réagir à cause de ses doubles liaisons. Cette dernière peut :

- fixer des hydrogènes (être réduite) pour donner l'acide gras saturé correspondant selon l'équation 4-2 ;
- fixer des halogènes, l'iode par exemple, pour former un dérivé iodé selon l'équation 4-3 ;

Cette dernière addition s'appelle *indice d'iode* (I.I.) et sert à déterminer le degré d'insaturation d'un lipide.

- être oxydée par des agents oxydants qui coupent la chaîne carbonée au niveau de ses liaisons doubles pour former des dérivés acides selon l'équation 4-4 ;

Ce phénomène s'appelle le *rancissement*.

Sur — COOH

Les acides gras, insolubles dans l'eau, deviennent solubles dans des solutions alcalines de soude (Na^+), de potasse (K^+) ou d'ammoniaque (NH_4^+), par la formation de sels d'acides gras appelés *savons*. Comme le montre l'équation 4-5, le carboxyle fortement dissocié de ces savons leur confère une hydrophilie plus grande qui finit par l'emporter sur l'hydrophobie du reste de la molécule.

Cependant, l'addition de métaux lourds multivalents comme Ca^{2+}, Mg^{2+}, Fe^{3+} ou Al^{3+} donne des savons insolubles dans l'eau.

4.2.5 POUVOIR ÉMULSIFIANT

Le pouvoir émulsifiant des acides gras est le résultat de leur structure *amphiphile*, c'est-à-dire qu'une partie de la molécule est hydrophile ou soluble dans l'eau alors que l'autre est hydrophobe ou soluble dans les solvants organiques. Cette double polarité donne donc aux acides gras, et surtout aux *savons*, cette propriété importante qu'est le pouvoir émulsifiant.

A. ÉMULSION INSTABLE (HUILE/EAU OU EAU/HUILE

Lorsqu'une huile ou un acide gras est vigoureusement mélangé avec de l'eau, il se produit une émulsion (mélange) qui peut être facilement vérifiée à l'œil nu. Cette émulsion disparaît rapidement pour laisser

$$R-CH=CH-R_1 \quad + \quad 2\,H \rightarrow R-CH_2-CH_2-R_1 \qquad (4\text{-}2)$$

$$R-CH=CH-R_1 \quad + \quad 2\,I \rightarrow R-CHI-CHI-R_1 \qquad (4\text{-}3)$$

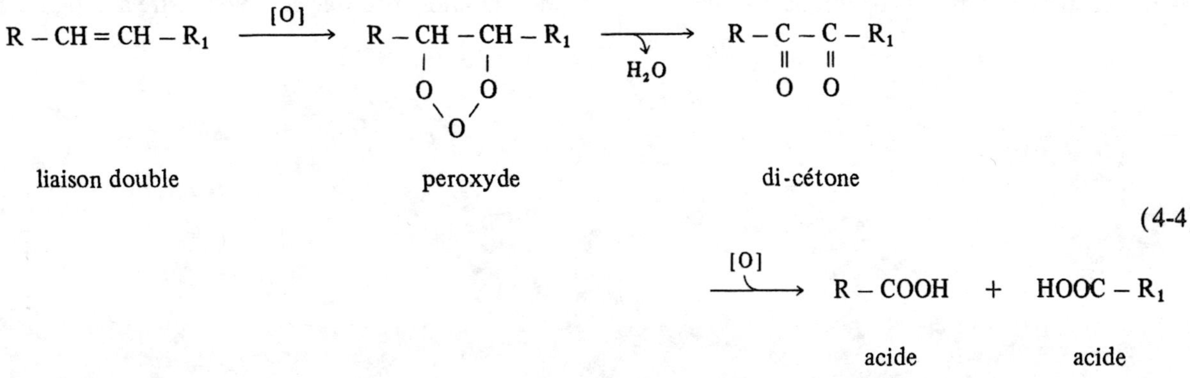

(4-4)

$$\underset{\text{acide gras}}{R-COOH} \quad + \quad \underset{\text{alcali}}{NaOH} \rightarrow \underset{\text{sel d'acide gras (savon)}}{R-COONa} \quad + \quad H_2O \qquad (4\text{-}5)$$

place à deux couches de substances bien distinctes. Au repos, les molécules d'acides gras ont tendance à s'accumuler rapidement à l'interface air/eau (surface de l'eau) puisque la partie hydrophobe (non polaire) de la molécule est repoussée à l'extérieur du milieu aqueux (polaire). Seul le groupement carboxyle (polaire) de l'acide gras est en contact avec l'eau, mais n'est pas suffisamment attiré pour y entraîner la partie hydrocarbure. Ce phénomène est présenté à la figure 4.2.

B. ÉMULSION STABLE (SAVONS/EAU OU SAVONS ET HUILE/EAU)

Les savons alcalins étant dissociables dans l'eau, on obtient:

$$R-COONa \quad + \quad H_2O \longrightarrow$$

$$R-COO^- \quad + \quad Na^+ \quad + \quad H_2O \qquad (4\text{-}6)$$

L'acide gras dissocié ($R-COO^-$) est beaucoup plus hydrophile que l'acide gras non dissocié ($R-COOH$) de sorte que la polarité du carboxyle l'emporte sur la non polarité de la chaîne carbonée. Les savons forment donc des émulsions stables dans l'eau. À la figure 4.4, on remarque d'abord la formation d'un film monomoléculaire étalé à l'interface air/eau (1). L'augmentation de la concentration du savon provoque la formation de structures d'abord sphériques appelées *micelles* (2). Elles peuvent s'étaler en double couche (3) et former des systèmes géométriques définis et stables dans des conditions données.

Les propriétés émulsifiantes de ces solutions sont dues au fait que chaque micelle peut incorporer, à l'intérieur sa partie hydrophobe, un nombre parfois élevé de molécules elles-mêmes parfaitement hydrophobes, les triglycérides par exemple, et les faire passer en solution (4).

Lorsque la couche superficielle d'eau est remplacée par celle de savon, la tension superficielle de la solution diminue, et permet à la solution de mouiller les parois et de mousser. Ce phénomène définit la propriété *tensioactive* des savons.

Enfin, en raison de leur structure similaire, les acides biliaires (dérivés du cholestérol) et les monoglycérides, représentés à la figure 4.5, ont aussi un grand pouvoir émulsifiant.

4.3 LES GLYCÉRIDES

4.3.1 GLYCÉROL

Les glycérides sont des esters d'acides gras formés avec le *glycérol*, trialcool qu'on retrouve à la figure 4.6. Ce composé ne comporte pas de carbone asymétrique et par conséquent, les deux carbones terminaux sont équivalents et désignés par α et α' alors que le carbone central est désigné par β. Si l'un ou l'autre des deux carbones terminaux est estérifié avec un groupement quelconque, le carbone β devient automatiquement asymétrique et l'isomérie D ou L devient alors possible comme illustré à la figure 4.7.

Figure 4.4 Propriétés émulsionnantes des lipides: comportement au contact de l'eau

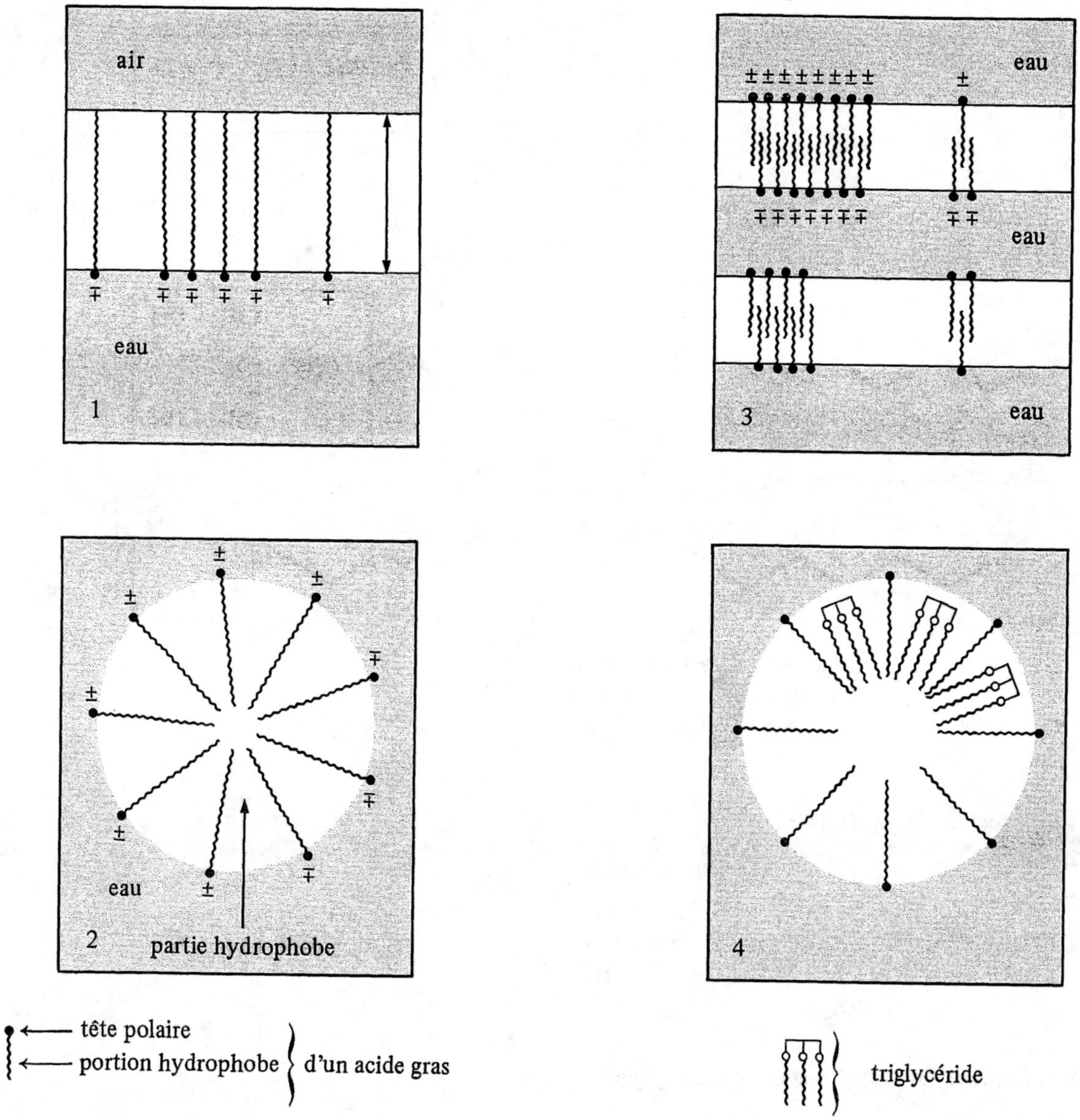

Pour éviter de mélanger la position des groupements sur la molécule de glycérol, la Commission américaine de biochimie a établi les règles suivantes:

- tous les lipides dérivés du glycérol ont un centre d'asymétrie et sont de forme-L;
- selon la représentation de FISCHER, le groupement hydroxyle (ou son substitut) du carbone β se trouve à gauche et porte le numéro 2;
- le carbone qui est au-dessus porte le numéro 1 et celui qui est au-dessous, le numéro 3.

Cette numérotation, appelée *numérotation stéréospécifique* (ns) permet de préciser la position des substituts.

4.3.2 TRIGLYCÉRIDES

Les triglycérides ou *triacylglycérols,* sont des triesters d'acides gras avec le glycérol; leur structure générale est illustrée à la figure 4.8. Ils représentent la plus abondante famille de lipides dans la nature puisque la majeure partie des lipides de réserve des cellules animales et végétales existe sous cette forme.

Figure 4.5 Structure amphiphile de quelques lipides

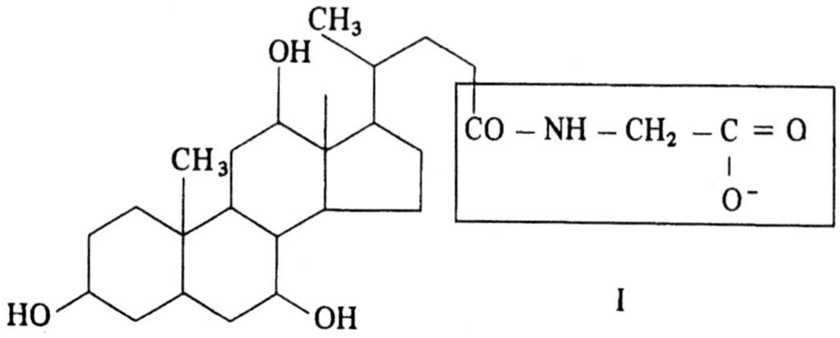

I

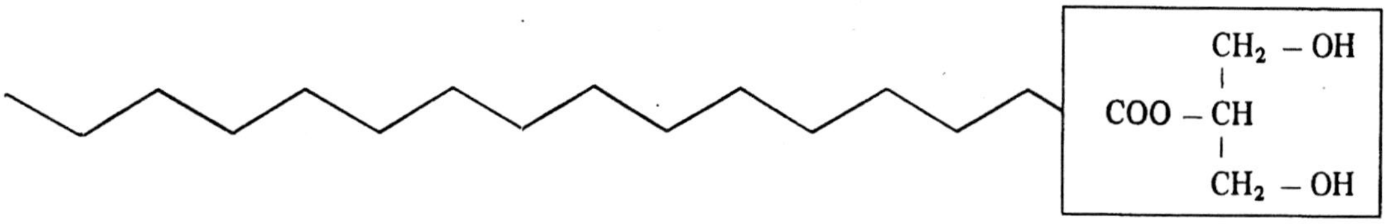

II

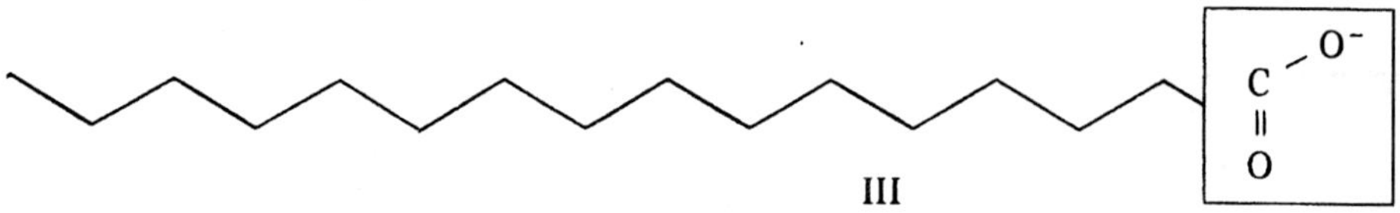

III

I: acide biliaire, (acide glycocholique)
II: monoglycéride, (2-monopalmitine)
III: acide gras, (acide palmitique)

Figure 4.6 Structure du glycérol

$$
\begin{array}{ll}
\alpha & CH_2 - OH \\
 & | \\
\beta & CH - OH \\
 & | \\
\alpha' & CH_2 - OH
\end{array}
$$

Figure 4.7 Isomérie et numérotation d'un acylglycérol

$$
\begin{array}{c}
{}^{1}CH_2 - OOC - R \\
| \\
H - {}^{2}C^{*} - OH \\
| \\
{}^{3}CH_2 - OH
\end{array}
\qquad
\begin{array}{c}
{}^{1}CH_2 - OOC - R \\
| \\
HO - {}^{2}C^{*} - H \\
| \\
{}^{3}CH_2 - OH
\end{array}
$$

isomère D — isomère L

Figure 4.8 Structure générale d'un triglycéride

$$
\begin{array}{rl}
 & CH_2 - OOC - R_1 \\
 & | \\
R_2 - COO - & CH \\
 & | \\
 & CH_2 - OOC - R_3
\end{array}
$$

Les triglycérides se divisent en deux classes distinctes selon la sorte et la position des acides gras qui les estérifient:

- les *triglycérides simples* dont les trois positions sont estérifiées par une seule sorte d'acide gras. La tristéarine, la tripalmitine et la trioléine, représentées à la figure 4.9, contiennent respectivement trois acides stéariques, trois acides palmitiques et trois acides oléiques estérifiés sur leur glycérol.
- les *triglycérides mixtes* comptent deux acides gras différents ou plus, estérifiés au glycérol. La figure 4.10 illustre le palmityl-1, oléyl-2, stéaryl-3 glycérol (beurre de cacao) qui contient l'acide palmitique en position 1, l'acide oléique en position 2 et l'acide stéarique en position 3 de même que le dioléyl-1-3, palmityl-2 glycérol (saindoux) qui contient deux acides oléiques en position 1 et 3 et de l'acide palmitique en position 2.

Dans la nature, on trouve, mais en très petite quantité, des *monoglycérides* qui ne contiennent qu'un ester d'acide gras et des *diglycérides* qui en contiennent deux. Ils sont surtout des produits d'hydrolyse des triglycérides comme le montre la figure 4.11.

4.3.3 GRAISSES ET HUILES

En dehors de cas très particuliers, les triglycérides sont des mélanges tout à fait hétérogènes du point de vue moléculaire. Cette hétérogénéité dérive à la fois de la composition en acides gras de chaque triglycéride et de leur position sur le glycérol.

Les triglycérides, qui sont habituellement solides à la température ambiante (20°C), sont appelés *graisses*. Les graisses possèdent une teneur élevée en acides gras saturés, un point de fusion élevé et proviennent surtout du règne animal.

Les *huiles* sont des triglycérides, généralement liquides à cette même température. Elles possèdent une teneur élevée en acides gras insaturés, un point de fusion peu élevé et sont surtout d'origine végétale.

4.3.4 SAPONIFICATION

À l'exemple des acides gras libres, les triglycérides sont insolubles dans l'eau. Si on les traite avec une solution alcaline chaude de sodium ou de potassium, il se produit un phénomène d'hydrolyse, représenté à la figure 4.12, qui libère le glycérol et des sels d'acides gras appelés *savons*. Cette opération s'appelle *saponification*.

Figure 4.9 Structure de trois triglycérides simples

$$\begin{array}{l} CH_2 - OOC - C_{15}H_{31} \\ | \\ CH - OOC - C_{15}H_{31} \\ | \\ CH_2 - OOC - C_{15}H_{31} \end{array} \qquad \begin{array}{l} CH_2 - OOC - C_{17}H_{35} \\ | \\ CH - OOC - C_{17}H_{35} \\ | \\ CH_2 - OOC - C_{17}H_{35} \end{array} \qquad \begin{array}{l} CH_2 - OOC - C_{17}H_{33} \\ | \\ CH - OOC - C_{17}H_{33} \\ | \\ CH_2 - OOC - C_{17}H_{33} \end{array}$$

tripalmitine — tristéarine — trioléine

Figure 4.10 Structure de deux triglycérides mixtes

$$\begin{array}{l} CH_2 - OOC - C_{15}H_{31} \\ | \\ CH - OOC - C_{17}H_{33} \\ | \\ CH_2 - OOC - C_{17}H_{35} \end{array}$$

palmityl - 1, oléyl - 2, stéaryl - 3 glycérol

$$\begin{array}{l} CH_2 - OOC - C_{17}H_{33} \\ | \\ CH - OOC - C_{15}H_{31} \\ | \\ CH_2 - OOC - C_{17}H_{33} \end{array}$$

dioléyl - 1,3, palmityl - 2 glycérol

Figure 4.11 Hydrolyse de la trioléine

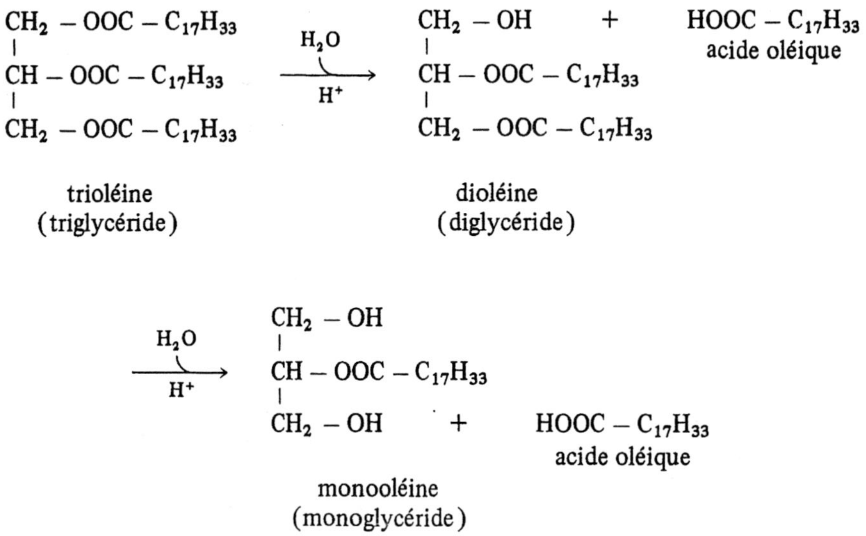

Figure 4.12 Saponification d'un triglycéride

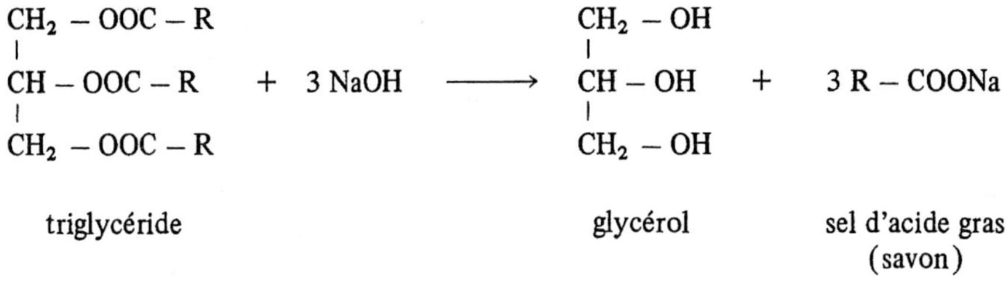

4.3.5 RANCISSEMENT

Le rancissement est la transformation chimique d'une graisse qui prend alors un goût et une odeur désagréables. Il provient de la formation d'acides au contact de l'oxygène atmosphérique par hydrolyse ou oxydation.

L'*hydrolyse* des glycérides (huiles ou graisses) est due à l'action d'enzymes ou de microorganismes qui libèrent des acides gras. Si ces acides gras possèdent une courte chaîne de carbone, comme l'acide butyrique par exemple, ils développent une odeur et un goût *rance*. Le beurre est facilement affecté par ce genre de rancissement.

Le type le plus fréquent de rancissement est dû à l'*oxydation* des doubles liaisons des acides gras insaturés. Leur combinaison avec l'oxygène produit des peroxydes (équation 4-7), des aldéhydes volatils (équation 4-8), des cétones (équation 4-9) et des acides (équation 4-10) selon les conditions du milieu. La chaleur, la lumière, l'humidité et l'air sont autant de facteurs qui accélèrent le processus de rancissement. Par contre, l'addition d'antioxydants, comme la vitamine E utilisée dans l'industrie alimentaire, retarde considérablement ce processus.

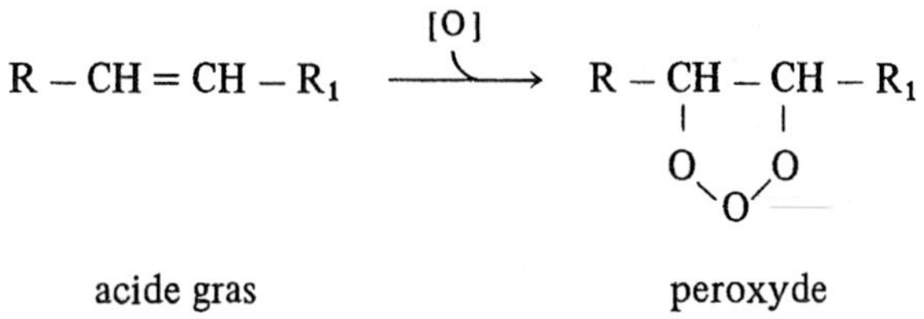

(4-7)

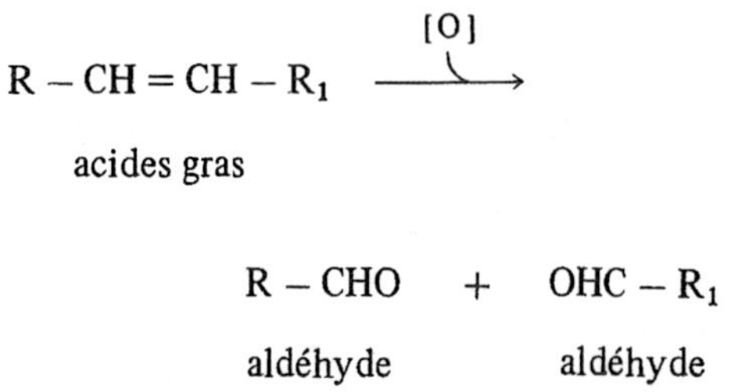

(4-8)

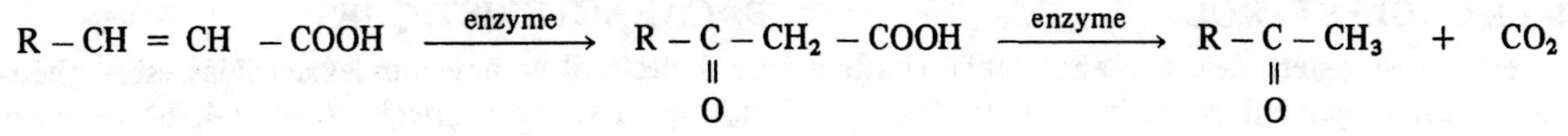

acide gras — acide β-cétonique — cétone

(4-9)

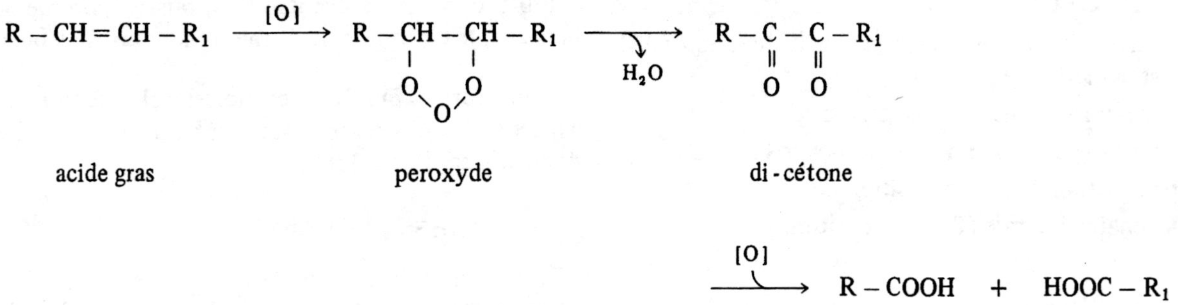

acide gras — peroxyde — di-cétone

acide — acide

(4-10)

4.4 LES CÉRIDES

Dans la famille des cérides, se trouvent les cires, sécrétions de nature animale ou végétale qui servent de couche protectrice. Elles sont essentiellement constituées d'esters d'acides gras saturés avec des alcools aliphatiques à longue chaîne de carbone (entre 25 et 35) comme illustré à la figure 4.13.

Figure 4.13 Structure d'une cire

$$\underbrace{C_{15}H_{31} - COO}_{\text{acide palmitique}} - \underbrace{C_{16}H_{33}}_{\text{alcool cétylique}}$$

palmitate de cétyle (blanc de baleine)

Les cires sont des substances solides, incolores et insolubles dans l'eau, solubles dans le benzène et le chloroforme et chimiquement inertes. Elles peuvent être saponifiées lentement et résistent à la majorité des réactions chimiques, d'où leur rôle protecteur. Elles sont dures à la température ambiante mais se ramolissent et fondent à la chaleur.

4.5 LES STÉROÏDES

Les stéroïdes sont des composés polycycliques ayant le squelette du *cyclopentanoperhydrophénanthrène* (figure 4.14) comme noyau de base. Les cycles I, II et III représentent le noyau *phénanthrène* et le cycle IV, le *cyclopentane*; le terme *perhydro* signifie que la chaîne est complètement saturée. Le noyau possède en tout 17 carbones dont la numérotation apparaît à la figure 4.14.

Figure 4.14 Structure et numérotation du «cyclopentanoperhydrophénanthrène»

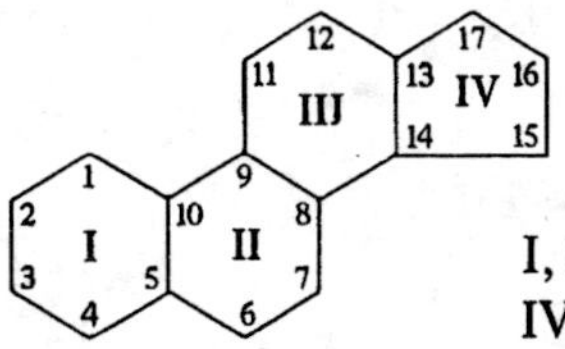

I, II et III: noyau phénanthrène
IV: cyclopentane

Un grand nombre de stéroïdes différents ont été isolés à partir de sources naturelles; chacun possède une fonction ou une activité particulière. Les stéroïdes se distinguent donc les uns des autres par le nombre et la position de leurs doubles liaisons ainsi que par la sorte, le nombre, la position et la configuration (α ou β) de leurs différents groupements fonctionnels sur le noyau fondamental.

Enfin, les stéroïdes sont associés aux graisses puisqu'ils peuvent être estérifiés avec des acides gras. C'est le cas notamment du *cholestérol*, principal *stérol* des stéroïdes.

4.5.1 LE CHOLESTÉROL

Le cholestérol est le stéroïde le plus abondant du tissu animal. Il est largement répandu dans toutes les cellules du corps humain, en particulier, dans celles du tissu nerveux; on le trouve aussi sous forme de *lipoprotéines* dans le plasma. Il est absent des graisses végétales.

A. STRUCTURE

La figure 4.15 présente la structure du cholestérol. Elle est caractérisée par:

- le noyau fondamental des stéroïdes;
- une double liaison entre les carbones $C_5 \rightarrow C_6$;
- une fonction $-OH$ en position C_3;
- une chaîne latérale (8 C) en position C_{17};
- deux groupements méthyles ($-CH_3$) en positions C_{10} et C_{13};

La figure 4.15 donne aussi la conformation réelle du cholestérol dans l'espace avec son groupement $-OH$ de configuration β, c'est-à-dire au-dessus du plan.

B. CARACTÉRISTIQUES

Le cholestérol, comme tous les stéroïdes, est synthétisé au foie à partir du *squalène* (figure 4.16), dérivé du métabolisme des acétyl-CoA qui possède la particularité de se cycliser rapidement. Dans le plasma, le tiers du cholestérol existe sous forme d'alcool libre alors que les deux-tiers sont estérifiés avec des acides gras. Insoluble dans l'eau, le cholestérol est cependant soluble dans les solvants des graisses comme le benzène, le chloroforme, l'éther et les autres alcools.

Sous forme purifiée, le cholestérol présente un aspect solide à la température ambiante et son point de fusion se situe à 150°C.

C. DÉRIVÉS

Le principal dérivé du cholestérol est le *coprostérol* ou *coprostanol*, un produit de réduction de sa double liaison par les bactéries de l'intestin; on le retrouve dans les selles. Comme le montre la figure 4.17, à cause de la disparition de la double liaison, l'orientation du cycle I autour de l'axe des atomes de carbone

Figure 4.15 Structure du cholestérol

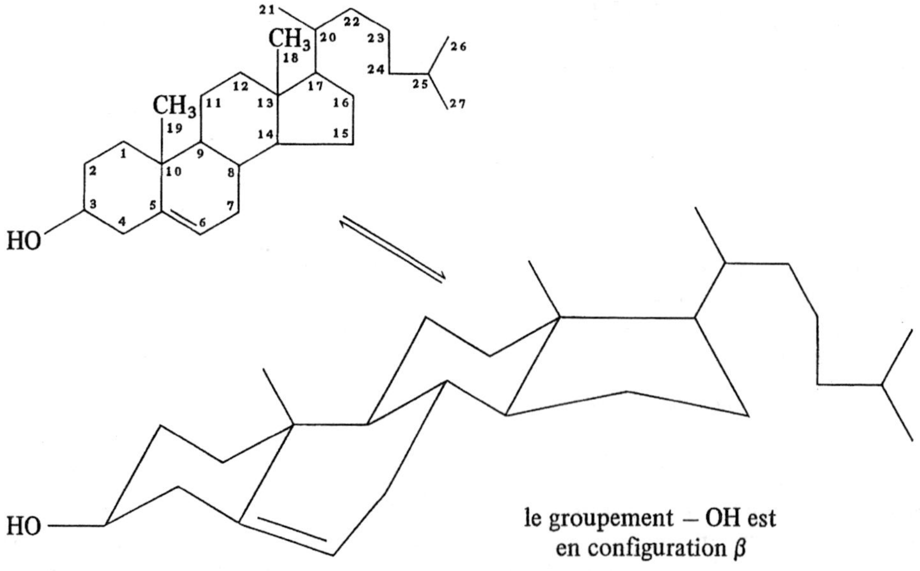

Figure 4.16 Structure du squalène

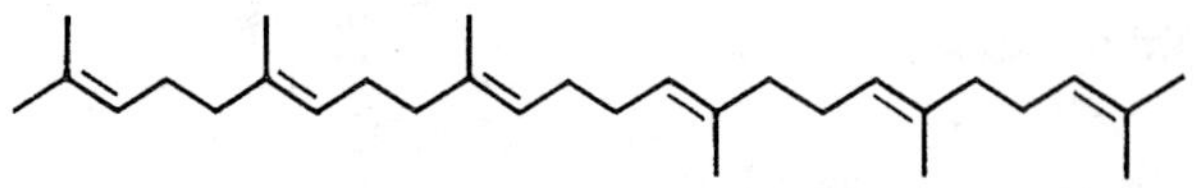

$C_5 \rightarrow C_{10}$ est maintenant *cis* alors qu'elle était *trans* dans le cholestérol.

Le cholestérol est aussi le précurseur de plusieurs autres substances (figure 4.18) qui jouent un rôle capital dans le métabolisme. Mentionnons:

- les *acides biliaires*: agents émulsifiants qui favorisent l'absorption des lipides dans l'intestin;
- les *vitamines D*: qui ont une action antirachitique;
- les *hormones stéroïdiennes*: incluant les œstrogènes, les hormones sexuelles femelles, les androgènes, les hormones sexuelles mâles, les hormones corticosurrénaliennes et enfin la progestérone, qui règle le cycle menstruel.

4.6 LES LIPIDES COMPLEXES

Comme nous l'avons déjà vu, les lipides complexes contiennent d'autres composés en plus du glycérol et des acides gras.

Figure 4.17 Structure des deux dérivés possibles de la réduction de la liaison double $C_5 \rightarrow C_6$ du cholestérol. C'est le dérivé «cis» qui est le plus stable.

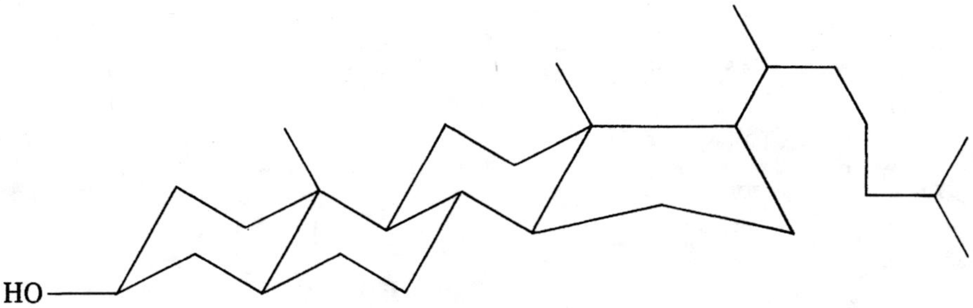

3-β-cholestérol
dérivé «trans»

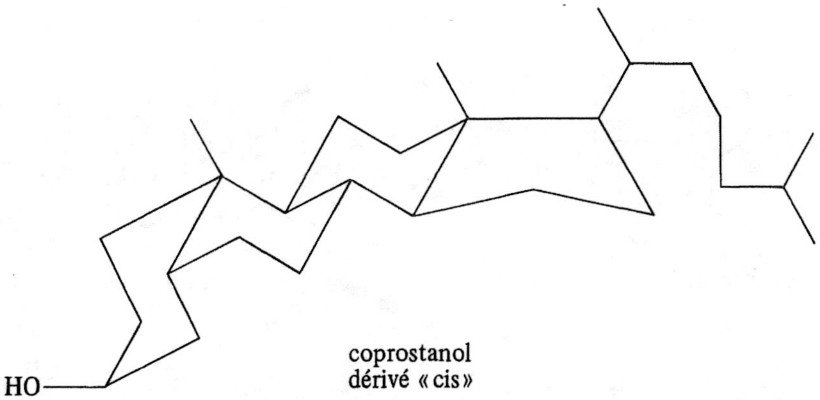

coprostanol
dérivé «cis»

Figure 4.18 Substances dont le cholestérol est le précurseur.

A) Les acides biliaires:

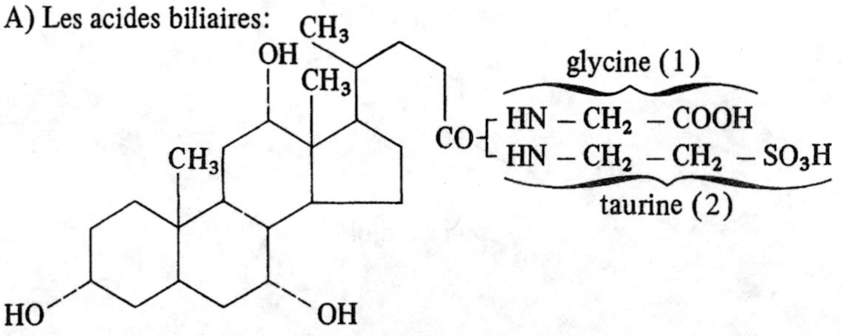

acide glycocholique (1)
acide taurocholique (2)

B) Les vitamines D:

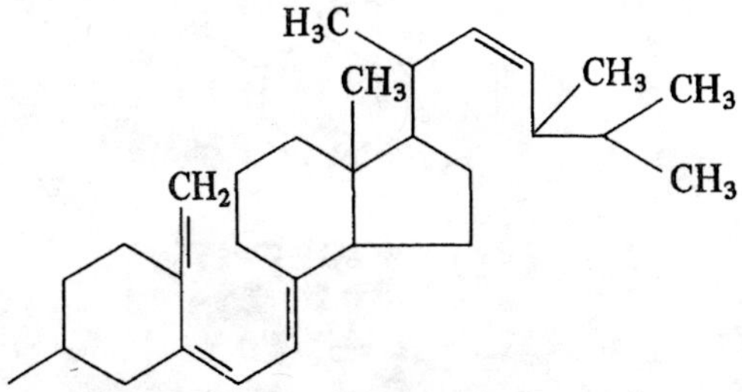

C) Les hormones stéroïdiennes:

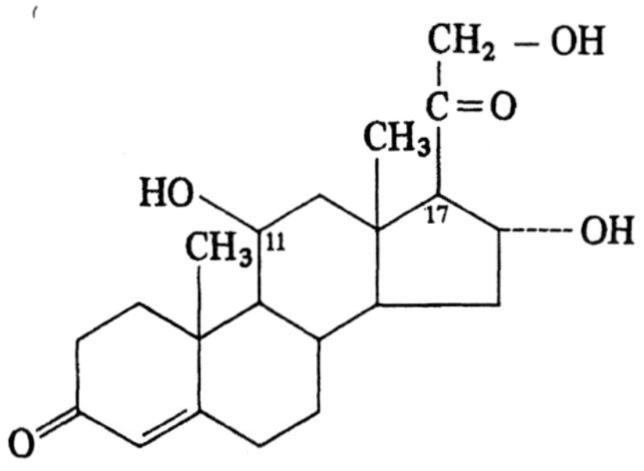

hydroxy-17-corticostérone
(hydrocortisone, cortisol)

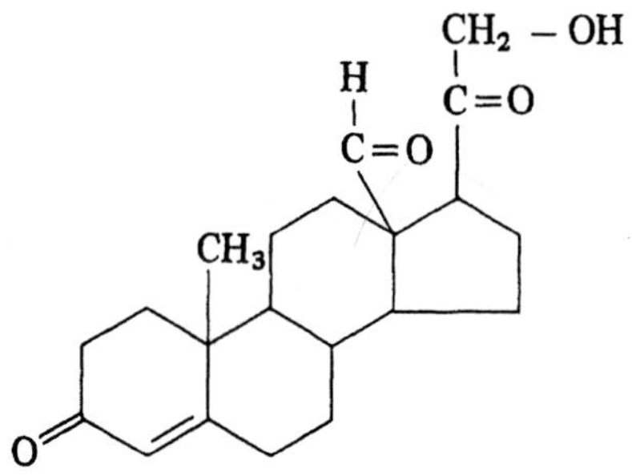

aldostérone
(forme aldéhydique)

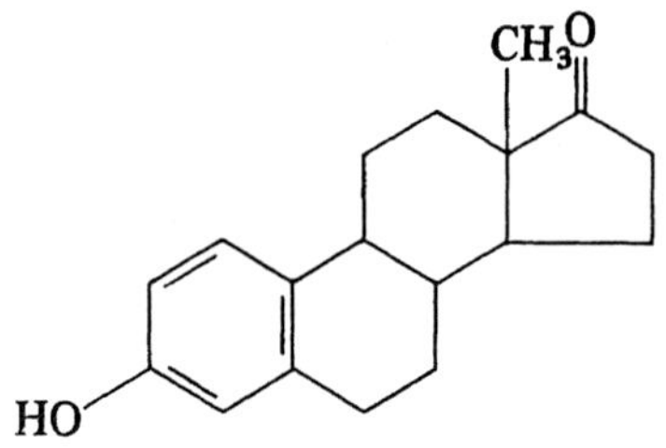

oestrone

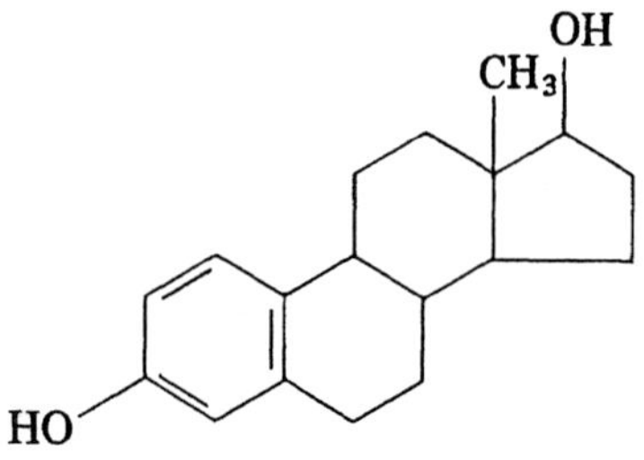

oestradiol

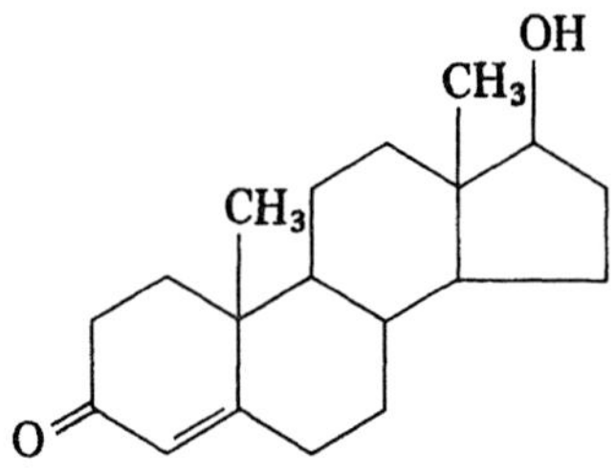

testostérone

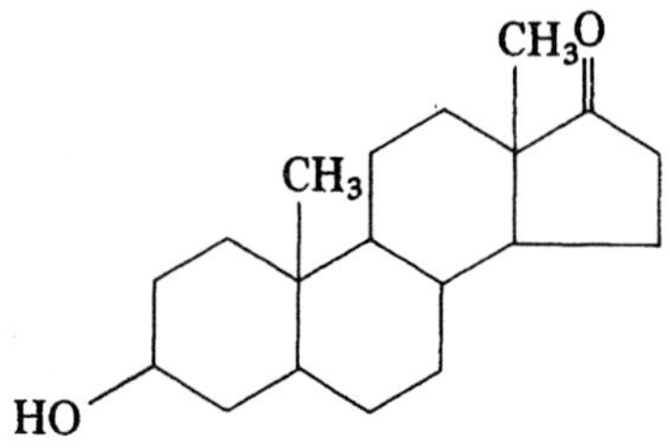

androstérone

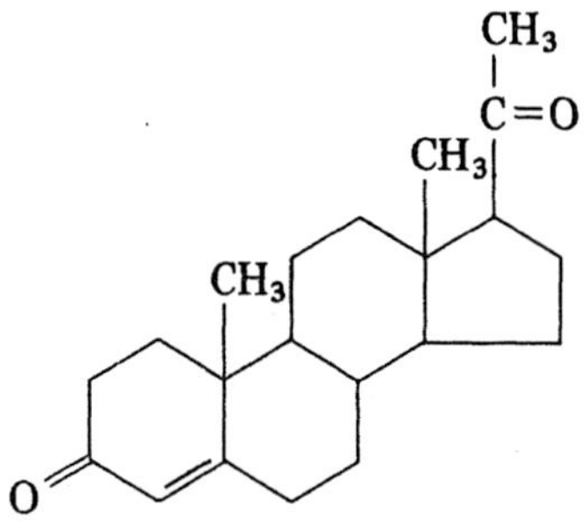

progestérone

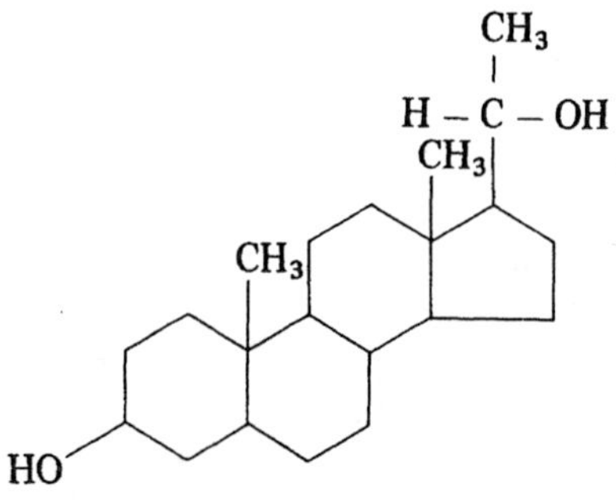

prégnandiol

4.6.1 GLYCÉROPHOSPHOLIPIDES

Les glycérophospholipides, qui forment les plus simples des lipides complexes, ont une structure très rapprochée de celle des triglycérides. Leur hydrolyse libère une molécule de glycérol, une molécule d'acide phosphorique et deux molécules d'acides gras. On les appelle également les *glycérophosphatides* puisqu'ils peuvent être considérés comme des dérivés de l'acide phosphatidique. Les représentants les plus abondants de cette famille sont les suivants.

A. LES ACIDES PHOSPHATIDIQUES

Ils sont habituellement le résultat de l'hydrolyse de lipides plus complexes ou en sont les précurseurs (figure 4.19);

Figure 4.19 Structure de l'acide phosphatidique

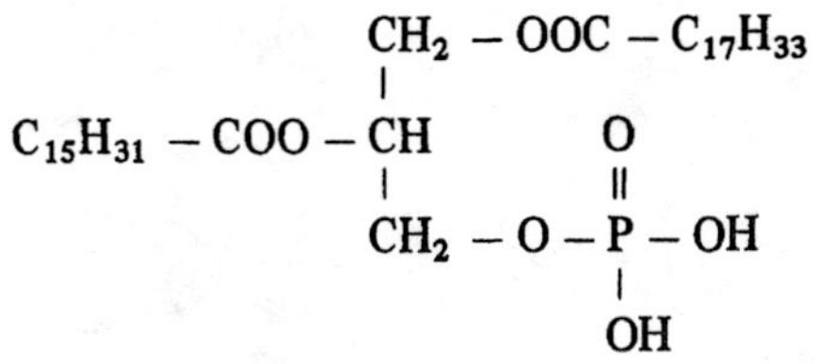

acide phosphatidique

B. LES PHOSPHATIDYL INOSITOLS

Ils proviennent de l'estérification des acides phosphatidiques par un alcool cyclique, l'inositol (figure 4.20);

Figure 4.20 Structure d'un phosphatidyl inositol

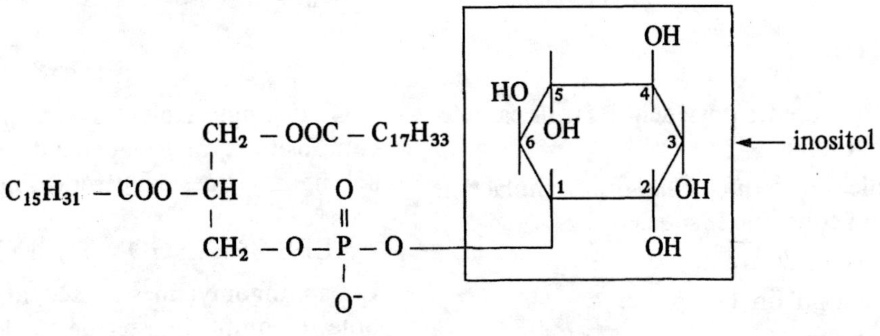

C. LES PHOSPHATIDYL CHOLINES

Appelés aussi *lécithines*, ils ont l'acide phosphorique estérifié avec la choline, un amino-alcool; on les trouve dans la plupart des tissus (figure 4.21);

D. LES PHOSPHATIDYL SÉRINES ET LES PHOSPHATIDYL ÉTHANOLAMINES

Appelés aussi *céphalines*, ils ont l'acide phosphorique estérifié avec la sérine ou l'éthanolamine (figure 4.22).

Les céphalines diffèrent des lécithines par l'amino-alcool qui les compose et par leur insolubilité dans l'éthanol. On les retrouve en abondance dans le tissu nerveux, les reins, les muscles et le foie.

Enfin, tous ces glycérophospholipides possèdent une structure bipolaire (figure 4.23) et forment des structures micellaires ou en feuillets, analogues à celles des acides gras.

4.6.2 LES SPHINGOLIPIDES

Les sphingolipides sont des constituants importants de la membrane des cellules autant animales que végétales. Ils sont particulièrement abondants au cerveau et dans le tissu nerveux. On en trouve aussi des traces dans les tissus adipeux.

Figure 4.21 Structure d'un phophatidyl choline. (Les lécithines)

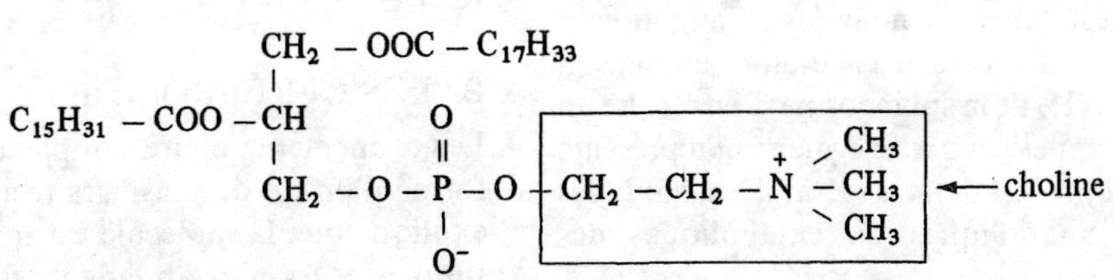

Figure 4.22 A) Structure d'un phosphatidyl sérine. (Céphalines)

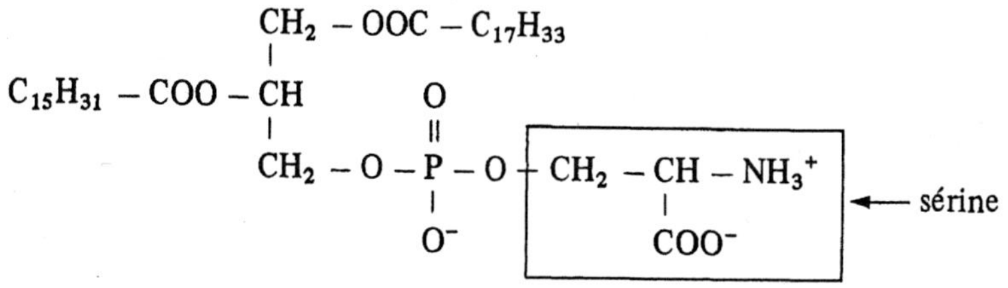

Figure 4.22 B) Structure d'un phosphalidyl éthanolamine. (Céphalines)

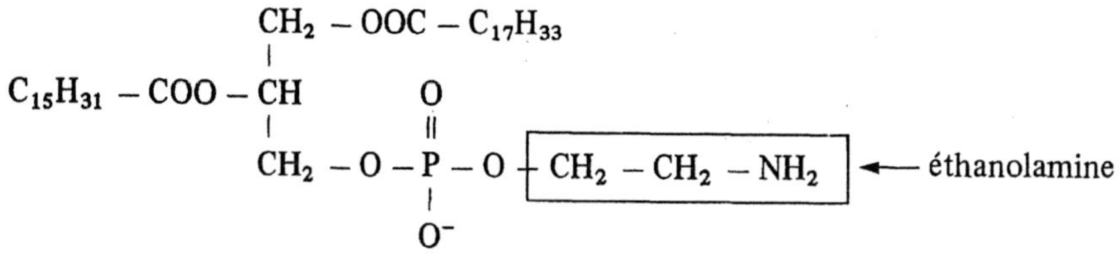

Figure 4.23 Structure bipolaire des glycérophospholipides

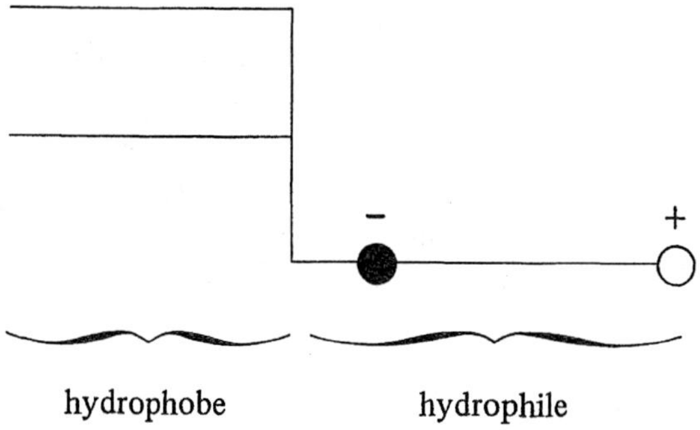

Tous les sphingolipides possèdent les trois caractéristiques suivantes:

- une molécule de *sphingosine* qui remplace le glycérol et qui constitue le squelette;
- une molécule d'acide gras;
- un groupement polaire complexe.

La molécule de sphingosine, représentée à la figure 4.24, est un alcool aminé et remplace le glycérol. Notons de plus que la configuration autour de la double liaison est *trans*. Comme les sphingolipides contiennent une molécule d'acide gras en liaison amide avec le $-NH_2$ de la sphingosine, il en résulte un dérivé N — acyl, appelé *céramide* également représenté à la figure 4.24. Ces dérivés céramides sont des intermédiaires anaboliques ou cataboliques des sphingolipides.

On distingue trois classes de sphingolipides selon la composition du groupement polaire complexe: les sphingomyélines, les cérébrosides et les gangliosides.

A. LES SPHINGOMYÉLINES

Les sphingomyélines possèdent comme groupement polaire complexe estérifié sur le $-OH$ de la sphingosine, un *phosphorylcholine* ou un *phosphoryléthanolamine* et un acide stéarique comme acide gras tel que présenté à la figure 4.25.

B. LES CÉRÉBROSIDES

Le groupement polaire complexe des cérébrosides est formé d'un ou de plusieurs résidus de sucre, ce qui explique que la molécule est non chargée. Les plus simples et les plus abondants des cérébrosides sont

Figure 4.24 Structure de la sphingosine et de la céramide

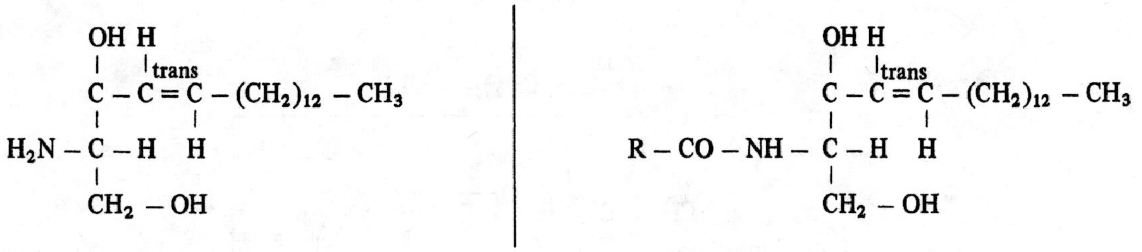

sphingosine céramide

Figure 4.25 Structure de la sphingomyéline

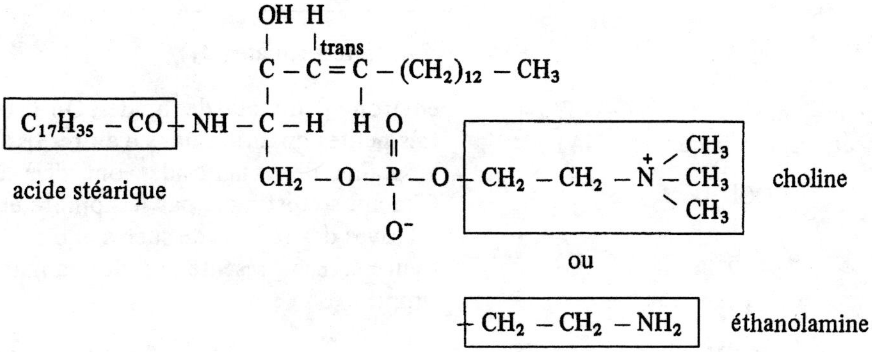

ceux qui contiennent du β-galactose, les *galactocérébrosides* ou du β-glucose, les *glucocérébrosides* (figure 4.26). Les cérébrosides se distinguent entre eux par l'acide gras estérifié sur leur molécule.

Lorsqu'un ester supplémentaire d'acide sulfurique se trouve en C_3 sur le sucre (galactose) d'un cérobroside, les dérivés sulfatés s'appellent *sulfatides*. Ces derniers, localisés surtout au cerveau, sont représentés à la figure 4.27.

C. LES GANGLIOSIDES

Les gangliosides forment le groupe le plus complexe des sphingolipides. En effet, ils possèdent, sur leur extrémité sucre, une ou plusieurs unités d'*acide sialique* responsables d'une charge nette négative à *p*H 7,0. Normalement, l'acide sialique des gangliosides humains est l'*acide N-acétylneuraminique,* (appelée *NANA* en anglais) (figure 4.28a). Les gangliosides se trouvent principalement au cerveau où ils constituent

Figure 4.26 Structure des cérébrosides

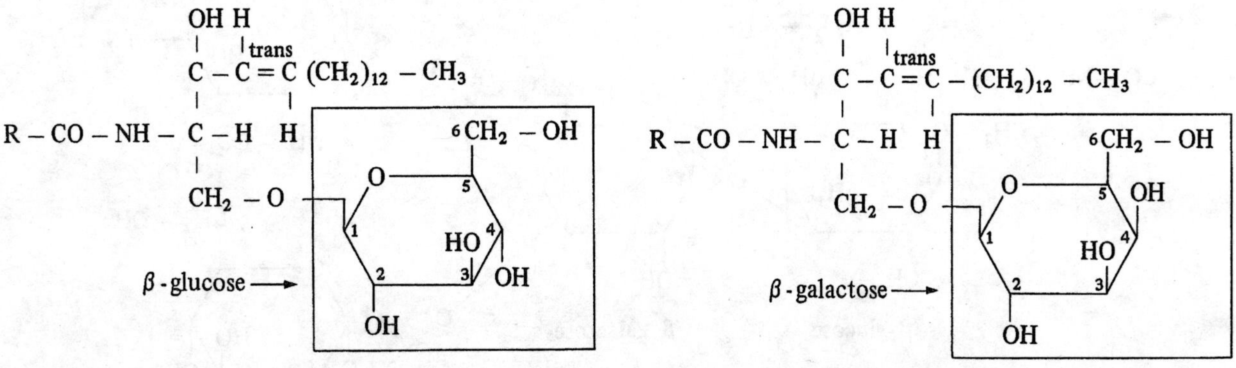

glucocérébroside galactocérébroside

Figure 4.27 Structure d'un sulfatide; (Dérivé sulfaté en C_3 d'un galactocérébroside)

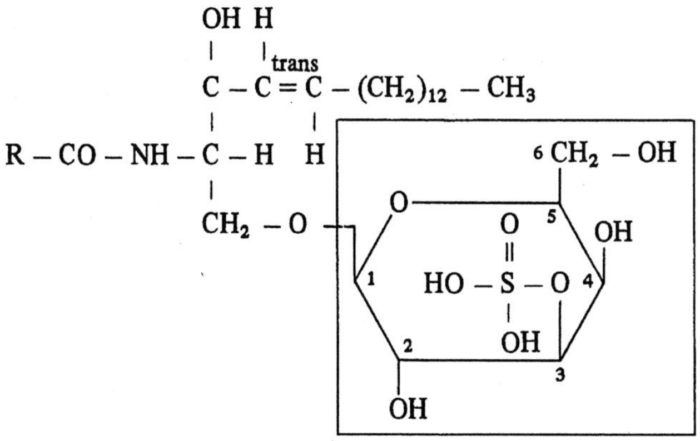

β-galactose sulfaté (C_3)

Figure 4.28 A) Structure de l'acide sialique (Acide N-acétyl neuraminique) (NANA)

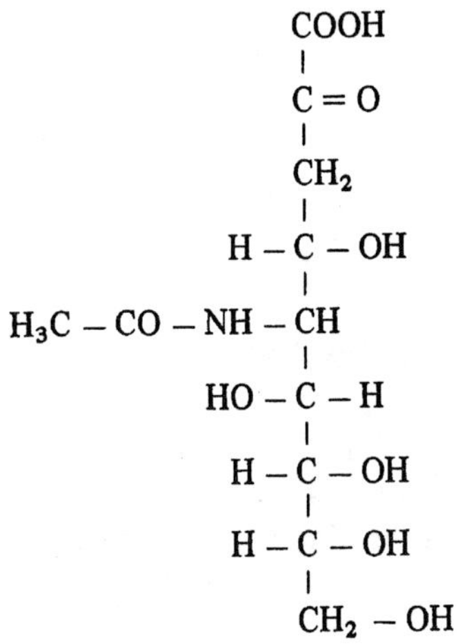

environ 6 % du total des lipides. On en trouve aussi en très petites quantités dans d'autres tissus. Plus d'une vingtaine de gangliosides ont déjà été identifiés. Chacun se distingue par le nombre et les positions relatives des résidus de sucres et d'acide sialique. La figure 4.28 b présente l'un des gangliosides les plus simples:

$$\text{Le N-ac/gal } 1 \xrightarrow{\beta} 4 \text{ gal } 1 \xrightarrow{\beta} 4 \text{ glu } 1 \xrightarrow{\beta} \text{céramide}$$
$$\begin{array}{c} 3 \\ \uparrow \\ 2 \text{ NANA} \end{array}$$

Tous les gangliosides connus ont un résidu glucose lié au céramide avec des unités de galactose (ou N-acétyl-galactosamine) et de NANA.

B) Structure d'un ganglioside: $\text{N-ac/gal } 1 \xrightarrow{\beta} 4 \text{ gal } 1 \xrightarrow{\beta} 4 \text{ glu } 1 \xrightarrow{\beta} \text{céramide}$

$$\begin{array}{c} 3 \\ \uparrow \\ 2 \text{ NANA} \end{array}$$

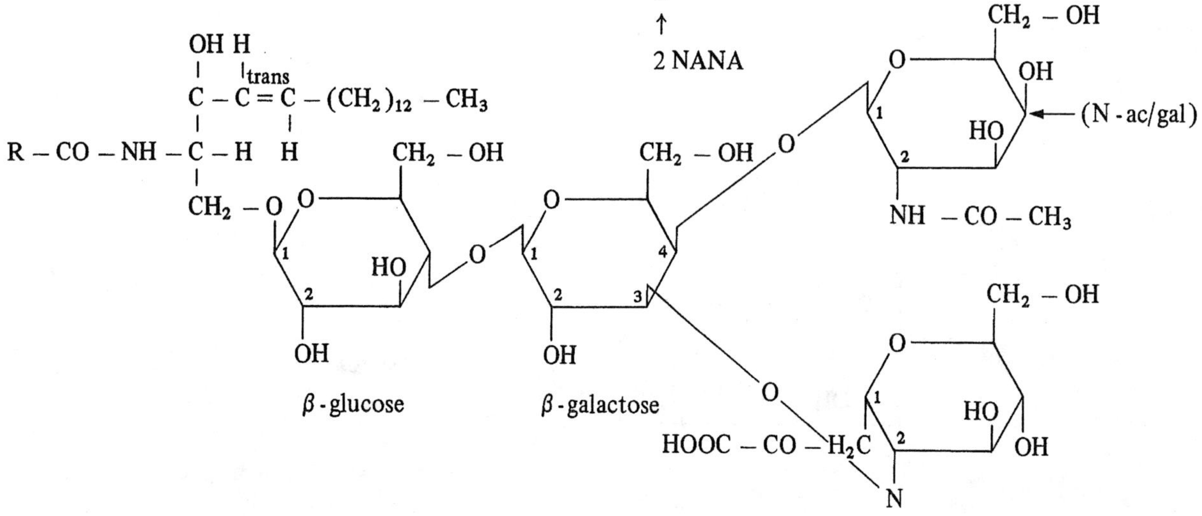

N-ac/gal: N-acétyl-galactosamine acide sialique

4.7 TESTS GÉNÉRAUX D'IDENTIFICATION DES LIPIDES

4.7.1 INDICE DE SAPONIFICATION

L'indice de saponification (I.S.) se définit comme «la quantité en mg de KOH nécessaire à la saponification d'un gramme de graisse ou d'huile». Comme on peut voir au tableau 4.3, cet indice est inversement proportionnel à la masse moléculaire de la graisse ou de l'huile.

Tableau 4.3 Relation entre l'indice de saponification et la masse moléculaire d'un triglycéride

Nom	I.S.	M.M.
Tributyrine	557	302
Tripalmitine	208	806
Tristéarine	189	891

4.7.2 INDICE D'IODE

L'indice d'iode (I.I.) se définit comme «la quantité en gramme d'iode fixé par 100 grammes de graisse ou d'huile». Cet indice est une mesure du degré d'insaturation d'une graisse ou d'une huile. Il est directement proportionnel au nombre de liaisons doubles des chaînes d'acides gras.

Les huiles, comme l'huile de lin, possèdent des indices d'iode plus élevés que ceux des graisses solides, comme le suif ou le saindoux, parce que leur teneur en acides gras insaturés est beaucoup plus grande (de 75 à 90% environ) que celle des graisses solides (de 40 à 45% environ).

4.8 LES LIPOPROTÉINES

4.8.1 GÉNÉRALITÉS

Les lipides sont des substances peu solubles ou insolubles dans le milieu aqueux plasmatique. Donc, pour circuler librement d'un tissu à l'autre, ils s'associent à des protéines pour former des complexes solubles appelés *lipoprotéines.* Ainsi, les *phospholipides,* le *cholestérol* et les *triglycérides* sont tous véhiculés dans le sang sous forme de lipoprotéines. Ces dernières forment alors des particules dont la taille peut varier de 5 à 500 nm de diamètre avec des masses moléculaires variant de 400 000 à plusieurs millions. Par contre, les *acides gras libres* s'associent à l'albumine pour former un complexe qui n'est pas classé parmi les lipoprotéines.

Les lipoprotéines sont donc des constituants normaux du sang. Comme elles contiennent des lipides dans des proportions différentes, leur comportement les rapproche tantôt de celui des protéines, tantôt de celui des lipides.

Quoique les lipoprotéines se distinguent les unes des autres par leur teneur en protéines et en lipides, elles présentent néanmoins la même structure de base. En effet, la figure 4.29 montre que les lipides apolaires ou hydrophobes (triglycérides et cholestérol estérifié) forment le noyau alors que les lipides polaires ou hydrophiles, (les phospholipides, le cholestérol libre ainsi que les protéines, appelées *apoprotéines*) se retrouvent à la surface. Donc, la masse volumique des lipoprotéines est plus faible que celle de l'albumine et des globulines seules à cause de leur teneur en lipides.

4.8.2 CLASSIFICATION

Cette différence dans les proportions lipides-protéines qui leur procure des masses volumiques différentes permet de les séparer par *ultracentrifugation.* De plus, les lipoprotéines diffèrent par leurs charges électriques, ce qui permet aussi de les séparer par *électrophorèse* (figure 4.30).

Sur cette figure, on voit que le profil lipoprotéique normal d'une électrophorèse sur acétate de cellulose ou sur agarose donne la répartition suivante: la bande la plus rapide représente les alpha-lipoprotéines (HDL) et se sépare nettement de la bande des bêta-lipoprotéines; celle-ci commence par un «épaulement» de la bande plus ou moins net, les pré-bêta-lipoprotéines (VLDL), suivi immédiatement de la bande des bêta-lipoprotéines (LDL).

Ces différentes caractéristiques relatives à l'ultracentrifugation et à l'électrophorèse des lipoprotéines

Figure 4.29 Structure d'une lipoprotéine

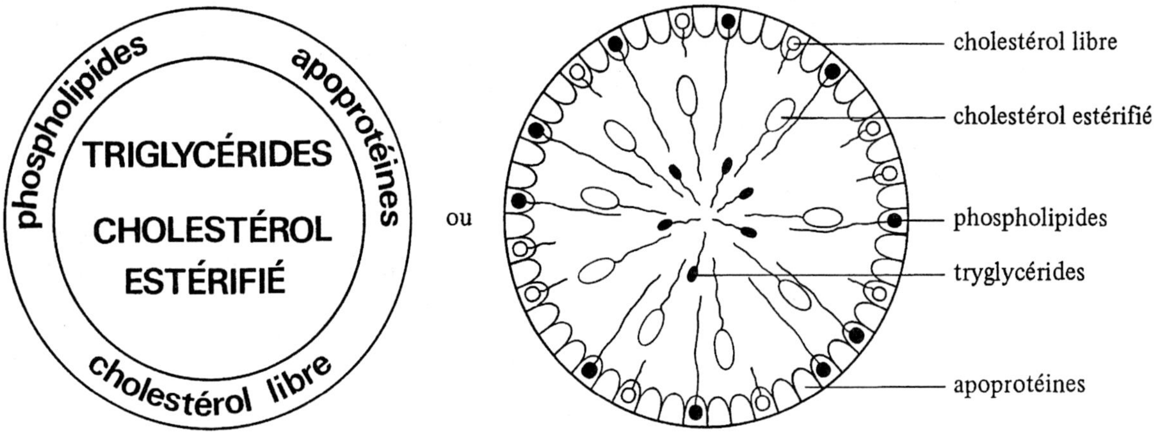

plasmatiques permettent donc de les séparer en cinq classes principales énumérées au tableau 4.4:

Tableau 4.4 Liste des cinq classes des lipoprotéines établies selon leur masse volumique

Lipoprotéines	Dénomination	
	Selon la masse volumique	**Selon leur migration électrophorétique**
Chylomicrons		origine
Lipoprotéines de très faible masse volumique	VLDL	pré - β
Lipoprotéines de masse volumique intermédiaire	IDL	β
Lipoprotéines de masse volumique faible	LDL	β
Lipoprotéines de masse volumique élevée	HDL	α

1) les chylomicrons;
2) les lipoprotéines de très faible masse volumique (VLDL: *Very Low Density Lipoprotein*);
3) les lipoprotéines de masse volumique intermédiaire (IDL: *Intermediate Density Lipoprotein*);
4) les lipoprotéines de faible masse volumique (LDL: *Low Density Lipoprotein*);
5) les lipoprotéines de masse volumique élevée (HDL: *High Density Lipoprotein*).

Figure 4.30 Profil électrophorétique normal des lipoprotéines plasmatiques

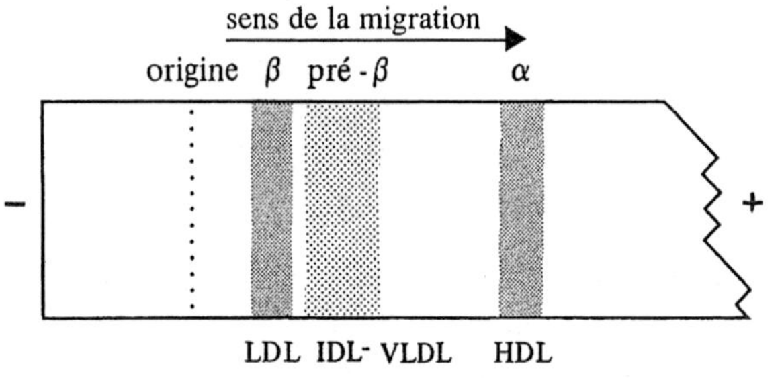

électrophorèse normale
gel d'agarose

Au tableau 4.5, on trouve les principales caractéristiques physiques et chimiques des cinq classes de lipoprotéines. On constate que les deux premières, les *chylomicrons* et les *lipoprotéines de très faible masse volumique* (VLDL), sont reliées au transport des triglycérides. Les chylomicrons (diamètre 100 à 500 nm, masse volumique $<$ 0,95 g/mL) constituent les plus grosses particules physiologiques du sang et sont formés de triglycérides provenant de l'alimentation. Les chylomicrons véhiculent donc les triglycérides *exogènes* vers les cellules adipeuses pour y être emmagasinés ou vers les autres cellules pour y être catabolisés. De plus, ils sont éliminés par le foie qui les incorpore ensuite en lipoprotéines et les libère à nouveau dans le sang sous forme de VLDL, c'est-à-dire les lipoprotéines de masse volumique inférieure à 1,006 g/mL. Ces dernières particules transportent ainsi les triglycérides (d'origine *endogène* cette fois) du foie vers les autres organes tel que schématisé à la figure 4.31.

Tableau 4.5 Caractéristiques des principales classes des lipoprotéines plasmatiques

Caractéristiques	**Chylomicrons**	**VLDL**	**IDL**	**LDL**	**HDL**
Diamètre (nm)	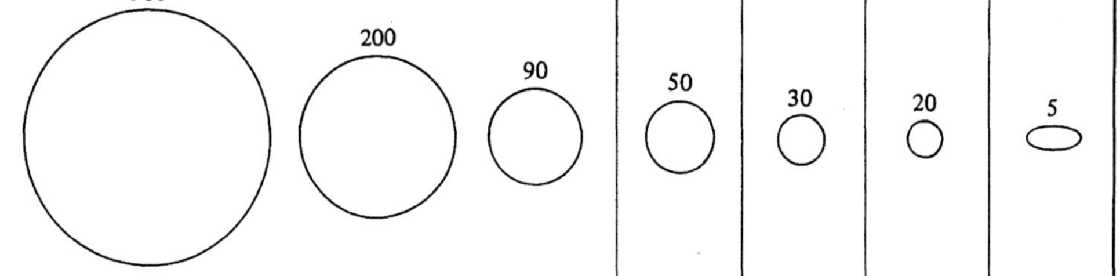 500 200 90	50	30	20	5
Masse volumique (g/mL)	< 0,95	0,95 – 1,006	1 006 – 1,019	1,019 – 1,065	1,065 – 1,121
Constante de flottaison (S_f)	> 400	20 – 400	10 – 20	0 – 10	–
Mobilité électrophorétique	origine	Pré - β	entre β et pré - β	β	α
Composition %					
• Lipides totaux	98	90	85	75	50
triglycérides	86	50	35	10	5
cholestérol	5	32	30	48	20
phospholipides	7	18	20	17	25
• Protéines	2	10	15	25	50
Apoprotéines principales	AI – AII B CI, CII, CIII E	B CI, CII, CIII E	B CIII E	B	AI – AII
Apoprotéines secondaires	–	AI, AII	B	CI, CII, CIII	CI, CII, CIII D E

Les trois autres classes sont:

- les *lipoprotéines de masse volumique intermédiaire* (IDL): leur masse volumique varie de 1,006 à 1,019 g/mL et elles véhiculent des triglycérides et du cholestérol en quantités à peu près équivalentes;
- les *lipoprotéines à faible masse volumique* (LDL): leur masse volumique varie de 1,019 à 1,065 g/mL et elles véhiculent surtout le cholestérol;
- les *lipoprotéines à masse volumique élevée* (HDL): leur masse volumique varie de 1,065 à 1,121 g/mL et elles véhiculent surtout les phospholipides.

4.8.3 LES APOPROTÉINES

Comme nous l'avons vu précédemment, la partie protéique des lipoprotéines s'appelle *apoprotéines.* Même si les connaissances qui portent sur les apoprotéines sont encore limitées, elles sont d'un intérêt croissant pour le clinicien d'aujourd'hui, à cause du risque *athérogène* des lipoprotéines.

En général, on appelle *apolipoprotéines A,* l'ensemble des protéines associées aux HDL et *apolipoprotéines B,* l'ensemble de celles qui sont associées aux blocs VLDL-LDL. On connaît aussi les apolipoprotéines C, D et E. Ces deux dernières existent néanmoins en quantités beaucoup moins grandes. Enfin, on les subdivise aussi en sous-unités A-I, A-II, A-III, C-I, C-II et C-III. Ce travail étant présentement en cours, celles qui sont connues sont répertoriées au tableau 4.5.

Toutes ces données, aussi disparates soient-elles, appartiennent encore au domaine de la recherche fondamentale. Toutefois, les apolipoprotéines se situent au cœur même d'un problème auquel le clinicien

Figure 4.31 Schéma des voies métaboliques de différentes classes des lipoprotéines

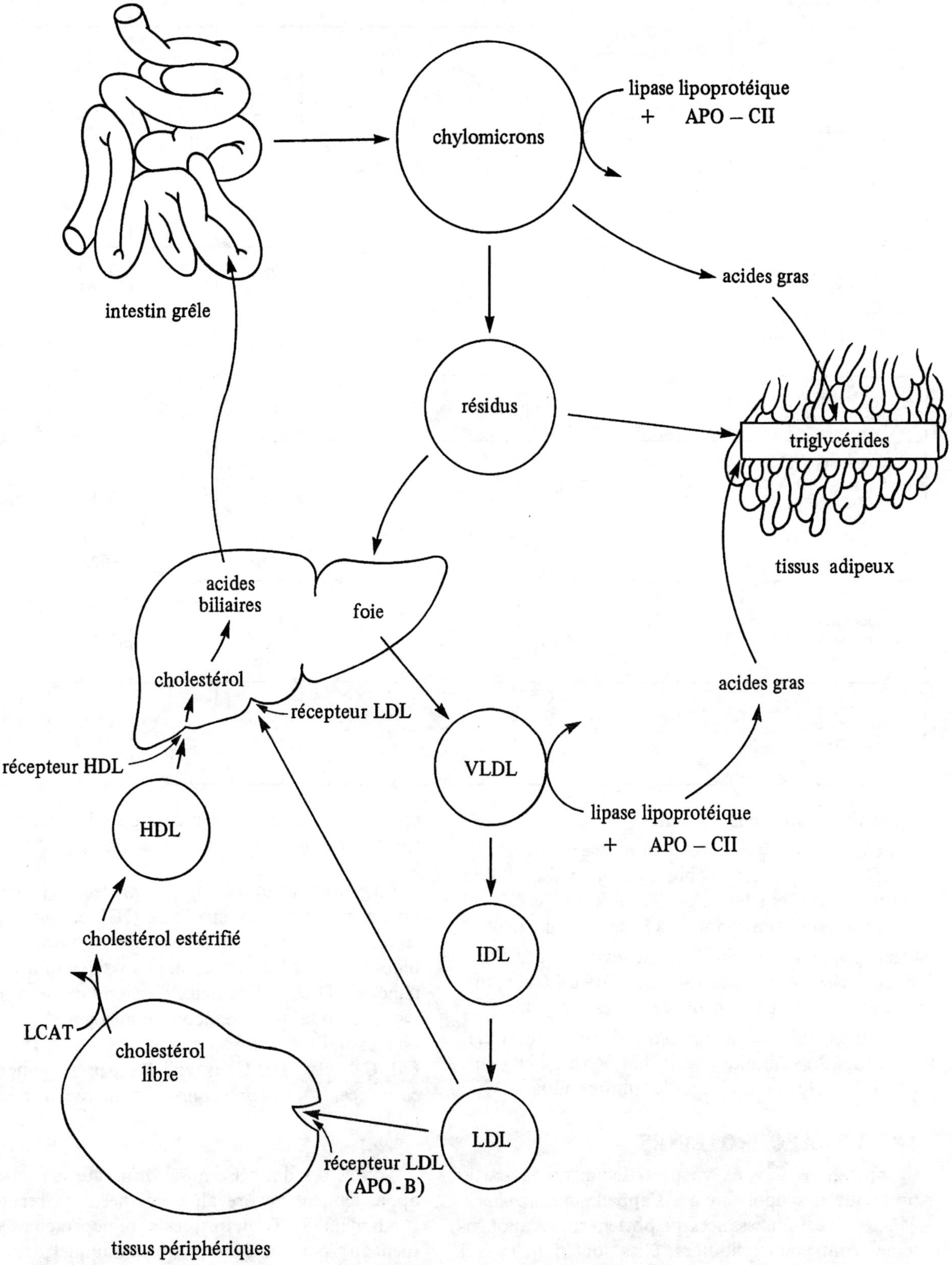

est confronté quotidiennement : l'appréciation du risque athérogène des lipoprotéines. La croyance véhiculée à ce propos est la suivante :

- APOLIPOPROTÉINES A et CHOLESTÉROL liés aux HDL = FACTEUR DE PROTECTION;
- APOLIPOPROTÉINES B et CHOLESTÉROL liés aux LDL + VLDL = FACTEUR ATHÉROGÈNE.

Les dosages spécifiques des deux sortes d'apolipoprotéines de chacun des deux cholestérols peuvent donc donner une appréciation assez fiable du risque athérogène. Cette méthode devrait s'affiner au cours des années à venir.

4.9 MÉTHODES DE DOSAGE DES TRIGLYCÉRIDES

4.9.1 GÉNÉRALITÉS

Des concentrations élevées de cholestérol et/ou de triglycérides sériques ont été identifiées comme étant des «facteurs de risques élevés» reliés à l'*artériosclérose*. On comprend donc toute l'importance accordée par le clinicien à leur dosage dans le sérum. Pourtant, il ne suffit pas de connaître le taux sanguin de ces deux paramètres pour évaluer avec certitude le risque *athérogène*. Il faut en plus déterminer les quantités relatives de chacune des lipoprotéines, la proportion du cholestérol des HDL et du cholestérol total, ainsi que les taux des apoprotéines A, B et C.

Habituellement, la détermination des triglycérides se fait aussi bien sur le plasma que sur le sérum. Toutefois, le niveau plasmatique est légèrement plus élevé que celui du sérum. Cette situation s'explique par la perte de chylomicrons et de lipoprotéines durant le processus de la coagulation et aussi par la lipolyse qui se produit au cours de la formation du caillot.

Les triglycérides plasmatiques atteignent normalement un niveau maximum environ 4 heures après un repas à cause de la présence des chylomicrons qui envahissent le plasma et lui confèrent cette *lactescence* post-prandiale qui doit être disparue 6 heures plus tard. C'est pourquoi, il est recommandé d'utiliser des spécimens obtenus après un jeûne de 10 à 12 heures pour pouvoir évaluer plus justement le métabolisme lipidique.

Il existe trois façons de doser les triglycérides avec de bons résultats : ce sont les méthodes *titrimétrique, colorimétrique* et *enzymatique*. Cependant, dans chacune de ces méthodes, il faut d'abord extraire les triglycérides avec un solvant approprié à cause de leur caractère hydrophobe.

4.9.2 LES MÉTHODES TITRIMÉTRIQUES

Principe

Après avoir extrait les lipides à l'aide d'un solvant alcoolique approprié et s'être débarrassé des phospholipides par adsorption sur des gels de zéolite ou de silice, les triglycérides sont hydrolysés en milieu alcalin pour libérer les acides gras et le glycérol. Le milieu est ensuite acidifié et les acides gras sont solubilisés par un mélange d'heptane et d'isopropanol. L'extrait est ensuite titré avec une base de faible concentration en présence d'une solution alcoolique de thymol bleu ou de thymolphtaléine comme indicateur. Durant le titrage, il faut éviter que le CO_2 atmosphérique ne vienne réagir avec l'alcali et fausser ainsi les données.

Cette méthode exige que des corrections soient effectuées à cause de la présence des acides gras provenant des esters de cholestérol.

4.9.3 LES MÉTHODES COLORIMÉTRIQUES

Principe

Le dosage repose habituellement sur l'évaluation du glycérol contenu dans la molécule de triglycéride et libéré par hydrolyse alcaline. Il est cependant important de le distinguer du glycérol libre du sérum (environ 0,085 à 0,10 mmol/L) et de celui qui provient des phospholipides (environ 2,17 à 3,25 mmol/L).

Dans la majorité des méthodes, après avoir extrait les lipides avec un mélange chloroforme-méthanol, on élimine les phospholipides par adsorption sur zéolite, préparation de silicate d'aluminium. On effectue ensuite une hydrolyse alcaline pour libérer les acides gras et le glycérol. Celui-ci est ensuite oxydé à l'aide de l'acide périodique en formaldéhyde et en acide formique.

À ce stade, il existe deux façons de quantifier le formaldéhyde par colorimétrie.

A. MÉTHODE DE VAN HENDEL-ZILVERSMIT

Le formaldéhyde est traité avec un mélange d'acide sulfurique et d'acide chromotropique pour former un dérivé coloré rose dont l'absorbance à 570 nm est directement proportionnelle à la concentration de formaldéhyde produit (figure 4.32).

B. MÉTHODE DE HANTZSCH

Ici, le formaldéhyde s'associe à un ion ammonium et à deux molécules d'acétylacétone pour former un com-

Figure 4.32 Méthode de VAN-HENDEL-ZILVERSMIT

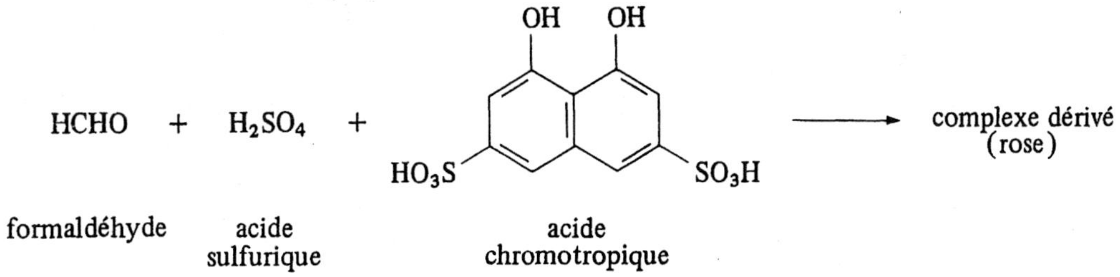

Figure 4.33 Méthode de HANTZSCH

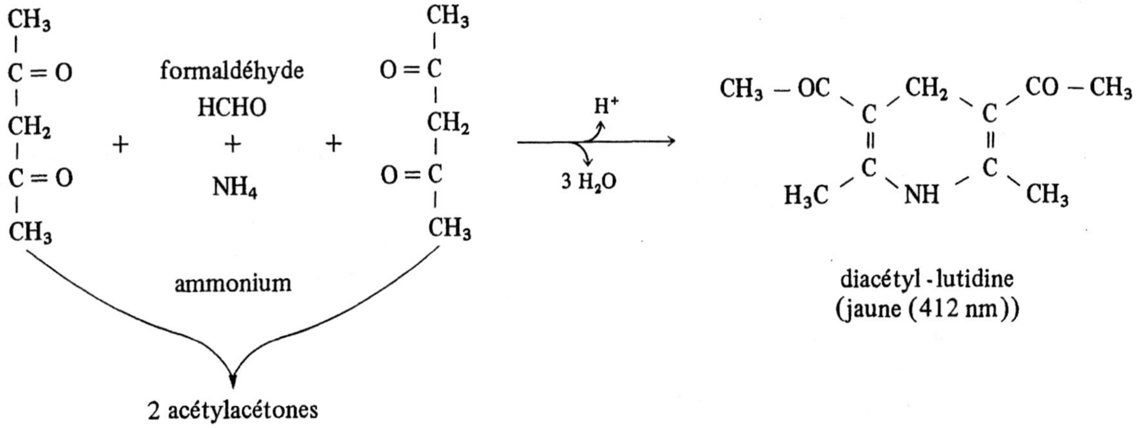

posé jaune, le diacétyl-lutidine, qui absorbe à 412 nm (figure 4.33).

4.9.4 LES MÉTHODES ENZYMATIQUES

A. METHODE DE KREUTZ

Cette méthode n'a pas besoin d'une élimination préalable des phospholipides puisqu'après avoir soumis le sérum à une hydrolyse alcaline, les phospholipides libèrent du *glycérophosphate* alors que les triglycérides libèrent du *glycérol*, seul substrat reconnu par l'enzyme *glycérol kinase*. Cette méthode spécifique est donnée par la séquence suivante de réactions à enzymes couplés:

$$\text{glycérol} + \text{ATP} \xrightarrow{\text{glycérol kinase}} \text{glycérol-3-P} + \text{ADP} \quad (4\text{-}11)$$

$$\text{ADP} + \text{phosphoénolpyruvate} \xrightarrow{\text{pyruvate kinase}} \text{ATP} + \text{pyruvate} \quad (4\text{-}12)$$

$$\text{pyruvate} + \text{NADH,H} \xrightarrow{\text{déshydrogénase lactique}} \text{lactate} + \text{NAD}^+ \quad (4\text{-}13)$$

La consommation de NADH,H est proportionnelle à la concentration de glycérol présent. On mesure donc la diminution de l'absorbance de NADH,H à 340 nm ou 366 nm.

B. MÉTHODE DE WIELAND (MODIFIÉE)

Dans la deuxième méthode, on utilise l'hydrolyse des triglycérides par la lipase et la séquence suivante de réactions enzymatiques couplées:

$$\text{glycérol} + \text{ATP} \xrightarrow{\text{glycérol kinase}} \text{glycérol-3-P} + \text{ADP} \qquad (4\text{-}14)$$

$$\text{glycérol-3-P} + \text{NAD}^{+} \xrightarrow{\text{glycérolphosphate déshydrogénase}} \text{dihydroxyacétone phosphate} + \text{NADH,H} \qquad (4\text{-}15)$$

Ici, la quantité de NADH,H produit est également proportionnelle à la concentration de glycérol présent. On mesure ensuite l'augmentation de l'absorbance de NADH,H à 340 nm ou 366 nm.

Enfin, l'écart de normalité pour les triglycérides plasmatiques varie avec l'âge. Le tableau 4.6 présente ces écarts.

Tableau 4.6 Valeurs normales de la triglycéridémie pour les deux sexes selon l'âge

Âge (année)	Triglycérides mmol/L
0 - 2	0,1-1,6
2 - 19	0,1-1,6
20 - 29	0,1-1,6
30 - 39	0,1-1,7
40 - 49	0,1-1,8
50 et plus	0,1-2,2

4.10 MÉTHODE DE DOSAGE DU CHOLESTÉROL

4.10.1 GÉNÉRALITÉS

Comme pour le dosage des triglycérides, le sérum ou le plasma doit être prélevé chez un patient à jeun depuis 10 à 12 heures. Dans la majorité des cas, la concentration du cholestérol plasmatique n'est pas affectée par un repas récent. Cependant, selon les aliments ingérés, certaines personnes peuvent présenter une augmentation du niveau de cholestérol plasmatique.

Il existe différentes méthodes de dosage du cholestérol (plus d'une trentaine) qui peuvent être regroupées selon deux types:

- les réactions colorées, basées sur la présence de l'hydroxyle (—OH) en C_3 et la double liaison entre C_5 et C_6;
- les méthodes enzymatiques, dont les enzymes proviennent de microorganismes capables de dégrader le cholestérol.

4.10.2 LES MÉTHODES COLORIMÉTRIQUES

Ces méthodes reposent essentiellement sur l'oxydation des deux centres réactionnels de la molécule de cholestérol que sont la double liaison et le groupement hydroxyle (—OH). La figure 4.34 présente la séquence des réactions. Le cholestérol, sous l'action de l'acide sulfurique, est déshydraté puis oxydé pour donner le 3,5-cholestadiène (deux doubles liaisons) ou son cation. La stabilité de l'un ou de l'autre relève de la concentration de l'acide sulfurique et de la présence ou non de l'ion ferrique.

Dans la réaction de LIEBERMAN-BURCHARD où l'acide sulfurique est seul, la forme polyène domine et le composé obtenu, l'acide cholestahexènesulfonique, donne une coloration verte qui absorbe à 410 nm. Par contre, en présence de l'acide sulfurique et de l'ion ferrique, c'est l'ion cholestapolyène qui est favorisé et qui absorbe à 563 nm.

Au cours de toutes ces procédures, la présence de l'acide acétique et de l'anhydride acétique servent de solvants et d'agents oxydants du cholestérol.

4.10.3 LES MÉTHODES ENZYMATIQUES

Ces méthodes, plus récentes, permettent de doser directement le cholestérol plasmatique à l'aide de la *cholestérol oxydase* sans faire d'extraction au préalable.

Figure 4.34 Dosage du cholestérol selon la voie de LIEBERMANN-BURCHARD et celle avec H_2SO_4 et l'ion ferrique

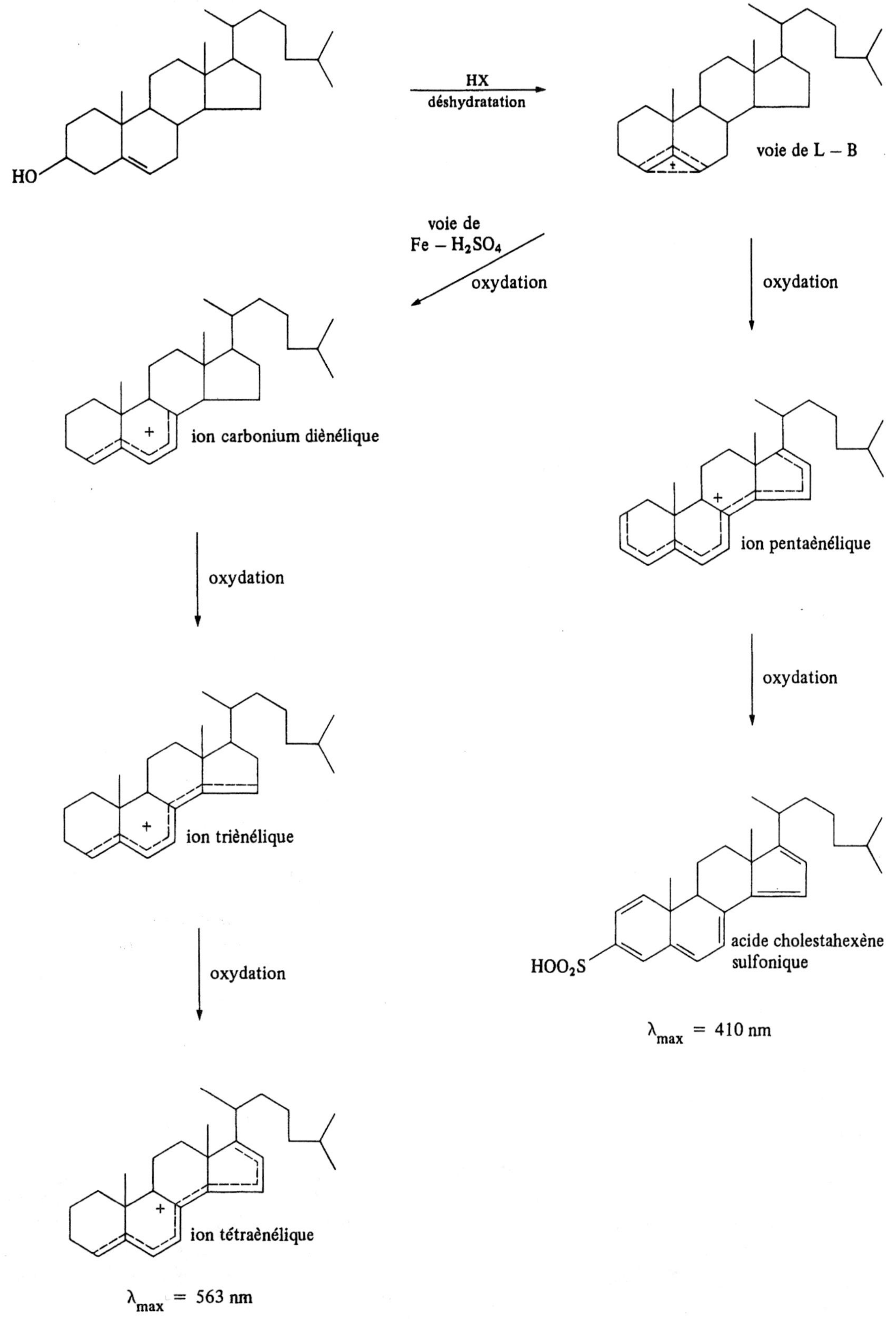

Le principe de base de ces méthodes à la cholestérol oxydase est similaire à celui de la *glucose oxydase* pour le glucose : il se fonde sur la détermination du peroxyde d'hydrogène formé au cours de la séquence de réactions suivantes :

Mentionnons que le cholestérol estérifié doit absolument être hydrolysé avant d'être soumis à l'action de la cholestérol oxydase. C'est pourquoi on a incorporé au mélange réactionnel, la *cholestérol estérase*, enzyme capable de produire cette hydrolyse.

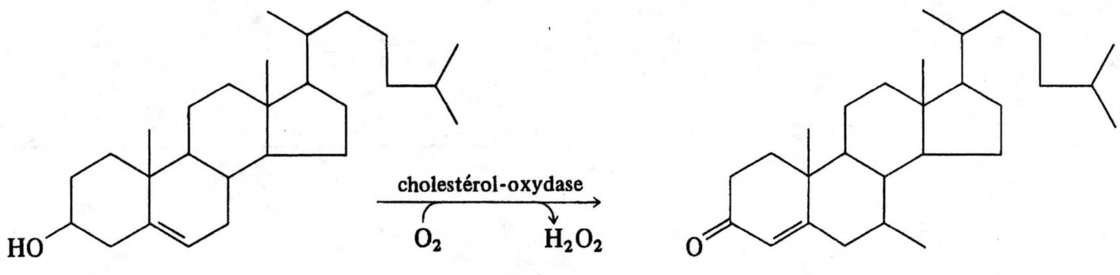

cholestérol　　　cholest-4-ène-3-one

(4-16)

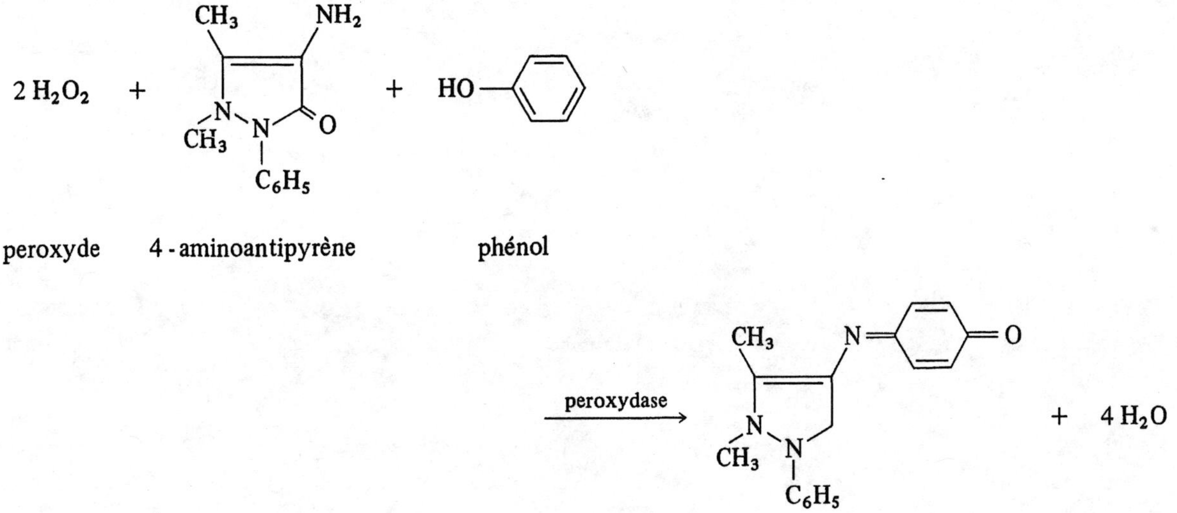

peroxyde　　4-aminoantipyrène　　phénol

quinonimine
(coloré)

(4-17)

Cette méthode s'est avérée très précise puisque la cholestérol oxydase est spécifique aux stérols qui ont le — OH en β et une double liaison entre $C_4 - C_5$ ou $C_5 - C_6$.

L'écart de normalité pour le cholestérol plasmatique total varie avec l'âge, le sexe et la diète. Le tableau 4.7 résume ces données.

Tableau 4.7 Valeurs normales de la cholestérolémie pour les deux sexes selon l'âge

Âge (année)	**Cholestérol mmol/L**
0 - 2	1,8 - 5,2
2 - 19	3,0 - 5,9
20 - 29	3,0 - 6,2
30 - 39	3,6 - 6,5
40 - 49	3,9 - 6,8
50 et plus	4,2 - 6,8

5

LES ENZYMES

5.0 INTRODUCTION

5.0.1 DÉFINITIONS ET FONCTIONS

Les *enzymes* sont des catalyseurs biologiques, solubles, thermo-labiles, de nature protéique et produits par des organismes vivants. On appelle *catalyseur* une substance qui, présente en très petite quantité, augmente la vitesse d'une réaction biochimique sans apparaître dans les produits de la réaction.

Les enzymes ne subissent aucune modification au cours des réactions qu'ils catalysent; ils augmentent habituellement la vitesse de ces réactions d'un facteur de 10^8 à 10^{23} fois celle de réactions non catalysées. Dans les conditions normales de la cellule vivante, la plupart des réactions biochimiques ne se produiraient qu'à des vitesses presqu'imperceptibles sans la présence des enzymes, d'où leur très grande importance. La réaction la plus simple à être catalysée par un enzyme est celle où la transformation d'une seule molécule ne fournit qu'un seul produit. La réaction est la suivante :

$$[S] + [E] \rightleftharpoons [E-S] \rightleftharpoons [P] + [E] \qquad (5\text{-}1)$$

Ici, S représente le substrat, substance sur laquelle agit l'enzyme, E, l'enzyme lui-même, P, le produit de la réaction et E – S, un complexe intermédiaire formé entre l'enzyme et le substrat.

La grande majorité des réactions biochimiques sont réversibles et, bien souvent, le même enzyme catalyse la réaction dans un sens comme dans l'autre. Le produit devient alors le substrat et vice versa; le sens de la réaction dépend des conditions qui prévalent dans le système au moment de la réaction.

Les enzymes ne peuvent initier les réactions biochimiques thermodynamiquement impossibles; tout au plus, elles ne font qu'accélérer la vitesse de celles qui sont thermodynamiquement réalisables, sans altérer le rapport d'équilibre entre le produit et le substrat. L'augmentation de la vitesse des réactions est affectée par certaines variables comme la température, le *p*H, le tampon, le temps, la concentration du substrat ou de l'enzyme et la présence d'activateurs ou d'inhibiteurs.

5.0.2 STRUCTURE

Tous les enzymes sont des protéines dont la masse moléculaire varie entre 10^4 et 10^7. Ils possèdent toutes les propriétés chimiques et physiques des protéines et peuvent donc être dénaturés par la chaleur, les agents précipitants des protéines, les solvants organiques, les variations de *p*H et même les chocs mécaniques.

Les enzymes peuvent être extraits de matériel diffusible par dialyse et isolés à partir de propriétés telles la structure, la masse moléculaire et les charges électriques. C'est pourquoi les techniques usuelles d'électrophorèse ou de chromatographie sont régulièrement utilisées, dans les laboratoires cliniques, pour séparer les nombreux enzymes.

Enfin, les enzymes, comme toutes les protéines, sont faits d'acides aminés et peuvent se présenter sous l'une ou l'autre des structures caractéristiques des protéines globulaires, soit la structure primaire, secondaire, tertiaire ou quaternaire. Toutefois, si tous les enzymes possèdent les trois premières structures, seuls quelques-uns peuvent adopter la structure quaternaire, dont la *déshydrogénase lactique* qui possède quatre sous-unités ou la *créatine kinase* qui en possède deux.

A. SITE ACTIF

Normalement, la structure tridimensionnelle d'un enzyme est essentielle à son activité biologique. Seule une petite partie de cette structure, appelée *site actif,* peut être liée au substrat, comme l'illustre la figure 5.1. Le site actif d'un enzyme est souvent une cavité hydrophobe intérieure dans laquelle certains résidus acides aminés, possédant une certaine charge, peuvent interagir avec le substrat. Si le site actif était placé à l'extérieur de la molécule d'enzyme, il serait exposé à s'hydrater et perdrait la possibilité de se lier au substrat.

Figure 5.1 Schéma de la structure tridimensionnelle d'un enzyme montrant la proximité des acides aminés His_{57} et Ser_{195} du site actif

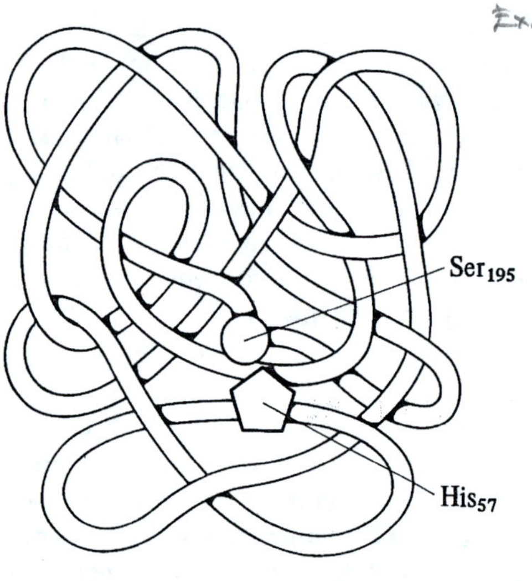

Comme on peut voir à la figure 5.1, les acides aminés qui lient le substrat sont voisins dans l'espace, mais non le long de la chaîne polypeptidique. Ceci explique que la dénaturation inactive l'enzyme puisque la destruction de sa structure tridimensionnelle détruit son site actif et éloigne les acides aminés qui le composent.

Enfin, en plus du site actif, l'enzyme peut comporter d'autres sites, appelés *sites allostériques,* disponibles pour lier certaines molécules dites *régulatrices.*

B. COFACTEURS

Plusieurs enzymes requièrent la présence d'un groupement non protéique appelé *cofacteur*, pour exercer leur activité enzymatique. On en distingue deux classes : les *coenzymes* et les *activateurs.*

Tout d'abord, les coenzymes, comme le NAD^+ ou le $NADP^+$ par exemple, sont des groupements non protéiques faiblement liés à un premier enzyme et qui peuvent servir à un deuxième comme le montre la figure 5.2. Par contre, d'autres coenzymes comme le FAD par exemple, sont fermement liés à l'enzyme et ne peuvent donc pas servir à d'autres enzymes, comme on peut voir à la figure 5.3; on les appelle alors *groupements prosthétiques.* L'enzyme ainsi associé à son groupement prosthétique est un *holoenzyme* et démontre une activité pleine et entière; l'enzyme seul, c'est-à-dire sans son groupement prosthétique, est un *apoenzyme* et ne présente pas ou très peu d'activité.

Figure 5.2 Mode d'action des coenzymes

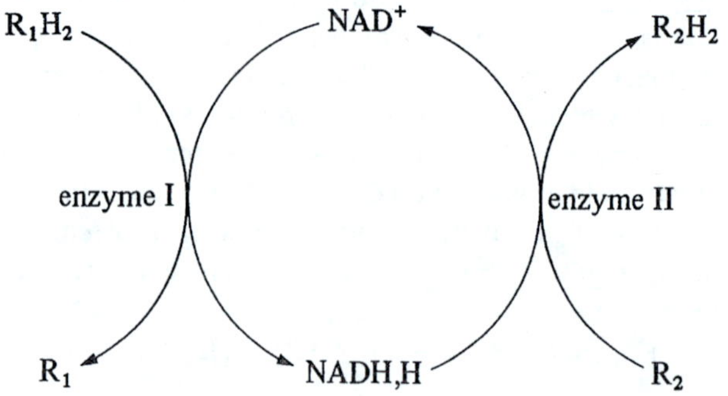

Figure 5.3 Mode d'action des groupements prosthétiques

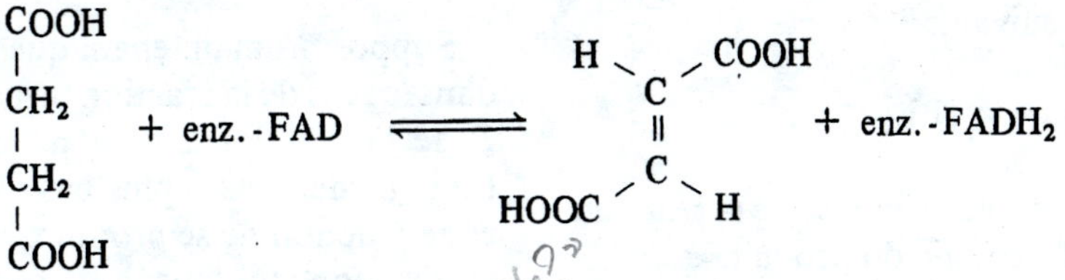

succinate fumarate

Quant aux activateurs dont la présence est nécessaire à l'activité enzymatique, ils sont généralement considérés comme des cofacteurs inorganiques tels les ions Cl^- ou Mg^{2+} respectivement requis par l'amylase et les phosphatases. Cependant, la distinction entre les coenzymes, cofacteurs organiques, et les activateurs, cofacteurs inorganiques, n'est pas toujours évidente. Certains ions inorganiques, comme le Zn^{2+} requis par la déshydrogénase lactique, sont considérés comme coenzymes puisqu'ils restent fermement liés à l'enzyme.

5.0.3 SPÉCIFICITÉ

Certains enzymes ne vont réagir qu'avec un seul substrat ou ne catalyser qu'un seul type de réaction; d'autres vont réagir avec différents substrats ou catalyser plusieurs réactions. Cette capacité de choix du substrat, appelée *spécificité enzymatique,* permet aux enzymes de diriger le métabolisme.

Plusieurs types de spécificité enzymatique sont maintenant reconnus. Un enzyme qui ne réagit qu'avec un seul substrat et qui ne catalyse qu'une seule réaction possède une *spécificité absolue.* La créatine kinase fait partie de ce type puisqu'elle n'agit que sur la créatine.

Certains enzymes peuvent catalyser une réaction à partir de substrats différents démontrant cependant un même type de groupement; on dit qu'ils ont une *spécificité de groupe.* C'est le cas notamment des phosphatases acide et alcaline qui catalysent la déphosphorylation des esters de l'acide phosphorique présents sur différents substrats.

D'autres enzymes possèdent une *spécificité de liaisons* puisqu'ils catalysent des réactions avec des substrats dont les liaisons sont de même type. Dans ce groupe se trouvent les estérases qui hydrolysent une grande variété de liaisons esters ou les peptidases qui hydrolysent les liaisons peptidiques mais de façons différentes. Par exemple, la carboxypeptidase hydrolyse un à un les acides aminés d'une chaîne polypeptidique à partir du côté C-terminal alors que l'aminopeptidase aura le même effet, mais à partir du côté N-terminal.

D'autres enzymes encore peuvent identifier comme substrat, un isomère optique particulier. C'est le cas de la déhydrogénase malique qui agit uniquement sur la forme L de l'acide malique. On dit que ces enzymes possèdent une *stéréospécificité.*

Enfin, quelques enzymes sont particuliers à certains tissus ou organes. On parle alors de *spécificité de tissu* ou de *spécificité d'organe.* La 5'-nucléotidase et la sorbitol déshydrogénase, qu'on retrouve principalement dans le foie, démontrent une telle spécificité. Une activité intense de ces enzymes indique une pathologie du foie. Cependant, cette dernière catégorie de spécificité ne représente pas le seul moyen de faire un bon diagnostic clinique. En effet, un grand nombre d'enzymes cliniques comme l'aspartate aminotransférase ou l'alanine aminotransférase, qui se trouvent dans une grande variété de tissus, peuvent servir au diagnostic différentiel d'organes ou de tissus puisque leur concentration diffère d'une façon très significative d'un tissu ou d'un organe à l'autre.

5.1 CINÉTIQUE ENZYMATIQUE

5.1.1 ÉNERGIE D'ACTIVATION

Pour comprendre la cinétique enzymatique, il est important d'introduire ici quelques notions d'équilibre chimique. Considérons la réaction suivante, catalysée par un enzyme:

$$[S] \rightleftharpoons [P] \qquad (5\text{-}2)$$

la vitesse de la réaction principale est donnée par l'équation:

$$v_p = k_p\,[S] \qquad (5\text{-}3)$$

où k_p représente la constante de vitesse de la réaction principale et [S], la concentration du substrat. De la même façon, la vitesse de la réaction inverse est donnée par l'équation suivante :

$$v_i = k_i [P] \qquad (5\text{-}4)$$

où k_i représente la constante de vitesse de la réaction inverse et [P], la concentration du produit.

À l'équilibre, la vitesse de la réaction principale est égale à la vitesse de la réaction inverse ; à ce moment, il n'y a aucun changement dans les concentrations du substrat ou du produit.

Or, la *constante d'équilibre* de la réaction est égale au rapport, à l'équilibre, de la concentration du produit sur celle du substrat, selon l'équation suivante :

$$k_{éq} = \frac{[P]}{[S]} \qquad (5\text{-}5)$$

où $k_{éq}$ représente la constante d'équilibre de la réaction. Puisqu'à l'équilibre, la vitesse de la réaction principale est égale à celle de la réaction inverse, il s'ensuit que :

$$v_p = v_i \qquad (5\text{-}6)$$

$$k_p [S] = k_i [P] \qquad (5\text{-}7)$$

$$\frac{k_P}{k_i} = \frac{[P]}{[S]} \qquad (5\text{-}8)$$

$$k_{éq} = \frac{[P]}{[S]} = \frac{k_P}{k_i} \qquad (5\text{-}9)$$

La constante d'équilibre devient donc égale au rapport de la constante de vitesse de la réaction principale sur celle de la réaction inverse.

Supposons maintenant que la réaction se produise dans le sens de la réaction principale et que le produit P de la réaction ait un niveau d'énergie libre, *G*, (énergie de GIBBS) plus bas que celui du substrat S, cette réaction ne se produira pas spontanément et il faudra donc lui fournir de l'énergie, appelée *énergie libre d'activation.* L'énergie d'activation d'une réaction constitue alors une espèce de barrière à la réaction, puisque les molécules doivent accumuler suffisamment d'énergie pour se transformer ou se lier à d'autres molécules. En somme, c'est cette barrière énergétique qui est l'énergie d'activation.

Lorsque deux molécules se lient au cours d'une réaction, elles forment un complexe activé, appelé *état de transition.* Cet état de transition est en équilibre instable et le complexe activé peut, soit revenir à son état initial, soit se transformer en produit. Ce phénomène est d'ailleurs illustré à la figure 5.4 qui établit un parallèle entre la courbe d'une réaction non catalysée et celle d'une réaction catalysée par un enzyme. Cette figure montre que l'état de transition de la réaction enzymatique (courbe pointillée) est plus bas que celui de la réaction non catalysée (courbe pleine). Ceci signifie donc que les enzymes qui catalysent les réactions biochimiques ont pour effet d'abaisser la quantité d'énergie libre nécessaire à l'activation de la réaction. La liaison du substrat à l'enzyme crée donc une voie d'alternance qui abaisse l'énergie de l'état de transition et, par conséquent, l'énergie d'activation.

Figure 5.4 Voies énergétiques d'une réaction biochimique. La courbe pleine représente la réaction non catalysée ; la courbe pointillée représente la réaction catalysée par un enzyme.

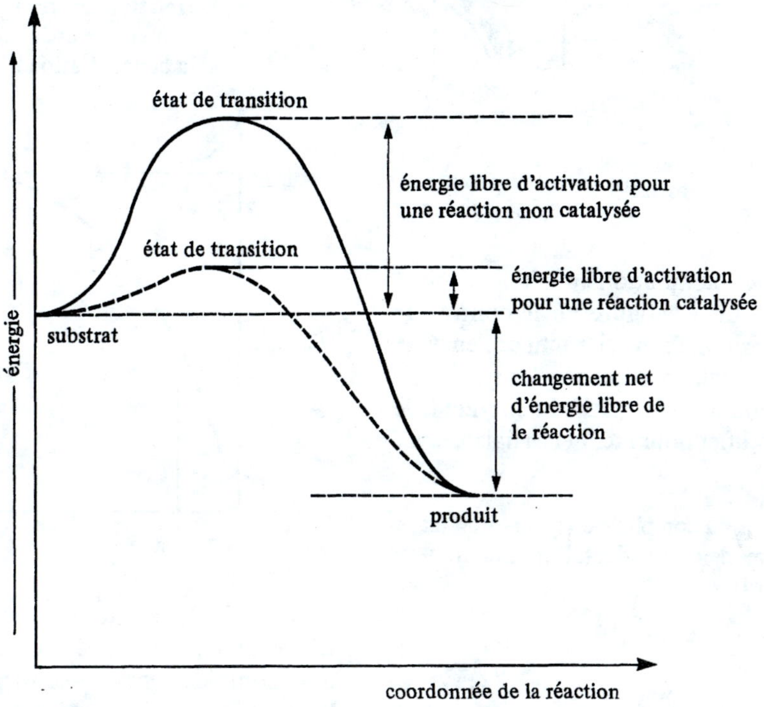

Le changement net dans l'énergie libre, ΔG, d'une réaction nous indique si la réaction est thermodynamiquement réalisable. Lorsque la réaction est en équilibre, ΔG est égal à zéro ; si ΔG est négatif (<0), la réaction principale est spontanée ; si ΔG est positif (>0), c'est la réaction inverse qui est spontanée. Ainsi, ΔG devient une mesure du changement net de l'énergie libre d'une réaction spontanée mais ne nous révèle absolument rien sur la vitesse de la réaction qui, elle, dépend de l'énergie d'activation.

Or, on peut voir, sur la figure 5.4, que le changement net de l'énergie libre n'est pas affecté par la présence d'un catalyseur. Puisque la constante d'équilibre d'une réaction dépend du changement net d'énergie libre, elle n'est pas affectée par la présence d'un catalyseur. En conséquence, la présence d'un catalyseur enzymatique ne fait qu'accélérer la vitesse avec laquelle l'équilibre de la réaction est atteint en abaissant l'énergie d'activation de la réaction.

5.1.2 SITE ACTIF

L'enzyme qui se lie à une molécule de substrat représente l'une des façons dont il dispose pour abaisser l'énergie d'activation. Lors de cette union, la tension qui se produit sur une ou plusieurs liaisons permet à la molécule de substrat d'atteindre son état de transition.

Comme nous l'avons vu précédemment, le site actif constitue l'endroit précis sur la structure tridimensionnelle de l'enzyme où la molécule de substrat va se lier. Le nombre des résidus acides aminés situés au site actif qui se combinent au substrat par l'intermédiaire des liaisons hydrogène, ioniques ou des forces de Van der Waals favorables, est extrêmement bas, habituellement moins de dix, et confère à la molécule enzymatique sa *spécificité*.

La molécule de substrat devra se lier de façon complémentaire au site actif selon l'un ou l'autre des deux modèles suivants. Le modèle « clé et serrure » de FISCHER, illustré à la figure 5.5, montre que la structure tridimensionnelle du site actif de l'enzyme est toujours complémentaire de la structure du substrat qui peut le pénétrer, comme une clé dans une serrure.

Figure 5.5 Formation du complexe enzyme-substrat selon le modèle « clé et serrure » de FISHER

fonctionne 90% du temps

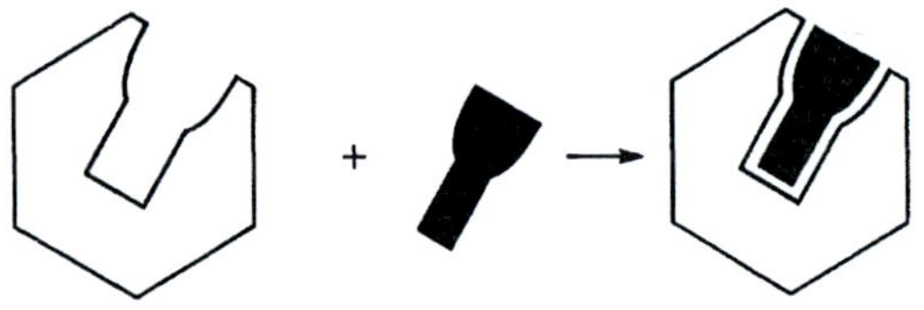

Quant au modèle « adaptation induite » proposé par KOSHLAND et illustré à la figure 5.6, il montre que la structure tridimensionnelle du site actif de l'enzyme ne devient complémentaire que lorsque l'enzyme se lie au substrat. Cependant, l'état natif du site actif de l'enzyme peut se modifier pour faciliter sa liaison avec le substrat.

Figure 5.6 Formation du complexe enzyme-substrat selon le modèle « d'adaptation induite » de KOSHLAND

Cas plutôt exceptionnels, p-ê. enzymes ⊕ spécifiques...

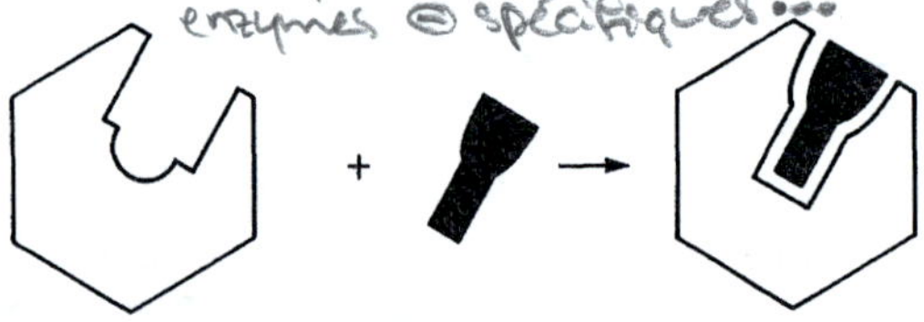

Aujourd'hui, ces deux modèles sont acceptés puisque plusieurs arguments militent en faveur de l'un et de l'autre.

5.1.3 ÉQUATION DE MICHAÉLIS-MENTEN

L'étude de la cinétique d'une réaction enzymatique nous donne la preuve que l'enzyme se lie au substrat au cours de la réaction. En effet, la figure 5.7 montre la relation qui existe entre la vitesse d'une réaction enzymatique et la concentration du substrat lorsque la concentration de l'enzyme demeure constante. Sur cette courbe, la vitesse de la réaction est mesurée à chaque concentration de substrat, de sorte que le graphique donne une hyperbole montrant que la vitesse de la réaction augmente avec celle de la concentration du substrat jusqu'à l'obtention d'une vitesse maximum, appelée v_{max}. Au-delà de ce point, l'addition du substrat n'affecte pas la vitesse de la réaction. D'autre part, jusqu'à approximativement ½ v_{max}, la vitesse de la réaction est proportionnelle à la concentration de substrat et se rapproche d'une droite.

Figure 5.7 Courbe de MICHAÉLIS-MENTEN établissant la relation entre la vitesse d'une réaction enzymatique et la concentration de substrat si la concentration d'enzyme est constante.

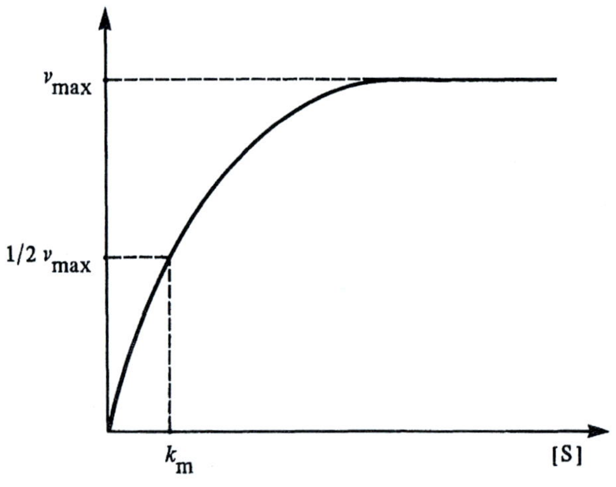

À partir de ces données expérimentales, Leonor MICHAÉLIS et Maude MENTEN ont proposé l'existence d'un complexe enzyme-substrat (E — S) dans lequel le substrat est lié à l'enzyme. À basse concentration de substrat, celui-ci se lie aux molécules d'enzymes libres et la vitesse devient proportionnelle à la concentration d'enzyme. Cependant, plus la concentration du substrat s'élève, plus il y a formation de complexes enzyme-substrat; ce processus se poursuit jusqu'à saturation, c'est-à-dire jusqu'au moment où tous les sites enzymatiques sont saturés par des molécules de substrat. À ce point, il n'y a plus d'enzymes libres.

Une telle réaction d'équilibre est définie par l'équation suivante:

$$[E] + [S] \underset{k_{-1}}{\overset{k_{+1}}{\rightleftharpoons}} [E - S] \underset{k_{-2}}{\overset{k_{+2}}{\rightleftharpoons}} [P] + [E] \qquad (5\text{-}10)$$

où k représente les constantes de vitesse. Les valeurs positives sont celles de la réaction principale alors que les valeurs négatives représentent celles de la réaction inverse. La première étape de la réaction est la formation du complexe enzyme-substrat alors que la seconde est celle de la formation du produit.

Or, selon la première hypothèse de MICHAÉLIS-MENTEN, la vitesse de la deuxième étape de la réaction inverse est négligeable; l'équation 5-10 peut donc être simplifiée de la façon suivante:

$$[E] + [S] \underset{k_{-1}}{\overset{k_{+1}}{\rightleftharpoons}} [E-S] \xrightarrow{k_{+2}} [P] + [E] \qquad (5\text{-}11)$$

Ceci semble une hypothèse raisonnable puisque la concentration du produit est faible par rapport à celle du substrat.

La seconde hypothèse de MICHAÉLIS-MENTEN veut qu'un équilibre constant soit rapidement établi entre les différents intervenants, c'est-à-dire E, S, E—S et P. À partir de ces deux hypothèses, nous allons porter notre attention sur la formation du complexe E—S de l'équation 5-11 qui est donnée par la relation suivante:

$$[E] + [S] \xrightarrow{k_{+1}} [E-S] \qquad (5\text{-}12)$$

et la vitesse de formation (v_{+1}) du complexe E—S devient:

$$v_{+1} = k_{+1}[E][S] \qquad (5\text{-}13)$$

Quant à la réaction de dissociation du complexe E—S, elle se fait de deux façons, selon la relation suivante:

$$[E] + [S] \xleftarrow[k_{-1}]{} [E-S] \xrightarrow{k_{+2}} [P] + [E] \qquad (5\text{-}14)$$

La vitesse de dissociation du complexe E—S devient donc:

$$v_{-1,+2} = (k_{-1} + k_{+2})[E-S] \qquad (5\text{-}15)$$

À l'équilibre, les vitesses de formation et de dissociation du complexe E—S sont égales, c'est-à-dire que $v_{+1} = v_{-1,+2}$

Ainsi, par substitution, on obtient:

$$k_{+1}[E][S] = (k_{-1} + k_{+2})[E-S] \qquad (5\text{-}16)$$

qui peut être réarrangée comme suit pour donner:

$$[E-S] = \frac{[E][S]}{(k_{-1} + k_{+2})/k_{+1}} \qquad (5\text{-}17)$$

Si la constante de MICHAÉLIS-MENTEN k_m se définit comme:

$$k_m = \frac{k_{-1} + k_{+2}}{k_{+1}} \qquad (5\text{-}18)$$

en substituant l'équation 5-18 dans l'équation 5-17, on obtient:

$$[E-S] = \frac{[E][S]}{k_m} \qquad (5\text{-}19)$$

La concentration d'enzymes libres [E] peut ensuite être calculée en soustrayant la concentration des enzymes sous forme de complexes E—S, de la concentration totale des enzymes $[E]_t$:

$$[E] = [E]_t - [E-S] \qquad (5\text{-}20)$$

En substituant l'équation 5-20 dans l'équation 5-19, on obtient:

$$[E-S] = \frac{([E]_t - [E-S])[S]}{k_m} \qquad (5\text{-}21)$$

qui peut être réarrangée comme suit de façon à donner l'équation 5-22:

$$[E-S] = \frac{[E]_t[S] - [E-S][S]}{k_m}$$

$$k_m = \frac{[E]_t[S] - [E-S][S]}{[E-S]} =$$

$$\frac{[E]_t[S]}{[E-S]} \cdot \frac{[E-S][S]}{[E-S]} =$$

$$\frac{[E]_t[S]}{[E-S]} - [S]$$

$$k_m + [S] = \frac{[E]_t[S]}{[E-S]}$$

$$[E-S] = \frac{[E]_t[S]}{k_m + [S]} \quad (5\text{-}22)$$

Cette dernière équation assure donc que la concentration du complexe $[E-S]$ est une quantité mesurable, si l'on connaît les concentrations initiales d'enzymes et de substrats ainsi que la constante k_m.

Donc, si la vitesse de formation du produit est:

$$v_{+2} = k_{+2}[E-S] \quad (5\text{-}23)$$

et qu'on lui substitue $E-S$ de l'équation 5-22, on obtient:

$$v_{+2} = k_{+2} \frac{[E]_t[S]}{[k_m] + [S]} \quad (5\text{-}24)$$

Or, d'après la figure 5.7, la vitesse de la réaction atteint une valeur maximum (v_{max}) lorsque tous les enzymes sont sous forme de complexe $E-S$. C'est pourquoi, la vitesse maximum peut être exprimée par la relation suivante:

$$v_{max} = k_{+2}[E]_t \quad (5\text{-}25)$$

Si l'on substitue v_{max} par $k_{+2}[E]_t$ dans l'équation 5-24, on obtient:

$$v = v_{max} \frac{[S]}{k_m + [S]} \quad (5\text{-}26)$$

Cette dernière équation s'appelle *l'équation de* MICHAÉLIS-MENTEN. Ici, on a supprimé l'indice +2 puisque l'équation de MICHAÉLIS-MENTEN, par définition, se réfère à la vitesse de formation du produit. Cette équation permet donc de donner la signification du k_m puisque, si la concentration du substrat est égale au k_m, la vitesse v devient alors égale à la moitié de la vitesse maximum de la réaction:

$$v = 1/2\, v_{max} \quad (5\text{-}27)$$

Donc, le k_m d'une réaction enzymatique s'exprime toujours en terme de concentration de substrat, c'est-à-dire en moles, en millimoles ou en micromoles par litre.

5.1.4 ORDRE 1 ET ORDRE 0

L'équation de MICHAÉLIS-MENTEN permet aussi d'expliquer la dépendance de la vitesse d'une réaction enzymatique en fonction d'une concentration faible ou élevée de substrat. En effet, si le k_m est, par définition, la concentration de substrat qui permet d'obtenir la moitié de la vitesse maximum, on peut alors étudier l'effet des concentrations extrêmes, c'est-à-dire des concentrations inférieures ou supérieures à la valeur du k_m.

A. CONCENTRATION DE SUBSTRAT INFÉRIEURE AU k_m

Si la concentration du substrat est de beaucoup inférieure à la valeur du k_m, la concentration du substrat au dénominateur de l'équation de MICHAÉLIS-MENTEN peut être complètement ignorée et l'équation devient alors;

$$v = v_{max} \frac{[S]}{k_m} \quad (5\text{-}28)$$

Or, puisque v_{max} et k_m sont constants, l'équation devient celle d'une droite:

$$v = \frac{v_{max}}{k_m}[S] \quad (5\text{-}29)$$

À faible concentration de substrat, la vitesse de la réaction est donc directement proportionnelle à la concentration de substrat. Dans ces conditions, la réaction montre une *cinétique d'ordre un*, puisque la vitesse de la réaction est non constante et proportionnelle à la quantité de substrat présent, comme le montre la figure 5.8.

Figure 5.8 Réaction enzymatique *d'ordre 1,* si la concentration de substrat est beaucoup plus petite que la valeur de k_m.

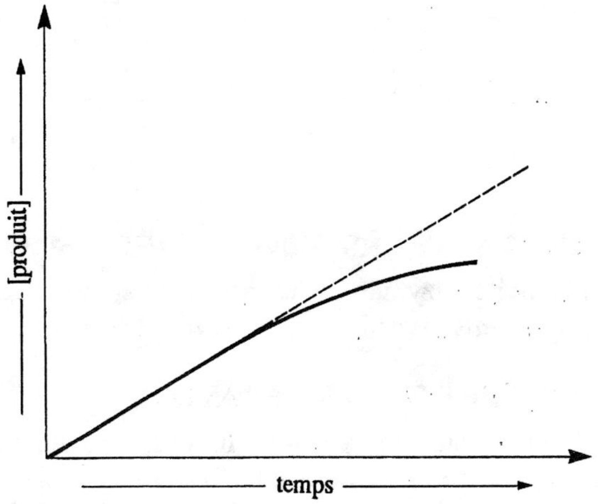

B. CONCENTRATION DE SUBSTRAT SUPÉRIEURE AU k_m

Au contraire, si la concentration du substrat est de beaucoup supérieure au k_m, la valeur du k_m du dénominateur de l'équation de MICHAÉLIS-MENTEN peut alors être ignorée et l'équation devient :

$$v = v_{max} \frac{[S]}{[S]} = v_{max} \qquad (5\text{-}30)$$

La vitesse atteint alors une valeur maximum (figure 5.7) et, dans ces conditions, elle est indépendante de la concentration du substrat. La réaction présente donc une *cinétique d'ordre zéro*, puisque la vitesse de la réaction est maximum, constante et proportionnelle à la concentration d'enzymes seulement. Ici, tel qu'illustré à la figure 5.9, la vitesse est directement proportionnelle au temps.

Lorsque l'on veut mesurer une activité enzymatique en laboratoire clinique, il est important de s'assurer d'une cinétique d'ordre zéro car autrement, l'activité enzymatique sera influencée par la concentration de substrat plutôt que d'être dépendante uniquement de la concentration d'enzyme comme il se doit.

Figure 5.9 Réaction enzymatique *d'ordre 0,* si la concentration de substrat est beaucoup plus grande que la valeur de k_m.

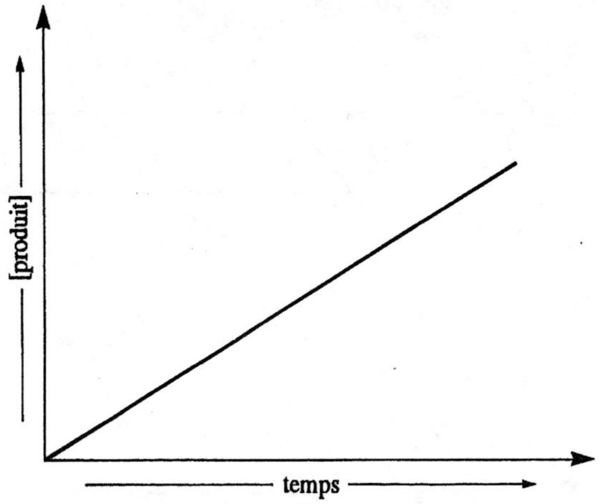

5.1.5 SIGNIFICATION DU k_m

Dans les laboratoires cliniques, l'une des principales utilités de la constante de MICHAÉLIS-MENTEN (k_m) est sa valeur de référence dans la détermination de la concentration du substrat ; cette connaissance permet d'obtenir une cinétique d'ordre zéro préalable à la mesure de l'activité enzymatique basée sur la seule concentration de l'enzyme. Généralement, la valeur des k_m pour la majorité des enzymes varie de 10^{-5} à 10^{-3} mol/L; il faudra donc que la concentration de substrat soit de 20 à 100 fois celle de la valeur du k_m pour arriver à une cinétique d'ordre zéro.

La valeur du k_m peut aussi servir à déterminer le degré d'affinité d'un enzyme pour son substrat. À cet égard, la figure 5.10 illustre les courbes d'activité d'un même enzyme réagissant avec deux substrats différents. On constate que la valeur de k_{mA} est plus petite que celle de k_{mB}; l'affinité de l'enzyme pour le substrat A est donc plus grande que pour le substrat B, puisque la quantité de substrat A nécessaire pour atteindre la moitié de la vitesse maximum de la réaction est inférieure à celle du substrat B. Autrement dit, plus la valeur de k_m est petite, plus grande est l'affinité de l'enzyme envers son substrat et réciproquement.

En laboratoire clinique, la valeur de k_m est très importante dans le choix du substrat lors de la détermination de l'activité enzymatique. Il est possible de mesurer expérimentalement la valeur du k_m d'un enzyme pour son substrat en déterminant v_{max} et en mesurant, à partir de l'équation de MICHAÉLIS-MENTEN, la vitesse de la réaction à une concentration

Figure 5.10 Courbe d'activité d'un même enzyme réagissant avec deux substrats (A) et (B) différents. Les valeurs de k_m représentent une mesure du degré d'affinité de l'enzyme pour ses substrats.

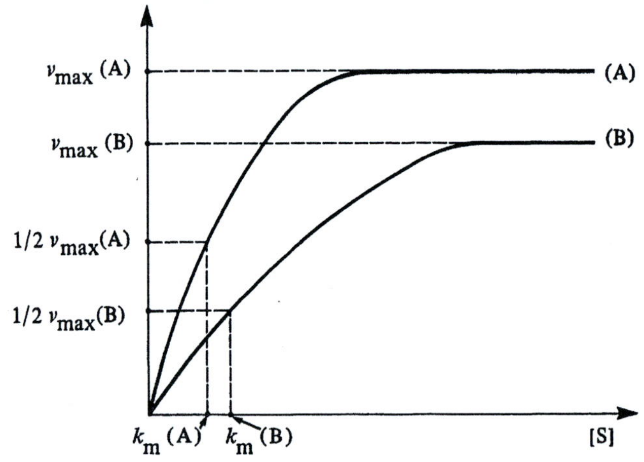

donnée de substrat. Cependant, il est très difficile de trouver expérimentalement la valeur de v_{max} à partir d'une hyperbole. C'est pourquoi la détermination de la valeur de k_m est beaucoup plus facile si l'on soumet l'équation de MICHAÉLIS-MENTEN aux transformations appelées *transformations de LINEWEAVER-BURK*, qui permettent d'obtenir une droite.

L'équation 5-31 qui résulte de cette transformation permet de tracer une courbe, dite de double réciproque, puisque la réciproque de la vitesse est tracée en fonction de celle de la concentration du substrat.

$$\frac{1}{v} = \frac{k_m}{v_{max}} \frac{1}{[S]} + \frac{1}{v_{max}} \qquad (5\text{-}31)$$

La courbe expérimentale établie à partir de l'équation de LINEWEAVER-BURK est une droite, tel qu'illustré à la figure 5.11. La valeur de k_m peut alors être facilement déterminée puisque l'intersection de la droite et de l'axe négatif des X représente la réciproque négative de k_m et que celle de la droite et de l'axe des Y est la réciproque de v_{max}.

Figure 5.11 Courbe de LINEWEAVER-BURK

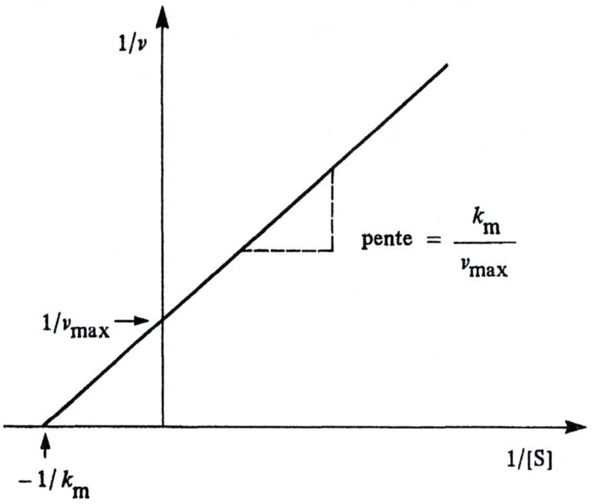

5.1.6 FACTEURS D'INFLUENCE

L'activité enzymatique est affectée par trois facteurs importants : la température, le *p*H et le temps.

A. EFFET DE TEMPÉRATURE

À l'intérieur de certaines limites, une hausse de température aura pour effet d'augmenter la vitesse d'une réaction enzymatique puisqu'elle accélère le mouvement des molécules et, par conséquent, leur énergie cinétique. Un plus grand nombre de molécules peuvent alors atteindre une énergie cinétique suffisamment élevée pour multiplier les chances de rencontres et augmenter la vitesse de la réaction. Généralement, chaque dix degrés additionnels double la vitesse d'une réaction enzymatique.

Cependant, une trop forte augmentation de la température provoque une dénaturation de la structure enzymatique qui entraîne une diminution ou une perte totale de son activité. Il faut donc tenir compte de ces deux effets opposés.

L'effet de la température sur une réaction enzymatique est représenté à la figure 5.12. On constate que l'activité enzymatique augmente avec la température jusqu'à ce que celle-ci ait atteint une valeur optimale au-delà de laquelle la vitesse de la réaction diminue en

Figure 5.12 Effet de la température sur l'activité d'une réaction enzymatique

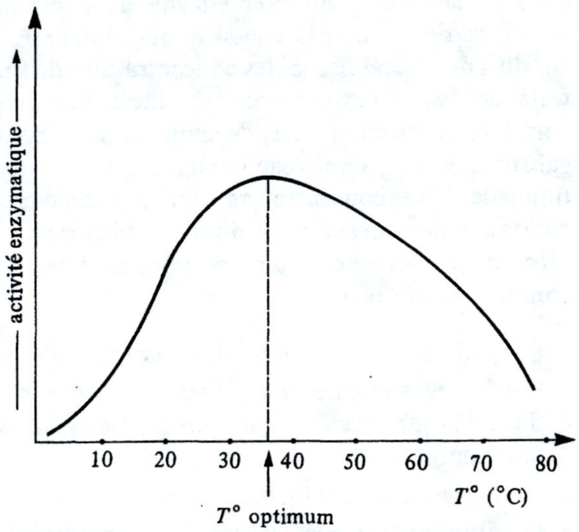

raison de la dénaturation de l'enzyme produite par la chaleur. Cette courbe est donc le résultat de la superposition des deux effets: le premier, reproduit dans la première partie de la courbe, peut être *réversible* puisque la diminution de la température ne produit pas de dénaturation, ce qui permet, en laboratoire, de réfrigérer ou de congeler des spécimens enzymatiques sans perte d'activité. Par contre, l'effet noté dans la deuxième partie de la courbe est *irréversible* puisque l'augmentation de la température produit une dénaturation des enzymes qui diminue l'activité enzymatique à cause de la perte d'un nombre croissant d'enzymes. Un retour à la température optimale instaure une activité réduite à cause de la perte d'enzymes effectifs.

La plupart des enzymes manifestent, à l'intérieur de faibles écarts de température, une activité optimale. C'est pourquoi il est très important, lors d'essais enzymatiques en laboratoire clinique, de travailler à la température optimale de l'enzyme et d'essayer de la maintenir. Pour la majorité des enzymes sériques, cette température se situe aux environs de 37°C, soit la température normale du corps.

B. EFFET DU *p*H

Le *p*H du milieu réactionnel peut aussi affecter l'activité d'une réaction enzymatique de l'une ou l'autre des façons suivantes ou des deux à la fois. D'abord, la variation de la charge ionique de l'enzyme peut altérer uniquement la structure de son site actif, ce qui rend l'enzyme inactif, mais elle peut aussi affecter sa structure tridimensionnelle, et conduire à sa dénaturation.

Altération du site actif

Puisque le site actif des enzymes est composé de résidus acides aminés chargés, un changement de *p*H peut affecter leur protonation ou leur déprotonation et provoquer des changements critiques dans leur composition ionique. En effet, l'altération d'un seul point de liaison peut affecter considérablement l'affinité de l'enzyme pour son substrat.

Des changements de *p*H peuvent également altérer la composition ionique du substrat. Comme celui-ci doit se lier de façon complémentaire à l'enzyme, le moindre changement dans la composition ionique de l'un ou de l'autre peut les empêcher de se lier correctement.

La concentration des formes ionisées ou non ionisées des coenzymes requis pour l'activité enzymatique peut aussi être affectée par les variations de *p*H. Il peut donc en résulter une diminution de cette activité. Cependant, cette diminution se produit à de faibles variations de *p*H.

Altération de la structure tridimensionnelle

Lorsque les variations de *p*H sont très importantes, la plupart des enzymes subissent une dénaturation de leur structure tridimensionnelle, due à la rupture des différentes liaisons qui les maintiennent dans leur état natif; ceci provoque nécessairement une perte d'activité.

Ces phénomènes conjugués sont représentés à la figure 5.13. La courbe révèle un pic d'activité maximale correspondant à une valeur de *p*H, appelé *p*H *optimum.* Lorsque les variations de *p*H sont minimes, la perte d'activité est *réversible* et correspond à l'altération du site actif. À des variations extrêmes, la perte d'activité est *irréversible* et correspond à la dénaturation des enzymes.

Figure 5.13 Effet du *p*H sur l'activité d'une réaction enzymatique

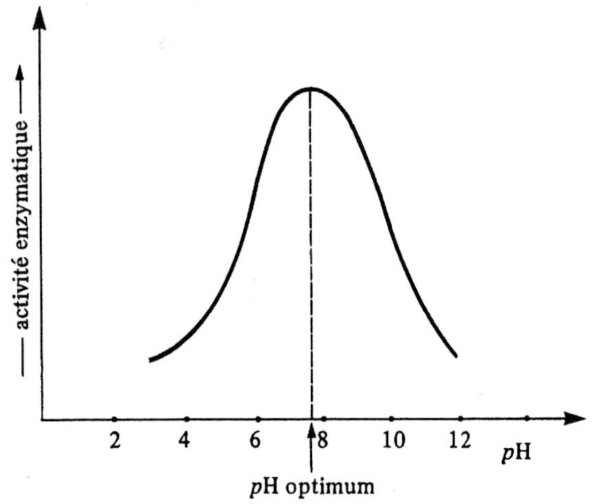

Il est très important de maintenir le *p*H constant au cours d'une réaction enzymatique. La façon normale d'y arriver est de travailler dans un système tampon de force ionique appropriée.

La plupart des enzymes présentent une courbe d'activité semblable à celle de la figure 5.13; cependant, la valeur du *p*H optimum varie d'un enzyme à l'autre.

C. EFFET DU TEMPS

La façon normale de déterminer, en laboratoire clinique, la concentration en enzyme d'un spécimen donné est de mesurer la vitesse de réaction dans des conditions préétablies. Si les concentrations de substrats et de coenzymes sont en excès, les autres variables étant contrôlées, l'enzyme en présence du substrat, produira une réaction d'*ordre zéro* proportionnelle à sa concentration. Puisque celle-ci est constante dans un spécimen donné, la vitesse d'ordre zéro sera constante et sera représentée par une droite comme à la figure 5.14.

Sur cette figure, on note trois phases:

- la période d'attente (*Lag Phase* ou *Lag Period*) durant laquelle la vitesse n'a pas encore atteint son maximum;
- la vitesse atteint son maximum et,
- la vitesse commence à diminuer en raison de différents facteurs dont la disparition du substrat, l'effet inhibiteur du produit qui augmente et la vitesse de la réaction inverse qui devient appréciable et affecte la stabilité de l'enzyme.

Au cours de la phase linéaire (ordre zéro), la vitesse de la réaction est *maximum* et *constante* pour une concentration donnée d'enzyme.

Figure 5.14 A) Effet du temps sur l'activité d'une réaction enzymatique

B) La vitesse de la réaction est égale à la variation de la concentration du produit en fonction de la variation du temps.

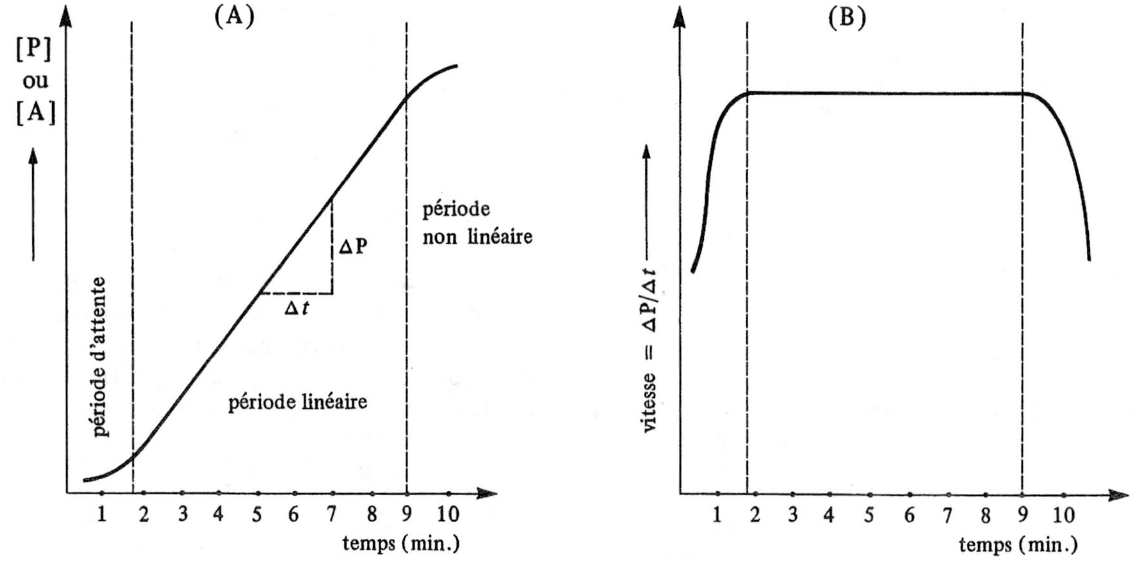

[P] = produit [A] = absorbance

5.2 EFFECTEURS ENZYMATIQUES

Plusieurs molécules se combinent aux enzymes pour en augmenter ou en diminuer l'activité. Ce sont les *cofacteurs* et les *inhibiteurs.*

5.2.1 ACTIVATION souvent réversible

Normalement, l'activation enzymatique se fait en présence de cofacteurs. Ceux-ci se subdivisent en deux catégories : les cofacteurs inorganiques, appelés *activateurs*, et les cofacteurs organiques, appelés *coenzymes* ou *groupements prosthétiques.*

Les activateurs enzymatiques sont des ions, métalliques ou non métalliques, nécessaires à l'activité de l'enzyme. Les principaux activateurs métalliques sont Mg^{2+}, Mn^{2+}, Fe^{2+}, Ca^{2+}, Zn^{2+}, et K^{+} alors que Cl^{-} et Br^{-} sont les principaux activateurs non métalliques. L'action de ces différents éléments varie d'un enzyme à l'autre. Pour les kinases, seule la présence de Mg^{2+} dans le milieu réactionnel est nécessaire à l'activité enzymatique. D'autres activateurs causent des changements conformationnels dans la structure même de l'enzyme de façon à favoriser sa liaison avec le substrat. D'autres encore interviennent avec le substrat et le complexe activateur-substrat réagira avec l'enzyme.

Comme les activateurs, les coenzymes et les groupements prosthétiques sont essentiels à l'activité enzymatique. Alors que les premiers sont faiblement liés à l'enzyme et ne peuvent être enlevés par dialyse, les seconds sont fermement liés à l'enzyme et ne peuvent être séparés par dialyse. Ils servent habituellement de second substrat et sont souvent employés pour suivre les réactions. C'est le cas notamment de NAD^{+} et $NADP^{+}$ qui participent souvent à des réactions d'oxydo-réduction et dont les formes réduites NADH,H et NADPH,H absorbent la lumière UV aux environs de 340 nm.

Les représentants les plus répandus des coenzymes ou des groupements prosthétiques sont des vitamines et des dérivés de nucléotides phosphates.

La concentration des activateurs, des coenzymes et des groupements prosthétiques affecte donc la vitesse d'une réaction enzymatique de la même manière que la concentration du substrat.

5.2.2 INHIBITION

La majorité des enzymes peuvent se lier à un grand nombre de molécules qui vont diminuer leur activité. Ces molécules, appelées *inhibiteurs*, forment deux catégories différentes selon la localisation des liaisons qu'elles établissent avec l'enzyme, c'est-à-dire au *site actif* ou au *site allostérique*. Les inhibiteurs qui se lient au site actif sont des *inhibiteurs compétitifs* alors que ceux qui se lient sur un site allostérique sont des *inhibiteurs non compétitifs* ou des *inhibiteurs incompétitifs.*

A. INHIBITION COMPÉTITIVE → la « pire »

Dans l'inhibition compétitive, la structure de l'inhibiteur est semblable à celle du substrat. Une compétition s'établit donc entre l'inhibiteur et le substrat pour arriver au site actif de l'enzyme tel qu'illustré à la figure 5.15 .

Figure 5.15 Inhibition compétitive. L'inhibiteur se lie au même site que le substrat.

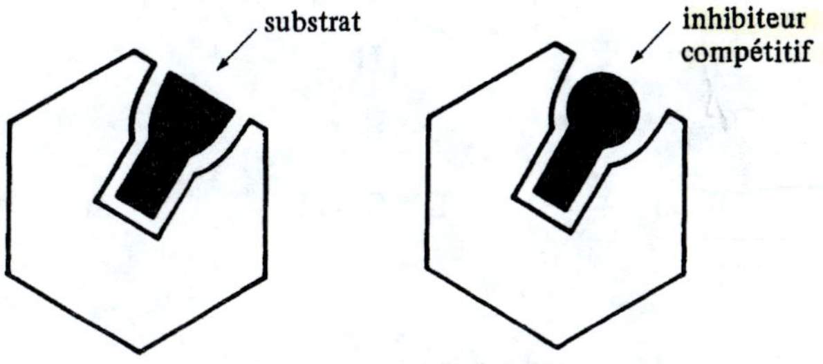

L'enzyme réagira alors selon l'une ou l'autre des possibilités définies par l'équation 5-32. Notons qu'une seule de ces possibilités aboutit à la formation du produit.

$$\begin{array}{l}[E] + [S] \rightleftharpoons [E-S] \rightleftharpoons [E] + [P] \\ + \\ [I] \\ \upharpoonleft\downharpoonright \\ [E-I] \end{array} \qquad (5\text{-}32)$$

Ici, I représente l'inhibiteur. Cependant, dans un tel cas, le complexe E—I est réversible et peut se redissocier pour régénérer l'enzyme libre. La quantité de substrat ou d'inhibiteur qui peut se rendre au site de l'enzyme ne dépend que de leurs concentrations relatives.

Au cours d'une telle inhibition, la vitesse maximum de la réaction n'est pas affectée, à condition qu'elle se produise en présence d'un excès de substrat comme l'illustre la figure 5.16. Cependant, la valeur du k_m augmente puisque, en présence de l'inhibiteur, l'affinité de l'enzyme pour son substrat est grandement réduite et une plus grande quantité de substrat est requise pour obtenir la moitié de la vitesse maximum ($\frac{1}{2} v_{max}$).

B. INHIBITION NON COMPÉTITIVE

Dans l'inhibition non compétitive, il n'y a aucune ressemblance entre la structure de l'inhibiteur et celle du substrat. L'inhibiteur se lie sur un site différent du site actif, le *site allostérique*, représenté à la figure 5.17. L'inhibiteur peut alors effectuer une liaison réversible avec l'enzyme libre ou le complexe enzyme-substrat selon l'équation 5-33,

$$\begin{array}{ccccc} [E] + [S] & \rightleftharpoons & [E-S] & \rightleftharpoons & [E] + [P] \\ + & & + & & \\ [I] & & [I] & & \\ \upharpoonleft\downharpoonright & & \upharpoonleft\downharpoonright & & \\ [E-I] + [S] & \rightleftharpoons & [E-S-I] & & \end{array} \qquad (5\text{-}33)$$

de sorte que les complexes I—E—S ne peuvent fournir de produit. En conséquence, l'augmentation de la concentration de substrat ne peut annuler l'effet de l'inhibiteur.

Figure 5.17 Inhibition non compétitive. L'inhibiteur et le substrat se lient sur des sites différents. L'inhibiteur peut se lier sur l'enzyme libre ou complexé avec le substrat.

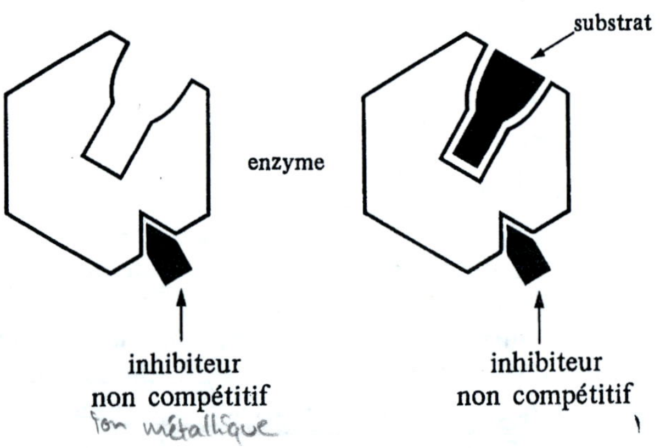

Figure 5.16 Courbe d'inhibition compétitive
A) Courbe de MICHAÉLIS-MENTEN
B) Courbe de LINEWEAVER-BURK

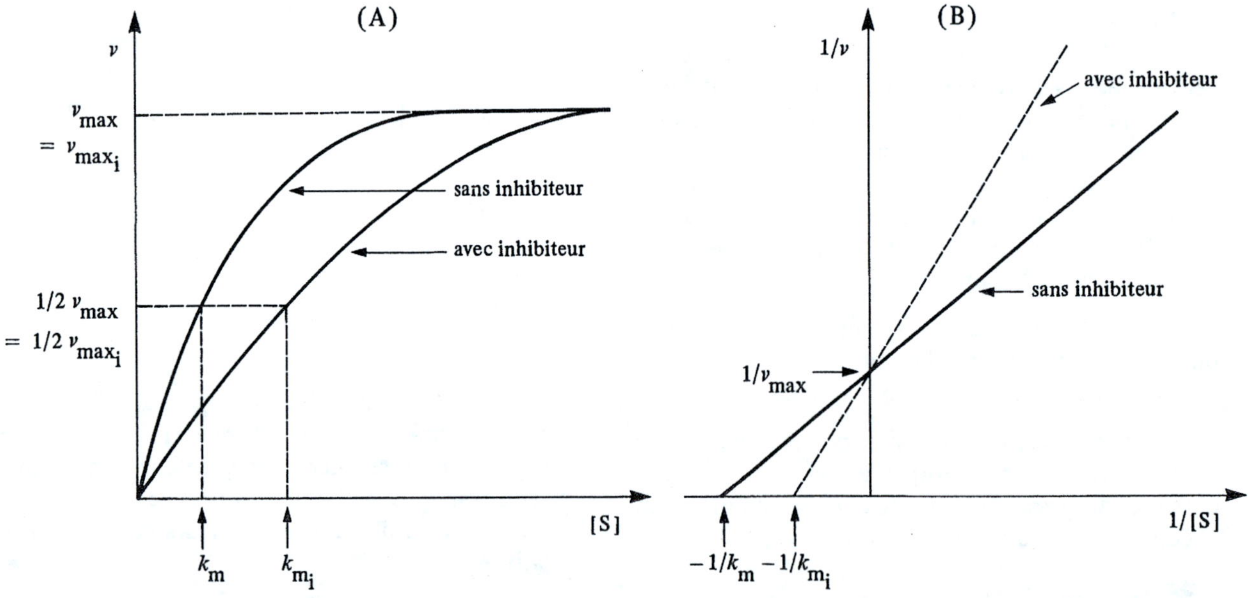

C'est pourquoi, la vitesse maximum de la réaction ne sera jamais atteinte à cause de la diminution de la concentration effective d'enzymes. Ceci n'affecte en rien la valeur du k_m, puisque l'inhibiteur n'a pas d'effet sur l'affinité de l'enzyme envers son substrat (figure 5.18).

Habituellement, les inhibiteurs de type non compétitif sont des ions métalliques comme Ag^+, Pb^{2+}, Cu^{2+}, et Hg^{2+} qui neutralisent les enzymes en se liant principalement aux groupements sulfhydryle (— SH). La liaison de l'ion métallique produit alors un changement conformationnel de l'enzyme, ce qui réduit son activité catalytique.

C. INHIBITION INCOMPÉTITIVE

Dans l'inhibition incompétitive, l'inhibiteur se lie aussi sur un site allostérique de l'enzyme. Cependant, il ne se lie pas sur l'enzyme libre, mais uniquement sur le complexe enzyme-substrat selon l'équation 5-34. La figure 5.19 illustre ce phénomène.

Puisque l'inhibition incompétitive ne dépend que de la formation du complexe enzyme-substrat, l'augmentation de la concentration du substrat accroît l'action de l'inhibiteur puisqu'elle augmente la quantité de complexes enzyme-substrat sur lesquels l'inhibiteur peut agir. Il en résulte donc une diminution de la vitesse maximum (v_{max}) et de la valeur de k_m.

Figure 5.19 Inhibition incompétitive. L'inhibiteur se lie sur un autre site que le substrat, mais uniquement sur le complexe enzyme-substrat.

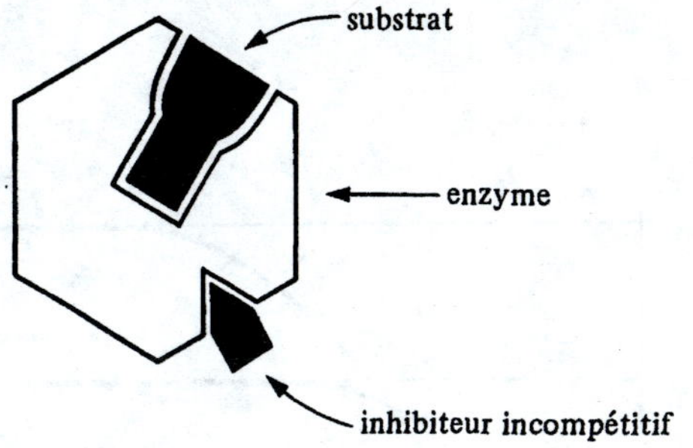

$$\begin{array}{c} [E] + [S] \rightleftharpoons [E-S] \rightleftharpoons [E] + [P] \\ + \\ [I] \\ \updownarrow \\ [E-S-I] \end{array} \qquad (5\text{-}34)$$

Figure 5.18 Courbe d'inhibition non compétitive
A) Courbe de MICHAÉLIS-MENTEN
B) Courbe de LINEWEAVER-BURK

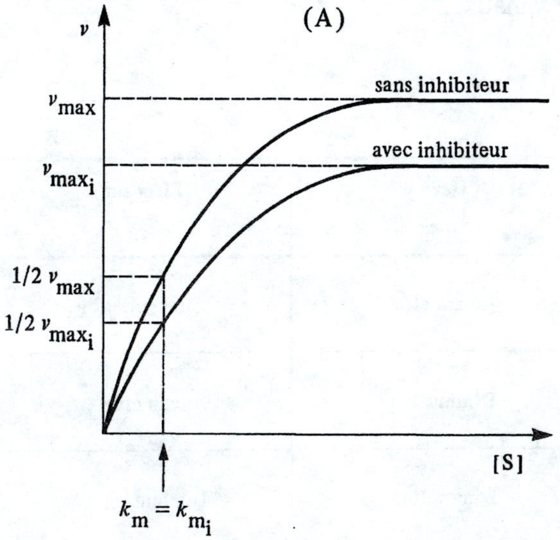

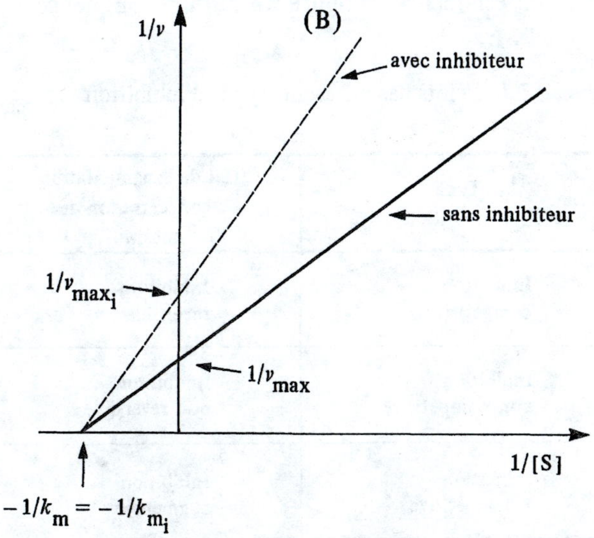

Figure 5.20 Courbe d'inhibition incompétitive
A) Courbe de MICHAÉLIS-MENTEN
B) Courbe de LINEWEAVER-BURK

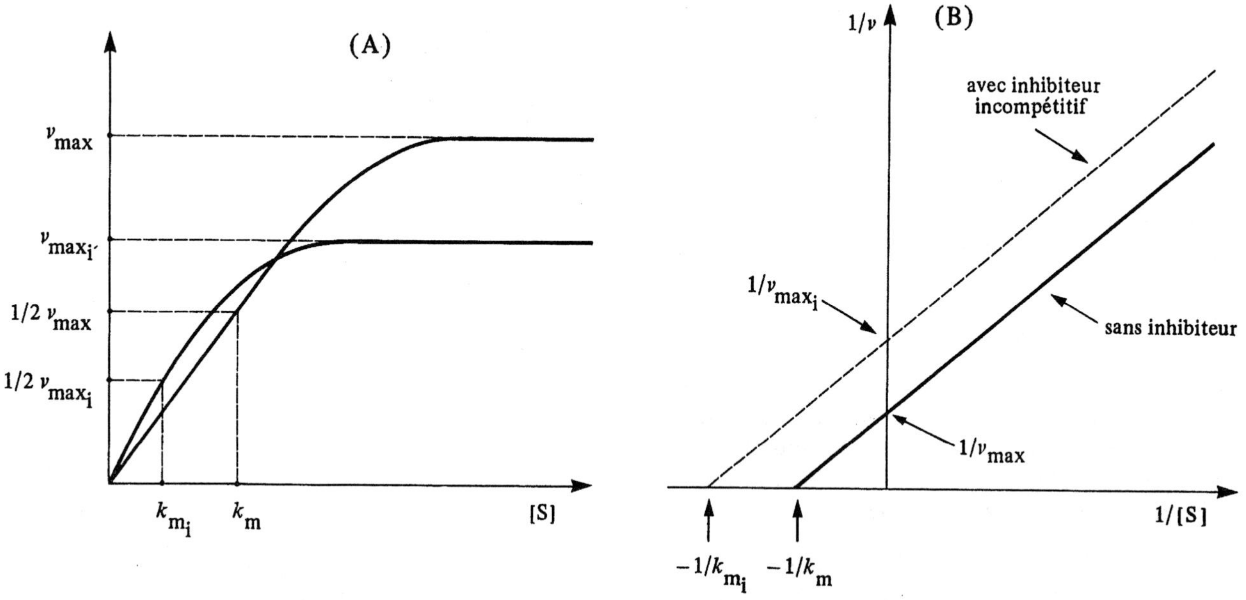

Enfin, le tableau 5.1 résume les effets comparatifs des inhibiteurs compétitifs, non compétitifs et incompétitifs sur une réaction enzymatique.

5.2.3 ENZYMES NON MICHAÉLIENS

Si, pour de nombreux enzymes, la cinétique hyperbolique de type michaélien permet de répondre aux problèmes expérimentaux, il existe des enzymes dont la cinétique expérimentale ne peut être décrite par l'équation de MICHAÉLIS-MENTEN. C'est le cas notamment des enzymes dont la cinétique, de nature *sigmoïde,* est illustrée la figure 5.21. Pour expliquer ce type de comportement, on a proposé le modèle suivant, appelé: *modèle allostérique.*

A. PRINCIPE

Tout d'abord, l'enzyme est de type *oligomérique,* c'est-à-dire qu'il est constitué de plusieurs sous-unités possédant chacune un site actif. Ces sites actifs peuvent présenter deux conformations distinctes, l'une favorable, l'autre défavorable à l'activité catalytique. Le passage d'une conformation à l'autre est sous la dépendance de petites molécules jouant le rôle de signaux.

Tableau 5.1 Effets des différents types d'inhibition sur v_{max} et k_m

Type d'inhibition	Effet de l'augmentation de concentration de substrat	Effet sur v_{max}	Effet sur k_m
Inhibition compétitive	Inhibition réversible	Aucun effet	Augmentation
Inhibition non compétitive	Inhibition non réversible	Diminution	Aucun effet
Inhibition incompétitive	Inhibition augmentée	Diminution	Diminution

Figure 5.21 Courbe d'activité de type sigmoïde d'un enzyme non machaélien

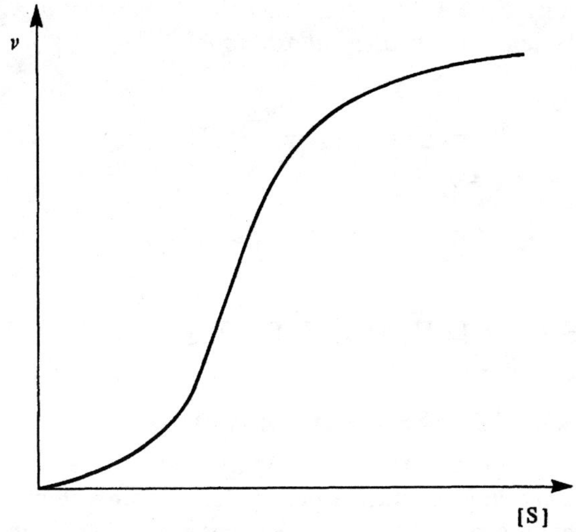

La figure 5.22 illustre un enzyme oligomérique de deux sous-unités seulement : la forme T présente peu d'affinité pour le substrat alors que l'affinité de la forme R est élevée. Dans ce modèle, décrit par MONOD, WYMAN et CHANGEUX, les deux sous-unités sont présentes dans la même conformation TT ou RR sans que l'on puisse observer RT. On dit alors qu'il y a une transition concertée de T vers R.

Figure 5.22 Schéma simple d'un enzyme non michaélien à deux sous-unités seulement. La conformation T montre peu d'affinité pour le substrat; la conformation R montre beaucoup d'affinité pour le substrat.

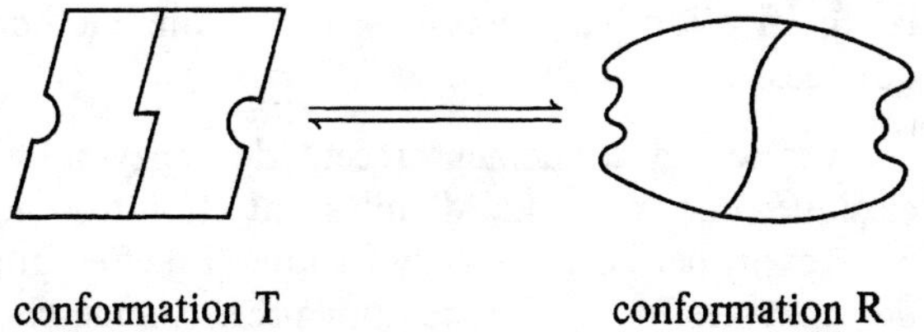

B. FONCTIONNEMENT

À faible concentration de substrat, la plupart des molécules d'enzymes se présentent sous la forme TT et, par conséquent, manifestent une faible activité (première partie de la courbe de la figure 5.21). Normalement, l'augmentation de la concentration de substrat déplace l'équilibre de la réaction T ⇌ R en direction R à laquelle se lie le substrat. La liaison d'une molécule de substrat sur une sous-unité entraînera le passage du site actif de l'autre sous-unité sous forme R, et favorisera la liaison du substrat à cette sous-unité comme on peut le voir à la figure 5.23.

Figure 5.23 Schéma de l'effet coopératif de l'augmentation du substrat sur un enzyme oligomérique

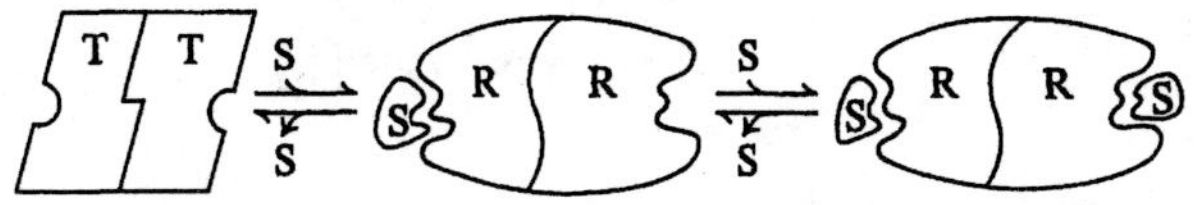

Il se produit donc un phénomène *coopératif* expliqué par la partie ascendante de la courbe de la figure 5.21. Lorsque toutes les molécules d'enzymes sont sous forme RR, l'activité enzymatique tend vers une limite.

Cependant, d'autres molécules que le substrat peuvent aussi modifier l'équilibre T ⇌ R. Celles-ci se fixent sur l'enzyme à un autre endroit que le site actif et on les appelle des *effecteurs allostériques.* Ainsi, l'effecteur allostérique qui stabilise la forme T et favorise le déplacement de l'équilibre R → T est appelé *inhibiteur allostérique* (figure 5.24 a) alors que celui qui stabilise la forme R et favorise le déplacement de l'équilibre T → R est appelé *activateur allostérique* (figure 5.24 b).

Figure 5.24 Effecteurs allostériques sur enzymes non michaéliens

A) Inhibiteur allostérique favorisant la conformation T

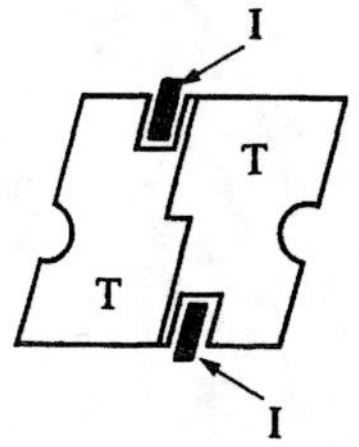

B) Activateur allostérique favorisant la conformation R

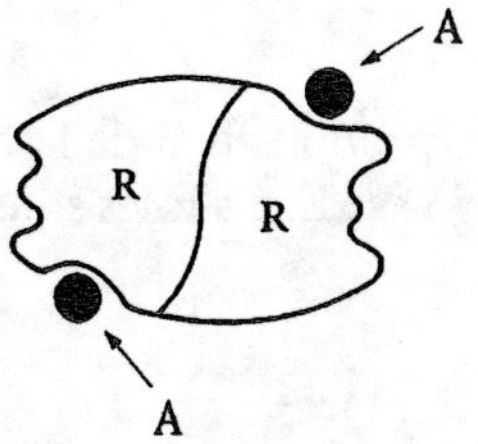

C. EXEMPLE

L'aspartate transcarboxylase est le premier d'une chaîne de sept enzymes qui aboutit à la synthèse du CTP (cytidine triphosphate), un nucléotide constitutif des acides nucléiques. La réaction est la suivante:

$$\underset{\text{acide aspartique [S]}}{HOOC-CH_2-\underset{\displaystyle NH_2}{\underset{|}{CH}}-COOH} \xrightarrow{E_1} P_1 \xrightarrow{E_2} P_2 \xrightarrow{E_3} \ldots P_6 \xrightarrow{E_7} CTP \qquad (5\text{-}35)$$

Cet enzyme oligomérique complexe est constitué de douze sous-unités dont six, de masse moléculaire de 33 000, présentent une activité catalytique et les six autres, de masse moléculaire de 17 000, une activité régulatrice sans activité enzymatique. La courbe d'activité de cet enzyme, tracée à la figure 5.25, est sigmoïde et révèle un effet allostérique de l'acide aspartique (substrat). Cependant, il est possible de dénaturer l'enzyme (abolition de sa structure quaternaire) sans que ses sous-unités catalytiques ne perdent leurs propriétés; on obtient alors une cinétique de type michaélien, sans phénomène coopératif (figure 5.25).

Figure 5.25 Effet de la dénaturation de la structure de l'aspartate transcarboxylase [E_1] sur sa cinétique de type sigmoïde

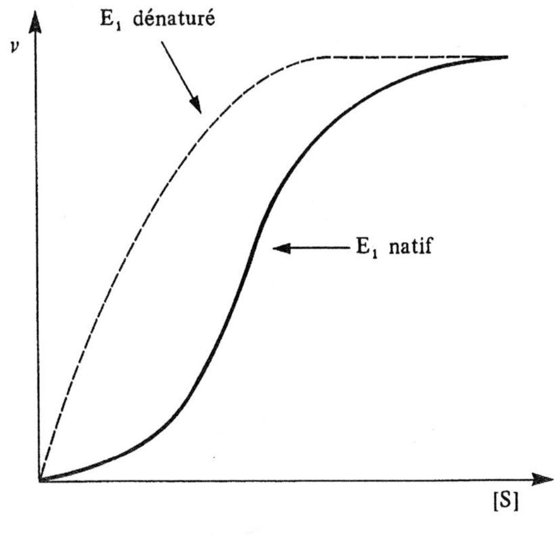

Enfin, le CTP, produit final de la chaîne enzymatique (équation 35) se fixe sur les sous-unités régulatrices de l'enzyme aspartate transcarboxylase et inhibe la fixation de l'acide aspartique; le CTP devient donc un *inhibiteur allostérique*. Par contre, l'ATP, molécule voisine de CTP, stimule l'activité enzymatique et devient un *activateur allostérique.*

5.3 DÉTERMINATION DE L'ACTIVITÉ ENZYMATIQUE

5.3.1 UNITÉS ENZYMATIQUES

La concentration des enzymes se mesure en *unités d'activité* obtenues à partir d'un certain volume ou d'une certaine masse de spécimens. Ces *unités d'activité* mesurent la vitesse avec laquelle la réaction se produit, c'est-à-dire la vitesse avec laquelle une quantité de substrat est consommée ou celle où un produit est formé, dans un temps défini. Les quantités de substrat ou de produit peuvent être exprimées en milligrammes, en micromoles, en changement d'absorbance ou de viscosité ou en microlitres de gaz transformés; le temps peut être exprimé en secondes, en minutes ou en heures. Puisque la vitesse d'une réaction enzymatique dépend de plusieurs paramètres expérimentaux comme la température, le *p*H, le tampon, la force ionique, le substrat, la concentration des activateurs, l'absence d'inhibiteurs sans compter les autres variables, ces paramètres doivent être constants et spécifiés dans la définition de l'unité enzymatique. Toute modification, aussi minime soit-elle, de l'une ou l'autre de ces variables, peut affecter la signification d'une unité associée à une méthode donnée.

Avec le développement récent de l'enzymologie clinique, une multitude d'unités ont été introduites pour exprimer l'activité enzymatique. En effet, pour des enzymes identiques ou similaires, chaque chercheur est arrivé à définir une unité relative à ses propres conditions analytiques. L'exemple classique est l'introduction de plusieurs unités différentes pour exprimer l'activité sérique de la phosphatase alcaline.

Comme nous l'indique le tableau 5.2, BODANSKI définit son unité comme «la quantité d'enzymes capables de libérer un milligramme de phosphore (phosphate) à partir du β-glycérophosphate à *p*H 8,6 et à 37°C durant 60 minutes». KING et KING la définissent comme «la quantité d'enzymes capables de libérer un milligramme de phénol à partir de phénylphosphate à *p*H 10,0 et à 37°C durant 15 minutes». BESSEY-LOWRY-BROOK l'identifient comme étant «la quantité d'enzymes capables d'hydrolyser une millimole de p-nitrophénylphosphate à *p*H 10,2 et à 37°C durant 60 minutes». Enfin, pour BOWERS-MCCOMB, c'est «la quantité d'enzymes capables d'hydrolyser une micromole de p-nitrophénylphosphate à *p*H 10,15 et à 30°C durant une minute».

Comme on peut le constater, il existe un nombre important d'unités différentes pour exprimer l'activité d'un même enzyme. C'est pourquoi la *Commission sur les enzymes*, dans le but d'uniformiser les unités d'activité enzymatique, a défini une unité appelée «Unité internationale» et représentée par U. C'est «la quantité d'enzymes capables de catalyser la réaction d'un micromole de substrat par minute» dans les conditions dictées par la technique employée:

$$U = \frac{\mu \text{ mole de substrat}}{\text{minute}} \qquad (5\text{-}36)$$

La majorité des unités conventionnelles peuvent donc être converties en Unités internationales. Cependant, au cours de ce processus d'uniformisation, les conditions spécifiées de l'essai ne sont pas modifiées. C'est pourquoi, chacun doit être considéré dans ses conditions propres; les mesures données en Unités internationales, dérivées de conditions spécifiées différentes ne peuvent s'équivaloir. Il est utile d'exprimer la concentration enzymatique en Unité internationale par unité de volume: U/mL, mU/mL ou U/L.

Puisque les enzymes employés comme réactifs dans les laboratoires cliniques sont maintenant disponibles sous forme purifiée, on parle d'*activité spécifique* utilisée pour mesurer le degré de pureté des préparations enzymatiques. Celle-ci se définit par «le nombre de micromoles de substrat transformées par minute par milligramme d'enzyme»:

$$\text{activité spécifique} = \frac{\mu \text{ mole de substrat}}{(\text{min.})(\text{mg de préparation enzymatique})} = \text{U/mg de préparation enzymatique} \qquad (5\text{-}37)$$

L'activité spécifique a donc une valeur maximum lorsque la préparation enzymatique est vraiment pure. Lorsque d'autres protéines ou contaminants sont présents dans la préparation, l'activité spécifique se trouve réduite et devient une mesure du degré d'impureté de la préparation.

Il est possible que l'Unité internationale soit elle-même remplacée par une nouvelle unité. En effet, l'activité enzymatique serait exprimée en mol/s, appelée Katal, et la concentration enzymatique, en Katal par litre (Kat/L). Ces unités seraient conformes au plan d'action du SI qui utilise la mole comme mesure de substrat transformé et la seconde comme mesure de temps.

Tableau 5.2 Liste des principales unités enzymatiques pour exprimer l'activité de la phosphatase alcaline

Unité	Substrat utilisé (concentration)	Produit libéré (concentration)	*p*H	T° (°C)	Temps (minutes)
BODANSKI	β-glycérophosphate	Phosphate (1 mg)	8,6	37°	60
KING-KING	Phénylphosphate	Phénol (1 mg)	10,0	37°	15
BESSEY-LOWRY-BROCK	p-nitrophényl-phosphate (1 mmole)	Phosphate	10,2	37°	60
BOWERS-MC COMB	p-nitrophényl-phosphate (1 μ mole)	Phosphate	10,15	30°	1

Ainsi définie,

$$1{,}0\ \mathrm{U} = 10^{-6}\ \mathrm{mol/60\ s}$$

ou

$$16{,}7 \times 10^{-9}\ \mathrm{mol/s}$$

ou

$$16{,}7\ \mathrm{nKat}$$

En conséquence,

$$1{,}0\ \mathrm{nKat/L} = 0{,}06\ \mathrm{U/L}.$$

5.3.2 MESURES DE L'ACTIVITÉ ENZYMATIQUE

Lorsque toutes les conditions relatives à un essai enzymatique sont respectées, plusieurs méthodes peuvent être utilisées pour déterminer l'activité enzymatique. Mentionnons les essais de cinétique manuels ou en continu, les essais colorimétriques et les essais avec enzymes couplés.

A. ESSAIS DE CINÉTIQUE

Les essais de cinétique sont des essais à points multiples faits en fonction du temps. Ces mesures peuvent être effectuées à intervalles réguliers, aux 30 ou 60 secondes par exemple, pour les essais manuels, alors qu'elles le sont par des techniques d'enregistrement continu sur graphique ou sur moniteur pour les essais en continu. Dans de tels cas, la mesure se fait par dosage direct du substrat, du produit ou d'un coenzyme participant à la réaction.

Le plus bel exemple d'une détermination enzymatique par essai de cinétique est celle de la *déshydrogénase lactique* (DL). La réaction suivante, catalysée par la déshydrogénase lactique, est réversible:

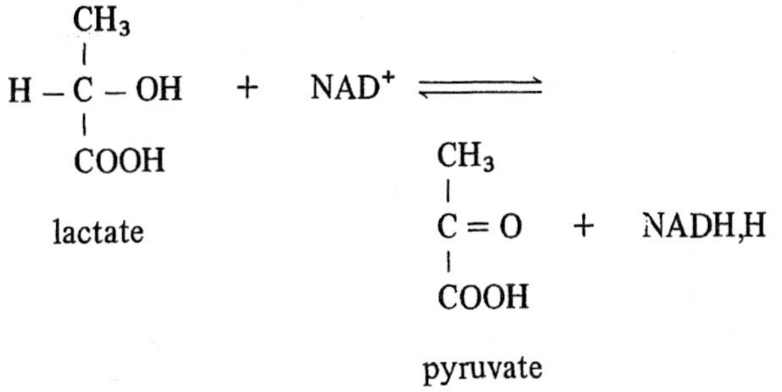

(5-38)

Si on utilise le lactate comme substrat, la réaction ira dans le sens de production de pyruvate et de NADH,H. Puisque ce dernier absorbe à 340 nm, on peut suivre la vitesse de réaction en mesurant l'augmentation de l'absorbance en fonction du temps comme on peut le voir à la figure 5.26.

Figure 5.26 Exemple d'enregistrement continu d'une réaction enzymatique. Ici, on mesure l'absorbance de NADH,H à 340 nm.

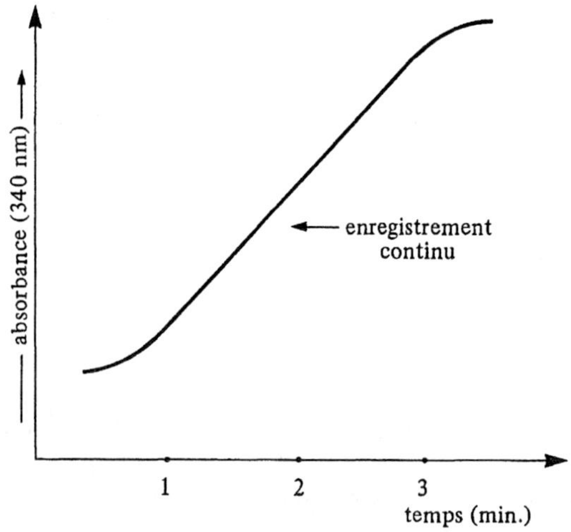

Ici, le graphique d'enregistrement continu reproduit une ligne à points continus comparativement à une ligne à points discontinus tracée manuellement pour l'enregistrement discontinu (fig.5.27). Dans les deux cas, on note une cinétique d'ordre zéro en raison de la linéarité des points. Toutefois, la technique d'enregistrement continu est préférable à la technique manuelle puisque toute déviation à la cinétique d'ordre zéro est immédiatement perçue. Par contre, si on utilise la technique manuelle, il sera important d'avoir suffisamment de points pour démontrer que la réaction présente une phase linéaire, caractéristique d'une réaction d'ordre zéro.

B. ESSAIS COLORIMÉTRIQUES

Le principe des essais colorimétriques consiste à déterminer l'activité enzymatique de la réaction par dosage colorimétrique du substrat ou du produit de la réaction. Après un temps déterminé, la réaction est arrêtée et l'on fait réagir le substrat restant ou le produit formé avec un réactif ou un ensemble de réactifs capables de produire un composé coloré qui peut absorber la lumière à une longueur d'onde déterminée. Lorsque le substrat est mesuré, l'absorbance du complexe coloré diminue proportionnellement au temps puisque la concentration du substrat diminue en fonction du temps. On observe le phénomène inverse lorsque c'est le produit qui est mesuré.

On peut évaluer l'activité enzymatique de la réaction de deux façons :

- par calcul de l'activité en comparant l'absorbance obtenue avec celle d'une solution-étalon connue, traitée de la même façon, selon l'équation suivante :

$$[\text{inconnu}] = \frac{A_{\text{inconnu}}}{A_{\text{étalon}}} \times [\text{étalon}] \qquad (5\text{-}39)$$

- par détermination directe sur un graphique construit à partir de solutions-étalons de concentrations connues, traitées aussi de la même façon, comme illustré à la figure 5.27.

Figure 5.27 Exemple de courbe standard produite manuellement à partir de solutions-étalons de concentrations connues

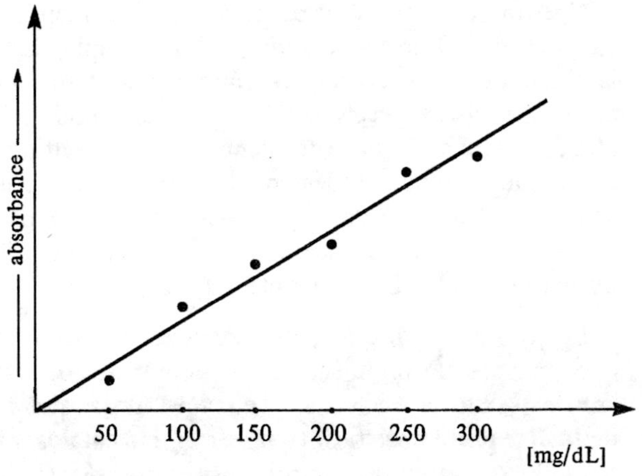

C. ESSAIS AVEC DES ENZYMES COUPLÉS

Une autre technique a été récemment mise au point pour mesurer l'activité de certaines réactions enzymatiques qui ne possèdent pas de composés facilement mesurables. Elle consiste en essais faits à partir d'enzymes couplés qui conduisent à la production de composés plus facilement mesurables comme le NAD^+ ou le $NADP^+$ par exemple. La mesure de l'activité de la créatine kinase en est un exemple concret :

Au cours de ce processus, le produit de l'une des réactions devient le substrat de l'autre. L'enzyme *hexokinase* (équation 5-41) est appelé *enzyme auxiliaire* alors que la G-6-P *déshydrogénase* est appelée *enzyme indicateur*. Cependant, leurs concentrations doivent être en excès pour permettre à celle de la *créatine kinase*, et à elle seule, de constituer le facteur limitant de la réaction. Il faut s'assurer que les seconds substrats des deux enzymes, le glucose et le $NADP^+$ soient aussi en excès.

5.3.3 UTILISATION DES ENZYMES COMME RÉACTIFS

Les enzymes peuvent aussi être utilisés pour mesurer la concentration de leur substrat, méthode courante pour doser un grand nombre de composants plasmatiques. Dans de tels cas cependant, tous les composants nécessaires à la réaction, à l'exception du composant à doser, doivent être en excès afin que seul le substrat, qui doit être transformé dans une période de temps assez courte, soit le facteur limitant. La réaction présente donc une cinétique d'ordre un puisque la vitesse de la réaction est limitée par la concentration du substrat. La figure 5.28 présente

Figure 5.28 Positions des essais d'activité enzymatique en regard des essais d'utilisation des enzymes comme réactifs sur la courbe de MICHAËLIS-MENTEN

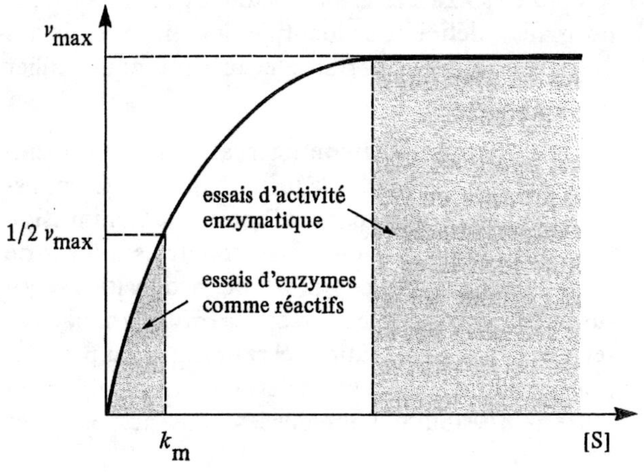

$$\text{créatine phosphate} + \text{ADP} \xrightarrow{\text{CK}} \text{créatine} + \text{ATP} \qquad (5\text{-}40)$$

$$\text{ATP} + \text{glucose} \xrightarrow{\text{HK}} \text{glucose-6-phosphate} + \text{ADP} \qquad (5\text{-}41)$$

$$\text{glucose-6-phosphate} + \text{NADP}^+ \xrightarrow{\text{G-6-PD}} \text{6-phosphogluconolactone} + \text{NADPH,H} \qquad (5\text{-}42)$$

d'ailleurs, à partir de l'équation de MICHAÉLIS-MENTEN, la différence entre un essai d'activité enzymatique et un essai de substrat.

Comme exemples de l'utilisation d'enzymes comme réactifs pour doser des constituants plasmatiques, on note: le glucose par la *glucose oxydase* ou l'*hexokinase*: l'acide urique par l'*uricase*; l'acide lactique ou l'acide pyruvique par la *déshydrogénase lactique*; le glycérol par la *glycérol déshydrogénase;* la créatine par la *créatine kinase* et l'urée par l'*uréase.*

Certaines réactions couplées avec d'autres enzymes doivent parfois être utilisées. C'est le cas notamment de la *glucose oxydase* qui doit être jumelée à une *peroxydase* comme le montrent les équations 3-5 et 3-6 de la section 3.5.3, du chapitre des glucides.

5.4 NOMENCLATURE ET CLASSIFICATION

5.4.1 NOMENCLATURE

Les enzymes ont d'abord été identifiés par le nom du substrat ou du groupement sur lequel ils agissaient en lui adjoignant la terminaison *-ase.* Ainsi, un enzyme qui hydrolysait l'urée s'appelait uréase; celui qui agissait sur l'amidon, l'amylase; sur un ester phosphorique, une phosphatase; sur une protéine, une protéase, etc. Cependant, avec la prolifération des enzymes d'importance clinique, vers les années cinquante et soixante, la nécessité d'avoir un système normalisé, défini pour identifier les enzymes, devint de plus en plus importante et urgente pour pallier toute ambiguïté.

C'est pourquoi, l'Union internationale des biochimistes proposa, en 1955, la formation d'une Commission chargée d'étudier ce problème. Cette Commission fut donc formée en 1961 et, après trois années de travail, soumit un ensemble de propositions qui furent acceptées par les personnes travaillant dans ce secteur. Un système rationnel et pratique fut proposé pour identifier les enzymes déjà connus; il offrait en outre la possibilité d'intégrer les nouveaux enzymes découverts.

D'après ce système, deux noms peuvent être donnés à chaque enzyme:

- un nom *systématique*, identifié par un *numéro de code*, appelé EC (*Enzyme Commission*) qui indique la nature exacte de la réaction catalysée;
- un nom *normalisé* ou *pratique* qui peut être identique au nom systématique ou en être une modification, et qui est utilisé dans l'usage courant.

A. NOM SYSTÉMATIQUE

Le numéro de code (EC), représentant chaque enzyme, est constitué par quatre chiffres séparés par des points comme par exemple 2.2.8.12 ou EC 2.2.8.12. Le premier chiffre définit la classe principale à laquelle appartient l'enzyme. Ils appartiennent tous à l'une ou l'autre des six classes suivantes proposées par la Commission:

1. les oxydoréductases
2. les transférases
3. les hydrolases
4. les lyases
5. les isomérases
6. les ligases

Les deuxième et troisième chiffres indiquent la sous-classe et la sous-sous-classe auxquelles appartient l'enzyme. Ces sous-divisions correspondent à certains critères qui permettent de distinguer logiquement les enzymes dans une classe donnée. Par exemple, dans la classe des transférases, les aminotransférases, les acyltransférases et les glycosyltransférases ne pourront être confondus. Enfin, le dernier chiffre est spécifique à chaque enzyme et désigne le numéro de série attribué à chacun dans sa classe. Par exemple, l'enzyme déshydrogénase lactique est identifié par le numéro de code (EC) suivant: 1.1.1.27

Le nom systématique d'un enzyme est constitué de deux parties: la première donne le nom du ou des substrats sur lesquels agit l'enzyme alors que la deuxième partie spécifie le type de réaction catalysée à laquelle on ajoute la terminaison *-ase.* Ainsi, la *déshydrogénase lactique* porte le nom systématique de: L-Lactate: NAD oxydoréductase. Ici, le NAD^+ est considéré comme second substrat et est séparé du substrat principal par « : ».

Une comparaison entre le numéro de code (EC) et le nom systématique de la déshydrogénase lactique procure la même information. Une expression entre parenthèses peut être ajoutée à l'occasion pour clarifier un nom systématique comme celui de la L-Isocitrate: NADP oxydoréductase (décarboxylase) qui produit aussi une réaction de décarboxylation.

Il est important de noter que dans cette nomenclature, tous les substrats sont spécifiquement indiqués, même leurs formes *stéréoisomères.*

B. NOM NORMALISÉ OU PRATIQUE

Dans le nom normalisé ou pratique attribué à un enzyme, l'information est sacrifiée au bénéfice d'une désignation plus facile. On utilise habituellement le nom donné avant la classification systématique de la Commission. Ce nom, appelé trivial, consiste en abréviations écrites en lettres majuscules. Par exemple, la déshydrogénase lactique (DL en abréviation) est le nom normalisé et trivial donné à la L-Lactate: NAD oxydoréductase et l'aspartate aminotransférase (AST), pour la L-Aspartate: 2-oxaloglutarate aminotransférase.

Puisque la majorité des enzymes catalysent les réactions dans les deux sens, il peuvent être nommés selon l'un ou l'autre des substrats. La déshydrogénase lactique peut alors devenir la déshydrogénase pyruvique. Cependant, par convention, les déshydrogénases sont identifiées selon la forme réduite (hydrogénée) de leur substrat.

Dans certains cas particuliers, l'enzyme peut être connu sous deux noms différents chacun étant dérivé de l'un ou l'autre sens de la réaction. C'est le cas notamment des amino-transférases, où l'aspartate aminotransférase (AST) porte aussi le nom de glutamate oxaloacétate transaminase (GOT). Il en est de même pour l'alanine aminotransférase (ALT) ou glutamate pyruvate transaminase (GPT). Ce sont les cas les plus connus où un enzyme peut posséder un double nom trivial reconnu.

5.4.2 CLASSIFICATION

Comme nous l'avons vu précédemment, les enzymes sont divisés en six classes principales catalysant un type particulier de réaction.

A. LES OXYDORÉDUCTASES

Les oxydoréductases catalysent les réactions d'oxydo-réduction. Dans ce genre de réactions, le premier substrat est oxydé tandis que le second ou le coenzyme est réduit selon le modèle suivant:

$$R_1H_2 + R_2 \xrightleftharpoons{\text{oxydoréductase}} R_1 + R_2H_2 \qquad (5\text{-}43)$$

Au cours de ces réactions biochimiques, l'oxydation se fait habituellement par une perte d'hydrogène. C'est pourquoi, elles sont souvent appelées réactions de *déshydrogénation*.

Les oxydoréductases les plus connues sont la déshydrogénase lactique (DL), l'isocitrate déshydrogénase (ICD) et la glucose-6-P-déshydrogénase (G-6-PD).

B. LES TRANSFÉRASES

Les transférases sont des enzymes qui catalysent des réactions de transfert de groupements d'un substrat donneur à un substrat receveur selon le modèle suivant:

$$S_1 - G + S_2 \xrightleftharpoons{\text{transférase}} S_1 + S_2 - G \qquad (5\text{-}44)$$

où S_1 et S_2 représentent les deux substrats et G, le groupement transféré. Selon les groupements transférés, on aura les aminotransférases (AST et ALT) qui transfèrent des groupements amino ($-NH_2$), les phosphotransférases (CK) qui transfèrent des groupements phosphate (PO_4^{-3}) ou des uridyltransférases qui transfèrent des groupements uridyl (uridine attachée à un ribose). La majorité de ces transférases procèdent selon le mécanisme suivant: le groupement transféré du premier substrat se lie temporairement à l'enzyme qui le passe ensuite au deuxième substrat.

C. LES HYDROLASES

Les hydrolases catalysent les réactions d'hydrolyse, c'est-à-dire les réactions dans lesquelles une molécule d'eau sert à couper des liaisons organiques. Habituellement, les hydrolases agissent sur des molécules complexes pour les diviser en molécules plus simples. Par exemple, les peptidases hydrolysent les liaisons peptidiques des protéines, les amylases hydrolysent les liaisons osidiques de l'amidon, les phosphatases, les liaisons esters de l'acide phosphorique et les lipases, les liaisons esters des lipides.

D. LES LYASES

Les lyases sont des enzymes qui détachent certains groupements de substrats autrement que par hydrolyse (création d'une double liaison) ou au contraire qui catalysent l'addition d'un groupement au substrat. Normalement, les lyases divisent une molécule en deux. Les plus connues sont:

- les décarboxylases ou carboxylases qui catalysent l'élimination du CO_2;
- l'aldolase (enzyme de la voie de EMBDEN-MEYERHOF) qui sépare le fructose-1,6-diphosphate en glycéraldéhyde-3-phosphate et en dihydroxyacétone-phosphate.

E. LES ISOMÉRASES

Les isomérases catalysent des réactions d'isomérisation, qu'ils soient isomères de structure, isomères géométriques ou stéréoisomères. Ainsi, la glucose-6-P-isomérase convertit le glucose-6-P en fructose-6-P qui ont la même formule générale. Les cis-trans isomérases peuvent transformer des isomères «cis» en isomères «trans» et vice versa. Enfin, les D-L isomérases (racémases) catalysent la transformation de composés de forme D en composés de forme L ou inversement.

Dans les laboratoires cliniques, les isomérases ne sont pas d'un grand intérêt, si ce n'est la glucose phosphate isomérase ou la triosephosphate isomérase employées comme réactifs.

F. LES LIGASES

Les ligases catalysent la réunion (synthèse) de deux molécules en utilisant l'énergie libérée par une molécule d'ATP ou d'un autre nucléoside triphosphate. Ce rôle leur vaut souvent d'être appelées *synthétases*. Quoique les ligases forment une classe importante dans les systèmes biologiques, elles n'offrent pas un intérêt clinique très important.

5.5 LES ISOENZYMES

5.5.1 DÉFINITION

La séquence en acides aminés des enzymes d'une voie métabolique donnée peut varier d'une espèce à l'autre. Toutefois, même si la structure primaire varie légèrement d'une espèce à l'autre, on a démontré que certains acides aminés critiques, comme ceux des sites actifs ou allostériques, ne varient pas de façon appréciable.

Cependant, on a aussi démontré qu'à l'intérieur d'un même organisme, la structure quaternaire d'un enzyme peut varier d'un tissu à l'autre. Les enzymes qui diffèrent dans la proportion relative de leurs sous-unités mais qui conservent leur action catalytique s'appellent des *isoenzymes*. Les sous-unités des isoenzymes peuvent différer par la séquence des acides aminés, ou par leur association à des substances non-protéiques telles les glucides. Le plus bel exemple d'enzyme avec plusieurs isoenzymes est la déshydrogénase lactique (DL) qui catalyse l'étape finale de la respiration anaérobie du tissu musculaire, c'est-à-dire la transformation du pyruvate en lactate.

5.5.2 STRUCTURE

La structure quaternaire de la déshydrogénase lactique illustrée à la figure 5.29 est formée de quatre monomères de deux types possibles, identifiés sous-unités L pour le foie (*liver*) et H pour le cœur (*heart*). Il y a donc cinq possibilités de combinaisons tétramériques:

HHHH (prédominant au cœur)
LHHH
LLHH
LLLH
LLLL (prédominant au foie et aux muscles)

Figure 5.29 Illustration de la structure quaternaire de la déshydrogénase lactique

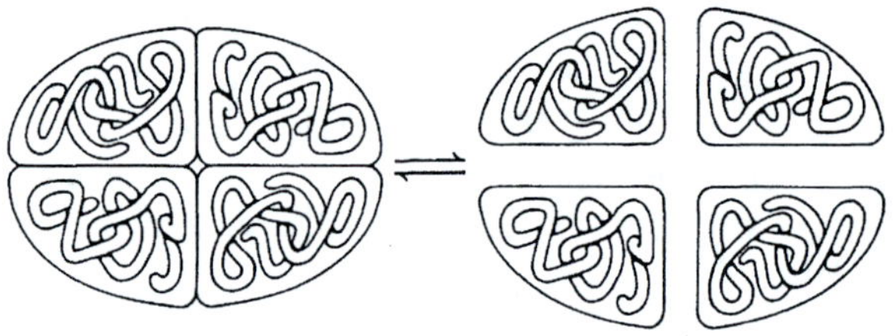

enzyme DL sous-unités DL

Comme on peut le constater, la DL trouvée au cœur est un homopolymère dominé par les sous-unités H, alors que la DL du foie et des muscles est un homopolymère dominé par les sous-unités L aussi appelées M (pour muscle). Les autres sont des tétramères intermédiaires.

5.5.3 PROPRIÉTÉS

Bien que les isoenzymes aient une action catalytique semblable, ils possèdent néanmoins certaines propriétés physiques, chimiques ou biochimiques différentes qui permettent leur séparation par électrophorèse, par filtration sur gel ou par chromatographie. Les isoenzymes possèdent d'autres caractères qui fournissent la possibilité de les différencier tels la stabilité à la dénaturation par la chaleur, la résistance aux différents agents chimiques inhibiteurs et le degré d'affinité qu'ils démontrent pour leur substrat ou leur coenzyme.

Tous ces facteurs de différenciation présentent un intérêt clinique considérable, puisque la proportion relative des isoenzymes individuels présents d'un tissu à un autre adopte, à chaque instant, un profil caractéristique. Tout changement dans un profil normal peut indiquer l'origine d'un désordre de même que son évolution.

D'autres enzymes d'intérêt clinique présentent aussi des formes isomériques comme, par exemple, l'amylase, l'aspartate aminotransférase, la créatine kinase, la γ-glutamyltransférase et la phosphatase alcaline.

5.6 LES ENZYMES D'INTÉRÊT CLINIQUE

5.6.1 INTRODUCTION

Habituellement, les enzymes d'intérêt clinique sont ceux que l'on retrouve dans le plasma. On peut les classifier selon le rôle qu'ils y jouent. Les enzymes qui sont en concentration appréciable et qui ont une fonction spécifique dans le plasma sont appelés *enzymes plasmatiques spécifiques.* Ce groupe comprend: la plasmine, la thrombine et autres enzymes de la coagulation, la cholinestérase et la céruloplasmine. Ceux qui n'ont pas de rôle spécifique dans le plasma mais que l'on retrouve quand même en très petite concentration s'appellent *enzymes plasmatiques non spécifiques.*

Ceux-ci peuvent être classifiés comme «enzymes de sécrétion» ou «enzymes intracellulaires». Les *enzymes de sécrétion* comme l'amylase et la lipase pancréatiques que l'on retrouve en petite quantité dans le sang, résultent de leur libération par le pancréas et de leur élimination par le foie et le rein. Quant aux *enzymes intracellulaires*, ils ne sont pas normalement sécrétés dans le sang puisque les membranes cellulaires ne leur sont pas perméables. Cependant, leur présence en petite concentration dans le sang est le résultat du renouvellement (*turnover*) des cellules qui sont continuellement détruites et qui déversent leur contenu dans le sang.

La nécrose cellulaire et la perméabilité des membranes cellulaires due au stress causent donc une augmentation du niveau de ces enzymes dans le sang. Ce phénomène devient alors la base de l'enzymologie clinique.

La figure 5.30 énumère les enzymes d'intérêt clinique les plus importants et illustre leur localisation intracellulaire alors que le tableau 5.3 présente leur localisation dans les tissus.

Parmi les vingt-quatre enzymes qui présentent un certain intérêt et qui sont couramment analysés en laboratoire clinique, nous étudierons les plus importants: l'aldolase, l'amylase, l'alanine aminotransférase, l'aspartate aminotransférase, la créatine kinase, la déshydrogénase lactique, la gamma glucidyltransférase, la lipase et les phosphatases acide et alcaline.

Dans chaque cas, nous verrons:
- la réaction de catalyse
- les tissus d'origine
- les prélèvements à utiliser
- l'intérêt clinique
- les principales méthodes de dosage
- les facteurs d'interférences

Et pour 3 d'entre eux, on étudie leurs isoenzymes.

Figure 5.30 Localisation de l'activité des principaux enzymes cliniques dans la cellule

Cytoplasme: Déshydrogénase lactique
Aspartate aminotransférase
Aldolase
Alanine aminotransférase

Mitochondries: Déshydrogénase isocitrique
Aspartate aminotransférase

Lysosymes: Phosphatase acide

Membrane: Phosphatase alcaline
5'-nucléotidase

Réticulum endoplasmique: Cholinestérase

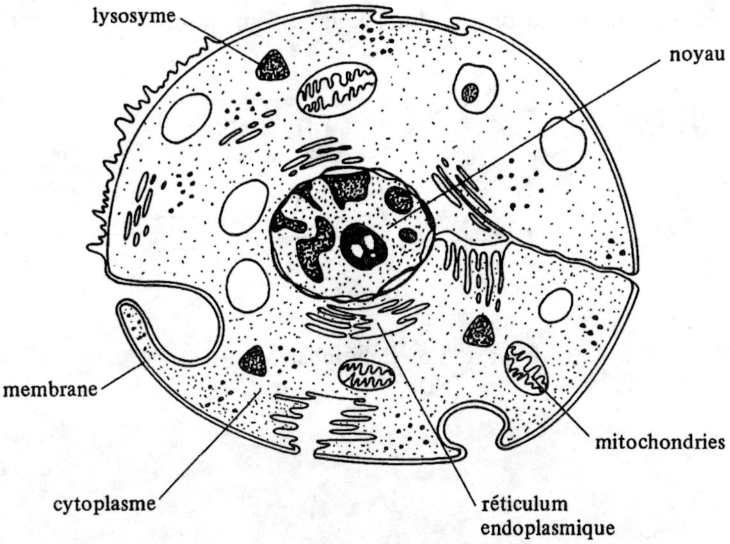

Tableau 5.3 Localisation au niveau des tissus des enzymes d'intérêt clinique

Enzymes	Tissus
Alanine amino transférase (ALT)	Foie, coeur
Aldolase	Muscle, foie, coeur
Amylase	Pancréas
Aspartate aminotranférase (AST)	Foie, coeur
Cholinestérase	Foie
Créatine kinase (CK)	Coeur, muscle, cerveau
Déshydrogénase lactique (DL)	Coeur, foie, érythrocytes
Gamma glutamyl transférase (GGT)	Foie, pancréas
Glucose-6-phosphate déshydrogénase (G-6-PD)	Érythrocytes
Lipase	Pancréas
5'-nucléotidase	Foie
Phosphatase acide (PAC)	Prostate (carcinome)
Phosphatase alcaline (PAL)	Foie, os

5.6.2 ALDOLASE

(EC 4.1.2.13; D-fructose-1,6-disphosphate: D-Glycéraldéhyde-3-phosphate lyase)

A. RÉACTION DE CATALYSE

L'aldolase catalyse la coupure du fructose-1,6-diphosphate en dihydroxyacétonephosphate et en D-glycéraldéhyde-3-phosphate selon l'équation suivante:

Cette réaction est très importante en ce qui concerne la glycolyse. La position d'équilibre de la réaction favorise la synthèse du fructose-1,6-diphosphate. L'aldolase peut aussi couper le fructose-1-phosphate (dans un tel cas, le glycéraldéhyde formé n'est pas phosphorylé) et peut synthétiser des sucres à partir du dihydroxyacétonephosphate et d'un aldéhyde approprié.

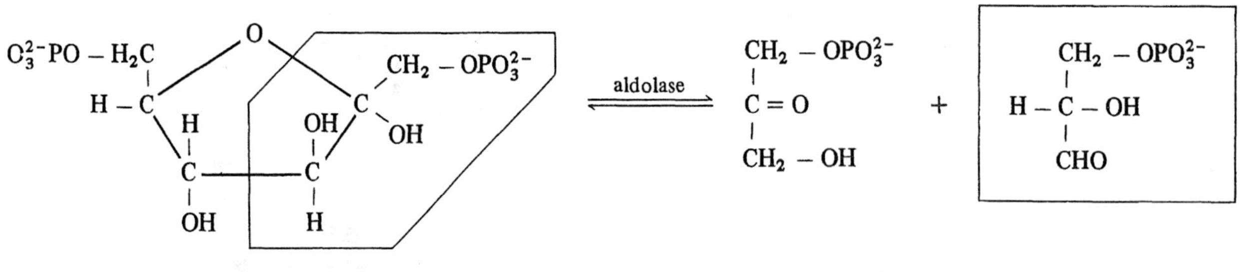

D-fructose 1,6-diphosphate (FDP)

dihydroxyacétone-phosphate (DAP)

D-glycéraldéhyde-3-phosphate (GLAP)

(5-45)

B. TISSUS D'ORIGINE

On trouve l'aldolase dans presque tous les tissus, mais plus particulièrement dans les muscles cardiaques et squelettiques, les reins, le cerveau et le foie. On en trouve aussi dans les érythrocytes et les leucocytes. Au moins trois isoenzymes ont été identifiés.

C. PRÉLÈVEMENT

Le plasma hépariné est préféré au sérum puisque les plaquettes peuvent libérer l'aldolase durant le processus de la coagulation.

D. INTÉRÊT CLINIQUE

La dosage de l'aldolase est utile dans le diagnostic de maladies des muscles squelettiques, du foie et du cœur. Des taux élevés d'aldolase sont surtout associés à la dystrophie musculaire progressive (type DUCHENNE). Cependant, les niveaux sériques d'aldolase baissent rapidement au cours de la progression de la maladie à cause de la détérioration du tissu musculaire.

Quoique l'aldolase soit rarement utilisée pour le diagnostic des maladies hépatiques, son niveau sérique augmente en cas d'hépatite et de problèmes d'emmagasinage du glycogène. On note aussi des élévations transitoires au cours d'infarctus du myocarde. Enfin, des élévations d'aldolase peuvent se produire dans des cas de leucémie, de schizophrénie et de certaines psychoses.

E. MÉTHODES DE DOSAGE

On mesure l'activité de l'aldolase en employant le fructose-1,6-diphosphate comme substrat, tel que démontré par l'équation 5-45. L'utilisation d'agents chimiques ou de réactions couplées permettent de mesurer la vitesse de la réaction. Dans les méthodes colorimétriques, les trioses phosphates libérés sont hydrolysés avec du NaOH pour libérer du dihydroxyacétone et du glycéraldéhyde libres, lesquels réagissent ensuite avec du 2,4-dinitrophénylhydrazine (2,4-DNPH) pour former des dinitrohénylhydrazones colorées qui absorbent à 540 nm.

Il existe plusieurs méthodes à réactions couplées qui conduisent à la production ou à la consommation de NADH,H, lequel absorbe à 340 nm et permet de déterminer l'activité de l'aldolase. L'une de ces méthodes consiste à utiliser la triosephosphate isomérase (TPI) et la glycérol-3-phosphate déshydrogénase (GPD) selon les réactions 5-48 et 5-49.

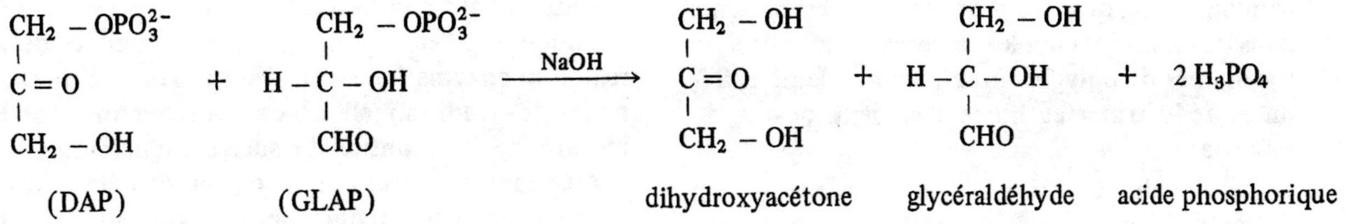

(5-46)

$$\text{dihydroxyacétone} + \text{glycéraldéhyde} + 2{,}4\text{-DNPH} \xrightarrow{OH^-} \text{hydrazones chromogènes brun-doré} \qquad (5\text{-}47)$$

$$\text{glycéraldehyde-3-phosphate} \xrightleftharpoons{TPI} \text{dihydroxyacétonephosphate} \qquad (5\text{-}48)$$

$$2\ \text{dihydroxyacétone-phosphate} + 2\ NADH,H + 2\ H^+ \xrightleftharpoons{GPD} 2\ \text{glycérol-1-phosphate} + 2\ NAD^+ \qquad (5\text{-}49)$$

F. INTERFÉRENCES

Il faut éviter l'hémolyse puisque les globules rouges contiennent une concentration d'aldolase plus élevée que le sérum.

5.6.3 AMYLASE

(EC 3.2.1.1 ; α-1,4-glucan 4-gluconohydrolase)

A. RÉACTION DE CATALYSE

Les amylases font partie de la famille des *hydrolases*. Elles hydrolysent des polymères du glucose, tel l'amidon, pour libérer des sucres réducteurs, surtout du maltose selon l'équation suivante :

$$\text{amidon} \xrightarrow{\text{amylase}} \text{dextrines} + \text{maltose} + \text{glucose} \quad (5\text{-}50)$$

Comme nous l'avons vu au chapitre des glucides, l'amidon est un polymère formé d'unités α-D-glucose reliés entre eux par des liaisons osidiques de type α-(1→4); ceux-ci forment des chaînes linéaires (amylose, liaisons α-(1→4) seulement) ou des chaînes ramifiées (amylopectine, liaisons α-(1→4) et α-(1→6)).

Il existe deux types d'amylases :

- l'amylase bêta, qui est une exoamylase, est présente dans les plantes et chez les bactéries ; elle hydrolyse les chaînes de polyglucans à partir de leurs extrémités réductrices et libère des dextrines et du maltose ;
- l'amylase alpha, qui est une endoamylase, est présente dans le tissu animal ; elle hydrolyse au hasard les chaînes de polyglucans et libère des dextrines, du maltose et des unités de glucose. C'est cette dernière, appelée aussi *diastase*, qui présente un intérêt clinique.

B. TISSUS D'ORIGINE

L'amylase se trouve principalement dans le pancréas ; celui-ci la sécrète dans la lumière de l'intestin. Elle a donc une fonction digestive. L'amylase est aussi sécrétée par les glandes salivaires. Enfin, on en trouve, mais en très petite quantité, dans le foie et les muscles squelettiques. À cause de sa masse moléculaire très petite, (44 000), l'amylase est filtrée par le rein ; c'est pourquoi, on la trouve normalement dans l'urine. Il existe des isoenzymes de l'amylase, mais leur différenciation n'a pas d'importance clinique valable.

C. PRÉLÈVEMENT

On peut mesurer l'activité amylasique dans le sérum, le plasma hépariné et l'urine. Les autres anticoagulants doivent cependant être évités puisqu'ils inhibent son activité. L'amylase est stable une semaine à la température ambiante (20-25°C) ou plusieurs mois, si elle est réfrigérée (4°C).

D. INTÉRÊT CLINIQUE

L'amylase est depuis longtemps utilisée cliniquement comme test d'évaluation des désordres pancréatiques. L'amylase sérique augmente considérablement au cours d'une pancréatite aiguë, atteignant son point maximum après 24 heures avec un retour à la normale dans les trois jours qui suivent. L'amylase urinaire augmente proportionnellement durant cette période. L'activité sérique normale étant rétablie par élimination rénale, les tests doivent être faits le plus rapidement possible pour assurer leur valeur diagnostique.

E. MÉTHODES DE DOSAGE

Puisque l'amylase a été utilisée depuis longtemps dans les laboratoires cliniques, il existe de nombreuses méthodes pour déterminer son activité.

Méthode saccharogénique

On utilise l'amidon naturel comme substrat dans la méthode appelée *saccharogénique*. L'activité de la réaction enzymatique est déterminée à l'aide de méthodes traditionnelles d'oxydo-réduction, par la mesure de la quantité de sucres réducteurs (A_1) libérés dans le milieu. Parallèlement, on détermine la quantité de sucres réducteurs déjà présents dans le sérum (A_2). La différence entre la valeur de A_1 et celle de A_2 donne la quantité de sucres libérés au cours de la réaction enzymatique et devient donc une mesure de l'activité de l'amylase. Les résultats ainsi obtenus sont exprimés en termes de «glucose apparent», puisque le principal produit de la réaction enzymatique, le maltose, possède, à masse égale, une capacité de réduction n'atteignant que 40 % de celle du glucose.

Méthode amyloclastique

Dans cette méthode, on se sert de l'amidon naturel comme substrat. Cependant, l'activité de la réaction enzymatique est fournie par la diminution de la quantité de substrat au cours de la réaction. En faisant réagir l'amidon avec de l'iode, on obtient un complexe bleu. La différence entre la quantité d'amidon présent au départ, le blanc, et celui qui reste après la réaction enzymatique donne la quantité d'amidon hydrolysé au cours de la réaction et, par conséquent, la mesure de l'activité enzymatique.

Méthodes à colorant (amylochromique)

Les substrats utilisés dans ces méthodes sont des complexes de synthèse *amidon-colorant*. Ces complexes sont synthétisés par l'union de l'amidon à plusieurs variétés de colorants à l'aide de liaisons éther ou ester. Ceux-ci sont généralement liés au C_2 de chacun des résidus glucose de l'amidon, tel qu'illustré à la figure 5.31. Les divers colorants sont des dérivés *triazine* sur lesquels se trouvent les radicaux R_1 et R_2, chromophores de type *aryle*. Les principaux colorants utilisés aujourd'hui sont:

- le Cibachron bleu F3GA: de l'Amylochrome, commercialisé par « Roche Diagnostics » ;
- le Remazol Brillant bleu R: de l'Amylose-Azure, commercialisé par « Calbiochem » ;

Figure 5.31 Structure générale de base des principaux colorants liés à l'amidon.

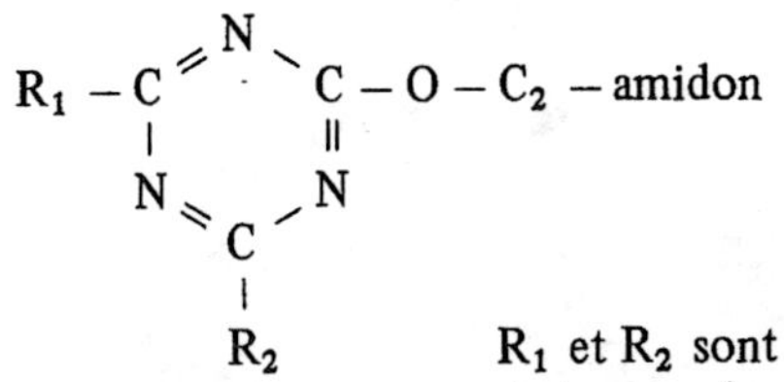

R_1 et R_2 sont des chromophores de type aryle.

- le Réactone Rouge 2B: du Diamyl commercialisé par « General Diagnostics » ;
- quant au Phadebas de « Pharmacia Laboratories Inc. », le colorant utilisé n'est pas identifié.

Dans les trois premiers cas, au-dessus d'une certaine concentration d'enzymes, l'absorbance des produits solubles libérés est proportionnelle à l'activité enzymatique. Dans le dernier cas, il semble que le logarithme de l'absorbance soit proportionnel à celui de l'activité enzymatique.

Méthodes à enzymes couplés

Plus récemment encore, des méthodes à enzymes couplés ont été introduites pour mesurer l'activité enzymatique de l'amylase. Voici les plus courantes:

a) Glucose oxydase

Dans cette méthode, la maltase, la glucose oxydase et la peroxydase sont ajoutées au système « amidon-amylase » pour former un système enzymatique couplé. L'amidon soluble, d'abord hydrolysé par l'amylase (équation 5-51), donne du maltose et du glucose; par la suite, le maltose, sous l'influence de la maltase (α-1,4-glucosidase), est hydrolysé en glucose (équation 5-52), lequel est ensuite oxydé par la glucose oxydase pour donner le δ-gluconolactone et du H_2O_2 (équation 5-53). Enfin, sous l'action de la peroxydase, le H_2O_2 permet d'oxyder un composé accepteur d'oxygène (incolore) en composé coloré qui peut être mesuré colorimétriquement (équation 5-54).

$$\text{amidon} \xrightarrow{\alpha\text{-amylase}} \text{maltose} + \text{glucose} \qquad (5\text{-}51)$$

$$\text{maltose} \xrightarrow{\alpha\text{-glucosidase}} 2\ \text{glucoses} \qquad (5\text{-}52)$$

$$\text{glucose} + O_2 \xrightarrow{\text{glucose oxydase}} \delta\text{-gluconolactone} + H_2O_2 \qquad (5\text{-}53)$$

$$\underset{\text{incolore}}{H_2O_2 + A-H_2} \xrightarrow{\text{peroxydase}} \underset{\text{coloré}}{2\,H_2O + A} \qquad (5\text{-}54)$$

b) Hexokinase

Dans cette deuxième méthode, on utilise, pour le système enzymatique couplé, les enzymes glucosidase, hexokinase (HK) et la glucose-6-phosphate déshydrogénase (G-6-PD) selon les réactions suivantes:

$$\text{amidon} \xrightarrow{\alpha\text{-amylase}} \text{maltose} + \text{glucose} \quad (5\text{-}55)$$

$$\text{maltose} \xrightarrow{\alpha\text{-glucosidase}} 2 \text{ glucoses} \quad (5\text{-}56)$$

$$\text{glucose} + \text{ATP} \xrightarrow{\text{HK}} \text{glucose-6-phosphate} + \text{ADP} \quad (5\text{-}57)$$

$$\text{glucose-6-phosphate} + \text{NADP}^+ \xrightarrow{\text{G-6-PD}} \text{6-phosphogluconolactone} + \text{NADPH,H} \quad (5\text{-}58)$$

L'augmentation de l'absorbance de NADPH,H à 340 nm devient donc une mesure de l'activité amylasique. Cette méthode étant influencée par la présence du glucose endogène, on résout ce problème en suivant la séquence de réactions suivantes:

$$\text{amidon} \xrightarrow{\alpha\text{-amylase}} \text{maltose} + \text{glucose} \quad (5\text{-}59)$$

$$\text{maltose} + \text{phosphate} \xrightarrow{\text{MP}} \text{glucose} + \beta\text{-glucose-1-phosphate} \quad (5\text{-}60)$$

$$\beta\text{-glucose-1-phosphate} \xrightarrow{\beta\text{-PGM}} \text{glucose-6-phosphate} \quad (5\text{-}61)$$

$$\text{glucose-6-phosphate} + \text{NADP}^+ \xrightarrow{\text{G-6-PD}} \text{6-phosphogluconolactone} + \text{NADPH,H} \quad (5\text{-}62)$$

où MP représente la maltose phospholyase et β-PGM, la phosphoglucomutase. De cette façon, le glucose endogène ne peut réagir puisque la troisième étape de la réaction exige du β-glucose-1-phosphate qui n'existe pas sous cette forme dans le sang.

F. INTERFÉRENCES

Puisque l'amylase requiert la présence d'ions Ca^{2+} aussi bien que de Cl^- ou Br^- pour son activité, la plupart des anticoagulants comme EDTA, les oxalates et les citrates inhibent son activité. Seule l'héparine fait exception à cette règle.

5.6.4 ALANINE AMINOTRANSFÉRASE

(EC 2.6.1.2; L-alanine: 2-oxoglutarate aminotransférase)

A. RÉACTION DE CATALYSE

L'alanine aminotransférase (ALT) est une transaminase qui utilise le pyridoxal-5-phosphate pour catalyser le transfert d'un groupement aminé d'un acide α-aminé sur un acide α-cétonique. Selon l'équation 5-63, l'alanine aminotransférase convertit la L-alanine en son acide α-cétonique correspondant, le pyruvate, et l'acide α-cétoglutarate en son acide α-aminé correspondant, le L-glutamate. L'alanine aminotransférase est aussi connue sous le nom de «glutamate pyruvate transaminase» appelée GPT.

Le pyridoxal-5-phosphate (P-5-P) sert de coenzyme au transfert du groupement aminé. Il est lié à l'apoenzyme et agit comme groupement prosthétique. Il n'est requis qu'en concentration suffisante pour saturer l'enzyme, car il est continuellement recyclé au cours de la réaction. Le P-5-P capte d'abord le groupement aminé de l'alanine pour former un complexe enzyme-pyridoxamine-5-phosphate et le pyruvate. La pyridoxamine-5-phosphate transfère ensuite son groupement aminé sur l'α-cétoglutarate pour former la L-glutamate et regénérer le P-5-P. Il n'est donc pas nécessaire d'avoir une grande quantité de P-5-P pour effectuer la réaction.

B. TISSUS D'ORIGINE

On trouve l'alanine aminotransférase dans plusieurs organes, en particulier le cœur, le foie, les reins et les muscles squelettiques. C'est pourtant dans le foie que sa concentration est la plus élevée, soit de six à sept fois celle du cœur, tel que présenté au tableau 5.4.

Tableau 5.4 Activité de l'ALT dans les tissus humains en relation avec celle du sérum prise comme unité de référence.

Tissus	Unités relatives
Foie	2 850
Reins	1 200
Coeur	450
Muscles squelettiques	300
Pancréas	130
Rate	80
Poumons	45
Érythrocytes	7
Sérum	1

C. PRÉLÈVEMENT

Les dosages de l'ALT se font habituellement sur des échantillons de plasma ou de sérum non hémolysé. Dans le sérum, la stabilité de l'ALT est de trois jours à la température de la pièce ou d'une semaine à 4°C. Il ne doit pas être congelé, puisque l'enzyme résiste mal à la décongélation. Pour les échantillons de plasma, l'héparine, les citrates ou les oxalates peuvent servir d'anticoagulants.

D. INTÉRÊT CLINIQUE

Puisque l'alanine aminotransférase prédomine au foie, elle est donc d'une importance capitale pour le diagnostic de l'hépatite qu'elle distingue d'un infarctus. Au cours de maladies hépatiques, l'ALT et l'AST atteignent des niveaux plus élevés dans le sang; l'augmentation de l'ALT est beaucoup plus importante que celle de l'AST et de ce fait, représente un test plus significatif. Après un infarctus du myocarde, on remarque une augmentation substantielle de l'AST

$$
\begin{array}{ccccccc}
 & & COOH & & & & COOH \\
 & & | & & & & | \\
CH_3 & & (CH_2)_2 & & CH_3 & & (CH_2)_2 \\
| & & | & & | & & | \\
CH-NH_2 & + & C=O & \xrightleftharpoons{\text{ALT (P-5-P)}} & C=O & + & CH-NH_2 \\
| & & | & & | & & | \\
COOH & & COOH & & COOH & & COOH \\
\text{L-alanine} & & \alpha\text{-cétoglutarate} & & \text{pyruvate} & & \text{L-glutamate}
\end{array}
\qquad (5\text{-}63)
$$

alors que l'ALT sérique n'est pas affectée de façon importante. Le rapport ALT/AST, normalement plus petit que 1,0 après un infarctus, devient plus grand que 1,0 au cours de maladies hépatiques. Toute élévation du niveau de l'ALT du sérum est donc associée à une hépatite, un ictère obstructif ou une cirrhose.

E. MÉTHODES DE DOSAGE

Méthode colorimétrique

L'ALT sérique peut être dosée colorimétriquement en utilisant le 2,4-dinitrophénylhydrazine (2,4-DNPH) qui se combine au groupement cétonique du pyruvate pour former le complexe pyruvate-2,4-dinitrophényl-hydrazone, qui, à *p*H alcalin, développe une coloration brun-doré que l'on peut mesurer à 440 ou 525 nm selon l'équation suivante.

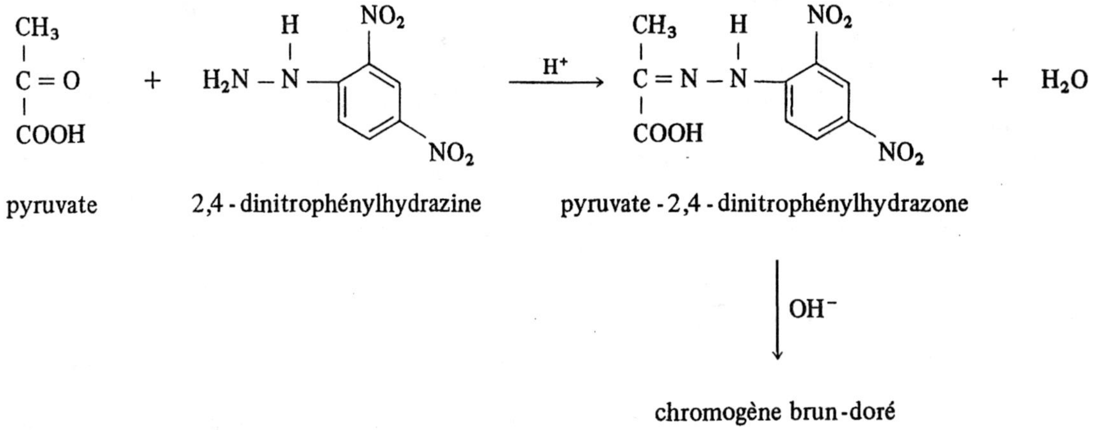

(5-64)

Méthode à l'UV

L'ALT peut aussi être mesurée spectrophotométriquement à l'UV en utilisant une réaction couplée comme dans l'équation 5-65, c'est-à-dire:

$$\underset{\text{pyruvate}}{\begin{matrix} CH_3 \\ | \\ C=O \\ | \\ COOH \end{matrix}} + NADH,H \xrightarrow{DL} \underset{\text{lactate}}{\begin{matrix} CH_3 \\ | \\ CH-OH \\ | \\ COOH \end{matrix}} + NAD^+ \qquad (5\text{-}65)$$

À l'aide du NADH,H, la déshydrogénase lactique réduit le pyruvate en lactate. Puisque NADH,H absorbe à 340 nm, la diminution de l'absorbance (à cette longueur d'onde) en fonction du temps, permet de calculer la vitesse de la réaction.

F. INTERFÉRENCES

L'hémolyse peut provoquer des résultats faussement positifs puisque les globules rouges en contiennent sept fois plus que le sérum (tableau 5.4).

5.6.5 ASPARTATE AMINOTRANSFÉRASE

(EC 2.6.1.1; L-aspartate: 2-oxoglutarate aminotransférase)

A. RÉACTION DE CATALYSE

Comme pour l'ALT, l'aspartate aminotransférase (AST) catalyse, à l'aide du pyridoxal-5-phosphate

(P-5-P), le transfert d'un groupement aminé d'un acide α-aminé vers un acide α-cétonique. Ici, l'AST libère le groupement aminé du L-aspartate pour le transférer à l'acide α-cétoglutarate et donner l'oxaloacétate et le L-glutamate comme dans l'équation 5-66.

$$\begin{array}{c} COOH \\ | \\ CH_2 \\ | \\ CH-NH_2 \\ | \\ COOH \\ \text{L-aspartate} \end{array} + \begin{array}{c} COOH \\ | \\ (CH_2)_2 \\ | \\ C=O \\ | \\ COOH \\ \alpha\text{-cétoglutarate} \end{array} \xrightleftharpoons{\text{AST (P-5-P)}} \begin{array}{c} COOH \\ | \\ CH_2 \\ | \\ C=O \\ | \\ COOH \\ \text{oxaloacétate} \end{array} + \begin{array}{c} COOH \\ | \\ (CH_2)_2 \\ | \\ CH-NH_2 \\ | \\ COOH \\ \text{L-glutamate} \end{array} \qquad (5\text{-}66)$$

Habituellement, toutes les aminotransférases utilisent l'α-cétoglutarate comme acide α-cétonique accepteur pour le convertir en L-glutamate. Les aminotransférases ne diffèrent donc que par le substrat acide aminé sur lequel est enlevé le groupement aminé.

L'aspartate aminotransférase est aussi connue sous le nom de «glutamate oxaloacétate transaminase» appelée aussi GOT.

B. TISSUS D'ORIGINE

Comme l'ALT, l'aspartate aminotransférase se trouve dans les muscles squelettiques et dans plusieurs organes tels que le cœur et le foie (tableau 5.5).

Tableau 5.5 Activité de l'AST dans les tissus humains en relation avec celle du sérum prise comme unité de référence

Tissus	Unités relatives
Coeur	7 800
Foie	7 100
Muscles squelettiques	5 000
Reins	4 500
Pancréas	1 400
Rate	700
Poumons	500
Érythrocytes	15
Sérum	1

C. PRÉLÈVEMENT

Les dosages de l'AST se font habituellement à partir d'échantillons de sérum non hémolysé: ils conservent leur stabilité pendant deux jours à la température de la pièce (25°C), deux semaines à 4°C (réfrigérés) ou un mois lorsqu'ils sont congelés (−20°C). Pour obtenir des échantillons de plasma, on peut utiliser l'héparine, EDTA, les citrates ou les oxalates comme anticoagulants.

D. INTÉRÊT CLINIQUE

Le dosage de l'AST est encore le test clinique le plus important pour le diagnostic et le pronostic de l'infarctus du myocarde. En effet, le niveau d'AST sérique commence à augmenter de quatre à six heures après le début de l'infarctus, atteint un sommet entre 24 et 36 heures plus tard, pour revenir à la normale après cinq à six jours tel qu'illustré à la figure 5.32. Normalement, l'intensité du pic est en relation directe avec le degré de sévérité de l'infarctus; des niveaux élevés de 10 à 15 fois la limite supérieure à la normale

Figure 5.32 Profil de l'activité de l'AST sérique au cours d'un infarctus du myocarde

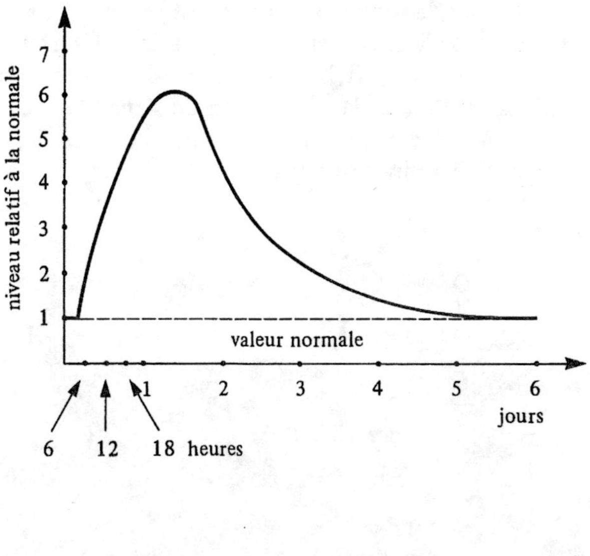

sont souvent associés à des infarctus qui peuvent être fatals.

L'AST sérique augmente aussi à l'occasion de maladies du foie telles les hépatites aiguës ou toxiques, l'ictère obstructif et les cirrhoses. Il en est de même pour certaines maladies comme la dystrophie musculaire.

E. MÉTHODES DE DOSAGE

Méthode colorimétrique

Comme l'ALT, l'AST sérique peut être dosée colorimétriquement en utilisant le 2,4-dinitrophénylhydrazine (2,4-DNPH) qui se combine avec l'oxaloacétate pour former le complexe oxaloacétate-2,4-dinitrophénylhydrazone, chromogène d'une coloration brun-doré plus fort que celui formé avec l'α-cétoglutarate ou son dérivé décarboxylé. Comme ces réactions sont non spécifiques, elles peuvent provoquer des erreurs positives de l'ordre de 15%, surtout à forte concentration.

Méthode à l'UV

L'AST peut aussi être mesurée spectrophotométriquement à l'UV en utilisant une réaction couplée. La réaction est la suivante:

$$\underset{\text{oxaloacétate}}{HOOC-CH_2-C(=O)-COOH} + NADH,H \underset{}{\overset{DM}{\rightleftharpoons}} \underset{\text{malate}}{HOOC-CH_2-CH(OH)-COOH} + NAD^+ \qquad (5\text{-}67)$$

La déshydrogénase malique (DM) est utilisée pour réduire l'oxaloacétate en malate, à l'aide du NADH,H. Comme le NADH,H absorbe à 340 nm, à cette longueur d'onde, la diminution de l'absorbance en fonction du temps permet de déterminer l'activité de l'aspartate aminotransférase.

F. INTERFÉRENCES

L'hémolyse peut provoquer des résultats faussement positifs puisque les globules rouges en contiennent jusqu'à quinze fois plus que le sérum (tableau 5.5). De plus, les ions Hg^{2+} et CN^- inhibent son activité. Enfin, si on utilise la méthode spectrophotométrique, la consommation de NADH,H par d'autres enzymes sériques comme la DL peut amener des résultats faussement positifs.

5.6.6 CHOLINESTÉRASE

(EC 3.1.1.8; acylcholine acyl-hydrolase)

A. RÉACTION DE CATALYSE

Les cholinestérases forment un groupe d'enzymes qui hydrolysent l'acétylcholine (équation 5-68) et plusieurs autres esters de la choline, de même que d'autres esters (non cholidiques) à courtes chaînes d'acides gras.

Les cholinestérases se distinguent des autres estérases par leur grande affinité pour les esters de la choline. L'acétylcholine est très important physiologiquement puisqu'il joue le rôle de neurotransmetteur. Avec la cholinestérase, il est responsable de la polarisation et de la dépolarisation cyclique à la jonction des cellules nerveuses. En l'absence de l'enzyme, la repolarisation ne peut se faire et les nerfs ne peuvent plus accepter d'influx additionnels.

B. TISSUS D'ORIGINE

Les cholinestérases se trouvent dans presque tous les tissus et sont classées selon leur spécificité de substrat;

$$\underset{\text{acétylcholine}}{H_2C-C(=O)-O-CH_2-CH_2-N^+(CH_3)_2-CH_3} + H_2O \overset{CE}{\rightleftharpoons} \underset{\text{acide acétique}}{H_3C-COOH} + \underset{\text{choline}}{HO-CH_2-CH_2-N^+(CH_3)_2-CH_3}$$

(5-68)

on distingue deux sortes de cholinestérases, chacune étant localisée dans un tissu différent.

D'abord, il y a la *cholinestérase vraie* qui présente deux isoenzymes et qui hydrolyse seulement les esters de la choline, d'où sa grande spécificité de substrat. On la trouve dans les globules rouges, le tissu nerveux et la matière grise du système nerveux central. Ensuite, il y a la *pseudocholinestérase* qui présente sept isoenzymes et qui hydrolyse un grand nombre d'esters de groupements acyl ou aryl, d'où sa faible spécificité de substrat. On la trouve dans le plasma, le cœur, le foie, le pancréas, les intestins et la matière grise du système nerveux. Dans la cellule même, les deux sortes d'enzymes sont localisées à des endroits différents : la pseudocholinestérase se trouve dans le cytoplasme alors que la cholinestérase vraie est liée à la membrane. Il faut donc de sérieux dommages cellulaires pour que la cholinestérase vraie soit libérée dans le sang. Toutefois, la pseudocholinestérase a une application clinique plus grande puisqu'on la retrouve plus fréquemment dans le sérum.

C. PRÉLÈVEMENT

On utilise du sérum, du plasma ou des hémolysats selon la sorte de cholinestérase que l'on veut doser. L'enzyme est stable pour plusieurs jours dans des échantillons plasmatiques réfrigérés à 4°C et pour plusieurs semaines, s'ils sont congelés. Les échantillons de plasma sont obtenus à l'aide de l'anticoagulant EDTA, puisque les autres inhibent l'enzyme.

D. INTÉRÊT CLINIQUE

Normalement, la cholinestérase sérique est élevée et varie de 1 à 10 U/mL selon les patients et la technique choisie. La diminution du taux sérique est habituellement associée à des maladies du foie qui synthétise l'enzyme. Toutefois, sa grande diffusion dans l'organisme restreint son utilisation comme différentiel des troubles hépatiques et d'autres enzymes plus spécifiques, comme GGT et ALT, sont préférés pour le diagnostic des troubles hépatiques. Enfin, le dosage de la cholinestérase sérique dans les laboratoires cliniques est de première importance pour détecter les empoisonnements aux insecticides (inhibiteurs de la cholinestérase) et établir la sensibilité de patients au suxaméthonium (succinyldicholine), relaxant musculaire dont on se sert en chirurgie.

E. MÉTHODE DE DOSAGE

Dans plusieurs méthodes de dosage de la cholinestérase sérique, on se sert de l'acétylcholine comme substrat et de la production d'acide acétique comme mesure de son activité (équation 5-68). Dans les techniques manométriques où l'on retrouve un tampon bicarbonate/acide carbonique, c'est le CO_2 libéré par l'acide acétique, sous l'action de l'ion bicarbonate, qui sert de mesure. Dans d'autres techniques, l'acide acétique libéré est titré, après un certain temps de réaction, par une base et sert à déterminer l'activité de l'enzyme. On peut aussi mesurer directement la variation de *p*H, soit sur un *p*Hmètre, soit par un colorant indicateur (bleu de brome-thymol, m-nitrophénol) incorporé au mélange réactionnel et mesuré spectrophotométriquement.

Aujourd'hui, ces méthodes sont le plus souvent remplacées par celles qui emploient des esters d'acétylthiocholine comme substrats. Ces réactions présentent le même degré réactionnel que les esters de cholines, et la thiocholine formée peut être mesurée par des agents chromogéniques disulfurés comme l'acide 5,5'-dithiobis-2-nitrobenzoïque (DTNB) ou le 4,4'-dithiodipyridine. Des sels iodés d'acétyl —, de propionyl — ou de butyrylthiocholine servent de substrats. La réaction avec le butyrylthiocholine et le DTNB est représentée par les équations 5-69 et 5-70.

$$CH_3-CH_2-CH_2-\overset{O}{\overset{\|}{C}}-\boxed{S-CH_2-CH_2}-\underset{CH_3}{\overset{CH_3}{N^+}}-CH_3 \quad + \quad H_2O$$

ion butyrylisocholine

$$\underset{}{\overset{CE}{\rightleftharpoons}} \quad CH_3-CH_2-CH_2-COOH \quad + \quad H-\boxed{S-CH_2-CH_2}-\underset{CH_3}{\overset{CH_3}{N^+}}-CH_3$$

acide butyrique ion thiocholine (5-69)

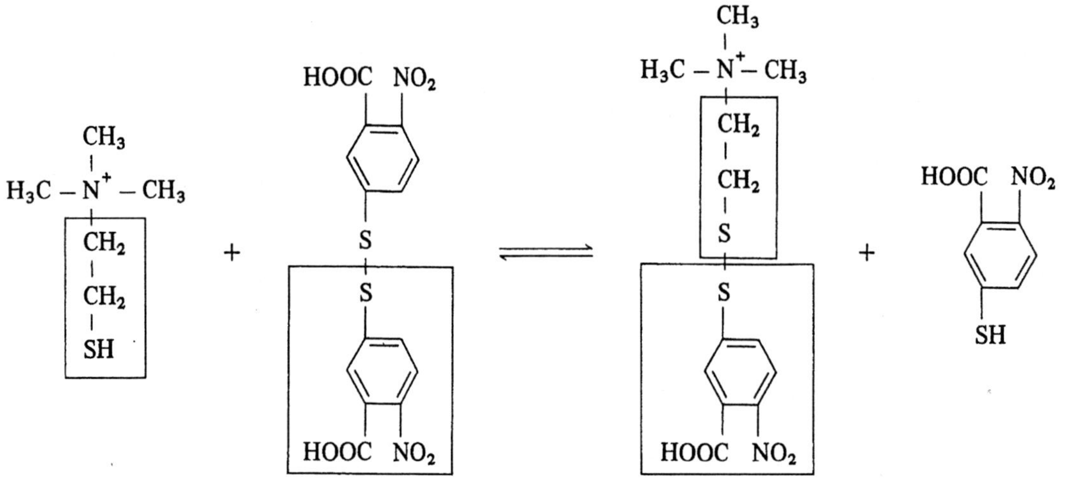

(5-70)

ion thiocholine — DTNB (incolore) — chromogène disulfure — acide 5 - mercapto - 2 - nitro - benzoïque (A - 5MNB) (coloré)

F. INTERFÉRENCES

Toute hémolyse doit être évitée car elle provoque des résultats faussement élevés par la présence d'enzyme d'origine érythrocytaire. L'enzyme est inhibé de façon compétitive par des alcaloïdes comme la prostigmine (figure 5.33) qui contient un azote quaternaire comme la choline. D'autres agents chimiques tels les borates, les citrates, les fluorures, la quinine et les pyrophosphates inhibent aussi l'enzyme. Enfin, la cholinestérase est affectée, comme on le sait, par les insecticides.

Figure 5.33 Structure de la prostigmine, un alcaloïde inhibiteur de la cholinestérase

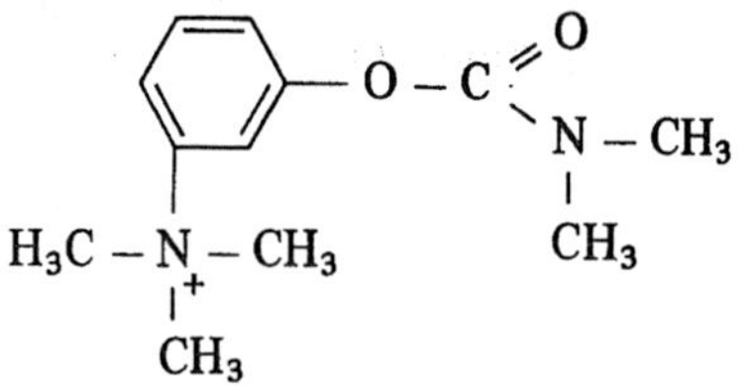

prostigmine

5.6.7 CRÉATINE KINASE

(EC 2.7.3.2; adésosine triphosphate: créatine N-phosphotransférase)

A. RÉACTION DE CATALYSE

La créatine kinase (CK), aussi appelée créatine phosphokinase (CPK), catalyse réversiblement la réaction de phosphorylation de la créatine à l'aide de l'adénosine triphosphate (ATP) (équation 5-71).

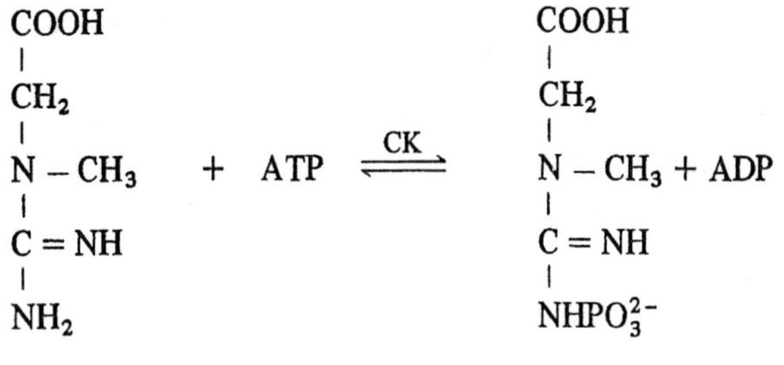

créatine — créatine phosphate

(5-71)

La position d'équilibre de la réaction dépend du *p*H. En effet, le *p*H optimum pour la réaction normale et la réaction inverse sont de 9,0 et 6,7 respectivement. Donc, à *p*H neutre, c'est la réaction inverse qui est favorisée, puisque la créatine phosphate possède un potentiel de phosphorylation plus élevé que l'ATP. Cependant, la réaction inverse se produit six fois plus rapidement que la réaction normale lorsqu'elles sont mesurées dans des conditions identiques. La créatine kinase, dont la masse moléculaire est de 81 000, se présente sous forme de dimères qui peuvent former trois isoenzymes différents. Enfin, la CK requiert la présence de Mg^{2+} comme activateur.

B. TISSU D'ORIGINE

La créatine kinase se trouve principalement dans les muscles squelettiques, dans le muscle cardiaque et dans le cerveau. Les poumons et la thyroïde en contiennent aussi en petite quantité. Cependant, les muscles squelettiques sont la plus grande source de CK sérique; elle y joue un rôle important dans l'emmagasinage de l'énergie.

C. PRÉLÈVEMENT

On peut utiliser du sérum ou du plasma hépariné ou avec EDTA pour doser efficacement la CK. Toutefois, les citrates doivent être évités puisqu'ils inhibent l'activité de l'enzyme. La créatine kinase demeure stable pendant quatre heures à la température ambiante, huit à douze heures, si elle est réfrigérée, et deux à trois jours, si elle est congelée. Enfin, l'oxydation des groupements thiols de la créatine kinase conduit à une perte de son activité.

D. INTÉRÊT CLINIQUE

Le test de la créatine kinase est important pour l'évaluation d'un infarctus du myocarde, particulièrement à ses débuts. La figure 5.34 illustre le niveau de la CK sérique qui commence à augmenter environ cinq heures après le début de l'infarctus, atteint son sommet entre dix-huit et trente heures avec un retour à la normale après le troisième jour. La moyenne de la partie maximum du pic est de 7 à 12 fois la normale. Cependant, l'élévation de la CK sérique doit toujours être associée aux caractéristiques des isoenzymes du muscle cardiaque.

Figure 5.34 Profil de l'activité de la *CK* sérique au cours d'un infarctus du myocarde

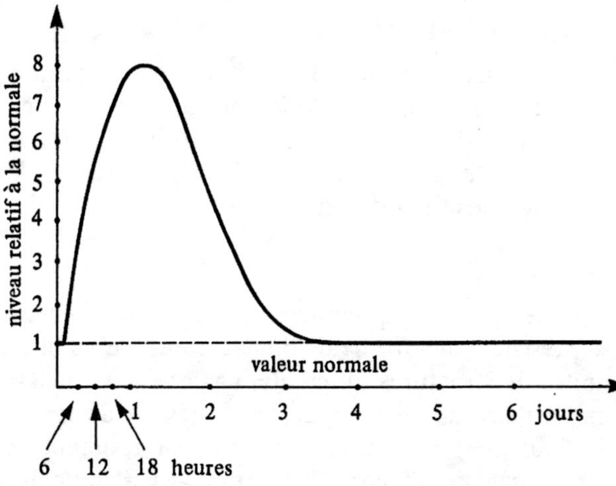

En raison de sa forte concentration dans les muscles squelettiques, la CK peut aussi être d'une grande importance pour le diagnostic de désordres musculaires, comme la dystrophie musculaire, où son niveau dans le sérum peut atteindre 50 fois la normale. Dans certains cas, la CK peut être associée à l'hyperthyroïdisme, l'épilepsie et certains accidents cérébrovasculaires.

E. MÉTHODE DE DOSAGE

L'activité de la créatine kinase peut être déterminée par des méthodes colorimétriques, fluorométriques ou spectrophotométriques à enzymes couplés; ce sont ces dernières qui, aujourd'hui, sont les plus populaires et, dans la majorité des cas, la réaction inverse est utilisée car elle se produit plus rapidement que la première. Les équations suivantes représentent ces réactions:

$$\text{créatine phosphate} + \text{ADP} \xrightleftharpoons{\text{CK}} \text{créatine} + \text{ATP} \quad (5\text{-}72)$$

$$\text{ATP} + \text{glucose} \xrightleftharpoons{\text{HK}} \text{glucose-6-phosphate} + \text{ADP} \quad (5\text{-}73)$$

$$\text{glucose-6-phosphate} + \text{NADP}^+ \xrightleftharpoons{\text{G-6-PD}} \text{6-phosphogluconolactone} + \text{NADPH,H} \quad (5\text{-}74)$$

La réaction inverse est couplée à deux autres réactions utilisant l'hexokinase et la glucose-6-phosphate déshydrogénase. Si les concentrations de réactifs et d'enzymes de couplage sont appropriées, c'est la concentration de CK contenue dans l'échantillon qui devient le facteur limitant de cette série de réactions. On suit alors l'activité de la créatine kinase en mesurant la production de NADH,H à 340 nm.

F. INTERFÉRENCES

Normalement, la présence de Mg^{2+} est requise comme activateur de la CK; si sa concentration devient en excès, Mg^{2+} devient alors inhibiteur de la CK comme le sont d'ailleurs Zn^{2+}, Cu^{2+}, Hg^{2+}, F^-, les citrates, la L-thyroxine et l'acide urique.

G. ISOENZYMES

Tel que mentionné précédemment, la créatine kinase se présente sous forme de dimère composé de deux unités de structures différentes (M et B). La masse moléculaire de chacune de ces unités est d'environ 50 000. Les trois isoenzymes qui en résultent se répartissent de la façon suivante dans le tissu humain:

- CK_1 ou MM: cette forme, la plus commune, est présente dans tous les tissus, y compris le cœur et les muscles squelettiques;
- CK_2 ou MB: présent dans le muscle cardiaque et les muscles mous (diaphragme et œsophage);
- CK_3 ou BB: se trouve dans le tissu nerveux, principalement dans le cerveau. La thyroïde, les reins et les intestins en contiennent aussi mais en moins grande quantité.

Ces trois isoenzymes de la CK sont importants à doser puisqu'ils permettent de déterminer la source de l'augmentation de CK dans le sérum. En effet, par électrophorèse, les trois isoenzymes effectuent des migrations différentes tel qu'illustré à la figure 5.35.

C'est l'isoenzyme CK_3 (BB) qui migre le plus rapidement vers l'anode et se retrouve dans la région de la préalbumine. La forme la moins rapide est l'isoenzyme CK_1 (MM) qui se retrouve dans la région des γ-globulines. Quant à l'isoenzyme CK_2 (MB) provenant du cœur, il démontre une mobilité intermédiaire et se retrouve dans la région des α_2-globulines.

Figure 5.35 Profil électrophorétique des isoenzymes de la *CK*

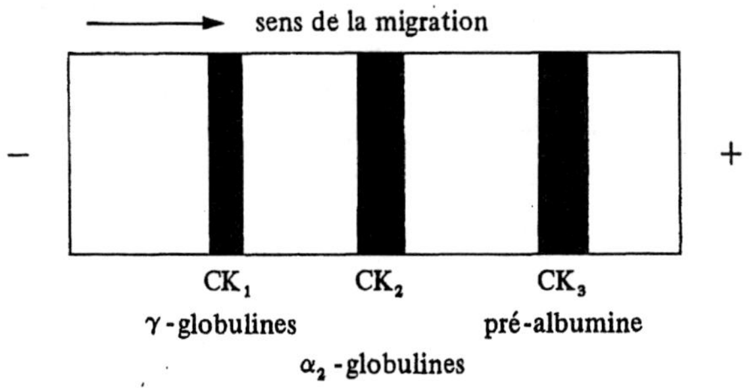

On peut donc distinguer entre un infarctus du myocarde ou une dystrophie musculaire à partir du lieu et de la distribution d'origine des isoenzymes. Puisque les isoenzymes MM et MB sont présents dans le cœur, il est normal que leurs niveaux augmentent au cours d'un infarctus alors que la dystrophie musculaire provoque une augmentation de l'isoenzyme BB seulement. Cependant, même si l'isoenzyme CK-MB est normalement absent du tissu squelettique, il arrive, dans des cas sévères de dystrophie musculaire que le niveau de CK-MB puisse être élevé en raison d'une apparition anormale de cet isoenzyme dans le tissu squelettique malade. C'est pourquoi, l'élévation de CK-MB n'est pas toujours une indication de maladie cardiaque. Pour cette raison, il est important de considérer le rapport de l'activité CK-MB/CK totale. Si l'activité de CK-MB représente plus de 5% de l'activité CK totale, son élévation est alors attribuable à une maladie cardiaque. Par contre, si l'activité de CK-MB n'atteint pas 3% de l'activité CK totale, son élévation est alors d'origine musculaire.

5.6.8 DÉSHYDROGÉNASE LACTIQUE

(EC 1.1.1.27; L-lactate: NAD oxydoréductase)

A. RÉACTION DE CATALYSE

La déshydrogénase lactique (DL) catalyse l'oxydation du L-lactate en pyruvate à l'aide de NAD^+ (coenzyme I) comme accepteur d'hydrogène. La réaction est réversible mais la position d'équilibre favorise la réaction inverse, c'est-à-dire la réduction du pyruvate en lactate. Cette réaction réversible est représentée par l'équation suivante:

$$\underset{\text{L-lactate}}{\begin{matrix} CH_3 \\ | \\ CH-OH \\ | \\ COOH \end{matrix}} + NAD^+ \underset{pH:\ 7,4-7,8}{\overset{pH:\ 8,8-9,8}{\underset{DL}{\rightleftharpoons}}} \underset{\text{pyruvate}}{\begin{matrix} CH_3 \\ | \\ C=O \\ | \\ COOH \end{matrix}} + NADH,H \qquad (5\text{-}75)$$

Le pH optimum de la réaction varie selon l'origine de l'enzyme et dépend de la température ou du substrat utilisé aussi bien que de la concentration du tampon. La réaction d'oxydation se produit à un pH de 9,5 alors que celle de réduction se situe à un pH de 7,5. De plus, la spécificité de l'enzyme s'étend du L-lactate à une variété d'acides α-hydroxy ou α-cétonique apparentés. La déshydrogénase lactique est formée de quatre unités polypeptidiques de types M et H et sa masse moléculaire est d'environ 135 000.

B. TISSU D'ORIGINE

Quoique la déshydrogénase lactique soit présente dans presque tous les tissus, on la retrouve invariablement dans le cytoplasme des cellules. Le tableau 5.6 nous donne d'ailleurs une comparaison de l'activité de la DL trouvée dans le sérum et dans certains tissus. On constate que l'activité dans les tissus est d'environ 500 fois supérieure à celle qui existe normalement dans le sérum. C'est pourquoi, le moindre dommage causé à de petites quantités de cellules libérant leur contenu dans le sérum peut augmenter, de façon très significative, la concentration de DL observée dans le sérum.

Tableau 5.6 Activité de la DL (U/g) dans les tissus humains et dans le sérum

Tissus	Unités (U/g)
Foie	260 000
Reins	250 000 – 300 000
Coeur	160 000 – 240 000
Muscles squelettiques	133 000
Sérum	16 000 – 62 000

C. PRÉLÈVEMENT

On peut utiliser du sérum ou du plasma hépariné pour doser la déshydrogénase lactique. Toutefois, les autres anticoagulants, et plus particulièrement les oxalates, doivent être évités puisqu'ils inhibent l'activité de l'enzyme. On recommande de garder à la température ambiante les échantillons de DL qui doivent être conservés plus de trois jours. Pour des périodes de conservation prolongées, le sérum doit être réfrigéré à 4°C et additionné de NAD^+ ou de glutathione pour préserver les isoenzymes d'origine hépatique.

D. INTÉRÊT CLINIQUE

Étant donné la répartition de la DL dans tous les tissus, l'élévation de la DL sérique est associée généralement à une grande variété de pathologies. Par exemple, dans l'infarctus du myocarde, la concentration de DL sérique augmente de trois à six fois sa valeur normale. Cette augmentation débute de 6 à 12 heures après l'infarctus, atteint un sommet entre 48 et 60 heures et retourne graduellement à la normale après seulement 7 à 12 jours suivant le début de l'infarctus comme l'illustre la figure 5.36.

Figure 5.36 Profil de l'activité de la DL au cours d'un infarctus du myocarde

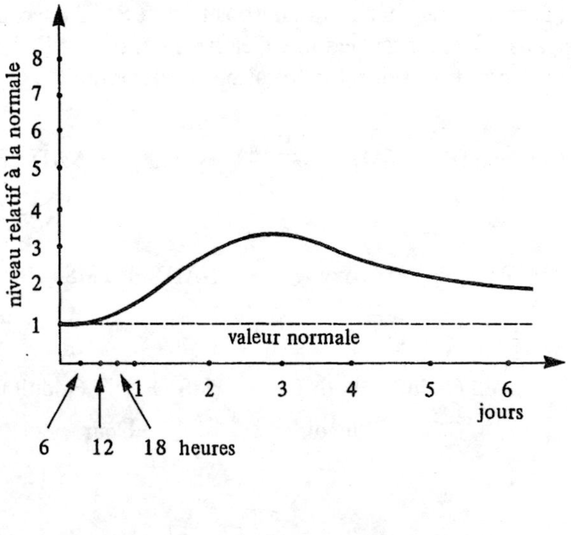

Cependant, des augmentations de DL sérique beaucoup plus importantes, 10 fois la normale par exemple, donnent une faible appréciation d'un infarctus du myocarde.

Des valeurs élevées de DL sérique sont aussi associées à des maladies du foie, l'hépatite aiguë par exemple, à la dystrophie musculaire progressive, à l'anémie hémolytique et souvent à des tumeurs malignes. Enfin, des niveaux très élevés (plus de 50 fois la normale) sont observés lors d'anémies pernicieuses (mégaloblastiques) non traitées.

E. MÉTHODE DE DOSAGE

Une multitude de méthodes ont été introduites depuis plus de vingt ans pour doser l'activité de la DL. Ces méthodes, spectrophotométriques ou colorimétriques, nécessitent les deux sens de la réaction, c'est-à-dire L → P ou P → L. Cependant, dans la majorité des méthodes, on utilise principalement la réaction inverse (P → L) qui est cinq fois plus rapide que la réaction principale (L → P) et qui se produit à un *p*H de 7,5 et à une température de 25°C. Dans les méthodes *spectrophotométriques,* on suit la réaction de façon continue en mesurant la diminution de l'absorbance à 340 nm de NADH,H qui est oxydé en NAD^+.

Dans les méthodes *colorimétriques,* il existe deux façons de suivre la réaction. La première consiste à faire réagir le pyruvate restant avec le 2,4-dinitrophénylhydrazine (2,4-DNPH) pour former la phénylhydrazone correspondante qui développe une coloration brun-doré en milieu alcalin. On mesure ce chromogène à 440 et 525 nm.

La deuxième méthode est basée sur la réduction de certains colorants comme le 2-p-iodophényl-3-nitrophényl chlorure de tétrazolium (INT) par NADH,H formé au cours de la réaction principale (L → P). La phénazine méthosulfate (PMS) sert de transporteur intermédiaire d'électrons entre NADH,H et le colorant selon les équations ci-dessous:

$$\text{L-lactate} + NAD^+ \xrightleftharpoons{DL} \text{pyruvate} + \text{NADH,H} \qquad (5\text{-}76)$$

$$\text{NADH,H} + \text{PMS (oxydé)} \rightarrow NAD^+ + \text{PMS (réduit)} \qquad (5\text{-}77)$$

$$\underset{\text{incolore}}{\text{PMS (réduit)} + \text{INT}} \rightarrow \underset{\text{bleu}}{\text{PMS} + \text{INT (réduit)}} \qquad (5\text{-}78)$$

Cette méthode colorimétrique est fréquemment utilisée pour visualiser les différentes fractions d'isoenzymes DL séparées par électrophorèse.

F. INTERFÉRENCES

Il faut prendre soin d'éviter toute hémolyse dans les échantillons puisque les érythrocytes contiennent une activité de DL 150 plus élevée que le sérum. Les oxalates sont des inhibiteurs compétitifs de la réaction pyruvate alors que les oxalates et les borates le sont pour la réaction lactate. Les réactifs à groupements sulfhydryle et EDTA sont des inhibiteurs de l'enzyme. Des concentrations excessives de l'un ou de l'autre substrat peuvent inhiber l'enzyme.

G. ISOENZYMES

La déshydrogénase lactique, tel que mentionné précédemment, est un tétramère de polypeptide de deux types différents; elle peut donc exister sous cinq formes moléculaires différentes mais d'activité enzymatique identique. On retrouve les cinq combinaisons suivantes:

- DL_1 ou H_4: prédominant au cœur et aux reins;
- DL_2 ou H_3M;
- DL_3 ou H_2M_2;
- DL_4 ou HM_3;
- DL_5 ou M_4; prédominant aux muscles squelettiques et au foie.

Note: Certains auteurs numérotent les isomères en sens inverse où H_4 devient DL_5 et M_4, DL_1.

Comme la DL est très largement répandue dans les tissus, sa seule élévation dans le sérum n'est pas toujours d'une grande utilité pour l'identification de l'organe malade. Par contre, le rapport des cinq isoenzymes de la DL peut être très utile pour le diagnostic différentiel. Le tableau 5.7 et la figure 5.37 montrent leur distribution caractéristique dans le sérum et dans les tissus. Ces différences sont particulièrement utiles pour distinguer les maladies cardiaques des maladies hépatiques.

L'infarctus du myocarde provoque une augmentation des fractions DL_1 et DL_2 dans le sang alors que l'hépatite agit sur les fractions DL_5 et DL_4 qui augmentent considérablement. Ces phénomènes sont associés à la distribution relative illustrée à la figure 5.37 et au tableau 5.7.

Figure 5.37 Distribution relative moyenne des isoenzymes de la DL dans différents tissus

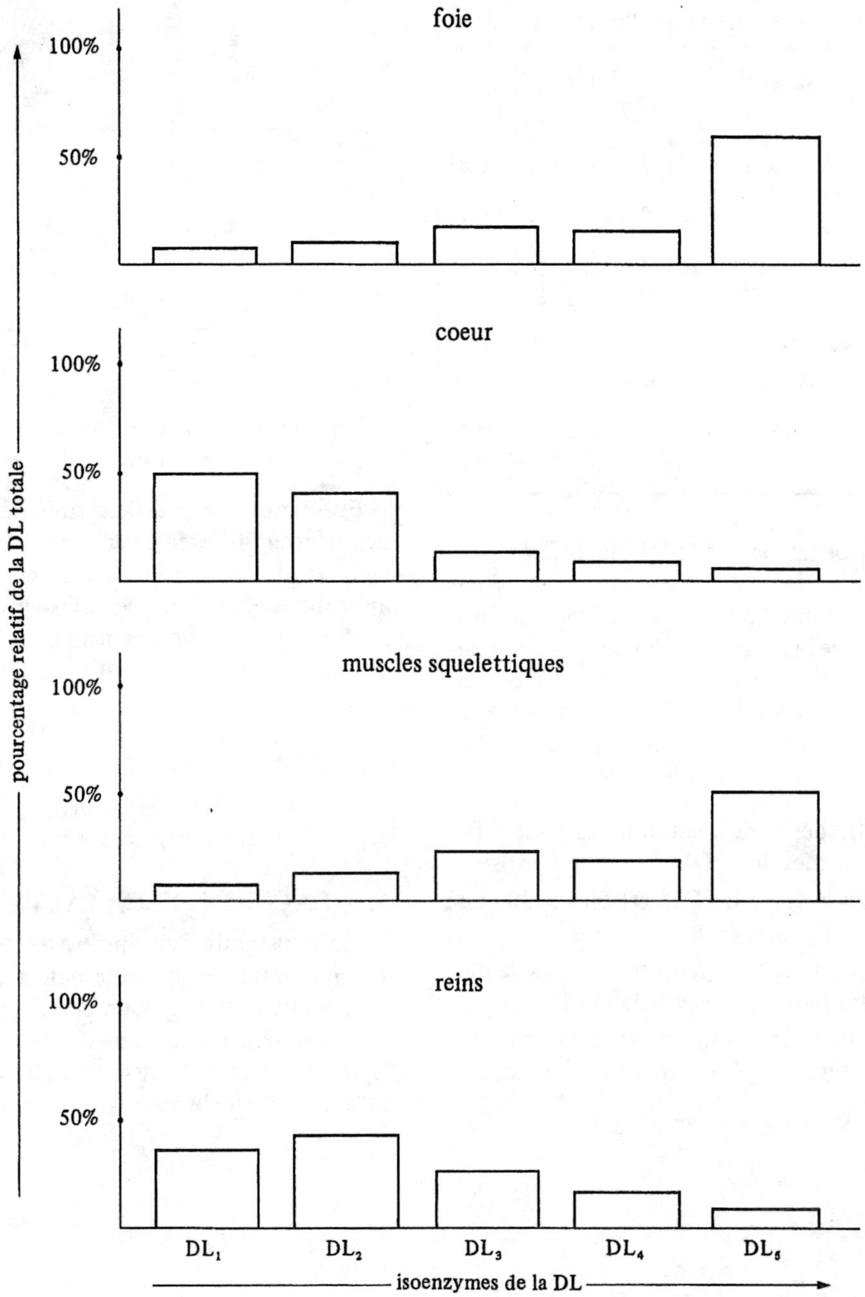

Tableau 5.7 Pourcentage relatif de l'activité des isoenzymes et leur distribution dans les tissus

Tissus	DL_1	DL_2	DL_3	DL_4	DL_5
Coeur	35-70	28-45	2-6	0-6	0-5
Reins	28	34	21	11	6
Foie	0-8	2-10	3-33	6-27	30-85
Muscles squelettiques	1-10	4-18	8-38	9-36	40-97
Cerveau	21-25	21-26	36-54	15-20	2-8
Érythrocytes	39-46	36-56	11-15	4-5	2
Poumons	10	20	30	25	15
Rate	6-10	11-15	35-40	20-28	5-20
Sérum normal	18-33	28-40	18-30	6-16	2-13

Puisque les isoenzymes de la DL ne diffèrent que par leur charge nette, ils peuvent être séparés par électrophorèse. Comme nous pouvons voir sur l'isogramme normal de la figure 5.38, les cinq isoenzymes sont clairement séparés en cinq bandes distinctes dont la plus rapide vers l'anode est l'isoenzyme DL_1 du cœur, et la moins rapide, l'isoenzyme DL_5 du foie. Les autres ont des mobilités intermédiaires.

D'autres méthodes sont aussi utilisées pour différencier les isoenzymes de la DL. Elles reposent sur:

- leur stabilité à la chaleur (DL_1 est plus stable que DL_5);
- leur réponse à un excès de pyruvate (DL_1 est la plus sensible à l'inhibition par excès de pyruvate);
- leur affinité aux résines échangeuses d'anions (DL_5 et DL_4 présentent une plus grande affinité que DL_1 et DL_2);

Figure 5.38 Isogramme normal des isoenzymes de la DL sérique avec leur pourcentage relatif

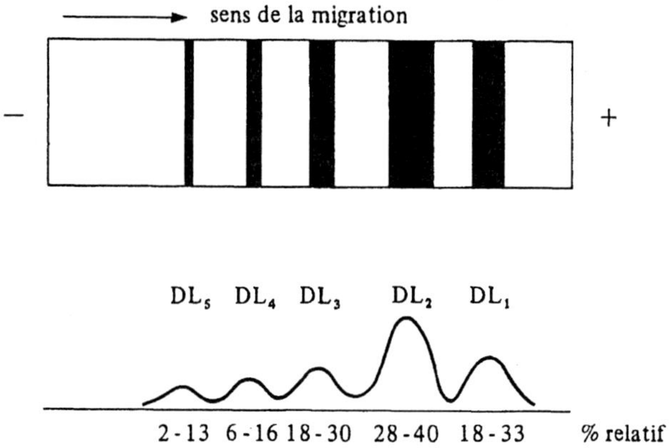

- leur degré de réactivité aux substrats autres que le pyruvate ou le lactate.

Enfin, puisque les isoenzymes de la DL présentent des affinités différentes en présence du froid ou de la chaleur, ils doivent être conservés à la température appropriée. Par exemple, les isoenzymes DL_5 et DL_4 sont particulièrement sensibles à des températures au-dessous de 0°C ou au-dessus de 50°C.

5.6.9 GAMMA GLUTAMYLTRANSFÉRASE

(EC 2.3.2.2; γ-glutamylpeptide: acide aminé γ-glutamyl transférase)

A. RÉACTION DE CATALYSE

La gamma glutamyltransférase (GGT) catalyse le transfert d'un résidu glutamate terminal (gamma) d'un peptide donneur à un peptide accepteur ou à un acide aminé. Cet enzyme est relativement peu spécifique et catalyse le transfert de glutamate en utilisant un large spectre de donneurs et de receveurs. L'équation 5-79 donne un exemple du genre de réaction catalysée par cet enzyme:

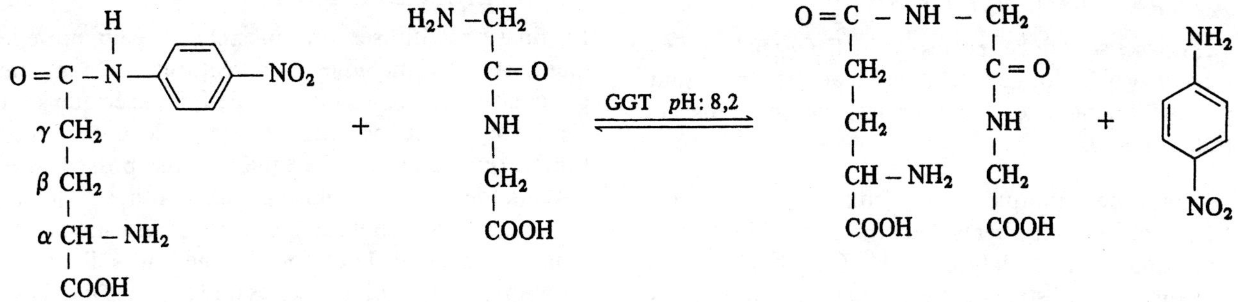

γ-glutamyl-p-nitroaniline (donneur) + glycylglycine (accepteur) → γ-glutamyl-glycylglycine

(5-79)

B. TISSUS D'ORIGINE

La gamma glutamyltransférase, que l'on trouve principalement dans le rein, présente des concentrations moins importantes mais significatives dans le foie et dans le pancréas. Les autres tissus, de même que le sérum, en contiennent aussi de très petites concentrations. Dans la cellule, l'enzyme se situe en général dans la membrane cellulaire, mais sa fonction physiologique exacte n'est pas encore parfaitement déterminée.

C. PRÉLÈVEMENT

On peut utiliser du sérum, du plasma hépariné ou avec EDTA pour doser la gamma glutamyltransférase. L'utilisation des autres anticoagulants doit être évitée. Dans le cas de sérum, on doit éviter à tout prix l'hémolyse.

D. INTÉRÊT CLINIQUE

L'élévation de la gamma glutamyltransférase dans le sérum est une bonne indication d'une maladie hépatique. On se sert souvent de la GGT en laboratoire clinique pour déterminer ou non une pathologie du foie, puisque 90% de ces maladies sont accompagnées de niveaux élevés de GGT dans le sérum. Cependant, comme les élévations de GGT, quoique sensibles au foie, sont associées à un large éventail de pathologies hépatiques, elles ne permettent pourtant pas de les différencier. C'est pourquoi, il est utile d'effectuer des tests enzymatiques associés à des données cliniques différentes pour être en mesure de poser un diagnostic différentiel.

Le niveau sérique de GGT augmente de façon dramatique dans une obstruction du tractus hépatobiliaire. La GGT est un test plus sensible que AST, ALT ou PAL dans le diagnostic de l'ictère obstructif, le carcinome hépatique ou des maladies pancréatiques. Il est aussi un enzyme important dans le diagnostic de l'hépatite ou de la cirrhose alcoolique. De plus, l'enzyme GGT est utile pour suivre l'évolution d'une hépatite aiguë, puisque c'est le dernier enzyme à revenir à la normale. La GGT sérique augmente dans les cas d'infarctus, seulement si ce dernier est accompagné de complications au foie. Dans les maladies rénales, la GGT sérique augmente légèrement alors qu'elle reste normale dans des maladies musculaires ou osseuses.

E. MÉTHODE DE DOSAGE

L'activité de la gamma glutamyltransférase est normalement mesurée aujourd'hui en utilisant le N-γ-glutamyl-p-nitroaniline ou le N-γ-glutamyl-3-carboxy-4-nitroaniline comme donneurs et la glycyglycine comme accepteur du groupement glutamate. La réaction est suivie en mesurant l'augmentation de l'absorbance à 405 nm de la p-nitroaniline formée au cours de la réaction. Celle-ci se déroule normalement à une température de 30°C, mais peut aussi se faire à 25°C ou à 37°C.

F. INTERFÉRENCES

Les deux substrats utilisés peuvent subir une hydrolyse non spécifique, particulièrement à une température au-dessus de 30°C; c'est pourquoi, des blancs de réactifs pour le substrat doivent être incorporés au cours de la manipulation.

5.6.10 LIPASE
(EC 3.1.1.3; triacylglycérol acyl-hydrolase)

A. RÉACTION DE CATALYSE

Les lipases sont des enzymes qui hydrolysent les esters de glycérol à longues chaînes d'acides gras, tout particulièrement les triglycérides, comme dans l'équation 5-80.

L'enzyme n'attaque que les deux positions α (positions 1 et 3), pour libérer deux moles d'acides gras et une mole de 2-acylglycérol (un β-monoglycéride) par mole de substrat. Cette dernière position (position β) est relativement résistante à la lipase, mais sous l'influence d'une isomérase qui transfère l'acide gras en position β sur l'une ou l'autre des positions α pour former un 3- ou un 1-acylglycérol, la lipase peut hydrolyser la troisième et dernière liaison ester.

B. TISSUS D'ORIGINE

La lipase exerce son activité dans un grand nombre de tissus, mais c'est dans le pancréas qu'on la retrouve en plus grande concentration. Tout comme l'amylase, la lipase est synthétisée dans le pancréas et secrétée dans les intestins où elle exerce une activité digestive. Cependant, contrairement à l'amylase, elle n'a pas d'autres sources cliniquement significatives. Enfin, à cause de sa masse moléculaire relativement élevée, la lipase n'est pas filtrée par les glomérules et ne se retrouve donc pas dans l'urine.

C. PRÉLÈVEMENT

Le dosage de la lipase ne se fait que sur du sérum. L'enzyme est stable pour plus d'une semaine à la température de la pièce, trois semaines s'il est réfrigéré et plusieurs mois s'il est congelé.

D. INTÉRÊT CLINIQUE

La lipase est utilisée presqu'exclusivement pour le diagnostic de maladies pancréatiques. Dans une pancréatite aiguë, les niveaux de lipase sérique sont élevés pour une période de temps beaucoup plus longue que l'amylase. Puisque la lipase possède une plus grande spécificité, plusieurs laboratoires préfèrent cet enzyme à l'amylase pour le diagnostic de la pancréatite aiguë. Toutefois, les méthodes d'analyse de la lipase sont moins précises que celle de l'amylase.

On trouve aussi des niveaux élevés de lipase sérique dans des carcinomes du foie et dans des obstructions du canal pancréatique. Dans ce dernier cas, les niveaux sériques de la lipase restent anormalement élevés pour une période d'environ sept jours après le retour à la normale de l'amylase sérique. La lipase peut aussi être élevée au cours d'une pancréatite chronique.

E. MÉTHODE DE DOSAGE

Le test de l'activité de la lipase est l'un des plus difficiles à faire avec précision. La principale difficulté provient du fait que plusieurs autres enzymes parents, qui peuvent hydrolyser des esters d'acides gras et qui ne sont pas de vraies lipases, sont également présents dans le sérum. Ces enzymes parents proviennent d'organes autres que le pancréas et peuvent donc altérer les résultats de façon significative s'ils ne sont pas inhibés correctement. Citons comme exemple, la lipase des lipoprotéines qui hydrolyse les triglycérides liées aux protéines et qui provient des cellules hépatiques.

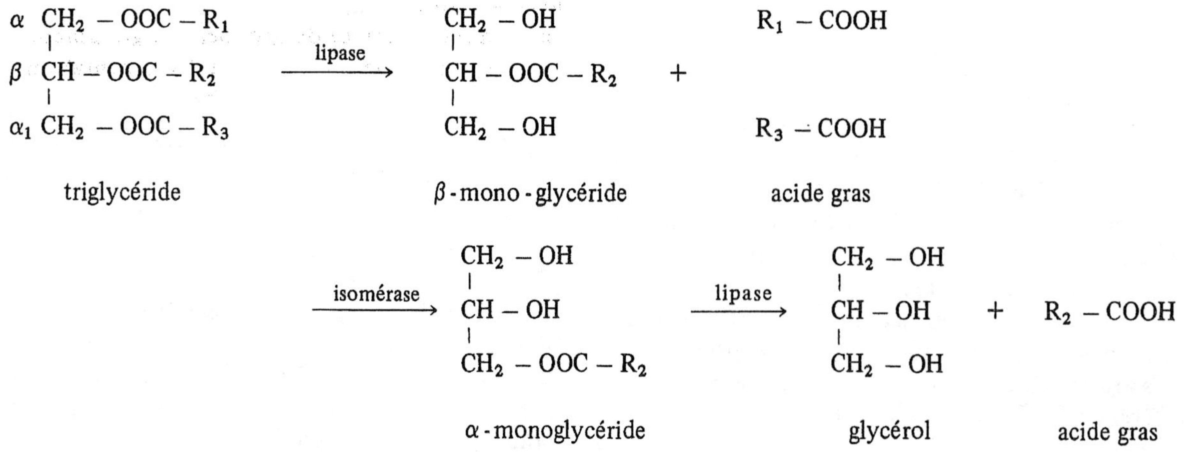

(5-80)

L'autre problème survient à cause de la lipase qui agit seulement à l'interface de deux phases non miscibles, c'est-à-dire entre un lipide-substrat et son environnement aqueux. L'activité de l'enzyme n'est donc pas strictement fonction de la concentration du substrat présent, mais de la surface de la région de substrats exposés à l'interface lipide/eau. C'est pourquoi les tests sur la lipase requièrent des émulsions micellaires de substrats dont la grosseur des particules est difficilement contrôlable.

La méthode la plus couramment utilisée est celle de Cherry-Crandall qui se sert d'une émulsion d'huile d'olive comme substrat. Le test s'effectue sur une période de 24 heures, à 37°C et dans un tampon phosphate dont le *p*H est de 7,0. La quantité d'acides gras libérés au cours de la réaction est ensuite déterminée par titrage et est proportionnelle à l'activité de la lipase. Il est possible de raccourcir le temps de réaction puisqu'on a déterminé que la moitié des acides gras hydrolysés le sont au cours des premières heures du test.

F. INTERFÉRENCES

Comme nous l'avons vu précédemment, le problème majeur consiste à contrôler adéquatement la surface des particules exposées dans l'émulsion de lipides utilisée comme substrat. De plus, l'hémoglobine étant un inhibiteur de la lipase, l'hémolyse des échantillons de sérum doit être évitée. Les acides gras libres inhibent aussi la lipase par inhibition de produit. On rencontre fréquemment les ions calcium pour favoriser la réaction puisqu'ils se lient aux acides gras et les empêchent d'agir comme inhibiteurs.

5.6.11 5'-NUCLÉOTIDASE

(EC 3.1.3.5; 5'-ribonucléotide phosphohydrolase)

A. RÉACTION DE CATALYSE

La 5'-nucléotidase est une phosphatase qui diffère des phosphatases acides et alcalines par sa spécificité de substrat. L'enzyme n'hydrolyse que le phosphate inorganique à partir de nucléosides 5'-monophosphate, comme l'adénosine 5'-monophosphate, dont la réaction d'hydrolyse est représentée par l'équation suivante:

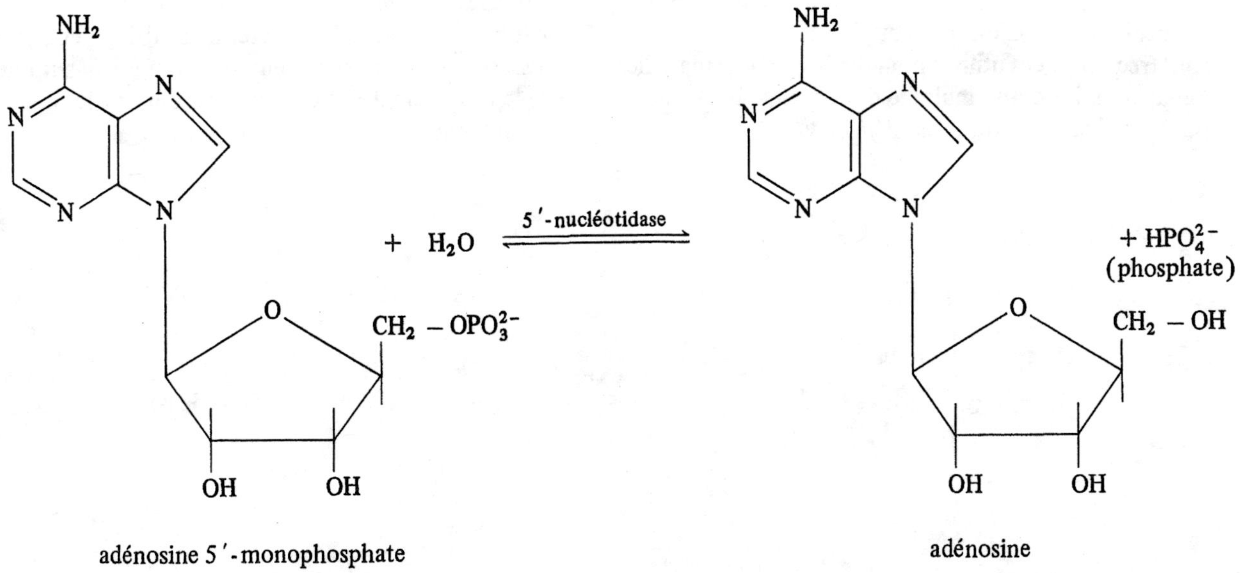

(5-81)

Le pH optimum de la réaction se situe entre 6,6 et 7,0. Enfin, l'enzyme est incapable d'hydrolyser les nucléosides 3'-monophosphate.

B. TISSUS D'ORIGINE

Plusieurs isoenzymes de la 5'-nucléotidase ont été trouvés dans un large éventail de tissus. Cependant, dans la cellule même, ils sont localisés dans la membrane cytoplasmique. Sur le plan clinique, la source la plus importante provient du tractus hépatobiliaire.

C. PRÉLÈVEMENT

On doit utiliser du sérum ou du plasma hépariné car les autres anticoagulants inhibent l'enzyme.

D. INTÉRÊT CLINIQUE

Le taux sérique de la 5'-nucléotidase s'élève dans des cas de maladies hépatobiliaires tout comme celui de la phosphatase alcaline. Cependant, l'élévation de la 5'-nucléotidase étant plus importante que celle de la phosphatase alcaline, elle devient un test plus sensible dans ce cas. De plus, la phosphatase alcaline augmente dans le cas de maladies des os alors que la 5'-nucléotidase et la GGT ne le font pas; ces dernières sont donc des tests plus spécifiques pour les maladies hépatobiliaires. C'est pourquoi, ces deux enzymes sont fréquemment utilisés pour distinguer une maladie hépatobiliaire d'une maladie des os lorsque la phosphatase alcaline sérique est déjà élevée.

E. MÉTHODE DE DOSAGE

Dans la majorité des dosages de l'activité de la 5'-nucléotidase, l'adénosine 5'-monophosphate (AMP) sert souvent de substrat et la réaction est effectuée à pH légèrement alcalin, soit 7,5. D'autres phosphatases alcalines peuvent catalyser la même réaction. C'est pourquoi, l'utilisation d'un inhibiteur différentiel permet d'identifier l'activité attribuable à la 5'-nucléotidase. Par exemple, on fait deux dosages, l'un avec des ions Ni^{2+}, l'autre sans ces ions. Les ions Ni^{2+} inhibent la 5'-nucléotidase mais non les autres phosphatases alcalines. La différence entre les activités des deux dosages représente l'activité de la 5'-nucléotidase.

F. INTERFÉRENCES

Il est possible que les ions Ni^{2+} inhibent aussi certaines phosphatases alcalines, mais il reste beaucoup de choses à clarifier à ce sujet.

5.6.12 PHOSPHATASE ACIDE

(EC 3.1.3.2; monoester d'acide orthophosphorique phosphohydrolase; milieu acide)

A. RÉACTION DE CATALYSE

La phosphatase acide (PAC) est un enzyme de la famille des phosphatases, groupe d'enzymes appelé hydrolases, qui hydrolysent une multitude d'esters phosphoriques. Le phosphate ainsi libéré peut être transféré soit sur un accepteur alcoolique, soit sur une simple molécule d'eau comme le montrent les équations suivantes.

- réaction de transfert de phosphate:

$$R_1-O-PO_3H_2 + R_2-O-H \xrightleftharpoons{PAC} R_1-O-H + R_2-O-PO_3H_2 \qquad (5\text{-}82)$$

- réaction d'hydrolyse:

$$R_1-O-PO_3H_2 + H-O-H \xrightleftharpoons{PAC} R_1-O-H + H-O-PO_3H_2 \qquad (5\text{-}83)$$

Ce qui différencie la phosphatase acide de la phosphatase alcaline est la valeur du *p*H au moment de l'activation. La phosphatase acide est activée à un *p*H inférieur à 7,0 avec un *p*H optimum qui dépend des substrats utilisés ou du tissu de provenance. Par exemple, le *p*H optimum pour le plus important isoenzyme de la PAC, celui qui provient de la prostate, se situe entre 4,8 et 5,1.

B. TISSUS D'ORIGINE

On trouve la phosphatase acide dans la glande prostatique, le foie, la rate, les os, les reins et les érythrocytes. La glande prostatique en est la source la plus importante. En effet, dans cette glande, son activité est d'environ 10^3 fois celle retrouvée dans l'ensemble des tissus où elle est présente. De plus, l'activité de la PAC d'origine prostatique constitue plus de la moitié de son activité sérique totale pour une personne en bonne santé.

C. PRÉLÈVEMENT

Le dosage de la phosphatase acide se fait à l'aide de sérum frais non hémolysé ou de plasma citraté. Les anticoagulants comme l'héparine, les oxalates et les fluorures sont à éviter. Les échantillons doivent être placés dans de la glace, la PAC étant très labile à la chaleur puisque toute élévation de température produit une augmentation du *p*H. De plus, les échantillons doivent être acidifiés avec un tampon approprié si le dosage n'est pas effectué rapidement.

D. INTÉRÊT CLINIQUE

Le dosage de la PAC, l'un des plus vieux tests utilisés en enzymologie clinique, est utile autant pour le diagnostic et la confirmation d'un cancer de la prostate à métastases que pour suivre son évolution et son traitement. Les niveaux sériques de patients atteints d'une telle maladie s'élèvent à plus de 50 fois la valeur normale. Cependant, les carcinomes prostatiques sans métastases ne produisent pas ou peu d'augmentation du niveau sérique de la PAC. Toutefois, des augmentations moyennes sont observées au cours de la maladie de Gaucher, la maladie de Paget, l'hyperparathyroïdisme primaire, l'ostéopétrose et le cancer du sein avec métastases.

E. MÉTHODE DE DOSAGE

Tout comme la phosphatase alcaline, le dosage de la phosphatase acide sérique se fait à partir d'une grande variété de substrats. C'est pourtant le p-nitrophényl-phosphate qui est le plus souvent utilisé dans un tampon citrate de *p*H 4,9 selon l'équation 5-84, c'est-à-dire :

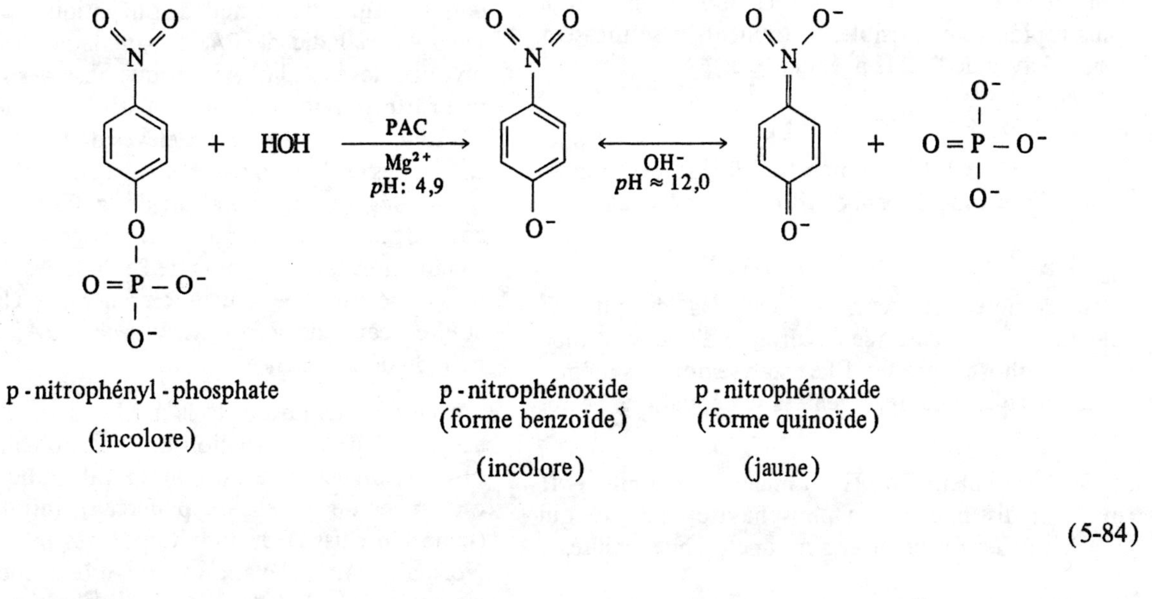

(5-84)

À la fin de la réaction, l'addition de NaOH, qui alcalinise le milieu, permet d'arrêter la réaction et de convertir la p-nitrophénol (incolore) en quinoïde qui développe une coloration jaune. La vitesse de la réaction est alors suivie en mesurant, à 410 nm, l'augmentation du degré de coloration jaune du milieu. Ceci permet de déterminer l'activité totale de la PAC. Étant donné que l'intérêt clinique réside surtout dans la mesure de l'activité de la PAC d'origine prostatique, on doit effectuer un second test, parallèlement au premier. Dans ce dernier, un *tampon tartrate* remplace le tampon citrate; le tartrate a pour effet d'inhiber l'action de la PAC d'origine prostatique uniquement. La différence entre l'activité totale de la PAC et celle inhibée par le tartrate donne l'activité de la PAC d'origine prostatique.

F. INTERFÉRENCES

Puisque les globules rouges témoignent d'une forte activité de la phosphatase acide, on doit absolument éviter toute hémolyse dans les échantillons. Comme on l'a vu plus haut, la phosphatase acide est très instable à haute température à cause de l'augmentation du *p*H qui en résulte. Ceci est très important, car dans ces conditions, le *p*H des échantillons peut augmenter très rapidement à une valeur au-dessus de 7,0 de sorte que plus de la moitié de l'activité de l'enzyme peut être perdue au cours des deux premières heures suivant le prélèvement. Pour toutes ces raisons, les échantillons doivent être placés sur la glace et soumis à l'analyse le plus rapidement possible. Autrement, le sérum sera acidifié avec de l'acide acétique.

5.6.13 PHOSPHATASE ALCALINE

(EC 3.1.3.1; monoester d'acide orthophosphorique phosphohydrolase; milieu alcalin)

A. RÉACTIONS DE CATALYSE

Tout comme la phosphatase acide, la phosphatase alcaline (PAL) catalyse l'hydrolyse d'une multitude d'esters phosphoriques. Elle catalyse donc les mêmes réactions que celles représentées aux équations 5-82 et 5-83.

Seule la valeur du *p*H du milieu réactionnel (*p*H 10,0) la distingue de la phosphatase acide, ce qui permet de les différencier avec une grande facilité.

B. TISSUS D'ORIGINE

La phosphatase alcaline est largement répandue dans les tissus corporels. On la retrouve sur ou dans la membrane cellulaire où l'on croit qu'elle joue un rôle dans le transport des phosphates. Le substrat naturel de l'enzyme et son rôle physiologique précis ne sont pas encore tout à fait connus, même si celui-ci agit sur une multitude de substrats. On trouve aussi une activité élevée de la PAL dans les épithéliums intestinaux, les ostéoblastes des os, les tubules rénaux, le foie, le placenta et les glandes mammaires. Enfin, on la retrouve dans plusieurs liquides biologiques comme le plasma, l'urine, la salive, la lymphe, le lait, la bile et les selles. Toutefois, l'activité de la PAL trouvée normalement dans le circuit sanguin est habituellement d'origine hépatique, quoiqu'elle puisse aussi être d'origine intestinale.

C. PRÉLÈVEMENT

Les échantillons de choix pour le dosage de la PAL sont le sérum non hémolysé ou le plasma hépariné. Les échantillons de la PAL doivent être analysés le plus rapidement possible après leur prélèvement puisque l'activité de l'enzyme diminue rapidement à la température de la pièce. Dans le cas contraire, les échantillons doivent être congelés. Les anticoagulants comme EDTA et les citrates sont à éviter.

D. INTÉRÊT CLINIQUE

Malgré sa faible spécificité envers ses différents substrats et sa grande distribution dans le corps, la phosphatase alcaline est depuis longtemps utilisée dans le diagnostic des maladies hépatiques et osseuses. Dans la maladie de PAGET — maladie des os — les niveaux élevés de la PAL sérique observés sont dus à une forte activité des cellules ostéoblastiques des os. On note aussi des niveaux élevés de la PAL dans le cancer des os, le rachitisme et l'ostéomalacie de même qu'une légère augmentation de la PAL sérique au cours de la guérison d'une fracture des os. L'écart des valeurs normales au cours de l'enfance est beaucoup plus important que celui qu'on rencontre à la période adulte à cause de la forte activité de la PAL durant la période de croissance.

Une augmentation de la PAL du sang est aussi associée à une obstruction des voies biliaires. Cette obstruction peut être d'origine extrahépatique (pierre ou cancer de la tête du pancréas), intrahépatique (cancer du tissu) ou induite par des médicaments. Normalement, l'élévation tend à être beaucoup plus marquée dans l'obstruction extrahépatique et peut atteindre 10 à 20 fois le niveau normal.

On remarque aussi des niveaux élevés (deux à trois fois la normale) au cours du troisième trimestre d'une grossesse. Dans un tel cas, l'élévation est d'origine placentaire.

E. MÉTHODE DE DOSAGE

Puisque le substrat physiologique précis de la PAL n'est pas encore connu, une grande variété de substrats ont été employés pour mesurer son activité. Comme pour la phosphatase acide, c'est le p-nitrophénylphosphate qui sert le plus souvent de substrat avec, cette fois, un tampon Tris de *p*H 10,3 comme dans l'équation 5-85.

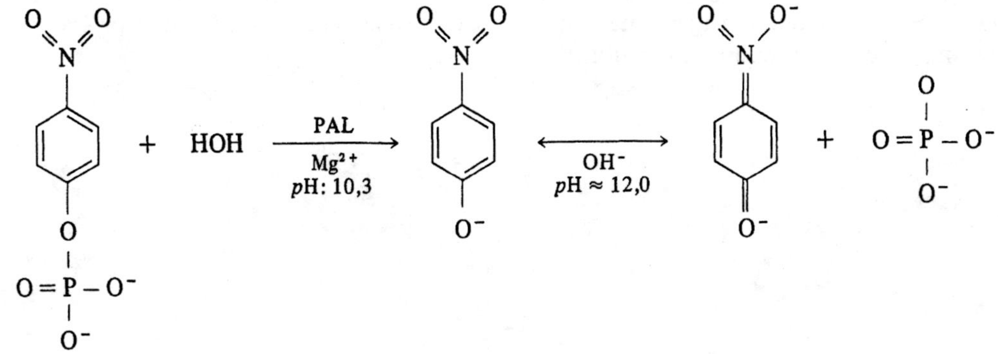

(5-85)

p-nitrophényl phosphate (incolore)

p-nitrophénoxide (forme benzoïde) (incolore)

p-nitrophénoxide (forme quinoïde) (jaune)

Le reste de la manipulation est identique à celle expliquée pour la phosphatase acide à la section précédente.

F. INTERFÉRENCES

La phosphatase alcaline requiert du Mg^{2+} comme activateur, et la présence d'agents chélateurs comme les oxalates, les citrates et EDTA inhibent donc l'activité de l'enzyme. D'autres inhibiteurs comme Zn^{2+}, Cu^{2+}, Hg^{2+}, des excès d'ions phosphates, les acides biliaires, quelques acides aminés (glycine, phénylalanine) et l'urée sont à éviter. Enfin, l'hémolyse est aussi à proscrire puisque les globules rouges sont le siège d'une forte activité de la PAL.

G. ISOENZYMES

Tous les isoenzymes de la PAL catalysent la même réaction générale décrite ci-dessus; ils ne diffèrent que par l'origine des tissus de provenance. La figure 5.39 illustre la distribution électrophorétique des isoenzymes de la PAL: on les trouve dans le foie, les muscles squelettiques, les reins, les intestins et le placenta.

Cette différenciation des isoenzymes de la PAL a une grande importance clinique dans la détermination de l'organe responsable de son augmentation dans le sérum. En effet, la différenciation la plus significative, cliniquement, est celle qui permet de distinguer la PAL d'origine hépatique de celle d'origine osseuse. Toutefois, comme l'illustre la figure 5.39, les bandes électrophorétiques des isoenzymes de la PAL peuvent se superposer.

Puisque les résultats obtenus par électrophorèse ne sont pas toujours concluants, il est nécessaire d'effectuer des tests complémentaires dans le but de permettre une meilleure différenciation et d'établir un diagnostic plus sûr. Par exemple, si les résultats de l'électrophorèse suggèrent une augmentation de l'isoenzyme placentaire (qui se superpose à ceux du foie, des os et du rein), on peut le vérifier en incubant le sérum à 65°C pendant 30 à 60 minutes. Cette

Figure 5.39 Électrophorèse de la distribution des isoenzymes de la PAL dans différents tissus

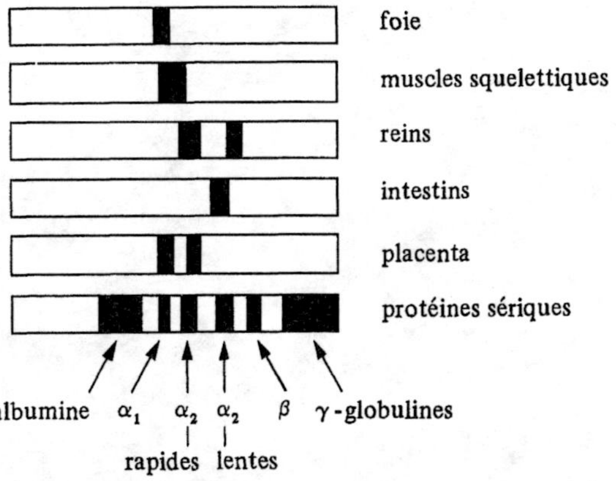

opération permet d'annuler l'activité de toutes les formes labiles de l'enzyme. Seule la PAL d'origine placentaire, qui peut supporter des températures au-dessus de 65 °C sans subir de dénaturation, est capable de résister à ce traitement alors que tous les autres isoenzymes de la PAL sont détruits à cette température. L'activité reconnue après un tel test est alors attribuée à la PAL d'origine placentaire.

D'autre part, le test de résistance à la neuraminidase, enzyme qui coupe les résidus acide sialique responsables de la charge négative des isoenzymes, permet de distinguer la PAL d'origine intestinale des autres isoenzymes. En effet, après une incubation avec la neuraminidase, seule la fraction d'origine intestinale présente une migration électrophorétique normale alors que toutes les autres fractions effectuent une migration réduite due à la perte de résidus acide sialique.

Une dernière méthode pour distinguer les isoenzymes du foie, de l'intestin ou des os consiste à incuber le sérum à 56 °C durant 10 à 15 minutes. À l'exception de l'isoenzyme placentaire qui n'est présent qu'au cours du troisième trimestre de la grossesse, c'est l'isoenzyme intestinal qui est le plus stable à cette température. Dans ces conditions, une perte d'activité de moins de 45 % permet d'identifier l'isoenzyme intestinal, une perte d'activité de 45 à 75 %, l'enzyme d'origine hépatique, alors qu'une perte d'activité de 80 % sera causée par l'isoenzyme d'origine osseuse car il est le moins stable à cette température.

6

LES VITAMINES

6.0 INTRODUCTION

Les vitamines forment une classe de composés biochimiques essentiels à la croissance et au développement normal d'un organisme. Puisque l'organisme humain ne peut synthétiser ces composés, la diète alimentaire devra les fournir soit directement comme vitamines ou soit comme précurseurs de celles-ci.

Habituellement, une déficience en vitamines conduit aux conditions pathologiques énumérées au tableau 6.1. De plus, contrairement aux autres composés inventoriés jusqu'à présent, les vitamines n'ont aucune ressemblance chimique entre elles et présentent des fonctions métaboliques très différentes. Cependant, il demeure possible de les classifier.

6.1 CLASSIFICATION

Les vitamines, selon leur solubilité, se divisent en deux catégories principales. Ce sont les vitamines *liposolubles* comme les vitamines A, D, E et K et les vitamines *hydrosolubles* comme l'acide ascorbique (vitamine C), la thiamine (vitamine B_1), la riboflavine (vitamine B_2), la niacine (niacinamide, acide nicotinique), la pyridoxine (vitamine B_6), l'acide pantothénique (vitamine B_5), l'acide lipoïque, la biotine, l'acide folique et le cyanocobalamine (vitamine B_{12}).

Quelques-unes d'entre elles servent directement de coenzymes (biotine) alors que d'autres leur servent de précurseurs ; la niacine, par exemple, peut être facilement convertie en NAD^+. Enfin, certaines ne présentent aucune fonction de coenzyme.

Voyons maintenant la structure, la source alimentaire, le rôle et la carence possible pour chacune des vitamines.

6.2 VITAMINE A

6.2.1 STRUCTURE

La vitamine A est dérivée de la *β-carotène,* appelée aussi provitamine A. La β-carotène est une molécule symétrique contenant deux noyaux β-ionone reliés par une chaîne formée de 18 carbones avec 11 liaisons doubles conjuguées de forme «*trans*» (figure 6.1). La coupure au niveau de la liaison double centrale se fait dans le foie et conduit à la formation de 2 *rétinals* qui

Tableau 6.1 Les vitamines

Nom commun	Nom chimique	Déficiences observées chez l'humain
Vitamine A	Rétinol	Xérophthalmie; Kératomalacie
Vitamine D_2 Vitamine D_3	Calciférol Cholécalciférol	Rachitisme (enfant) Ostéomalacie (adulte)
Vitamine E	α-tocophérol	Aucune
Vitamine K	Naphtoquinone	Hypoprothrombinémie; augmentation du temps de coagulation
Vitamine C	Acide ascorbique	Scorbut
Vitamine B_1	Thiamine	Béribéri
Vitamine B_2	Riboflavine	Fissures de la bouche; Désordres fonctionnels des yeux; Dermatites de la figure
Niacine	Acide nicotinique Niacinamide	Pellagre aiguë
Vitamine B_6	Pyridoxine Pyridoxal Pyridoxamine	Convulsions; Désordre du système nerveux central
Vitamine B_5	Acide pantothénique	Symptômes gastro-intestinaux; Symptômes cutanés; Insuffisance cortico-surrénalienne
Acide lipoïque	Acide lipoïque	Non connues
Biotine	Biotine	Non connues
Acide folique	Acide ptéroyl-glutamique	Anémies; Alcoolisme
Vitamine B_{12}	Cyanocobalamine	Anémie macrocytaire; Désordres du système nerveux

sont ensuite réduits, par réaction enzymatique, en 2 *rétinols*, selon le mécanisme suivant :

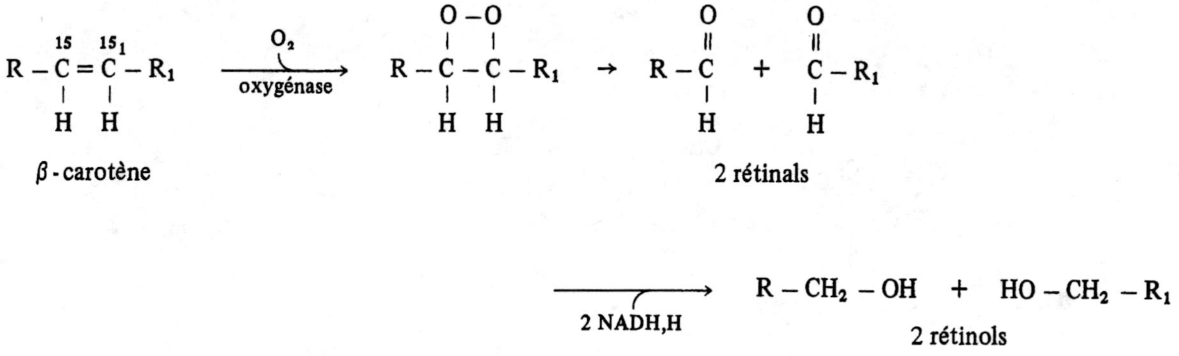

(6-1)

La vitamine A se présente sous deux formes : la vitamine A_1 et la vitamine A_2. La vitamine A_2, biologiquement moins active que la vitamine A_1, possède une liaison double supplémentaire entre les carbones C_3 et C_4 du noyau β-ionone (Figure 6.1).

Figure 6.1 Structure de la vitamine A

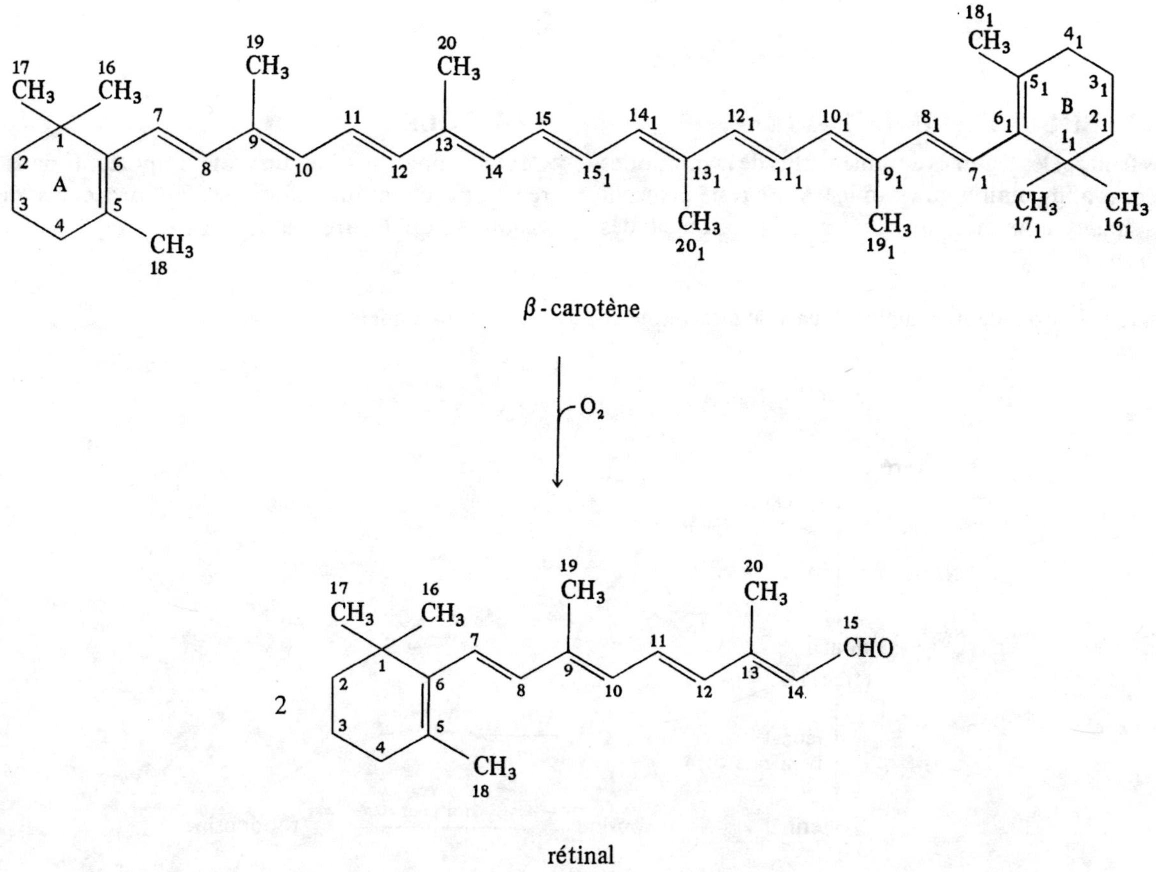

Figure 6.1 (suite)

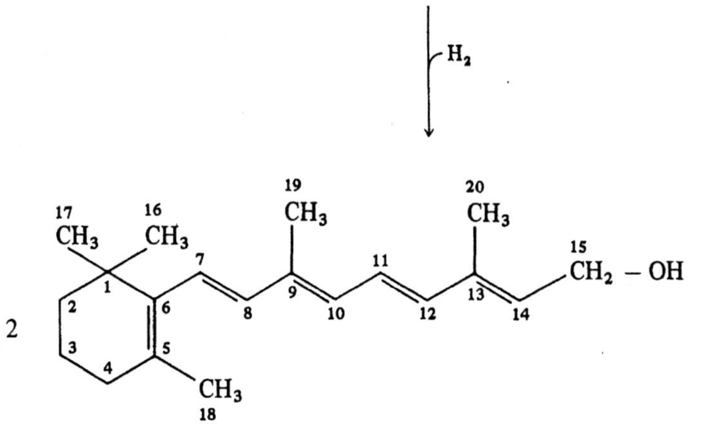

vitamine A_1

rétinol

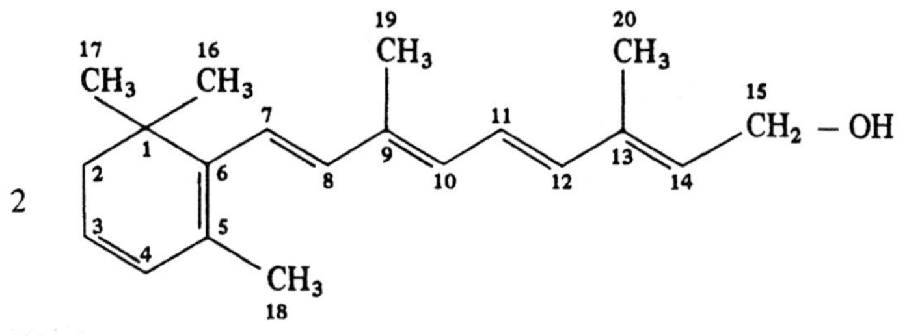

vitamine A_2

rétinol

6.2.2 SOURCE ALIMENTAIRE

Les fruits et les légumes comblent plus de la moitié des besoins alimentaires en vitamine A. Le reste provient des huiles animales, des huiles de poisson et des extraits de foie.

6.2.3 RÔLE

La vitamine A joue un rôle important dans les réactions chimiques associées au processus de la vision, tel qu'illustré à la figure 6.2.

Figure 6.2 Rôle de la vitamine A dans le mécanisme de la vision par bâtonnets

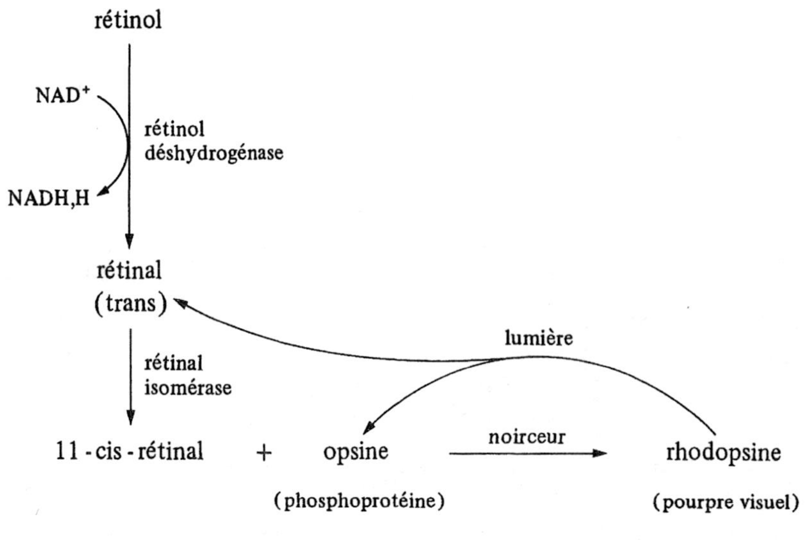

Le mécanisme fonctionne de la façon suivante. Le rétinol, déposé aux bâtonnets de la rétine de l'oeil, est oxydé par la *rétinol déshydrogénase* en rétinal de forme «trans». Ensuite, sous l'action d'une *rétinal isomérase,* le rétinal («trans») est converti en 11-cis-rétinal qui, à la noirceur, se combine à une phosphoprotéine, l'opsine, pour former la rhodopsine qui constitue le pourpre rétinien. Ce dernier, enfin, sous l'effet de la lumière, est régénéré en opsine et en rétinal («trans»).

La vitamine A est aussi nécessaire à la croissance, au développement et à la reproduction normale de l'individu. Elle est également impliquée dans la synthèse des protéines, le développement de la peau et des membranes, les réactions de transport d'électrons et le maintien de l'intégrité du tissu épithélial. En son absence, l'épithélium sécréteur normal est remplacé par un épithélium sec et kératinisé.

6.2.4 CARENCE

L'hypovitaminose A (déficience en vitamine A) produit un défaut de la vision crépusculaire puisque le taux de régénération de la rhodopsine est inférieur à son taux de dégradation. Ce défaut de vision peut conduire à la xérophtalmie, kératinisation du tissu oculaire, principale cause de cécité chez l'enfant.

Par contre, l'hypervitaminose (excès de vitamine A) produit des effets toxiques comme la perte des cheveux, l'écaillement des ongles, la somnolence, des maux de tête, des vomissements, des douleurs abdominales, une augmentation de la pression intracrânienne et une sudation excessive.

6.3 VITAMINE D

6.3.1 STRUCTURE

Le groupe des vitamines D comprend de nombreux composés, des stérols, trouvés dans la nature. Les deux plus importantes vitamines de ce groupe sont la vitamine D_2 appelée *calciférol*, et la vitamine D_3, appelée *cholécalciférol*, dont les structures sont représentées à la figure 6.3. La structure de la vitamine D_3 est la même que celle de la vitamine D_2, sauf que la chaîne latérale en position C_{17} est celle du cholestérol.

6.3.2 SOURCE ALIMENTAIRE

Les vitamines D proviennent de l'irradiation des différentes formes des provitamines D contenues dans la nature. Ainsi, la vitamine D_2 est produite par l'irradiation ultraviolette de l'ergostérol, principal stérol des plantes, alors que la vitamine D_3 est produite par l'irradiation ultraviolette du 7-déshydro-

Figure 6.3 Structure de la vitamine D

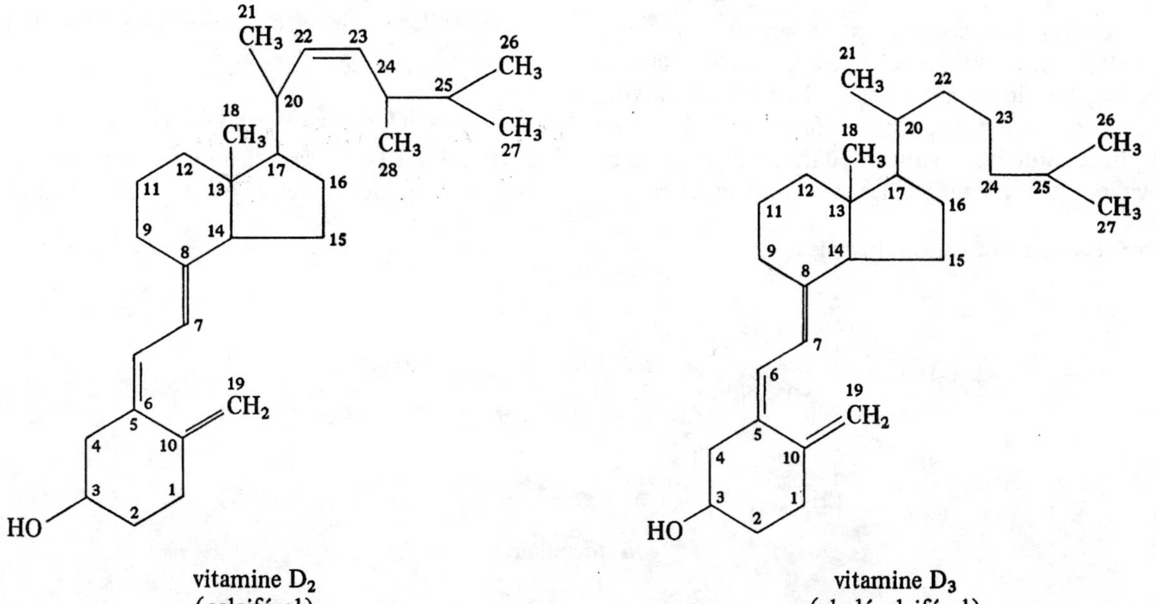

vitamine D_2
(calciférol)

vitamine D_3
(cholécalciférol)

cholestérol que l'on trouve naturellement dans l'épiderme du tissu animal. La vitamine D_3 est également présente dans l'huile de poisson et le jaune d'œuf.

6.3.3 RÔLE

La vitamine D a pour fonction principale d'augmenter l'absorption intestinale du calcium et du phosphore et de favoriser le processus de calcification des os. C'est pourquoi, l'action de la vitamine D_3 se rapproche plus de celle d'une hormone que de celle d'un cofacteur enzymatique.

6.3.4 CARENCE

La carence en vitamine D produit le rachitisme chez l'enfant ou l'ostéomalacie chez l'adulte. Bien que toutes les vitamine D possèdent des propriétés antirachitiques, leur efficacité varie considérablement selon les espèces.

Par exemple, l'ergostérol irradié (vitamine D_2) est une vitamine antirachitique puissante chez l'homme et le rat, mais non chez le poussin. Par contre, la vitamine D_3 est beaucoup plus efficace chez le poulet que chez l'homme et le rat.

6.4 VITAMINE E

6.4.1 STRUCTURE

L'activité de la vitamine E dans les aliments est attribuable à toute une série de composés végétaux, les tocophérols, dont le plus important représentant est l'α-tocophérol, illustré à la figure 6.4.

6.4.2 SOURCE ALIMENTAIRE

Les sources d'α-tocophérols alimentaires sont très nombreuses. Parmi les sources appréciables de vitamine E, mentionnons : les œufs, les viandes maigres, le foie, le poisson, le poulet, la farine d'avoine et les produits contenant beaucoup d'huiles de maïs ou de soya, comme les margarines et les mayonnaises.

6.4.3 RÔLE

La caractéristique chimique la plus importante des vitamines E est leur pouvoir anti-oxydant, surtout sur les acides gras. En effet, les acides gras polyinsaturés, facilement oxydés par l'oxygène de l'air, forment des peroxydes ; les tocophérols empêchent justement ce processus.

6.4.4 CARENCE

Chez certaines espèces animales, une déficience en vitamine E provoque la dystrophie musculaire. Toutefois, on n'a pas encore réussi à démontrer la présence d'une déficience en vitamine E chez l'homme, probablement en raison de la grande distribution des tocophérols dans la nature.

6.5 VITAMINE K

6.5.1 STRUCTURE

Un grand nombre de composés chimiques analogues à la ménadione (2-méthyl-1,4-naphtoquinone) possèdent, à des degrés divers, l'activité de la vitamine K. La vitamine K_1 possède un radical phytyle (4 unités isoprènes dont 3 sont hydrogénées) en position 3 et la vitamine K_2, un radical difarnésyle (de 6 à 8 unités isoprènes). Tous ces composés sont représentés à la figure 6.5. On retrouve la vitamine K_1 chez les végétaux et la vitamine K_2 chez les bactéries.

Cependant, plusieurs composés synthétiques, contenant la structure de la ménadione montrée à la figure 6.5, possèdent l'activité de la vitamine K. Ceci laisse donc supposer que cette portion de la molécule est essentielle à la formation d'une seconde substance qui exerce réellement les effets biologiques de la vitamine K_1.

6.5.2 SOURCE ALIMENTAIRE

La vitamine K_1 est présente dans les choux-fleurs, les pois, les céréales et les légumes verts tels que les

Figure 6.4 Structure de la vitamine E

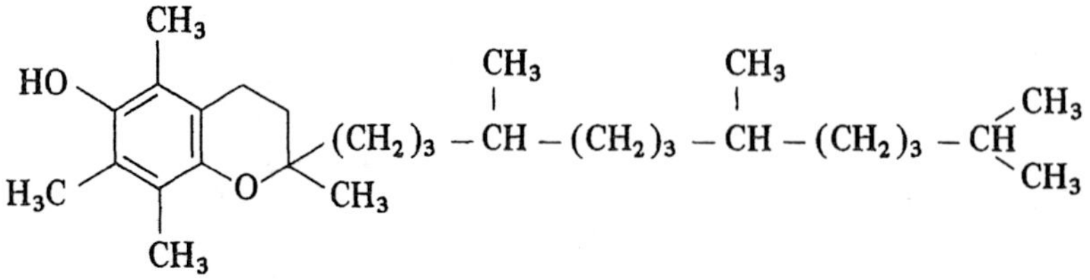

α - tocophérol

Figure 6.5 Structure de la vitamine K

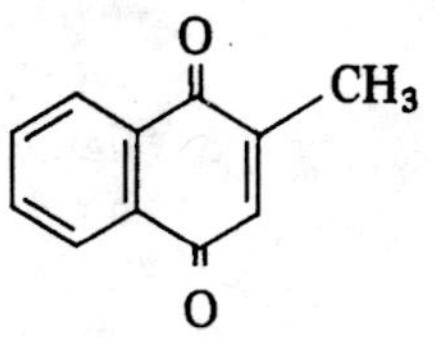

ménadione ; ménaquinone
(2-méthyl-1,4-naphtoquinone)

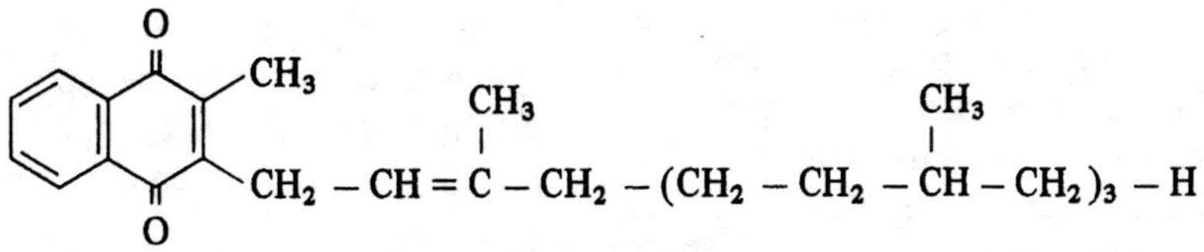

vitamine K_1 (phytyl-ménaquinone)

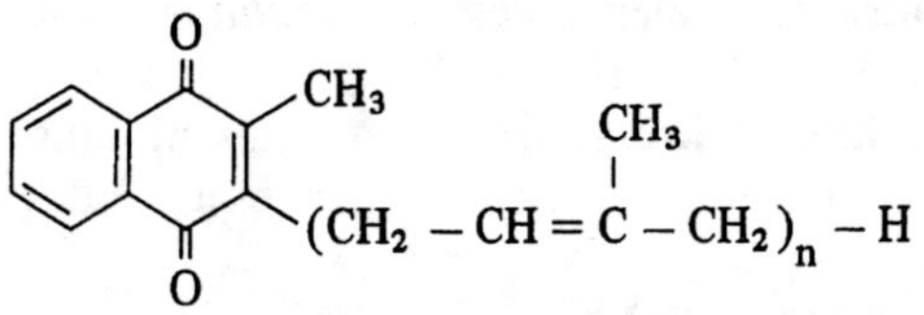

n = 6 – 9

série vitamine K_2

épinards et le chou. Quant aux vitamines K_2, elles sont synthétisées par les bactéries de l'intestin. C'est pourquoi, il est difficile de démontrer l'effet d'une carence en vitamine K sur un organisme en santé.

6.5.3 RÔLE

La fonction la mieux connue de la vitamine K est de catalyser la synthèse de la prothrombine par le foie. En conséquence, elle a une influence vitale sur le processus très complexe de la coagulation du sang.

6.5.4 CARENCE

L'absence de la vitamine K produit une hypoprothrombinémie au cours de laquelle le temps de la coagulation du sang peut être grandement prolongé.

6.6 VITAMINE C

6.6.1 STRUCTURE

La structure chimique de la vitamine C (acide ascorbique) ressemble à celle d'un monosaccharide (figure 6.6). Comme on peut le constater, l'acide ascorbique peut être facilement oxydé en acide déhydroascorbique. Les deux formes sont physiologiquement actives.

6.6.2 SOURCE ALIMENTAIRE

Les meilleures sources alimentaires de vitamines C sont les fruits citrins, les baies, les melons, les tomates, les piments verts, le chou cru et les légumes à feuilles vertes. La cuisson détruit facilement cette vitamine parce qu'elle est rapidement oxydée. Les légumes frais, hachés, subissent des pertes considérables de vitamines C.

6.6.3 RÔLE

Le rôle biochimique de l'acide ascorbique est indubitablement relié à son immense pouvoir d'agent réducteur. Les deux formes de la vitamine C constituent un excellent système d'oxydo-réduction permettant à certains composés chimiques, comme par exemple le glutathione, de retrouver leur forme oxydée (figure 6.6).

La vitamine C assure aussi la synthèse du collagène en permettant la conversion de la proline en hydroxyproline. Dans le foie, l'acide ascorbique joue de plus le rôle d'agent réducteur externe dans l'hydroxylation de l'acide p-hydroxyphénylpyruvique en acide homogentisique et dans la conversion de la dopamine en noradrénaline par les glandes surrénales.

6.6.4 CARENCE

Une déficience importante en vitamine C produit le *scorbut* dont les symptômes sont des hémorragies, le déchaussement des dents, la cicatrisation ralentie des blessures et la friabilité des os. Bref, le scorbut se caractérise par le défaut de formation et de maintien du matériel de soutien.

6.7 VITAMINE B_1

6.7.1 STRUCTURE

La thiamine, dont la structure est représentée à la figure 6.7, est une 2,5-diméthyl-6-aminopyridine combinée, par une liaison méthylénique, à un 4-méthyl-5-hydroxyéthylthiazole. Cependant, c'est sous la forme *pyrophosphate de thiamine* (TPP) que la vitamine B_1 joue un rôle très actif comme coenzyme.

6.7.2 SOURCE ALIMENTAIRE

La thiamine est largement répandue dans les tissus végétaux et animaux, mais en très petite quantité. Toutefois, parmi les sources les plus abondantes, on compte les grains de céréales bruts, le foie, le cœur, le rein et la viande maigre de porc. Comme la thiamine est hydrosoluble, elle peut être facilement perdue dans l'eau si la cuisson est inappropriée.

6.7.3 RÔLE

La thiamine, sous sa forme pyrophosphate (TPP), est le coenzyme de la décarboxylation oxydative du pyruvate ou de l'alpha-cétoglutarate par les complexes enzymatiques *pyruvate déshydrogénase* et *alpha-cétoglutarate déshydrogénase*. Elle sert aussi de coenzyme dans les réactions de transcétolation qui se produisent dans la voie des pentoses-phosphates du métabolisme des glucides (figure 8.6).

Figure 6.6 Structure de la vitamine C

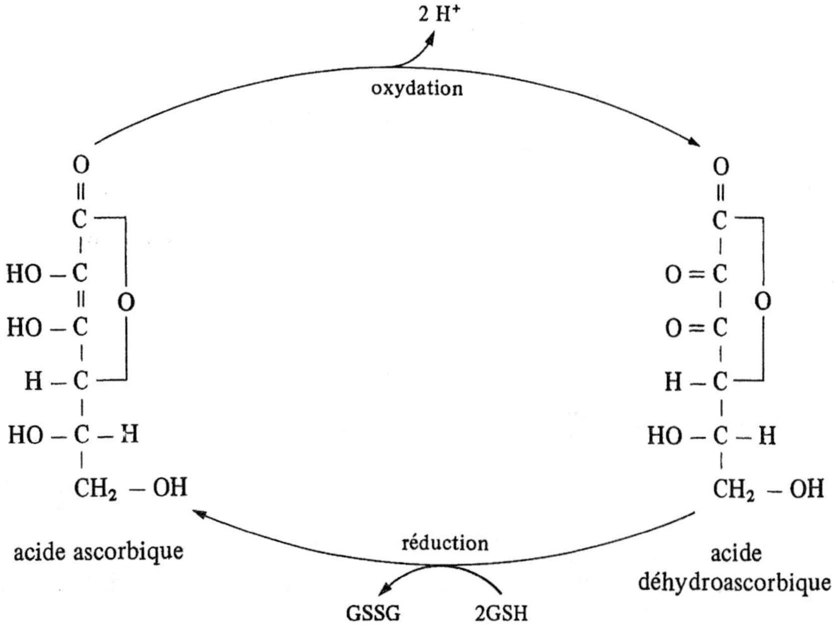

GSSG: glutathione oxydée
GSH: glutathione réduite

Figure 6.7 Structure de la vitamine B

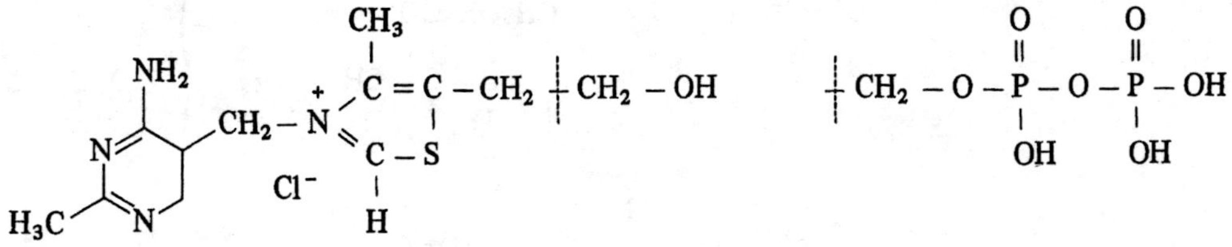

2,5 - diméthyl-
6 - aminopyridine

4 - méthyl - 5 - hydroxy-
éthylthyazole

thiamine

thiamine pyrophosphate
(coenzyme TPP)

6.7.4 CARENCE

La déficience en vitamine B_1 affecte principalement le système nerveux périphérique, le tractus gastro-intestinal, le système cardio-vasculaire et peut provoquer le béribéri. La thiamine est donc un élément important dans le traitement du béribéri.

6.8 VITAMINE B_2

6.8.1 STRUCTURE

La riboflavine (vitamine B_2) est formée d'un sucre alcoolique, le D-ribitol, attaché au 7,8-diméthyl isoalloxazine dont la structure est présentée à la figure 6.8. Elle existe sous deux formes dans les divers systèmes enzymatiques nécessitant la présence du groupement prosthétique flavine, soit la flavine mononucléotide (FMN) et la flavine adénine dinucléotide (FAD) (figure 6.8).

6.8.2 SOURCE ALIMENTAIRE

La riboflavine est largement distribuée dans les règnes animal et végétal. Certaines bactéries, ainsi que les levures, sont des sources très riches de cette vitamine. Le lait, le foie, le rein et le cœur en contiennent en grande quantité de même que la majorité des légumes. La concentration en riboflavine de l'avoine, du blé, de l'orge et du maïs s'accroît considérablement au cours de la germination.

6.8.3 RÔLE

La riboflavine est un constituant essentiel de plusieurs systèmes enzymatiques impliqués dans le métabolisme intermédiaire. Ces enzymes portent le nom de *flavoprotéines.* La phosphorylation de la riboflavine, qui se produit dans les muqueuses intestinales, est d'abord nécessaire à son absorption, puis à son action.

Ainsi, le rôle physiologique des deux formes phosphorylées de la riboflavine (FMN et FAD) est d'agir comme groupement prosthétique sur un grand nombre d'enzymes du métabolisme général qui catalysent des réactions d'oxydo-réduction dont le mécanisme est donné par la relation suivante :

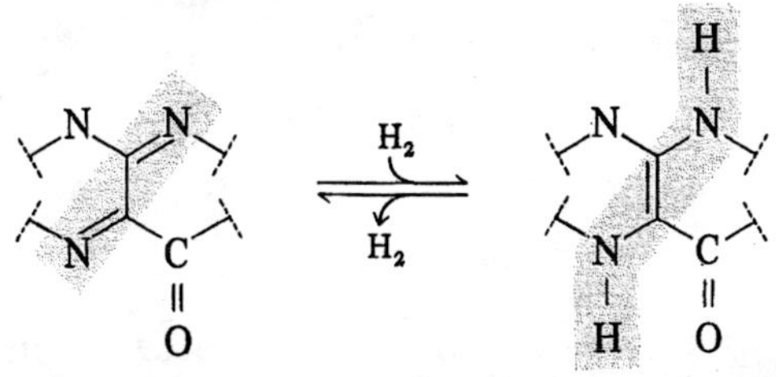

(forme oxydée)
jaune

(forme réduite)
incolore

(6-2)

6.8.4 CARENCE

Une déficience en riboflavine entraîne des lésions des lèvres, des fissures aux commissures de la bouche, des dermatites localisées dans la figure, un type particulier de glossite (langue magenta) et certains désordres fonctionnels et organiques des yeux. Cependant, ces signes ne sont pas dus à la seule déficience en riboflavine et peuvent être le résultat de diverses conditions.

6.9 NIACINE

6.9.1 STRUCTURE

La niacine est le terme reconnu pour désigner l'acide nicotinique, vitamine dont le dérivé amide, nicotinamide ou niacinamide, est la forme biochimiquement active (figure 6.9).

Figure 6.8 Structure de la vitamine B_2

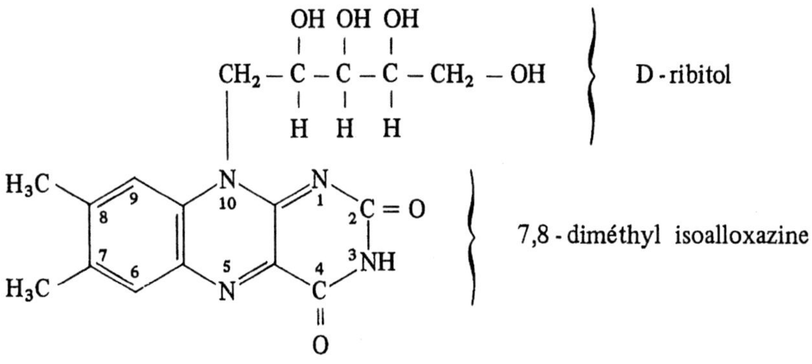

riboflavine

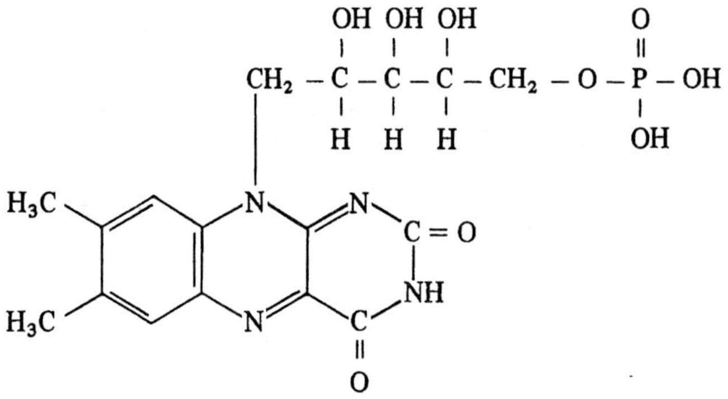

flavine mononucléotide (FMN)
(riboflavine monophosphate)

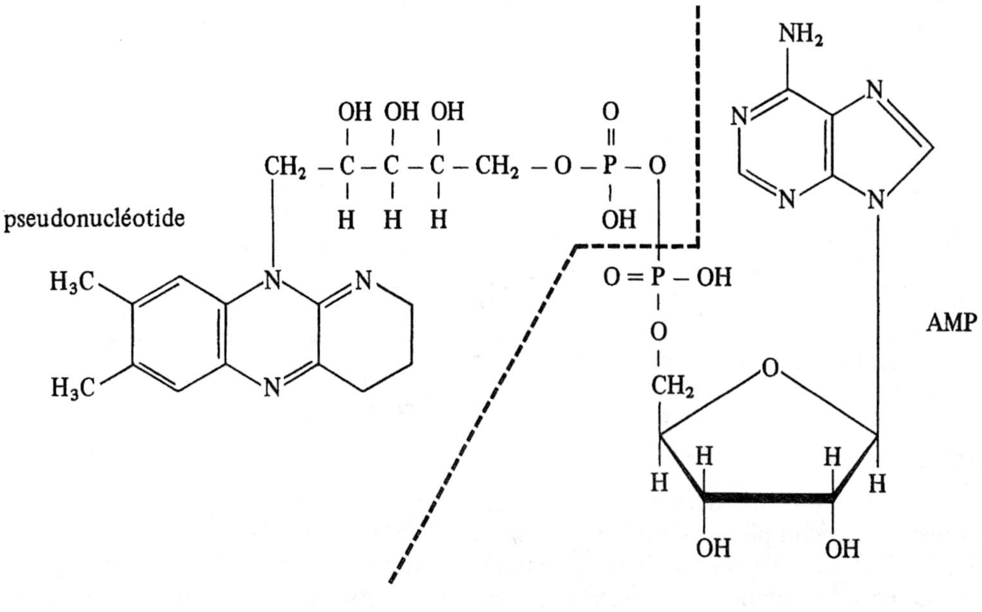

flavine adénine dinucléotide (FAD)

Figure 6.9 Structure de la niacine

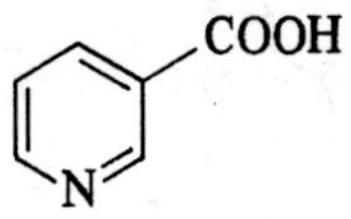

acide nicotinique

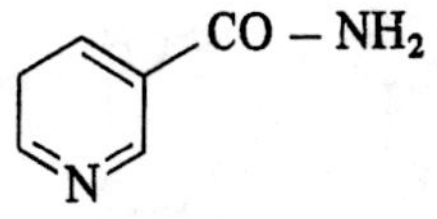

nicotinamide
(niacinamide)

6.9.2 SOURCE ALIMENTAIRE

On trouve la niacine en abondance dans la levure, les viandes maigres, le foie et les volailles. Sans être considérés comme excellentes sources de cette vitamine, le lait, les tomates, le saumon en boîte et plusieurs végétaux à feuilles vertes en fournissent suffisamment pour prévenir l'avitaminose. Cependant, la plupart des fruits et des légumes sont pauvres en niacine.

6.9.3. RÔLE

Le nicotinamide joue un rôle extrêmement important en tant que constituant de deux coenzymes très répandus : le nicotinamide adénine dinucléotide (NAD^+) et le nicotinamide adénine dinucléotide phosphate ($NADP^+$). Ces deux coenzymes, dont les structures sont illustrées à la figure 7.4, agissent comme agent de transfert d'hydrogène et d'électrons au cours de réactions d'oxydo-réduction et jouent donc un rôle vital dans le métabolisme général.

Enfin, la niacine est une vitamine inhabituelle puisque, contrairement aux autres, elle peut être synthétisée par l'organisme humain à partir du tryptophane par les bactéries intestinales, ce qui permet de penser qu'une partie de cette niacine peut être absorbée et utilisée par les tissus.

6.9.4 CARENCE

Une déficience en niacine cause la pellagre aiguë chez l'homme. Très souvent, ces patients présentent des symptômes causés par un manque de vitamines autres que la niacine puisque les carences vitaminiques ne surviennent jamais seules. Néanmoins, les principaux symptômes de la pellagre tels la dermatite, la diarrhée, la démence, la stomatite et la glossite répondent de façon spectaculaire à un traitement à la niacine.

6.10 VITAMINE B_6

6.10.1 STRUCTURE

Le groupe des vitamines B_6 est fait du mélange de trois formes des composés suivants : le pyridoxal, la pyridoxine et la pyridoxamine (figure 6.10).

6.10.2 SOURCE ALIMENTAIRE

Les trois formes de la vitamine B_6 sont largement distribuées dans la nature. Parmi les bonnes sources de cette vitamine se trouvent la levure, le foie, certains grains comme le blé et le maïs, et jusqu'à un certain point, le lait, les œufs et les légumes verts feuillus. Il est peu probable que les rations alimentaires équilibrées soient déficientes en vitamine B_6.

6.10.3 RÔLE

Les trois formes de la vitamine B_6 sont les précurseurs de dérivés plus actifs de la vitamine, soit les phosphates de pyridoxal et de pyridoxamine présentés à la figure 6.10. En effet, le phosphate de pyridoxal est le groupement prosthétique des enzymes qui procèdent à la décarboxylation, la désamination et la transamination des acides aminés. Il existe donc une vingtaine de réactions différentes impliquant le phosphate de pyridoxal.

Le principal métabolite de la vitamine B_6 excrété dans l'urine est l'acide 4-pyridoxique (figure 6.10). Environ 90% de toute la pyridoxine administrée à l'homme est rapidement convertie en acide 4-pyridoxique et excrétée comme tel dans l'urine.

6.10.4 CARENCE

Une légère déficience en vitamine B_6 produit une dermatite, alors qu'une déficience grave cause des convulsions similaires à celles produites par l'épilepsie et indique un désordre profond du système nerveux central.

6.11 VITAMINE B_5

6.11.1 STRUCTURE

L'acide pantothénique n'existe pas sous forme libre. Il est un constituant essentiel d'un composé très important dans le métabolisme général de plusieurs espèces : le *coenzyme-A* illustré à la figure 6.11.

Figure 6.10 Structure de la vitamine B_6

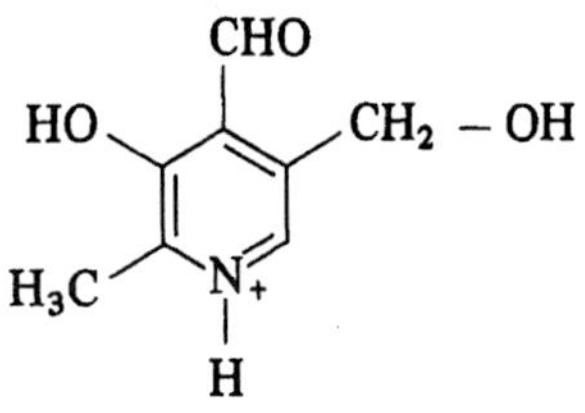

pyridoxal

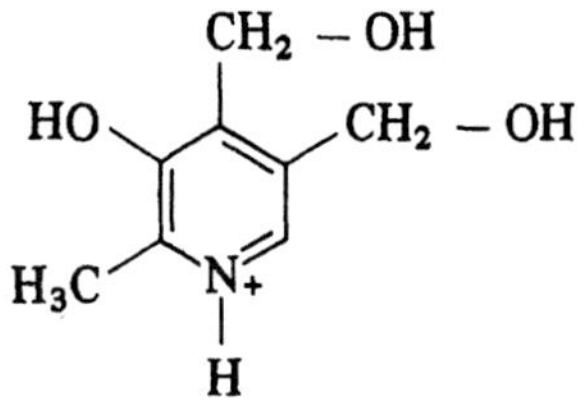

pyridoxine

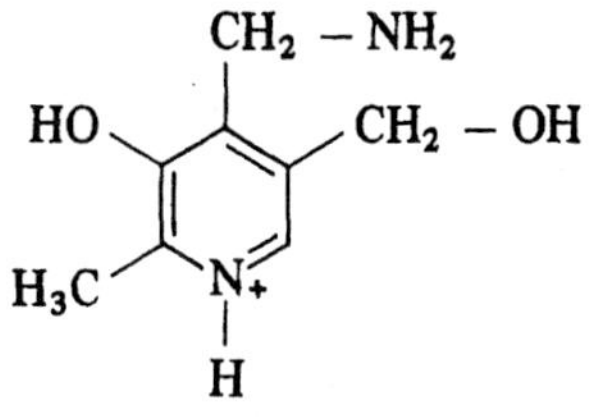

pyridoxamine

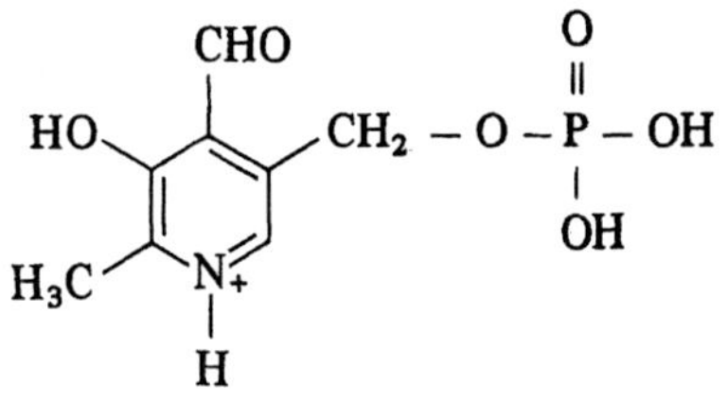

phosphate de pyridoxal

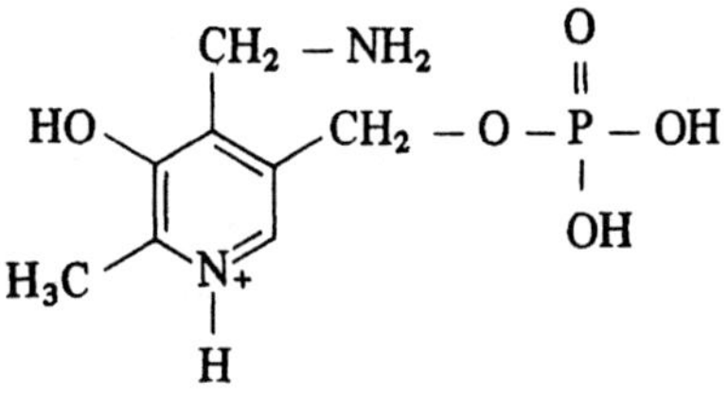

phosphate de pyridoxamine

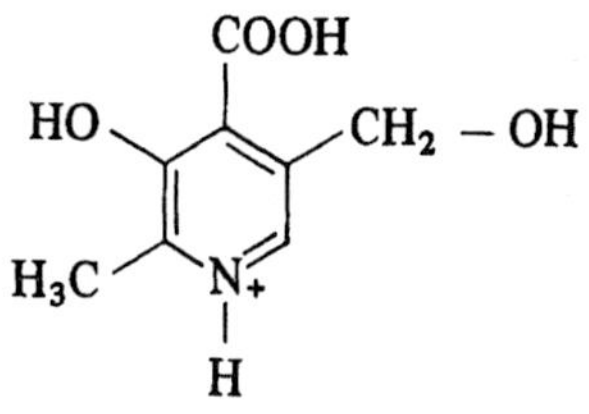

acide 4 - pyridoxique

6.11.2 SOURCE ALIMENTAIRE

L'acide pantothénique est largement répandu dans les aliments, particulièrment ceux d'origine animale, dans les céréales à grains entiers et dans les légumes. On en retrouve beaucoup dans le jaune d'œuf, le rein, le foie et la levure. Le brocoli, la partie maigre du boeuf, les patates sucrées et la mélasse en contiennent modérément.

6.11.3 RÔLE

Comme constituant du coenzyme-A, l'acide pantothénique est essentiel à plusieurs réactions fondamentales du métabolisme général. En effet, la présence du coenzyme-A est extrêmement importante dans le métabolisme des sucres, des lipides, des protéines, du cholestérol ainsi que dans plusieurs réactions d'acétylation.

La combinaison du métabolite activé par le coenzyme-A, dans toutes les réactions où celui-ci intervient, se fait sur le groupement sulfhydryl (–SH) de la portion pantéthéine, grâce à une liaison sulfurée à haute énergie. Il est habituel de représenter la structure du coenzyme libre (réduit) par la formule abrégée CoA-SH, formule dans laquelle seul le groupement réactif (–SH) du coenzyme est indiqué.

6.11.4 CARENCE

En raison de l'importance du CoA-SH, les symptômes d'une carence en acide pantothénique affectent une telle variété de tissus que l'importance de cette vitamine dans le métabolisme cellulaire ne fait aucun doute. Cette carence se manifeste par des symptômes gastro-intestinaux et des symptômes cutanés comme la cornification, la dépigmentation, la desquamation

Figure 6.11 Structure de la vitamine B_5 et du coenzyme-A

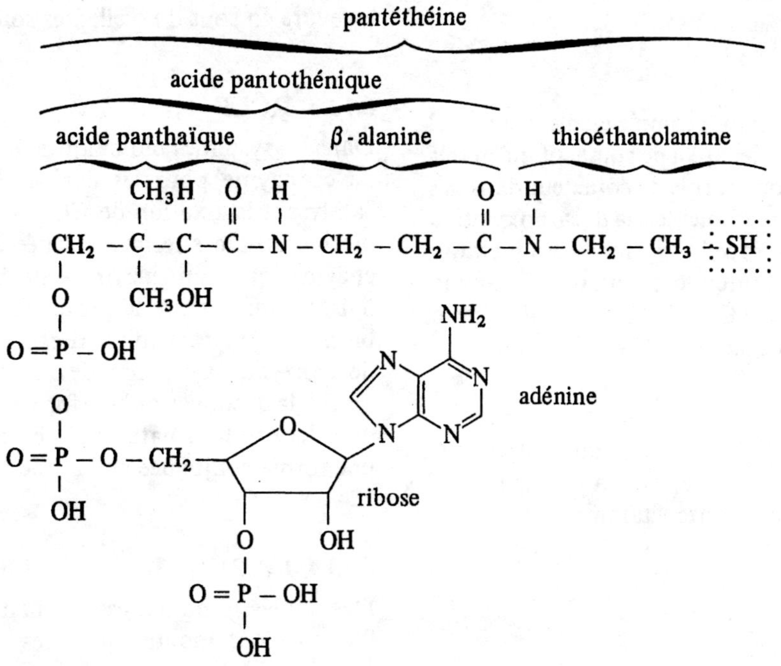

coenzyme-A (CoA-SH)

et l'alopécie. Un manque de cette vitamine affecte aussi les glandes surrénales, entraînant des hémorragies et la nécrose du cortex surrénalien. Si la carence persiste, la glande cesse de fonctionner, produisant un état aigu d'insuffisance cortico-surrénalienne, accompagnée d'une prostration et d'une déshydratation fatale.

6.12 ACIDE LIPOÏQUE

6.12.1 STRUCTURE

L'acide lipoïque existe sous deux formes: la forme oxydée et la forme réduite, représentées à la figure 6.12.

Figure 6.12 Structure de l'acide lipoïque

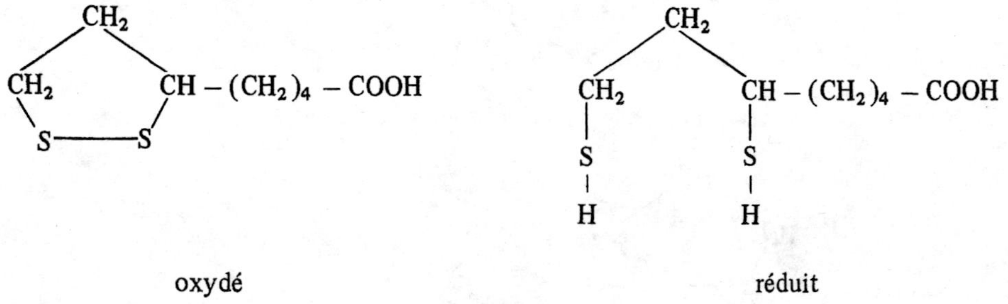

acide lipoïque

6.12.2 SOURCE ALIMENTAIRE

L'acide lipoïque se rencontre dans une grande variété de substances naturelles ; le foie et les levures en sont une excellente source.

6.12.3 RÔLE

L'acide lipoïque est reconnu comme élément essentiel dans le métabolisme, bien qu'il ne soit actif qu'en très faibles quantités. Il joue le rôle de cofacteur dans des complexes multienzymatiques tels la décarboxylation oxydative du pyruvate et celle de l'alpha-céto-glutarate (figure 8.4) qui comprennent aussi la thiamine, l'acide pantothénique (CoA-SH), la riboflavine et des dérivés de la nicotinamide (FMN, FAD).

6.12.4. CARENCE

La nécessité de l'acide lipoïque dans l'alimentation n'a pas encore été démontrée, car on n'a jamais réussi à produire une carence de cette vitamine.

6.13 BIOTINE

6.13.1 STRUCTURE

À l'état libre, la biotine possède la structure illustrée à la figure 6.13.

Figure 6.13 Structure de la biotine

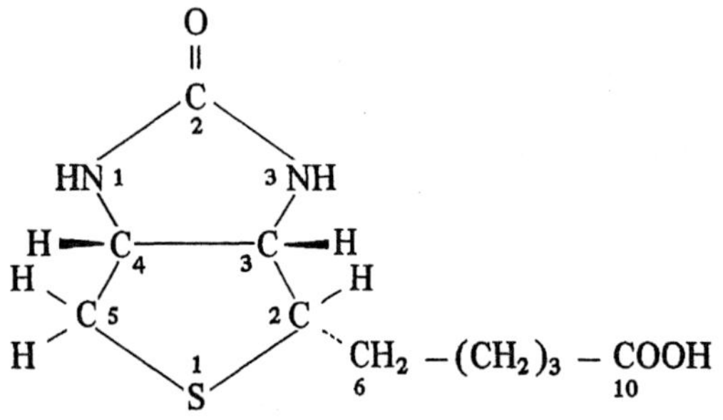

biotine

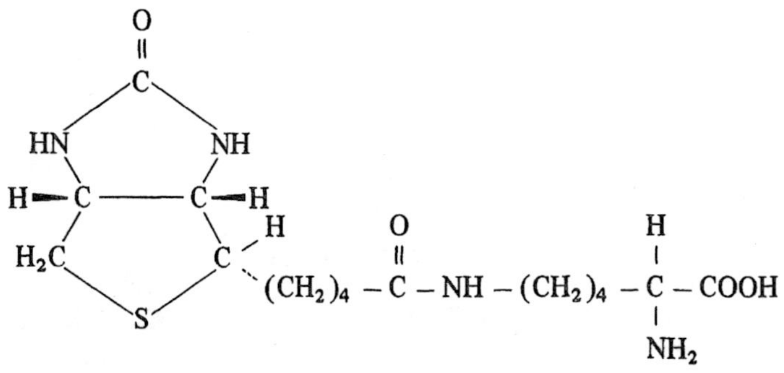

biocytine

6.13.2 SOURCE ALIMENTAIRE

La biotine est présente dans nombre d'aliments naturels. Le jaune d'œuf, le rein, le foie, les tomates et la levure en sont d'excellentes sources.

6.13.3 RÔLE

Dans les systèmes biologiques, la biotine joue le rôle de coenzyme pour les *carboxylases,* enzymes qui catalysent la fixation de CO_2 ou carboxylation. La biotine est alors fermement liée à la partie protéine enzymatique (apoenzyme), probablement par une liaison amide entre le groupement carboxyle de la biotine et l'azote terminal (epsilon) d'un résidu lysine de l'enzyme. Ce genre de liaison a permis, entre autres, la découverte d'une forme combinée de biotine dans les produits naturels, la biocytine (figure 6.13), une forme conjuguée de biotine-lysine.

6.13.4 CARENCE

Des études minutieuses du bilan de la biotine chez l'homme ont montré que, très souvent, l'excrétion urinaire de biotine excédait l'apport alimentaire. Il est donc difficile de concevoir une carence alimentaire de biotine dans des circonstances ordinaires.

6.14 ACIDE FOLIQUE

6.14.1 STRUCTURE

L'acide folique (acide ptéroyl-glutamique) résulte de l'association d'une ptéridine, de l'acide p-aminobenzoïque et de l'acide glutamique (figure 6.14). Il existe au moins trois composés chimiquement apparentés qui sont des ptéroyl-glutamates. Ces trois composés ne diffèrent que par le nombre de résidus d'acide glutamique attachés au complexe ptéridine-acide p-aminobenzoïque.

6.14.2 SOURCE ALIMENTAIRE

Les principales sources d'acide folique sont les légumes frais à feuilles vertes, le chou-fleur, le rein et le foie. Cependant, la vitamine est très instable à la cuisson.

6.14.3 RÔLE

Les coenzymes de l'acide folique régissent spécifiquement les réactions biochimiques impliquant le transfert et l'utilisation d'une fraction monocarbonée (formate, formaldéhyde). Mais avant de pouvoir

Figure 6.14 Structure de l'acide folique

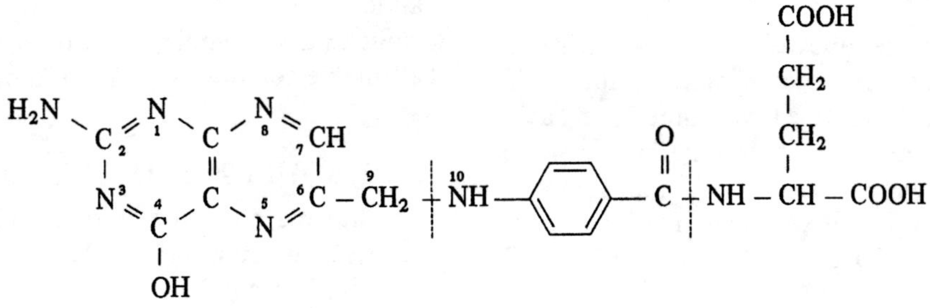

2-amino-4-hydroxy-6-méthyl ptéridine — acide p-amino-benzoïque — acide glutamique

acide folique

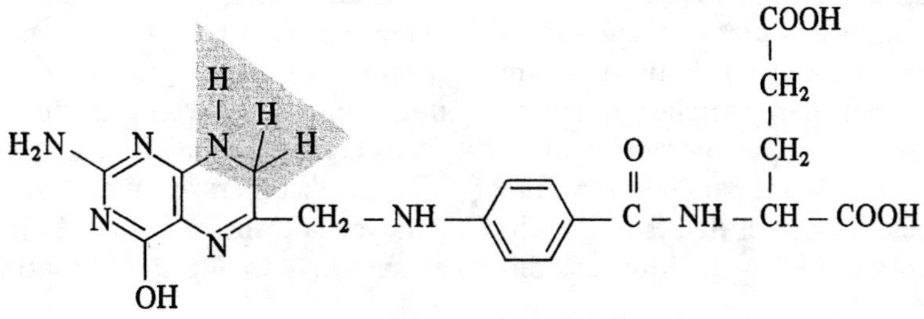

acide dihydrofolique (DHF)

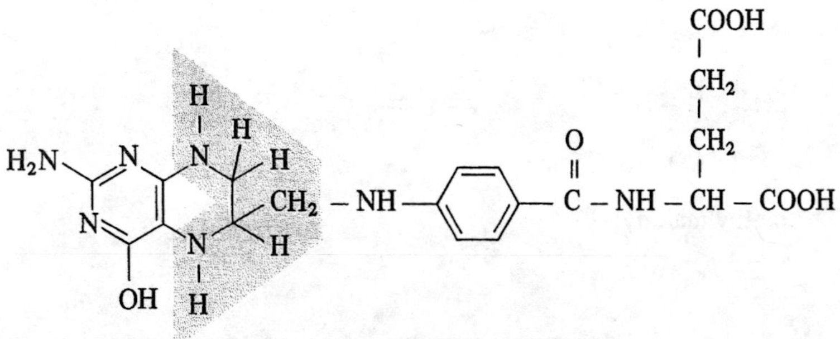

acide tétrahydrofolique (THF)

jouer ce rôle, l'acide folique (F) doit d'abord être réduit en acide 7,8-dihydrofolique (DHF), puis en acide 5,6,7,8-tétrahydrofolique (THF) (figure 6.14) selon les équations suivantes :

$$\text{F (acide folique)} + \text{NADPH,H} \xrightarrow{\text{folate réductase}} \text{DHF} + \text{NADP}^+ \qquad (6\text{-}3)$$

$$\text{DHF} + \text{NADPH,H} \xrightarrow{\text{dihydrofolate réductase}} \text{THF} + \text{NADP}^+ \qquad (6\text{-}4)$$

Normalement, l'unité formate utilisée sert à la synthèse des pyridines, des purines, de la sérine et de la glycine.

6.14.4 CARENCE

Il est difficile d'évaluer une déficience isolée de l'acide folique puisqu'elle peut accompagner d'autre déficiences vitaminiques comme la vitamine B_{12} et l'acide ascorbique. Toutefois, il est permis d'associer une déficience de l'acide folique à l'alcoolisme, aux anémies hémolytiques, aux tumeurs malignes et aux anémies survenant au cours de l'enfance et de la grossesse.

6.15 VITAMINE B_{12}

6.15.1 STRUCTURE

La structure de la vitamine B_{12}, représentée à la figure 6.15, est une cyanocobalamine. La portion centrale de la vitamine est constituée de quatre noyaux pyrrole réduits, considérablement substitués et ayant à leurs sommets un atome de cobalt (Co). Cette structure ressemble à celle des porphyrines ; elle en diffère seulement par deux des noyaux pyrrole (les noyaux I et IV), unis directement plutôt que par l'intermédiaire de ponts méthyléniques. Au-dessus du système cyclique se trouve un riboside, le 5,6-diméthylbenzimidazole, relié par une extrémité à l'atome central de cobalt. L'autre extrémité, par l'intermédiaire d'une molécule de ribose, d'un phosphate et d'un aminopropanol, est reliée à une chaîne latérale située sur l'anneau IV du noyau tétrapyrrolique. Un groupement cyanure (CN) est uni par une liaison de coordinence à l'atome de cobalt pour former la cyanocobalamine.

6.15.2 SOURCE ALIMENTAIRE

Les aliments d'origine animale sont les principales sources de la vitamine B_{12} ; les plus riches sont le foie et le rein. Les viandes maigres, le lait, le fromage et les œufs en contiennent aussi, mais en moindre quantité. Cette vitamine est pratiquement absente des produits provenant des plantes supérieures.

6.15.3 RÔLE

La vitamine B_{12} fait partie de la structure du coenzyme-B_{12} (figure 6.15). En effet, sur le coenzyme, la position de l'ion cyanure de la vitamine est lié directement au carbone 5' du ribose de l'adénosine. Dans le tissu animal, le coenzyme-B_{12} favorise l'activité de l'isomérase (méthyl-malonyl mutase) qui catalyse la transformation du méthyl-malonyl-CoA en succynyl-CoA selon l'équation suivante :

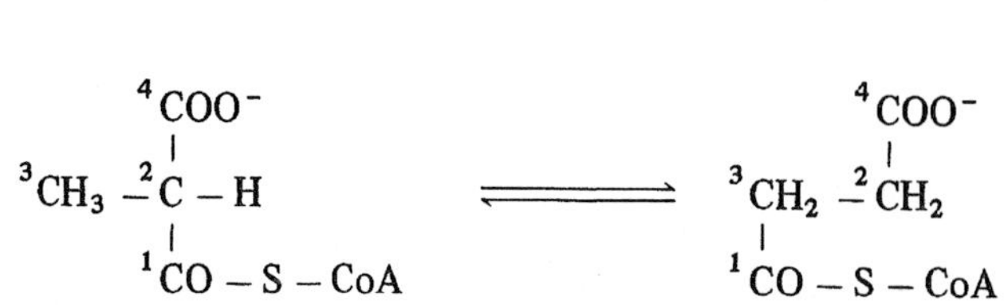

méthylmalonyl - CoA succinyl - CoA (6-5)

6.15.4 CARENCE

Le signe le plus caractéristique d'une carence en vitamine B_{12} chez l'homme est le développement d'une anémie macrocytaire ou de lésions caractéristiques du système nerveux ou encore les deux à la fois. Comme la vitamine B_{12} exerce aussi un effet important sur la formation des acides nucléiques, il n'est pas surprenant qu'une déficience en vitamine B_{12} dégrade, de façon importante, la fonction du système hématopoïétique. Un manque de vitamine B_{12} produit aussi des altérations dans les cellules épithéliales du tractus gastro-intestinal.

La carence en vitamine B_{12} est produite par un défaut d'absorption au niveau de l'iléon. En effet, l'absorption intestinale de la vitamine B_{12} dépend de la présence d'acide chlorhydrique et d'un constituant du suc gastrique appelé *facteur intrinsèque* (une mucoprotéine). La vitamine B_{12} doit absolument se lier à ce facteur intrinsèque pour être absorbée. Si ce facteur est absent, la vitamine B_{12} n'est pas absorbée, ce qui produit les désordres énumérés plus haut.

6.16 MÉTHODES DE DOSAGE DES PRINCIPALES VITAMINES

Nous allons étudier ici les méthodes de dosage des vitamines couramment demandées dans les laboratoires cliniques actuels : la vitamine A, l'acide folique et la vitamine B_{12}.

6.16.1 MÉTHODE DE DOSAGE DE LA VITAMINE A ET DE LA β-CAROTÈNE

A. PRINCIPE

Après une extraction du sérum à l'éther de pétrole ou à l'iso-octane, le réactif *acide trifluoroacétique* réagit

Figure 6.15 Structure de la vitamine B_{12} et du coenzyme B_{12}

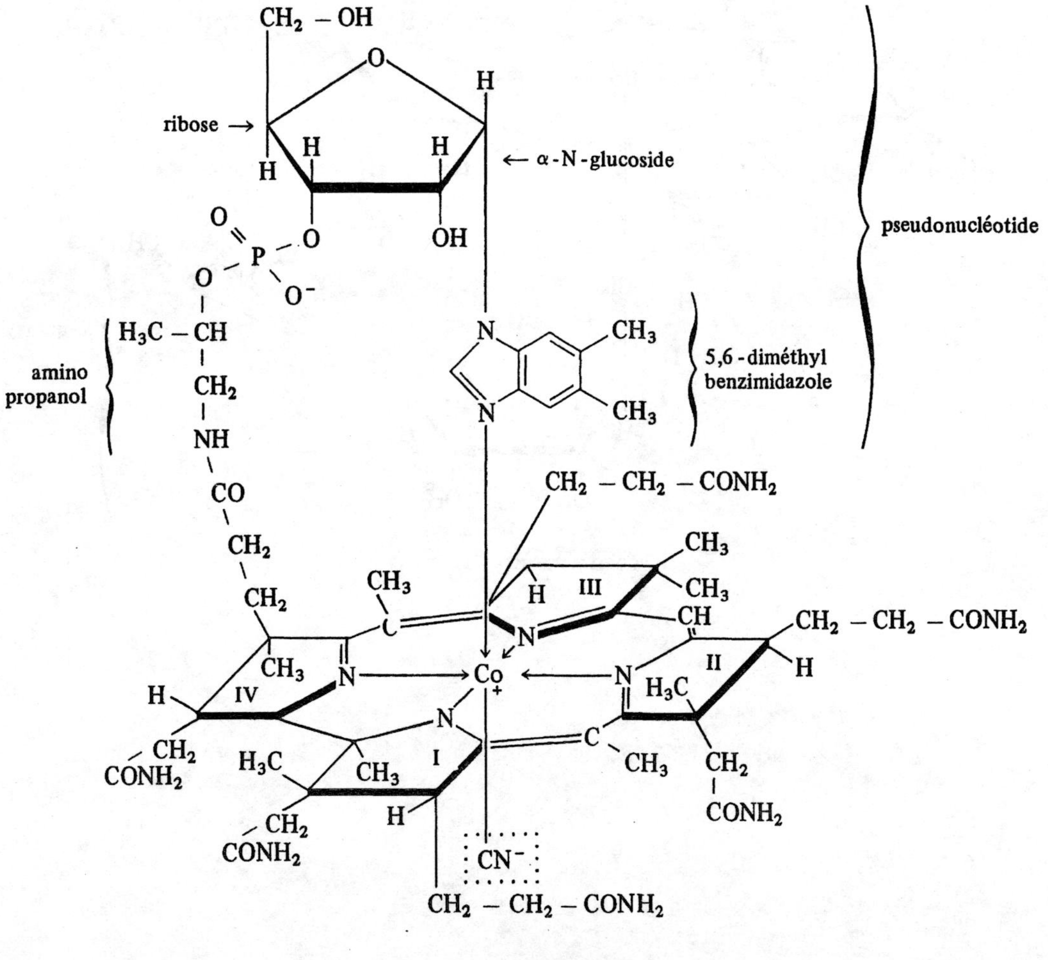

vitamine B_{12}
(cyanocobalamine)

Figure 6.15 (suite)

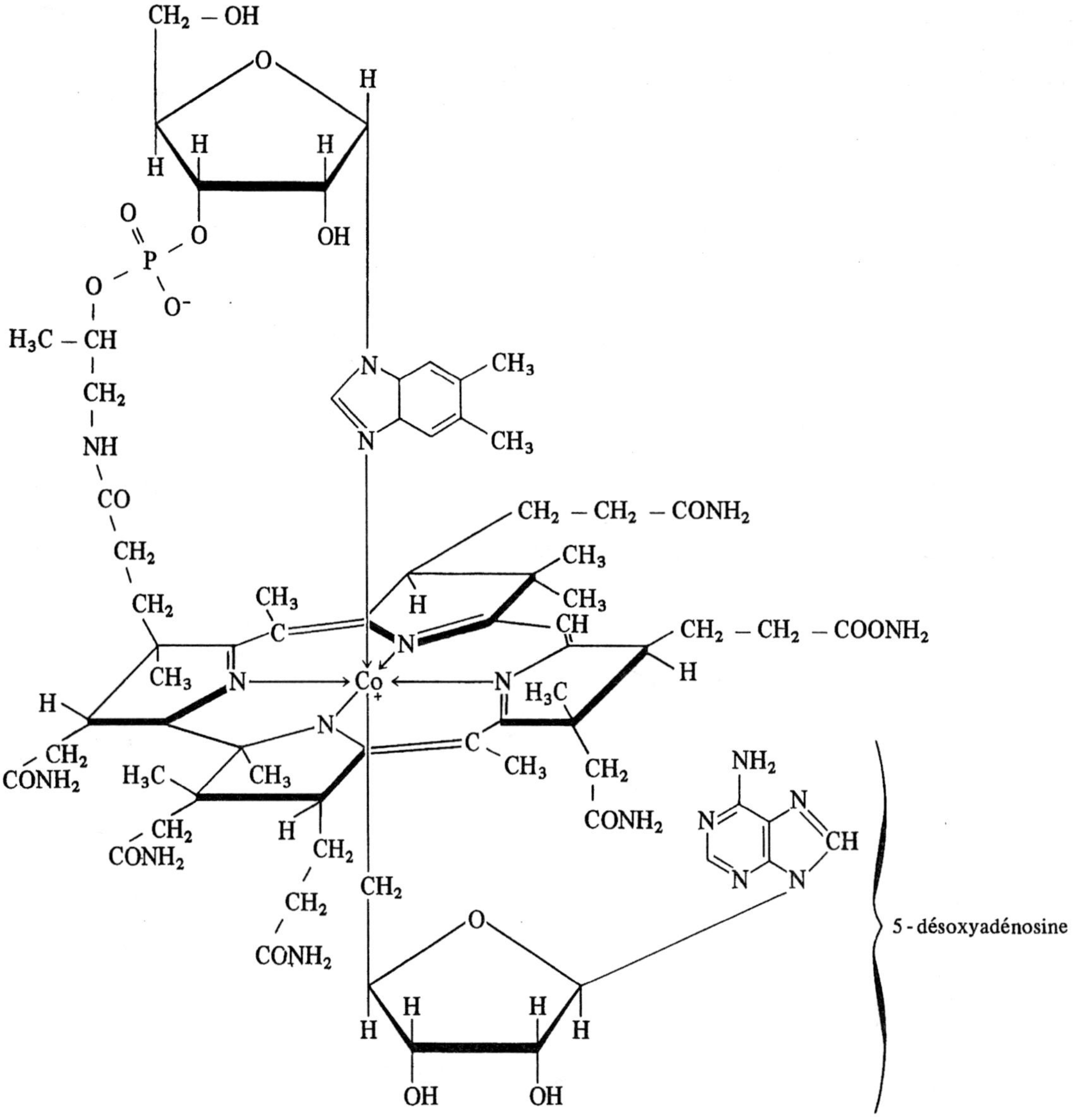

coenzyme B_{12}

avec les électrons du système de double conjugaison de la vitamine A pour former un complexe coloré bleu (A_{621}) selon la méthode de NEED-PEARSON. Cependant, comme la β-carotène, précurseur de la vitamine A, réagit aussi avec l'acide trifluoroacétique, il faut apporter une correction pour en éliminer l'interférence. Pour ce faire, il suffit de prendre l'absorbance du mélange réactionnel à 450 nm (A_{450}); seule la β-carotène absorbe à cette longueur d'onde.

B. COLLECTE DE L'ÉCHANTILLON

L'échantillon de sang doit être prélevé sur un patient à jeun, protégé de la lumière et être exempt d'hémolyse. Si l'analyse ne se fait pas immédiatement, on doit rapidement séparer le sérum des globules et le congeler à −20 °C. Dans ce dernier cas, la vitamine A et la β-carotène sont stables pour deux semaines, à l'abri de la lumière.

C. CALCULS

β-carotène

L'absorbance de la β-carotène à 450 nm (A_1) est déterminée directement pour ensuite trouver sa concentration en μg/dL sur une courbe normalisée en tenant compte des différents facteurs de dilution utilisés au cours du dosage.

Vitamine A

On détermine la concentration de la vitamine A corrigée selon la formule suivante:

$$A_3 = A_2 - (F \times A_1) \qquad (6\text{-}6)$$

où A_1 = absorbance de la β-carotène à 450 nm

A_2 = absorbance de la β-carotène et de la vitamine A à 620 nm

A_3 = absorbance de la vitamine A corrigée à 620 nm

F = facteur qui convertit l'absorbance de la β-carotène à 450 nm en absorbance équivalente à 620 nm.

Puisque des variations considérables affectent la valeur de ce facteur, chaque laboratoire doit déterminer le sien de la façon suivante:

$$F = \frac{A_{620} \text{ de la } \beta\text{-carotène avec l'acide trifluoroacétique}}{A_{450} \text{ de la } \beta\text{-carotène dans un extrait d'éther de pétrole}} \qquad (6\text{-}7)$$

D. NORMALITÉ

Vitamine A:	nouveau-né:	35-73 μg/dL
	enfant:	30-80 μg/dL
	adulte:	30-65 μg/dL

La valeur normale de la vitamine A chez l'homme est de 20% supérieure à celle chez la femme. Enfin, des valeurs supérieures à 100 μg/dL indiquent une toxicité à la vitamine A.

β-carotène: La valeur normale de la β-carotène varie de 60 à 200 μg/dL pour un extrait d'éther de pétrole ou de 50 à 500 μg/dL pour un extrait d'iso-octane.

6.16.2 MÉTHODES DE DOSAGE DE L'ACIDE FOLIQUE ET DE LA VITAMINE B_{12}

A. PRINCIPE GÉNÉRAL DES ESSAIS RADIO-IMMUNOLOGIQUES (RIA)

Le dosage de l'acide folique et de la vitamine B_{12} se fait habituellement par *essai radio-immunologique* (Radio-Immunologic Assay (RIA en anglais)). Ces essais radio-immunologiques sont à la fois basés sur des *essais compétitifs de liaison protéique* et des *essais isotopiques.*

Les essais de liaisons protéiques

Les essais de liaisons protéiques forment un groupe de méthodes d'analyse basées sur la liaison réversible d'une petite molécule, ou ligand (L), sur une protéine spécifique, appelée protéine lieuse (P-L), selon la relation suivante:

$$\text{ligand} + \text{protéine lieuse} \rightleftharpoons \text{ligand: protéine lieuse} \qquad (6\text{-}8)$$

Généralement, la protéine lieuse possède un site de liaison très spécifique qui ne peut lier qu'une seule molécule de ligand. Il en résulte donc une grande spécificité de liaison entre la protéine lieuse et son ligand.

Les essais radioisotopiques

Les essais radioisotopiques sont une des trois possibilités d'analyse des molécules de ligands. Au cours de ces essais, des marqueurs radioisotopiques sont incorporés ou couplés aux molécules de ligands et leur désintégration, facilement détectée par des compteurs de radiations, permet d'en déterminer la concentration. Les principaux isotopes utilisés sont le ^{3}H, le ^{14}C, le ^{32}P, le ^{125}I et le ^{57}Co. Les trois premiers émettent des radiations bêta et les deux derniers, des radiations gamma.

Les deux autres marqueurs qui peuvent être utilisés sont les *enzymes* dans les méthodes ÉLISA (Enzyme-Linked ImmunoSorbent Assay, en anglais) et les *fluorophores* dans les méthodes FIA (Fluorescence ImmunoAssay, en anglais).

Les essais compétitifs de liaisons protéiques

Les essais compétitifs de liaisons protéiques sont basés sur la compétition qui se produira entre un ligand endogène non marqué (L) et un ligand marqué (L*) pour aller se fixer sur un nombre limité de sites spécifiques des protéines lieuses (P-L) selon la relation suivante:

$$L + L^* + P-L \rightleftharpoons L{:}P-L + L^*{:}P-L + L + L^* \qquad (6\text{-}9)$$

Il est évident, selon la loi d'action de masse, que les ligands marqués et non marqués compétitionnent pour les sites limités selon leur concentration relative.

B. MÉTHODE DE MESURE

Il existe actuellement deux méthodes de mesure pour déterminer le degré de la radioactivité des ligands marqués. La première utilise un complexe charbon de bois / dextran qui permet d'adsorber les molécules de ligands (marquées et non marquées) non liées, laissant en suspension les complexes protéine lieuse: ligand, (marqués et non marqués). Après centrifugation, il suffit de déterminer le degré de radioactivité du surnageant à l'aide d'un compteur de radioactivité.

La deuxième méthode utilise une suspension solide de billes de verre ou de polyacrylamide qui fixe les complexes protéine lieuse: ligand (marqués et non marqués), laissant en solution les ligands marqués et non marqués. Après centrifugation, on détermine le degré de radioactivité de la suspension solide des billes contenant les complexes formés.

C. DOSAGE DE L'ACIDE FOLIQUE

Principe

La protéine lieuse de l'acide folique, (surtout l'acide 5-méthyltétrahydrofolique), est la β-galactoglobuline (β-GG), protéine naturelle extraite du lait de vache. La réaction de dosage consiste à faire compétitionner l'acide folique endogène non marqué (F) et l'acide folique marquée (F*) avec de l'iode 125 (^{125}I) sur les sites spécifiques limités de la β-galactoglobuline (β-GG) selon la relation suivante:

$$F + F^* + \beta\text{-GG} \xrightleftharpoons[\text{DDT, } p\text{H } 9{,}3]{\Delta^\circ} F{:}\beta\text{-GG} + F^*{:}\beta\text{-GG} + F + F^* \qquad (6\text{-}10)$$

Au cours de l'incubation, le chauffage permet de libérer l'acide folique des protéines endogènes et d'inactiver ces dernières afin de prévenir les interférences dans la réaction. L'addition du dithiothréitol (DTT) permet de réduire et de stabiliser l'acide folique sous sa forme la plus stable: l'acide 5-méthyltétrahydrofolique.

Lorsque la réaction est terminée, on utilise soit le complexe charbon de bois / dextran, soit les billes de verre ou de polyacrylamide pour déterminer la désintégration de ^{125}I sur un compteur gamma qu'on compare ensuite à celle de normes connues pour en déterminer la concentration.

Collecte et emmagasinage de l'échantillon

Normalement, on recommande l'utilisation d'un sérum prélevé chez un individu à jeun pour effectuer le dosage de l'acide folique. Toutefois, on peut aussi utiliser du plasma recueilli avec EDTA. L'échantillon doit être gardé à l'abri de la lumière pour prévenir la détérioration de l'acide folique. Si le dosage ne se fait pas immédiatement, il faut réfrigérer entre 2 à 8°C pour une durée allant jusqu'à quatre heures ou congeler (−20°C) pour de plus longues périodes.

Pour le dosage de l'acide folique érythrocytaire, on doit recueillir l'échantillon avec de l'EDTA comme anticoagulant. Après avoir déterminé l'hématocrite et préservé l'échantillon de la lumière, on le laisse reposer entre 60 et 90 minutes à la température ambiante (20-25°C) afin de permettre une hémolyse complète. L'échantillon hémolysé peut alors être conservé jusqu'à quatre heures entre 2 et 8°C ou congelé (−20°C) pour une conservation prolongée.

Normalité

La normalité de l'acide folique pour un adulte à jeun varie entre 1,8 et 9,0 ng/dL pour le sérum et entre 150 et 450 ng/dL pour les globules rouges.

D. DOSAGE DE LA VITAMINE B_{12}

Principe

La protéine lieuse de la vitamine B_{12} est le facteur intrinsèque (FI) habituellement prélevé dans l'estomac du porc. Si la préparation du FI n'est pas hautement purifiée, elle peut contenir une autre protéine, la protéine-R, qui peut lier la vitamine B_{12} ainsi que des substances qui lui sont analogues, causant une augmentation artificielle de la concentration de cette vitamine.

C'est pourquoi, afin de neutraliser complètement l'action de la protéine-R, on purifie la préparation de FI par l'addition de *cobalamide,* substance analogue à la vitamine B_{12}. La cobalamide lie seulement les sites de la protéine-R et non ceux du FI, puisque ce dernier est hautement spécifique à la vitamine B_{12}.

La réaction de dosage consiste à faire compétitionner la vitamine B_{12} endogène non marquée et la vitamine B_{12} marquée avec du cobalt 57 (^{57}Co) pour les sites limités du facteur intrinsèque (FI) selon la relation suivante:

$$B_{12} + B^*_{12} + FI \underset{\substack{KCN \\ pH\ 9{,}3}}{\overset{\Delta^\circ}{\rightleftharpoons}} B_{12}:FI + B^*_{12}:FI + B_{12} + B^*_{12} \quad (6\text{-}11)$$

Au cours de l'incubation, le chauffage permet de libérer la vitamine B_{12} des protéines endogènes et d'inactiver ces dernières afin de prévenir les interférences dans la réaction. L'addition du cyanure de potassium permet de maintenir la vitamine B_{12} sous sa forme la plus stable: la cyanocobalamine.

Lorsque la réaction est terminée, on utilise soit le complexe charbon de bois/dextran, soit les billes de verre ou de polyacrylamide pour déterminer la désintégration du ^{57}Co sur un compteur gamma qu'on compare ensuite à des normes connues pour en déterminer la concentration.

Collecte et emmagasinage de l'échantillon

Normalement, on recommande l'utilisation d'un sérum prélevé chez un individu à jeun pour effectuer le dosage de la vitamine B_{12}. Toutefois, on peut aussi se servir de plasma recueilli avec EDTA. L'héparine est à éviter comme anticoagulant puisqu'il agit au niveau de la liaison vitamine B_{12}: FI. On doit protéger l'échantillon contre la lumière afin de prévenir la détérioration de la vitamine B_{12}. Si le dosage est retardé, on peut réfrigérer l'échantillon à une température de 2 à 8°C pour une durée allant jusqu'à quatre heures ou le congeler (−20°C) pour de plus longues périodes.

Normalité

La normalité de la vitamine B_{12} dans le sérum varie avec l'âge comme le montre le tableau 6.2. Vu le nombre important de techniques appliquées, chaque laboratoire clinique doit établir ses propres valeurs de référence.

Aujourd'hui on peut faire simultanément le dosage de l'acide folique et de la vitamine B_{12} endogènes (non marqués) du sérum, en faisant réagir celui-ci avec un réactif contenant de l'acide folique marqué (^{125}I), de la vitamine B_{12} marquée (^{57}Co), des β-galactoglobulines, des facteurs intrinsèques, du dithiolthréitol et du cyanure de potassium tamponné à pH 9,3. Après chauffage et centrifugation (charbon de bois/dextran ou billes de verre), on mesure la radioactivité sur un compteur gamma qui discrimine entre les désintégrations produites par ^{125}I et ^{57}Co et qui enregistre les résultats sur un papier graphique.

Note : Il existe une procédure de rechange au chauffage qui permet à la fois de libérer l'acide folique et la vitamine B_{12} et d'éliminer de façon irréversible les protéines lieuses endogènes du sérum. Elle consiste à augmenter le *p*H du sérum entre 12 et 13 puis à le réajuster à *p*H 9,3 avant d'ajouter le réactif de liaison.

Tableau 6.2 Concentration de la vitamine B_{12} dans le sérum en fonction de l'âge

Âge homme (année)	**Concentration vitamine B_{12} (mg/dL)**
20 - 29	281 - 1079
30 - 39	248 - 965
40 - 49	218 - 863
50 - 59	191 - 770
60 - 69	168 - 687
70 - 79	152 - 630

7

BIOÉNERGÉTIQUE

7.0 INTRODUCTION

La bioénergétique est une science qui étudie les transformations d'énergie chez les organismes vivants. Au centre de ces transformations, il existe des composés spécifiques dont le rôle principal est de transporter l'énergie, sous une forme chimique directement utilisable, et de la distribuer aux réactions qui en fournissent et à celles qui en exigent.

Schématiquement, on peut décrire trois étapes de transformations de l'énergie du monde biologique. La première est reliée au processus de *photosynthèse* qui permet aux plantes vertes de transformer l'énergie lumineuse en énergie chimique: la plante utilise immédiatement cette énergie sous forme d'ATP ou encore elle l'emmagasine dans ses constituants sous forme d'énergie chimique potentielle. La deuxième étape permet ensuite aux organismes hétérotrophes de transformer l'énergie chimique potentielle de ces constituants organiques alimentaires, en particulier les glucides, en énergie chimique, elle aussi directement utilisable sous forme d'ATP; cette étape se produit au cours du processus de la respiration. La dernière étape consiste enfin à transformer l'énergie chimique contenue dans l'ATP en d'autres formes d'énergie: mécanique, calorique, électrique, osmotique, lumineuse, etc.

Cette séquence de transformation de l'énergie a permis aux biochimistes de développer un concept de *cycle énergétique* dans lequel des molécules combustibles, c'est-à-dire à haut potentiel d'énergie chimique, sont dégradées en composés *riches en énergie* suivant certains processus chimiques ou enzymatiques connus. Le couple ATP-ADP a un rôle très important à jouer dans ce cycle énergétique.

Toutefois, pour bien apprécier ces transformations énergétiques, il est important de définir et de bien comprendre l'une des notions fondamentales de la thermodynamique: la notion d'énergie libre.

7.1 ÉNERGIE LIBRE

7.1.1 DÉFINITION ET VARIATION

La notion *d'énergie libre, G,* est particulièrement utile aux biochimistes dans l'évaluation des quantités d'énergie chimique mises en évidence au cours de réactions métaboliques. On peut donc définir l'énergie libre, *G,* comme étant l'*énergie potentielle utilisable* que contient une substance chimique donnée. Chaque composé biochimique contient une quantité d'énergie libre bien déterminée, mais difficilement mesurable expérimentalement. Cependant, il est possible de mesurer les variations de l'énergie libre d'une substance au cours de réactions de transformations. Pour mieux apprécier ce concept d'énergie libre, *G,* supposons une substance A, d'énergie libre bien déterminée, qui est transformée réversiblement en substance B, elle-même d'énergie libre bien déterminée selon l'équation 7-1 :

$$A \rightleftharpoons B \qquad (7\text{-}1)$$

Il est maintenant possible de déterminer la variation d'énergie libre, ΔG, qui s'est produite au cours de la réaction de transformation puisque cette variation dépend de la relation générale suivante:

$$\Delta G = G_f - G_i \qquad (7\text{-}2)$$

où G_f représente l'énergie libre du composé final et G_i, l'énergie libre du composé initial.

En supposant que, dans notre exemple (équation 7-1), G_B soit plus petit que G_A, il existe deux possibilités de transformations.

Réaction A → B

Si le composé A est transformé en composé B, l'équation 7-2 devient:

$$\Delta G = G_B - G_A \qquad (7\text{-}3)$$

$$\Delta G < 0 \qquad (7\text{-}4)$$

Un ΔG négatif signifie donc que la réaction se produit avec une diminution de l'énergie libre du système et que celle-ci a tendance à se produire spontanément. Ces réactions où ΔG est plus petit que 0 et qui libèrent de l'énergie sont appelées *exergoniques.*

Réaction B → A

Par contre, si le composé B est transformé en composé A, l'équation 7-2 devient:

$$\Delta G = G_A - G_B \qquad (7\text{-}5)$$

$$\Delta G > 0 \qquad (7\text{-}6)$$

Dans ce cas, un ΔG positif signifie que la réaction s'effectue avec une augmentation de l'énergie libre du système et qu'elle n'a pas tendance à se produire spontanément. Ces réactions requièrent de l'énergie et sont appelées *endergoniques.*

Un autre facteur très important détermine la vitesse avec laquelle une réaction se produit: c'est l'*énergie d'activation.* En effet, la réaction de l'équation 7-1 se produira uniquement s'il y a formation d'un intermédiaire ou complexe activé A*. En supposant que A est transformé en B, A doit passer par un intermédiaire A*. On doit donc fournir une certaine quantité d'énergie pour permettre au composé A d'être converti en composé A* activé. Si une petite quantité d'énergie seulement est requise, la réaction a une faible énergie d'activation et la réaction se produira rapidement. Par contre, si l'énergie requise est grande, on devra donner suffisamment d'énergie pour vaincre la barrière énergétique de la réaction. C'est ainsi qu'il appartient aux catalyseurs, et en particulier aux enzymes, d'abaisser cette énergie d'activation et de permettre aux réactions de se produire comme on l'a vu au chapitre sur les enzymes, à la section 5.1.

7.1.2 DÉTERMINATION DE ΔG

À partir de l'équation 7-1, il est possible de dériver l'expression suivante:

$$\Delta G = \Delta G^\circ + \mathrm{RT} \ln [\mathrm{B}]/[\mathrm{A}] \qquad (7\text{-}7)$$

où ΔG^o est la variation standard de l'énergie libre aux conditions de référence (TPN), R est la constante universelle des gaz, T est la température en degré absolu, [B] et [A] sont les concentrations de B et A en mole par litre. Dans certains cas cependant, [B] et [A] peuvent être exprimées en terme d'activité de B et de A, soit a_B et a_A respectivement. Donc, à partir de l'équation 7-7, il est possible de déterminer ΔG^o en considérant la variation d'énergie libre à l'équilibre.

En effet, puisqu'aucune transformation ne se produit entre A et B à l'équilibre, le changement d'énergie libre ΔG est égal à zéro. De plus, le rapport [B] sur [A] devient égal à la constante d'équilibre ($K_{éq}$) entre B et A. En substituant ces valeurs dans l'équation 7-7, on obtient:

$$0 = \Delta G^o + RT \ln K_{éq} \qquad (7\text{-}8)$$

et $$\Delta G^o = - RT \ln K_{éq} \qquad (7\text{-}9)$$

Si R = 1,987 cal/mole-degré

T^o = 298 K (25°C)

ln = 2,303 lg

l'équation 7-9 devient alors:

$$\Delta G^o = -(1{,}987)(298)(2{,}303) \lg K_{éq} \qquad (7\text{-}10)$$

$$\Delta G^o = -1363 \lg K_{éq} \qquad (7\text{-}11)$$

Cette équation, qui relie le ΔG^o à la $K_{éq}$, est extrêmement utile pour la détermination du ΔG^o d'une réaction spécifique. Ainsi, lorsqu'il est possible de mesurer la concentration des produits et des réactifs à l'équilibre, on peut calculer la constante d'équilibre $K_{éq}$ et obtenir par conséquent son ΔG^o. Cependant, si la $K_{éq}$ est extrêmement petite ou extrêmement grande, la mesure de ΔG^o devient sans valeur puisque, à l'équilibre, la concentration des produits ou des réactifs est trop difficile à mesurer. Toutefois, il est très facile de mesurer le ΔG^o de réactions dont la $K_{éq}$ est intermédiaire. D'ailleurs, le tableau 7.1 illustre le ΔG^o de réactions dont la $K_{éq}$ varie de 10^{-3} à 10^3.

Tableau 7.1 Relation entre $K_{éq}$ et ΔG^o

$K_{éq}$	$\lg K_{éq}$	$\Delta G^\circ = -1363 \lg K_{éq}$ (cal)
0,001	−3	4089
0,01	−2	2726
0,1	−1	1363
0	0	0
10	1	−1363
100	2	−2726
1000	3	−4089

À l'examen du tableau 7.1, on constate que les réactions qui ont une $K_{éq}$ plus grande que l'unité, se produisent avec une diminution d'énergie libre, ($\Delta G < 0$) alors que celles qui ont une $K_{éq}$ plus petite que l'unité se produisent avec une augmentation d'énergie libre ($\Delta G > 0$).

Il est aussi possible d'évaluer le ΔG^o pour une réaction où les produits et les réactifs sont présents en concentration molaire.

Ainsi, si [A] = [B] = 1 mol/litre, l'équation 7-7 devient:

$$\Delta G = \Delta G^o + RT \ln 1/1 \qquad (7\text{-}12)$$

$$\Delta G = \Delta G^o \qquad (7\text{-}13)$$

Puisque dans les cellules, ces réactions ne se produisent pas à un pH = 0 (1 mol/litre) mais plutôt à pH = 7,0, la variation d'énergie libre standard, ΔG^0, est corrigée en conséquence et désignée par $\Delta G'$ au pH indiqué. En général, l'état standard pour la majorité des composants biochimiques est la *concentration molaire* pour les solutés en solution, 760 mm Hg pour les gaz et une *unité d'activité* pour les solvants.

7.2 COMPOSÉS RICHES EN ÉNERGIE

Il existe, dans toutes les cellules vivantes, des composés riches en énergie parce qu'ils présentent une forte diminution de leur énergie libre lorsque soumis à une réaction d'hydrolyse. Ces composés sont généralement sensibles aux acides, aux alcalis et à la chaleur. À partir de la liste dressée au tableau 7.2, on les classifie en deux groupes principaux: les composés qui possèdent un potentiel d'hydrolyse élevé et ceux dont le potentiel est faible. Nous nous limiterons ici à ceux dont le potentiel d'hydrolyse est élevé.

7.2.1 ÉNOL PHOSPHATE

Le phosphoénolpyruvate (PEP), composé rencontré lors de la conversion du glucose en pyruvate dans la voie de EMBDEN-MEYERHOF, est très riche en énergie puisque l'hydrolyse de son énol phosphate produit un changement d'énergie libre de −14,8 kcal à pH 7,0. Selon l'équation suivante,

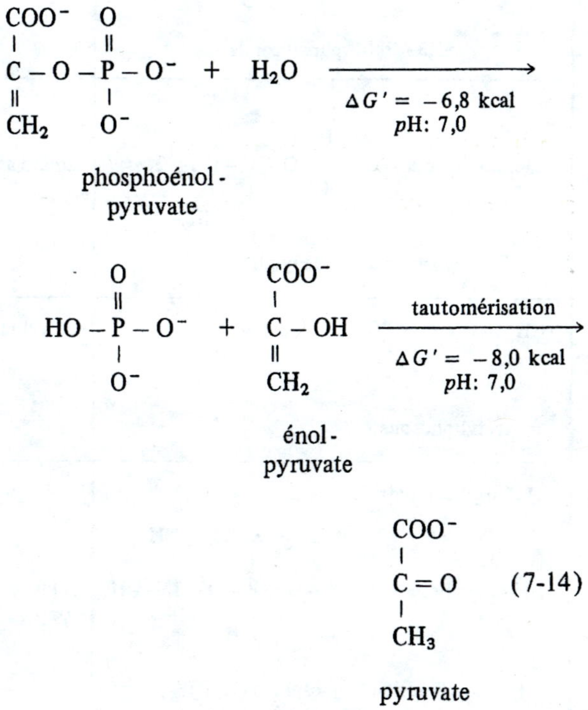

(7-14)

l'hydrolyse du phosphate produit d'abord une diminution de l'énergie libre de −6,8 kcal; ensuite la tautomérisation de l'énolpyruvate, très instable, en pyruvate de forme très stable, produit une diminution supplémentaire de l'énergie libre de −8,0 kcal.

7.2.2 ACYL PHOSPHOANHYDRIDE

L'hydrolyse des liaisons acyl phosphate produit aussi un changement important dans l'énergie libre standard de cette classe de composés, puisque la liaison C=O

Tableau 7.2 Liste de composés riches en énergie. a) Composés à potentiel d'hydrolyse élevé:

Produits	Réactions	$\Delta G' =$ kcal *p*H: 7,0
a) Énol phosphate 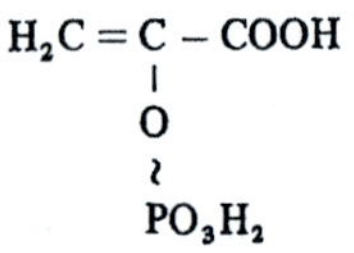 phosphoénolpyruvate	phosphoénolpyruvate ⇌ pyruvate + phosphate	– 14,8
b) Acyl phosphoanhydride 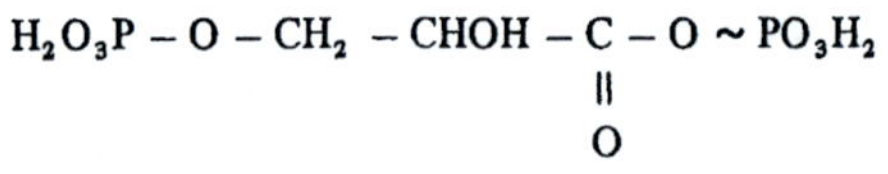 1,3 - diphosphoglycérate	1,3 - diphosphoglycérate ⇌ 3 - phosphoglycérate + phosphate	– 11,8
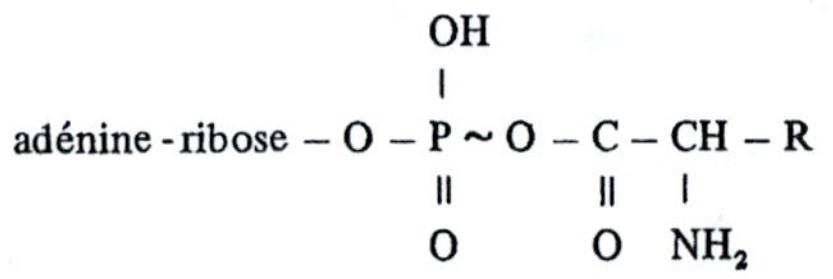 amino acyl adénylate	amino acyl-adénylate ⇌ AMP + amino acide	– 7,0
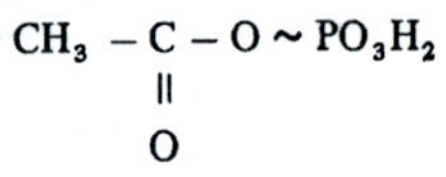 acétyl phosphate	acétyl phosphate ⇌ acétate + phosphate	– 10,1
c) Phosphoanhydride 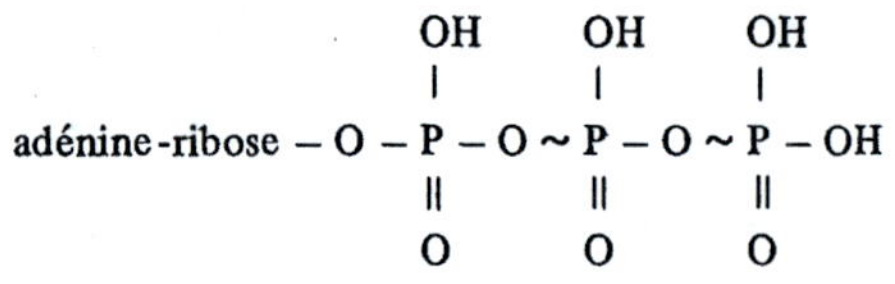 adénosine triphosphate (ATP)	ATP ⇌ ADP + phosphate ATP ⇌ AMP + pyrophosphate	– 7,3 – 8,6
d) Guanidium phosphate 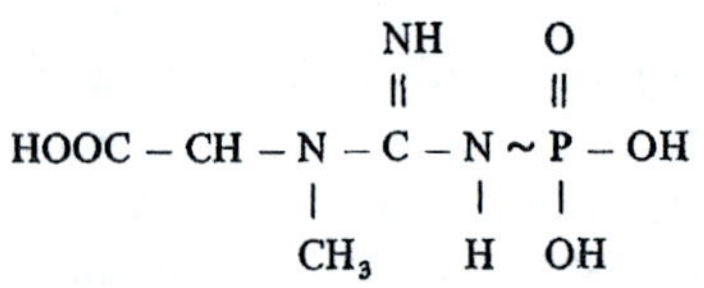 phosphocréatine	phosphocréatine ⇌ créatine + phosphate	– 10,3
e) Thioesters 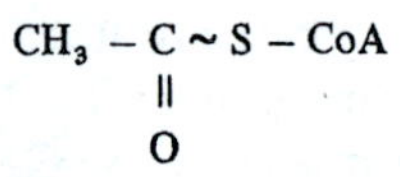 acétylcoenzyme-A	acétylcoenzyme A ⇌ acétate + coenzyme A	– 7,5

Tableau 7.2 (suite)
b) Composés à potentiel d'hydrolyse faible:

Produits	Réactions	$\Delta G'$ = kcal *pH*: 7,0
a) Esters phosphoriques 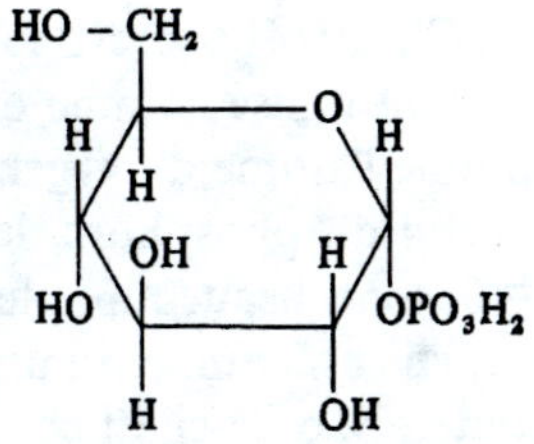 glucose-1-phosphate 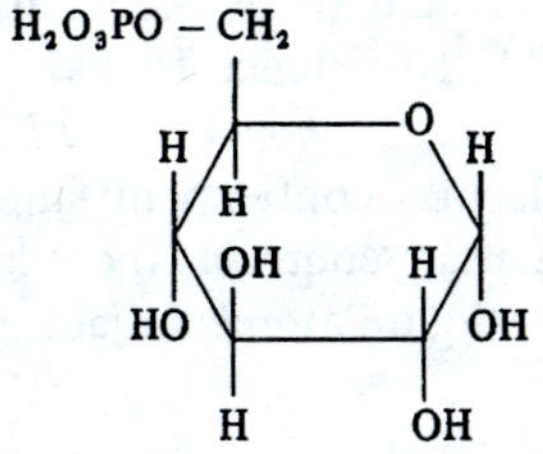 glucose-6-phosphate 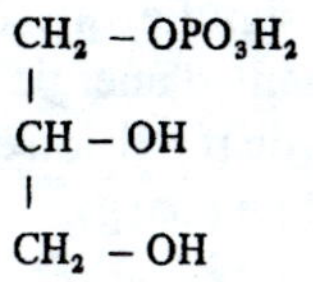 glycérol-1-phosphate	glucose-1-phosphate ⇌ glucose + phosphate glucose-6-phosphate ⇌ glucose + phosphate glycérol-1-phosphate ⇌ glycérol + phosphate	−5,0 −3,3 −2,3
b) Liaisons osidiques 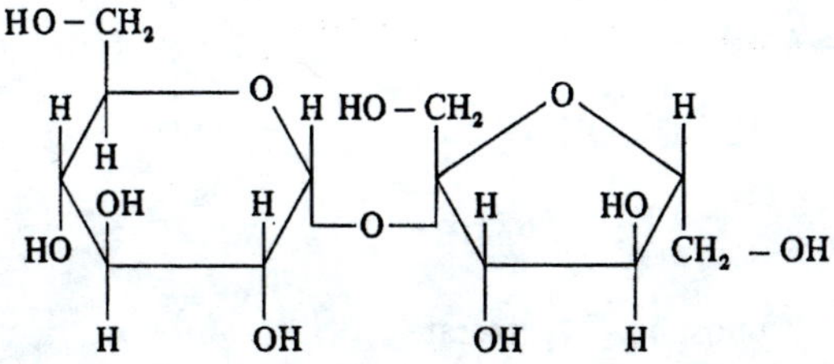 saccharose	saccharose ⇌ glucose + fructose	−5,0
c) Esters carboxyliques $CH_3 - COO - CH_2 - CH_3$ acétate d'éthyle	acétate d'éthyle ⇌ acide acétique + éthanol	−4,7
d) Liaisons peptidiques --- CO − NH − CH(R) − CO − NH ---	peptides ⇌ acides aminés	−0,5 par liaison

Plus le lien est fort, moins il donnera d'énergie
→ Ça en prend beaucoup pour le défaire.

de l'acyl phosphate possède un caractère polaire considérable. Le 1,3-diphosphoglycérate est un exemple d'un acyl phosphate dont l'hydrolyse, représentée à l'équation 7-15, donne un changement de l'énergie libre de −11,8 kcal à *p*H 7,0.

Quant à l'hydrolyse de l'acétyl phosphate, représentée à l'équation 7-16, elle donne un changement d'énergie libre de −10,0 kcal.

7.2.3 PHOSPHOANHYDRIDE

Les principaux phosphoanhydrides sont la molécule d'ATP et son partenaire ADP dont les structures sont représentées à la figure 7.1. On remarque qu'en solution aqueuse de *p*H 7,0, les molécules d'ATP et d'ADP existent sous forme d'anions avec une charge nette de −4 et −3 respectivement. Ceci est dû au fait que les protons dissociables des phosphates intérieurs sont des hydrogènes primaires de pK_a = 2 à 3 et que le phosphate terminal possède à la fois un hydrogène primaire (pK_a = 2 à 3) et un hydrogène secondaire de pK_a = 6,5. C'est pourquoi, à *p*H 7,0, les hydrogènes primaires sont totalement ionisés alors que les hydrogènes secondaires le sont à 75%. Cependant, à cause de la concentration élevée des ions Mg^{2+} dans les cellules, les molécules d'ATP et d'ADP existent sous forme de complexes bivalents et monovalents comme à la figure 7.2.

La structure importante qui détermine le caractère hautement énergétique de l'ATP à *p*H 7,0 est son *résidu pyrophosphate* pleinement ionisé comme on peut voir à la figure 7.3. Comme l'atome d'oxygène est plus électronégatif que celui du phosphore, les électrons de la liaison P=0 sont beaucoup plus attirés vers l'atome d'oxygène, lui conférant ainsi une charge partielle négative. Toutefois, celle-ci est compensée par une charge partielle positive du côté de l'atome de phosphore. Il en résulte donc une polarisation de la liaison $^{\delta+}P = 0^{\delta-}$. L'existence de charges positives résiduelles internes sur les *phosphores adjacents* signifie que ces molécules contiennent suffisamment d'énergie interne pour contrebalancer les forces de répulsion électrostatique d'atomes adjacents de même charge.

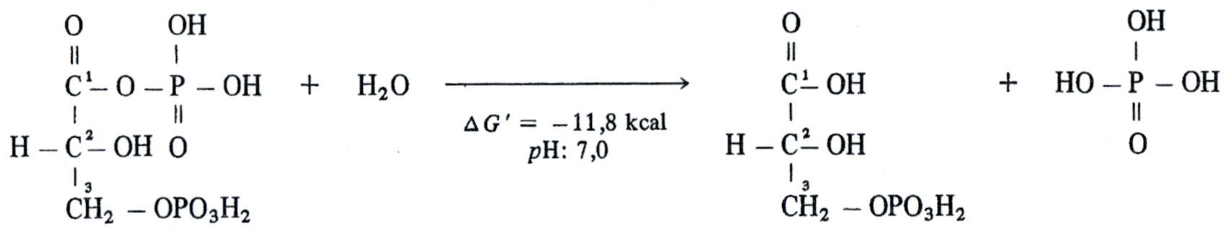

1,3 - diphosphoglycérate phospho - 3 - glycérate

(7-15)

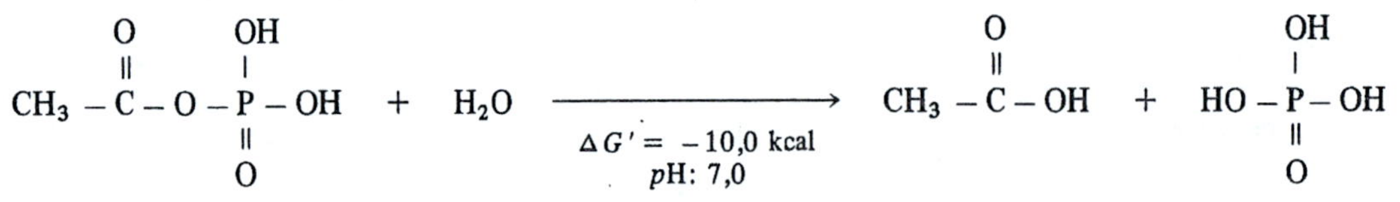

acétyl phosphate acétate phosphate

(7-16)

Figure 7.1 Structure de ATP et ADP

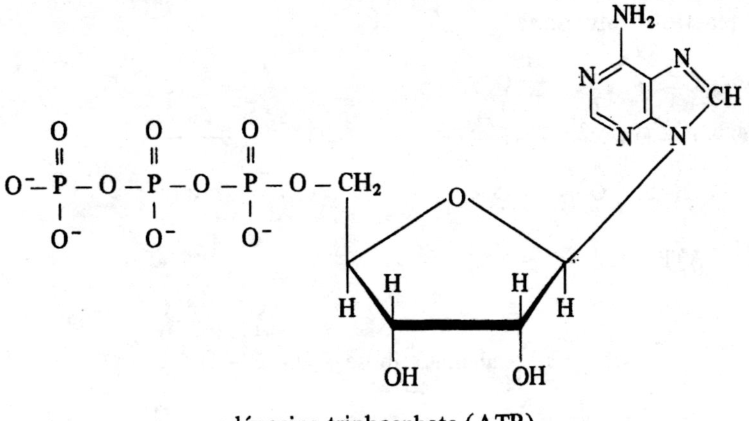

adénosine triphosphate (ATP)

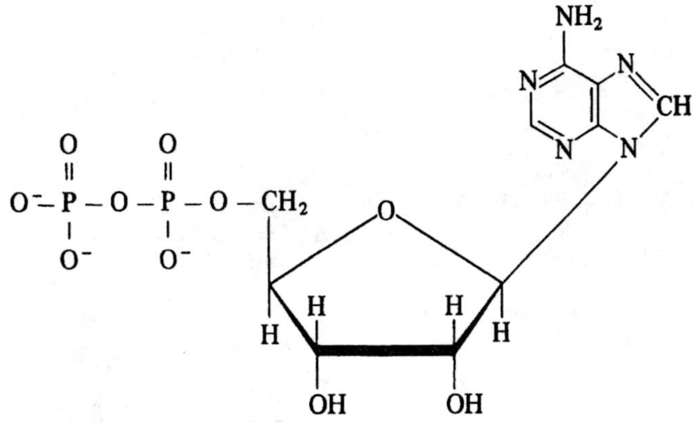

adénosine diphosphate (ADP)

Figure 7.2 Formation de complexes divalents et monovalents de ATP et ADP avec des ions Mg^{2+}

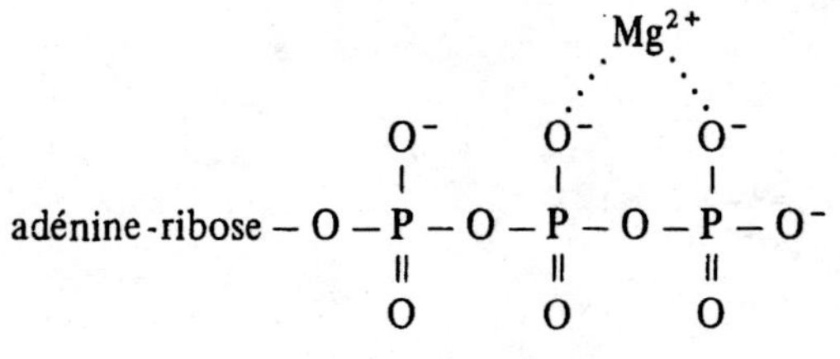

complexe $[ATP\text{-}Mg]^{2-}$

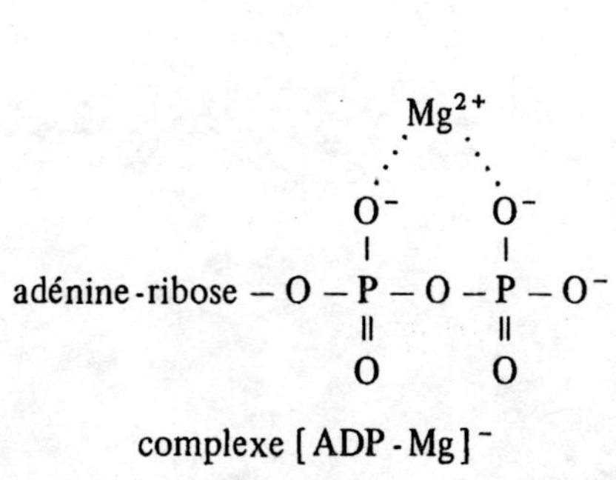

complexe $[ADP\text{-}Mg]^{-}$

Figure 7.3 Structure «pyrophosphate» pleinement ionisée de l'ATP

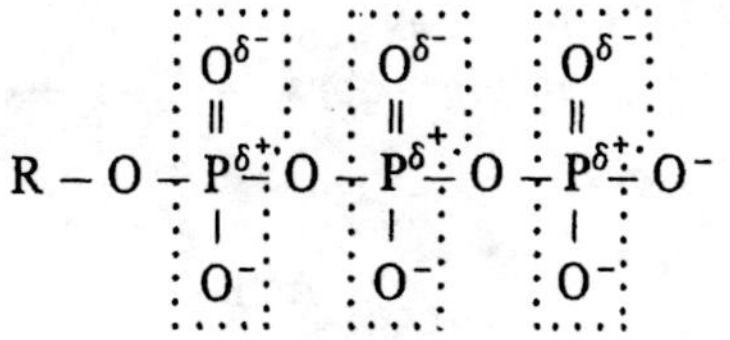

ATP

C'est pourquoi, lorsque cette structure pyrophosphate est coupée par hydrolyse, cette énergie interne est libérée et contribue au $\Delta G'$ négatif de la réaction à *p*H 7,0.

L'hydrolyse successive du phosphate terminal de l'ATP, appelé aussi *coupure* ou *hydrolyse orthophosphate,* diminue donc le nombre de phosphates adjacents et, par conséquent, la quantité d'énergie interne qui peut être ainsi libérée. Le $\Delta G'$ et la séquence d'hydrolyses successives de l'ATP sont donnés par la suite de réactions suivantes:

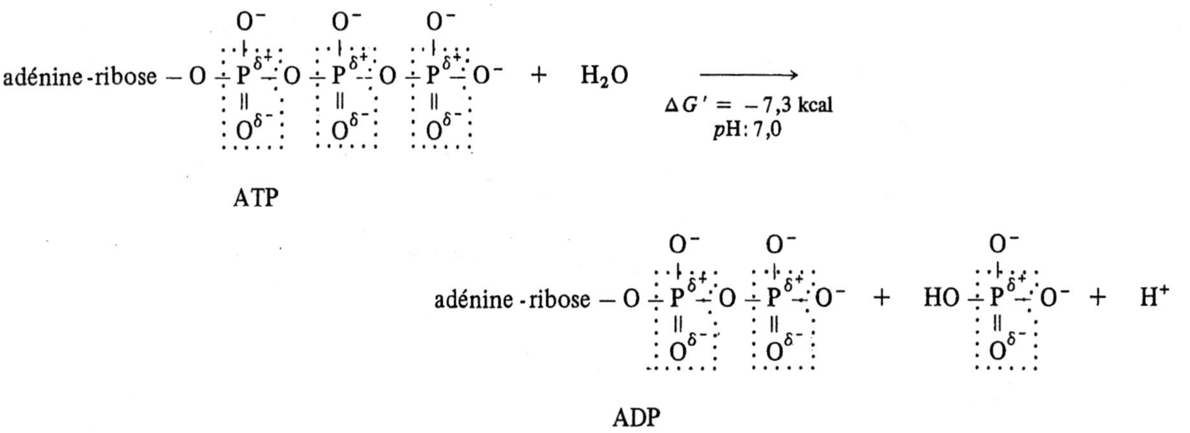

(7-17)

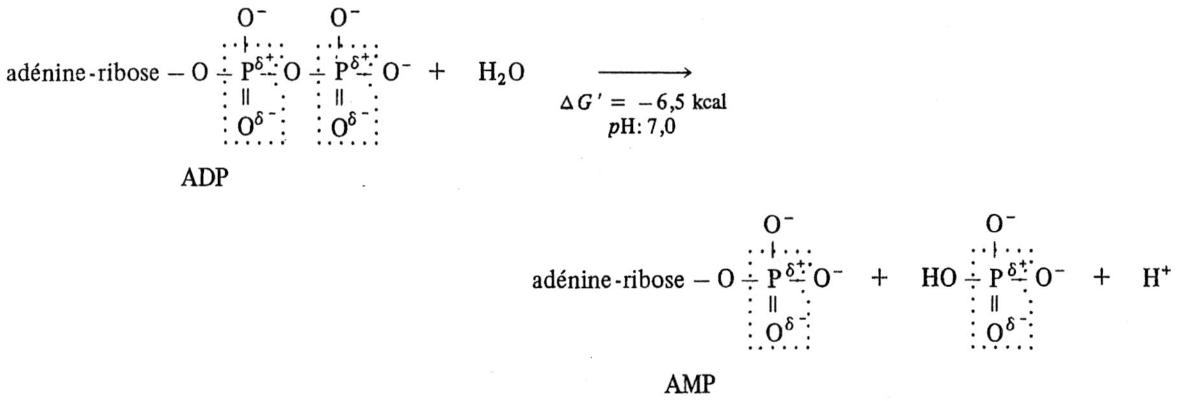

(7-18)

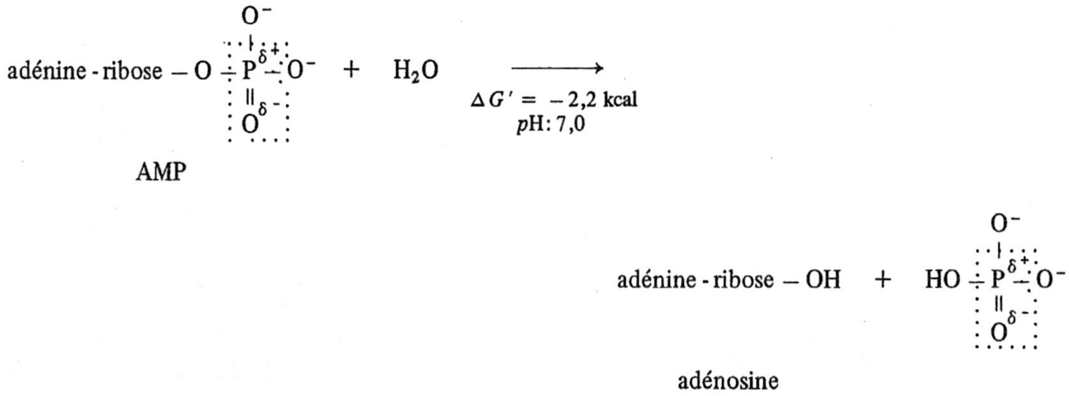

(7-19)

Il est aussi possible d'hydrolyser la molécule d'ATP pour donner directement une molécule d'AMP et du pyrophosphate inorganique selon la relation suivante :

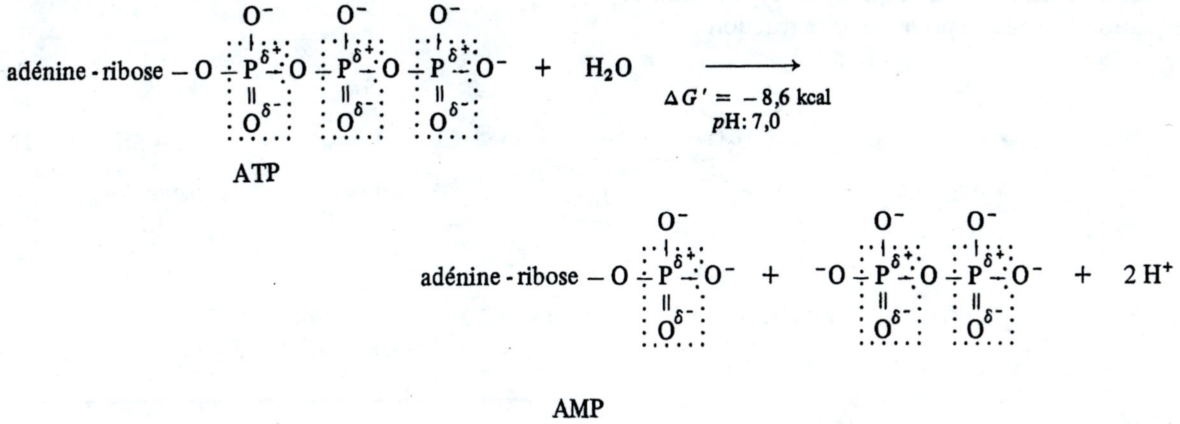

(7-20)

L'hydrolyse ou coupure pyrophosphate donne un $\Delta G'$ à pH 7,0 de –8,6 kcal.

7.2.4 GUANIDIUM PHOSPHATE

Le guanidium phosphate, aussi connu sous le nom de *phosphagène,* constitue un autre type de composé riche en énergie ; son rôle est important dans le transfert et l'emmagasinage de l'énergie. Le représentant le plus important de ce type est la *créatine phosphate* trouvée dans les muscles des vertébrés. Ce phosphagène est formé par la phosphorylation de la créatine par l'ATP en présence d'enzymes appropriés selon l'équation suivante :

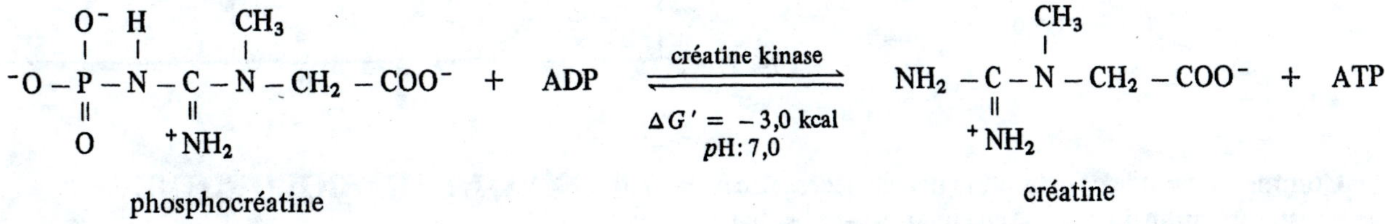

(7-21)

Puisque, à l'hydrolyse de ce composé, le changement d'énergie libre standard (–10,0 kcal), est plus négatif d'environ –3,0 kcal que celui de l'ATP, l'équilibre favorise la formation de ce dernier. C'est pourquoi, lorsque la concentration d'ATP est élevée, la réaction 7-21 s'opère de droite à gauche et le phosphate est emmagasiné sous forme de phosphocréatine riche en énergie. Par contre, si le niveau d'ATP diminue, la réaction 7-21 se produit en sens inverse pour accroître la concentration d'ATP.

7.2.5 THIOESTER

Un dernier type de composé riche en énergie pouvant être utilisé pour générer un ATP à partir d'un ADP est l'acétyl-coenzyme-A, composé de type thioester. L'équation suivante représente cette réaction:

$$\underset{\text{acétyl-CoA}}{CH_3-\overset{\overset{\large O}{\|}}{C}-S-CoA} + H_2O \xrightarrow[\Delta G' = -7{,}5\ \text{kcal},\ pH: 7{,}0]{} \underset{\text{acétate}}{CH_3-\overset{\overset{\large O}{\|}}{C}-O^-} + \underset{\text{coenzyme-A}}{CoA-SH} + H^+ \qquad (7\text{-}22)$$

Le $\Delta G'$ de l'hydrolyse de l'acétyl-CoA est de −7,5 kcal à *p*H 7,0.

7.3 RÉACTIONS COUPLÉES

Dans les cellules vivantes, l'énergie libérée par les réactions exergoniques est habituellement utilisée, soit pour permettre une réaction endergonique, soit pour effectuer un certain travail. Ce processus s'accomplit à l'aide de réactions couplées ayant des intermédiaires communs. L'exemple suivant permet d'illustrer cet important principe:

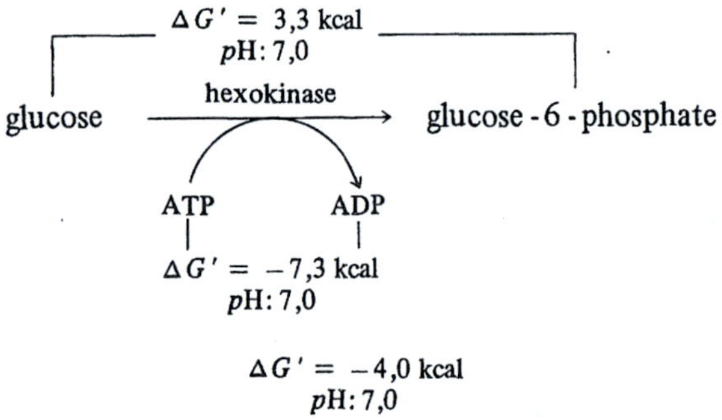

(7-23)

Comme on peut le constater, l'énergie nécessaire à la phosphorylation du glucose en glucose-6-phosphate ($\Delta G'$ = 3,3 kcal, réaction endergonique) est fournie par la réaction de transformation de l'ATP en ADP ($\Delta G'$ = −7,3 kcal, réaction exergonique), ce qui laisse un $\Delta G'$ = −4,0 kcal pour la réaction globale. Cette réaction, comme beaucoup d'autres d'ailleurs, utilise souvent la molécule d'ATP comme terme commun.

Il est donc possible d'établir, à l'aide du tableau 7.3, le $\Delta G'$ à *p*H 7,0 d'un ensemble de réactions couplées.

Tableau 7.3 $\Delta G'$ standard à *p*H 7,0 de plusieurs métabolites importants.

	$\Delta G'$ (*p*H: 7,0) kcal
Phophoénol pyruvate	−14,8
AMP − cyclique	−12,0
1,3 - diphosphoglycérate	−11,8
Phosphocréatine	−10,3
Acétyl phosphate	−10,1
S - adénosylméthionine	−10,0
ATP → AMP + P − P	− 8,6
Pyrophosphate	− 8,0
UDP - glucose → UDP + glucose	− 8,0
Acétyl - CoA	− 7,5
ATP → ADP + Pi	− 7,3
ADP → AMP + Pi	− 6,5
Glucose - 1 - phosphate	− 5,0
Fructose - 6 - phosphate	− 3,8
Glucose - 6 - phosphate	− 3,3
Glycérol - 1 - phosphate	− 2,3
AMP → A + Pi	− 2,2

7.4 OXYDATION BIOLOGIQUE

7.4.1 INTRODUCTION

Les cellules vivantes sont le siège d'une infinité de réactions biologiques qui demandent un processus d'oxydo-réduction. Comme la source principale d'énergie de ces cellules provient d'une oxydation de substrats par l'oxygène, il est important de se rappeler les notions de base concernant l'oxydation en général.

Ce phénomène peut s'exprimer par:

– une fixation d'oxygène

$$R-C\begin{smallmatrix}\nearrow O \\ \searrow H\end{smallmatrix} \quad + \quad 1/2\,O_2 \quad \rightarrow \quad R-C\begin{smallmatrix}\nearrow O \\ \searrow OH\end{smallmatrix} \qquad (7\text{-}24)$$

aldéhyde — acide

– une perte d'hydrogène

$$R-CH_2-CH_2-R_1 \rightarrow R-CH=CH-R_1 + 2\,H^+ \qquad (7\text{-}25)$$

– une perte d'électrons

$$Fe^{2+} \rightarrow Fe^{3+} + 1\,él^- \qquad (7\text{-}26)$$

Les relations inverses, c'est-à-dire une perte d'oxygène, un gain d'hydrogène ou un gain d'électrons, correspondent donc à une *réduction.*

C'est pourquoi, ces réactions d'oxydation et de réduction se produisent habituellement de façon simultanée selon le *système redox,* représenté par l'équation générale suivante:

$$\underset{\text{(réduit)}}{\text{substrat - 1}} + \underset{\text{(oxydé)}}{\text{substrat - 2}} \rightleftharpoons \underset{\text{(oxydé)}}{\text{produit - 1}} + \underset{\text{(réduit)}}{\text{produit - 2}} \qquad (7\text{-}27)$$

La réaction réversible d'oxydation du lactate en pyruvate est l'exemple classique de ces réactions.

$$\begin{array}{c} CH_3 \\ | \\ H-C-OH \\ | \\ COOH \end{array} + NAD^+ \rightleftharpoons \begin{array}{c} CH_3 \\ | \\ C=O \\ | \\ COOH \end{array} + NADH,H \qquad (7\text{-}28)$$

lactate (réduit) — pyruvate (oxydé)

7.4.2 OXYDATION CELLULAIRE

L'oxydation des substrats dans les cellules vivantes se fait suivant un système enzymatique situé dans les *mitochondries.* Ce système fonctionne par transport successif d'hydrogène et d'électrons qui passent du substrat vers l'oxygène par l'intermédiaire de transporteurs d'hydrogène et d'électrons qui sont alternativement réduits et oxydés.

A. LES TRANSPORTEURS D'HYDROGÈNE

Les principaux transporteurs d'hydrogène sont:

– les *nicotinamides nucléotides*: les NAD^+ et $NADP^+$, dont les structures et les réactions de réduction sont illustrées à la figure 7.4, sont des dérivés d'une vitamine: l'acide nicotinique ou niacine. Tandis que le NAD^+ peut s'appeler DPN^+ ou coenzyme I, on connaît aussi le $NADP^+$ sous le nom de TPN^+ ou coenzyme II. Leurs liaisons à l'enzyme sont faibles;

– les *flavines*: les structures et les réactions de réduction des flavines, FAD et FMN, sont exposées à la figure 7.5. Contrairement aux transporteurs précédents, les flavines FAD et FMN sont considérées comme des groupements prosthétiques puisqu'elles sont fermement liées au résidu enzymatique;

– l'*ubiquinone*: ce transporteur d'hydrogène possède une chaîne latérale dont la longueur varie en fonction de l'origine des mitochondries. Dans le tissu animal, la chaîne latérale formée de dix unités isoprénoïdes, est connue comme le coenzyme Q_{10} (CoQ_{10}). Sa structure et ses réactions de réduction sont illustrées à la figure 7.6.

B. LES TRANSPORTEURS D'ÉLECTRONS

Les transporteurs d'électrons sont les cytochromes. Ils forment une catégorie de composés extrêmement variés. Ce sont des hétéroprotéines qui se composent d'une partie protéique de masse moléculaire variant de 13 000 (cytochrome c) à 250 000 (cytochrome a_3) et d'un groupement prosthétique, une ferroporphyrine appelée hème. On trouve trois types de cytochromes identifiés a, b et c, celui-ci étant illustré à la figure 7.7. Les cytochromes forment donc un excellent système

Figure 7.4 A) Structure de NAD^+ et $NADP^+$

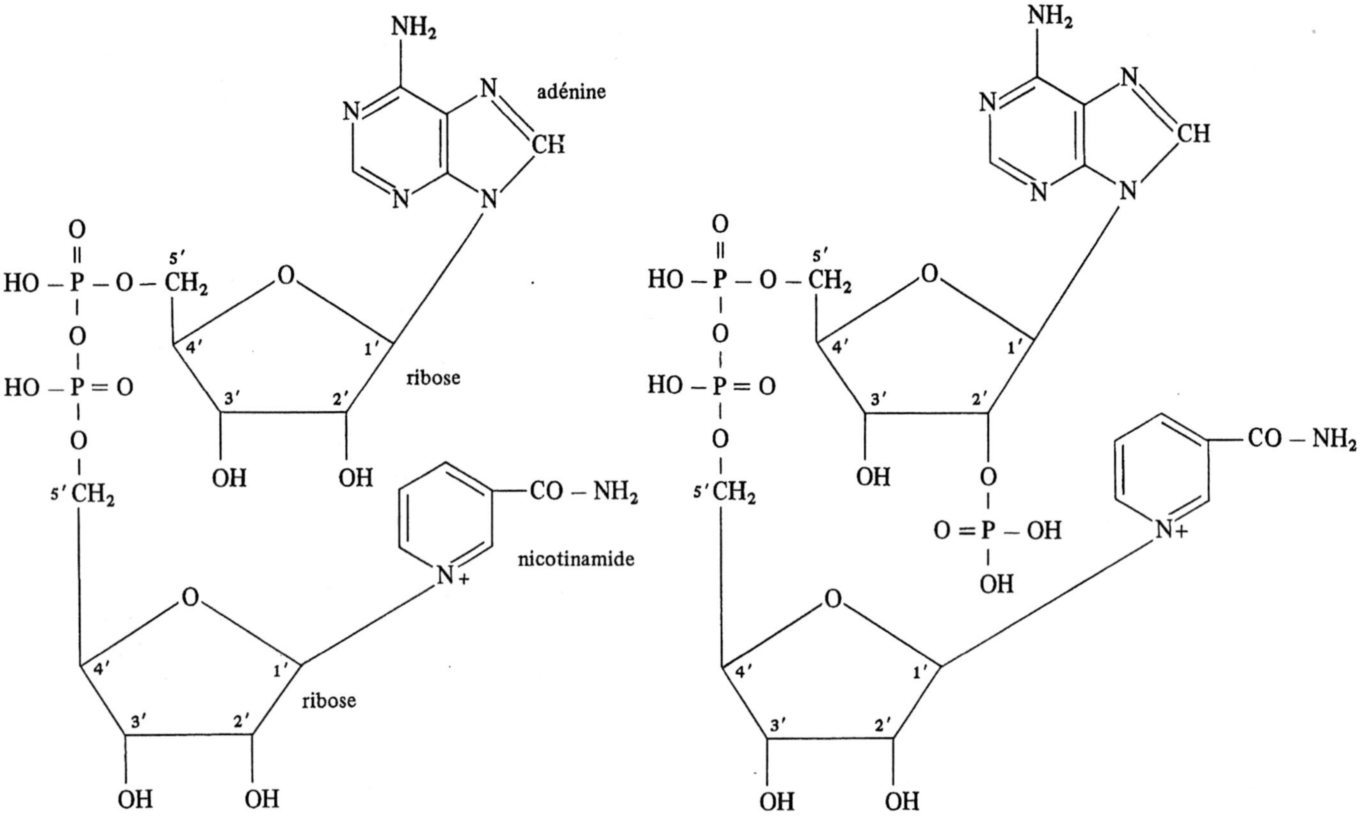

NAD^+ → Nicotinamide Adénine Dinucléotide
DPN^+ → Diphosphopyridine Nucléotide

(co-enzyme I)

$NADP^+$ → Nicotinamide Adénine Dinucléotide Phosphate
TPN^+ → Triphosphopyridine Nucléotide

(co-enzyme II)

B) Réaction de réduction

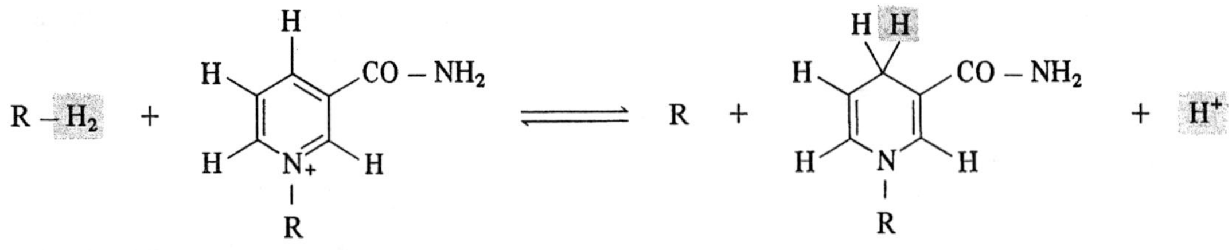

substrat — NAD^+ ou $NADP^+$ — NADH ou NADPH

Figure 7.5 A) Structure de FAD et FMN

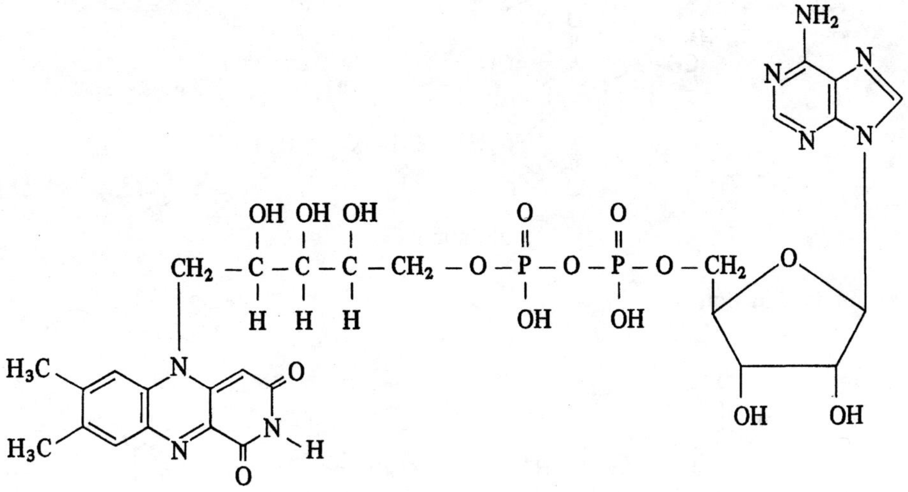

Flavine Adénine Dinucléotide (FAD)

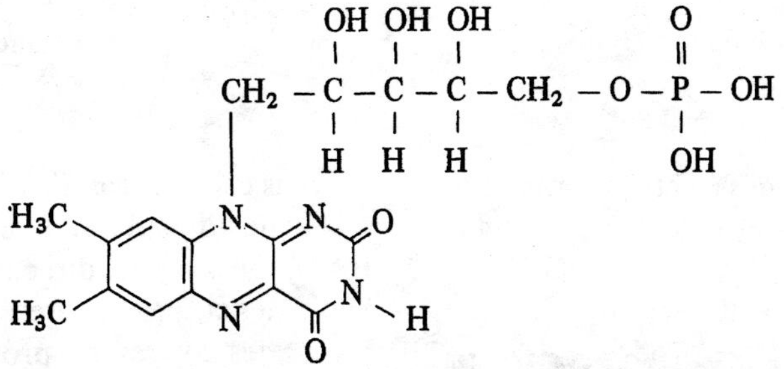

Flavine Mononucléotide (FMN)

B) Réaction de réduction

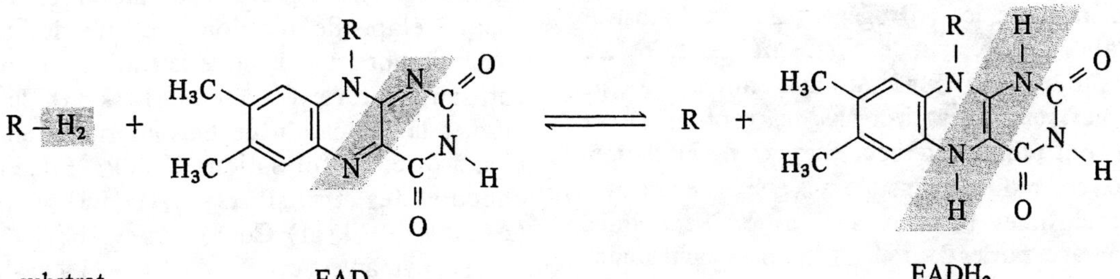

substrat | FAD ou FMN | $FADH_2$ ou $FMNH_2$

Figure 7.6 A) Structure de l'ubiquinone:

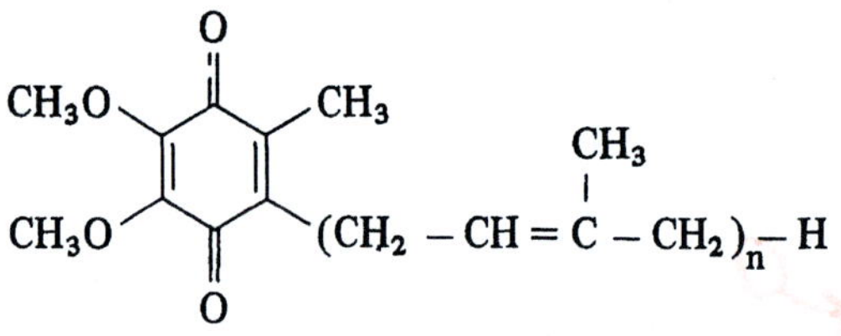

ubiquinone

B) Réaction de réduction:

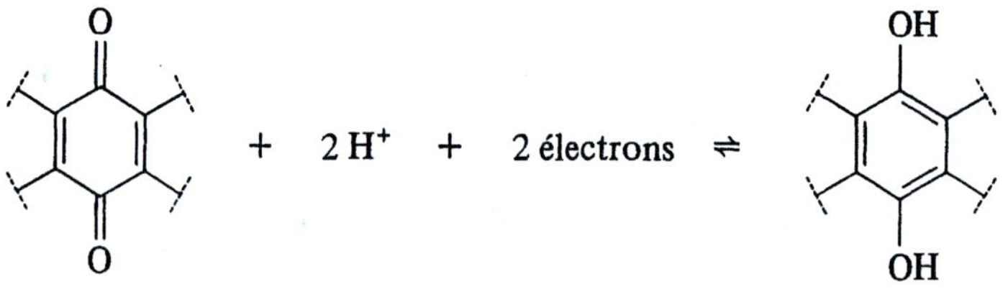

quinone oxydée

quinone réduite

rédox capable de transporter des électrons grâce à la présence du fer qui peut exister sous forme oxydée (Fe^{3+}) et réduite (Fe^{2+}).

7.4.3 CHAÎNE D'OXYDATION BIOLOGIQUE

A. CHAÎNE RESPIRATOIRE

Tous les transporteurs énumérés ci-dessus sont placés dans un ordre bien déterminé lors du transport des hydrogènes et des électrons dans les mitochondries. À la première étape, les hydrogènes enlevés du substrat sont d'abord captés sur le NAD^+ qui les transfère ensuite sur le FAD pour les donner enfin au CoQ_{10}. Ce dernier sépare les électrons des protons H^+ et ceux-ci sont temporairement éliminés de la chaîne. Les électrons réduisent ensuite successivement le Fe^{3+} des cytochromes b, c_1 c, a et a_3 en Fe^{2+}. Puis, l'oxygène accepte les deux électrons du cytochrome a_3 pour finalement former une molécule d'eau avec les H^+ déjà libérés. En plus de produire la réoxydation des coenzymes réduits, la chaîne permet ainsi aux hydrogènes enlevés de se retrouver sous forme d'eau, sans affecter le *p*H du milieu.

Dans certains cas, l'enlèvement d'hydrogène sur les molécules de substrats se fait par l'intermédiaire du FAD, ou encore directement sur un cytochrome. Seules les étapes qui précèdent sont alors retranchées, toutes les autres se produisent selon la séquence normale du modèle établi à la figure 7.8.

B. PHOSPHORYLATION OXYDATIVE

Au cours du processus de réoxydation des NADH,H, chaque étape de réaction présente des transferts d'énergie libre. Or, lorsque le transfert d'énergie est suffisamment élevé ($\Delta G' > -10$ kcal), le système permet la formation de liaisons riches en énergie, c'est-à-dire la formation d'ATP. Effectivement, chacun des transferts NADH,H vers FAD ($\Delta G' = -10{,}1$ kcal), CoQ_{10} vers cyt. b ($\Delta G' = -11{,}5$ kcal) et cyt. a vers cyt. a_3 ($\Delta G' = -23{,}9$ kcal) permet la synthèse d'une molécule d'ATP à partir d'un ADP et d'un phosphore inorganique.

Comme le $\Delta G'$ total du transport de deux électrons du NADH,H à l'oxygène est de $-52{,}0$ kcal, le

Figure 7.7 Structure du cytochrome C

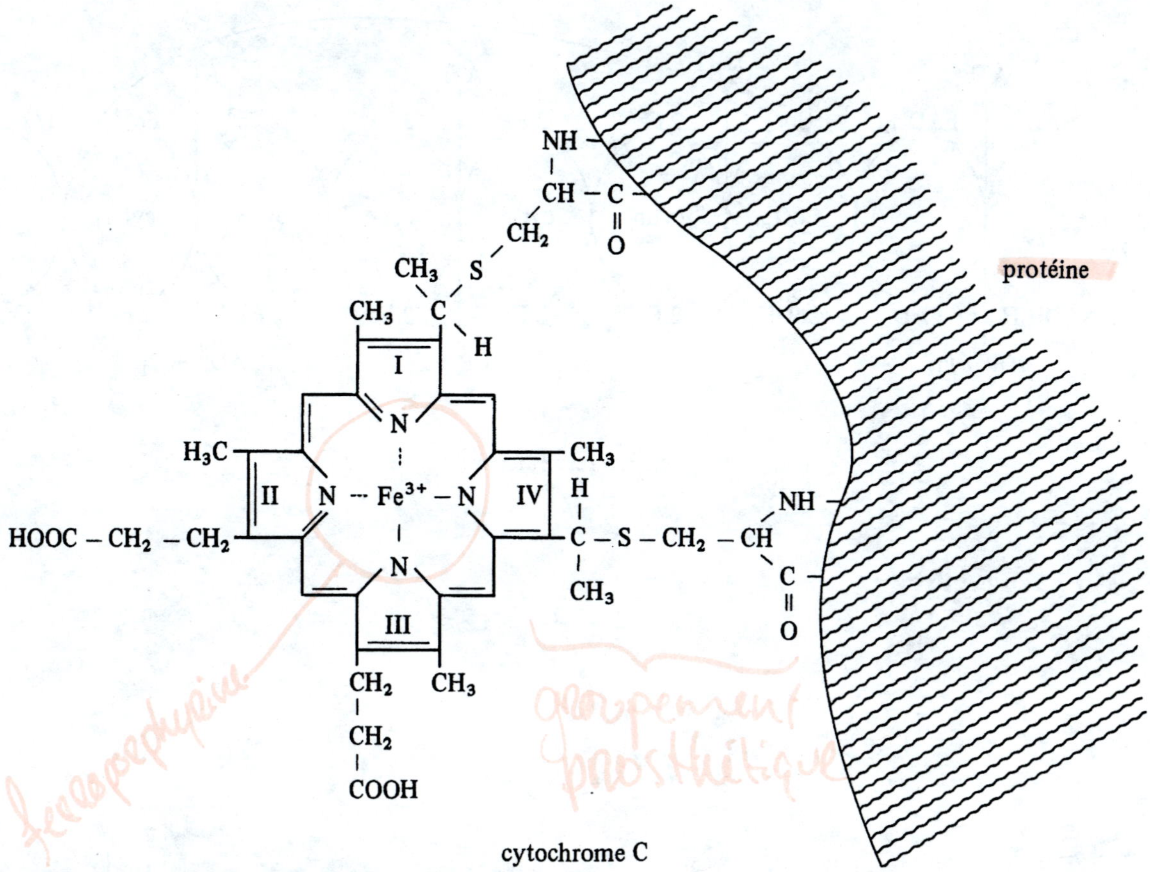

I, II, III, IV → noyaux pyrroles

$-CH_3$ → groupement méthyle

$-CH_2 - CH_2 - COOH$ → groupement propionyle

rendement de la phosphorylation oxydative est donc de 42%, c'est-à-dire :

$$(3 \times -7{,}3/-52{,}0) \times 100 = 42\% \qquad (7\text{-}29)$$

En résumé, l'oxydation d'un substrat par un enzyme à l'aide NAD^+ produira trois ATP ; avec le FAD, elle produira deux ATP et avec un cytochrome, elle ne produira qu'un ATP.

Figure 7.8 Séquence des réactions de la chaîne respiratoire

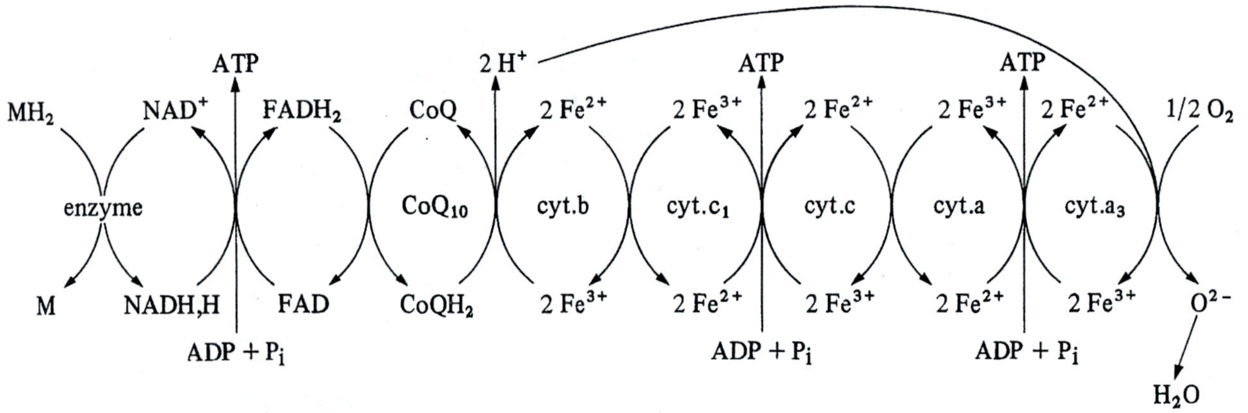

chaîne respiratoire

8

MÉTABOLISME DES GLUCIDES

8.0 INTRODUCTION

Les glucides représentent la principale source d'énergie des organismes vivants. L'homme tire son énergie des glucides alimentaires, de l'amidon en particulier, polysaccharide de glucose produit par les plantes au cours de la photosynthèse. Ces glucides sont ensuite emmagasinés sous forme de glycogène, soit au foie (2 à 8%), soit aux muscles (0,5 à 1,0%). Le principal rôle du glycogène du foie est de maintenir la concentration du glucose sanguin à un niveau normal, alors que celui du glycogène musculaire est de fournir l'énergie nécessaire à la contraction musculaire. Cependant, il existe d'autres sucres dans la nature, comme le saccharose, le fructose, le galactose et le mannose, qui peuvent servir de source d'énergie aux organismes vivants.

Puisque le glucose provenant du glycogène et de l'amidon est le sucre le plus abondant dans la nature, nous limiterons notre étude à l'identification des principaux sentiers métaboliques responsables de sa transformation par des organismes soit aérobiques, soit anaérobiques.

8.0.1 RAPPEL DES NOTIONS DE DIGESTION ET D'ABSORPTION

A. DIGESTION

L'amidon et le glycogène alimentaires sont d'abord partiellement hydrolysés par l'action de l'*amylase salivaire* pour former des dextrines et du maltose. Toutefois, l'activité de l'amylase salivaire est inhibée par le *p*H acide de l'estomac. Dans l'intestin, la présence du jus pancréatique alcalinise le milieu et permet à une amylase, d'origine pancréatique cette fois, de compléter l'hydrolyse de l'amidon et du glycogène en maltose. Le maltose, comme d'autres disaccharides alimentaires tels le lactose et le saccharose, sont enfin hydrolysés, à l'aide de disaccharidases (maltase, lactase, saccharase) sécrétés par la muqueuse intestinale, en monosaccharides comme le glucose, le galactose et le fructose.

B. ABSORPTION

Les monosaccharides sont ensuite absorbés de la lumière intestinale vers le sang et la lymphe en passant par la paroi intestinale. Normalement, l'absorption des monosaccharides est complète et se produit selon un mécanisme de transport enzymatique actif. Une fois absorbés dans la veine porte, ils seront utilisés selon les besoins du moment, soit:

- transportés au foie pour y être emmagasinés sous forme de glycogène;
- utilisés directement par les cellules pour y être oxydés en CO_2, H_2O et produire une énergie immédiate;
- convertis en acides α-cétoniques, en acides aminés ou en protéines;
- convertis en graisses et emmagasinés dans les tissus adipeux.

Le métabolisme des glucides est très complexe; il est intimement lié à celui des lipides et des protéines comme on peut le voir à la figure 8.1 qui fournit un aperçu général du métabolisme du glucose.

Figure 8.1 **Schéma général du métabolisme des glucides**

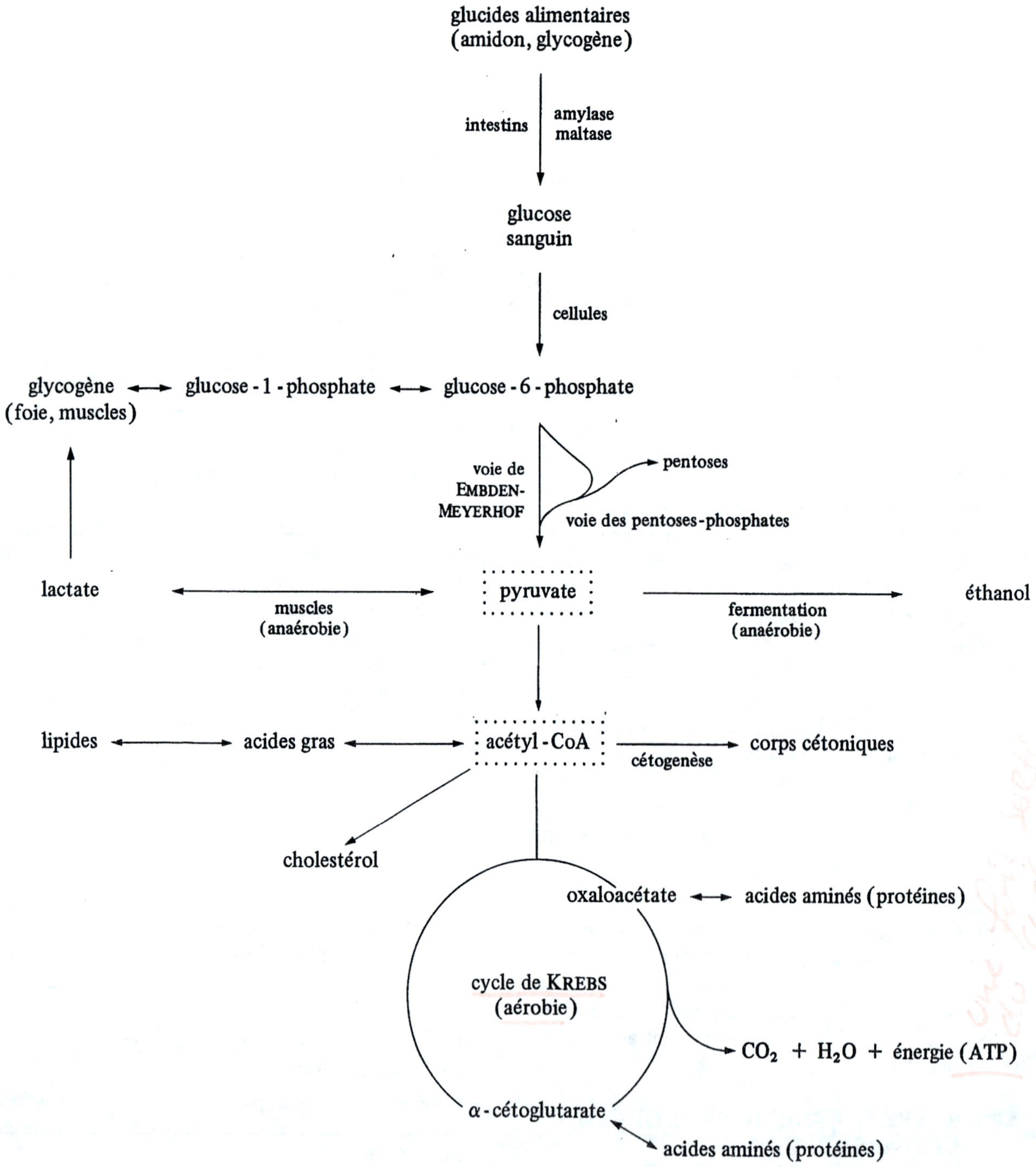

8.1 GLYCOLYSE

8.1.1 INTRODUCTION

Les trois principaux systèmes à l'origine de la formation de composés dont les liaisons sont à haut potentiel d'hydrolyse sont :

- la glycolyse ;
- le cycle de l'acide citrique ou cycle de KREBS ;
- le cycle des pentoses-phosphates.

Une différence capitale sépare la glycolyse des deux autres systèmes, c'est-à-dire que la synthèse de liaisons à haut potentiel s'effectue à partir de substrats transformés sans l'intervention d'oxygène ou autres accepteurs terminaux d'électrons.

Au sens strict du terme, la glycolyse est l'ensemble des réactions qui permet la transformation du glucose en pyruvate. Ce système de réactions fonctionne aussi bien en *anaérobiose* qu'en *aérobiose* et on le rencontre pratiquement dans toutes les cellules. C'est le sort réservé au pyruvate qui pourra varier selon les conditions anaérobies ou aérobies.

Nous élaborerons d'abord les étapes de la voie glycolytique par l'étude de la fermentation alcoolique ainsi que par la réduction du pyruvate dans les muscles.

Le schéma de la figure 8.2 résume les dix étapes essentielles du processus de la glycolyse, appelé aussi voie de EMBDEN-MEYERHOF. Ces dix réactions, qui permettent la conversion du glucose en pyruvate, peuvent être divisées en deux phases.

La première phase correspond à des réactions de phosphorylation du glucose qui aboutissent à la formation d'un composé commun, le glycéraldéhyde-3-phosphate. À ce stade, il y a consommation de deux molécules d'ATP par molécule dégradée. C'est donc une phase qui demande de l'énergie.

La deuxième phase, commune à tous les sucres, correspond à des réactions qui aboutissent à la synthèse de liaisons à haut potentiel énergétique. Chaque molécule de triose dégradée forme deux molécules d'ATP. Comme une molécule de glucose produit deux molécules de triose, quatre molécules d'ATP seront alors synthétisées. C'est donc une étape qui libère de l'énergie. En conséquence, la dégradation du glucose en pyruvate par voie glycolytique produit un résultat global de deux molécules d'ATP.

Les monosaccharides autres que le glucose peuvent aussi être dégradés par voie glycolytique pourvu qu'ils soient d'abord convertis en métabolites intermédiaires de la glycolyse. Tous les organismes sont capables de dégrader le glucose en pyruvate par voie glycolytique.

Nous allons maintenant faire l'étude de chacune des étapes de la glycolyse.

8.1.2 FORMATION DU GLUCOSE-6-PHOSPHATE

La première étape consiste à phosphoryler le glucose à l'aide d'un ATP pour donner du glucose-6-phosphate et un ADP selon l'équation suivante :

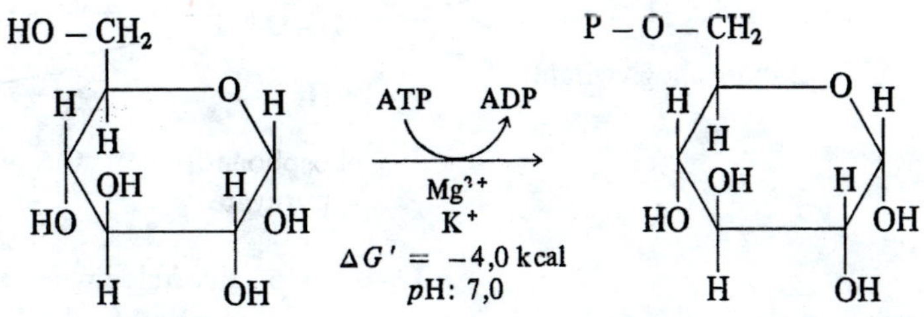

glucose — glucose - 6 - phosphate

(8-1)

Cette réaction est catalysée par l'enzyme *hexokinase* qui requiert du Mg^{2+} (complexe ATP-Mg^{2+}) et K^+ comme activateurs. L'hexokinase, qui possède une masse moléculaire de 110 000, est formée de deux chaînes polypeptidiques de 55 000 ayant chacune un site actif. Le $\Delta G'$ de la réaction est de −4,0 kcal (*p*H 7,0). Cette première étape de la glycolyse est *irréversible*.

Figure 8.2 Voie de EMBDEN-MEYERHOF

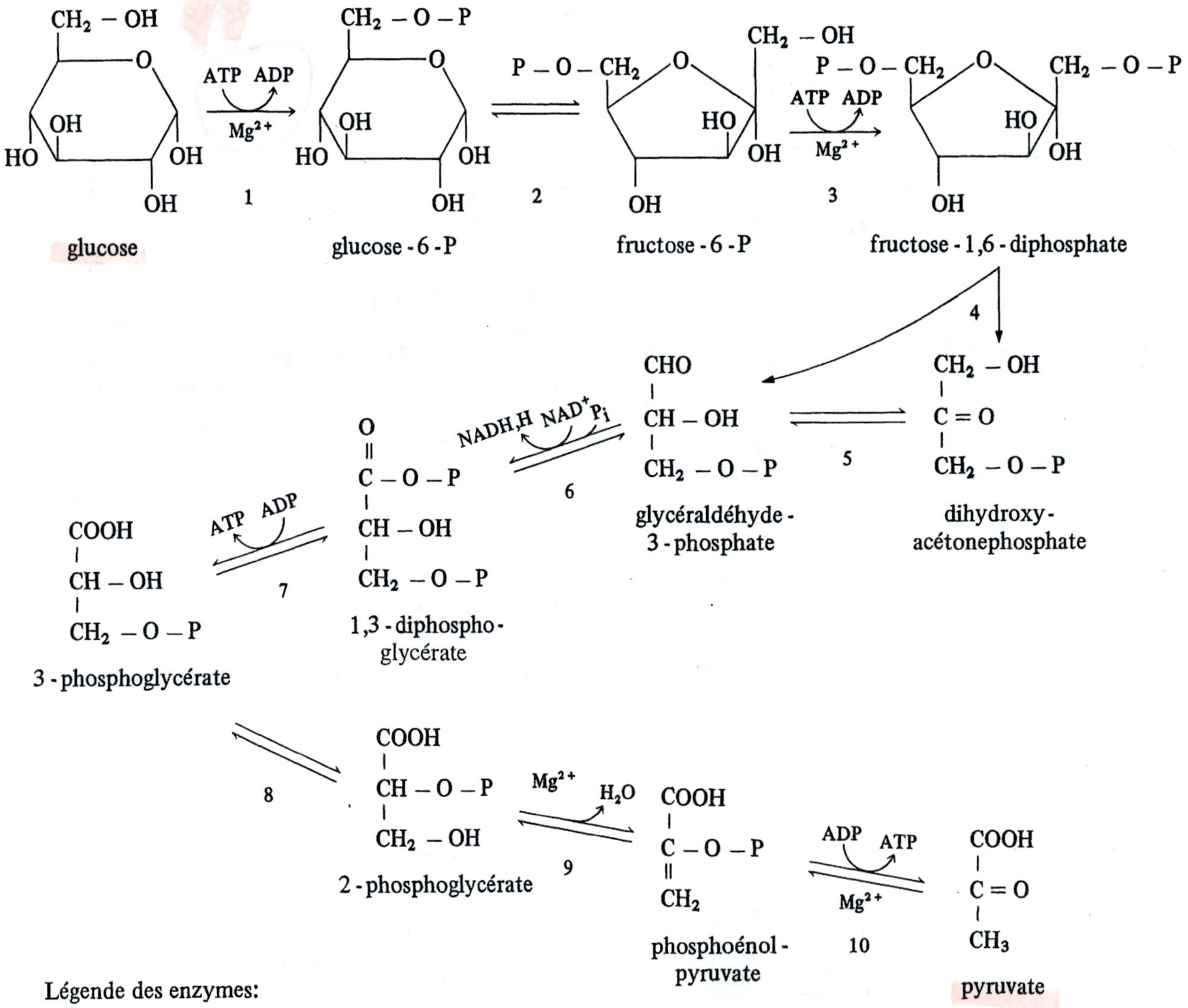

Légende des enzymes:

1 hexokinase
2 phosphohexoisomérase
3 phosphofructokinase
4 aldolase
5 triose-phosphate isomérase
6 glycéraldéhyde - 3 - phosphate déshydrogénase
7 3 - phosphoglycérate kinase
8 phosphoglycérate mutase
9 énolase
10 pyruvate kinase

8.1.3 ISOMÉRISATION DU GLUCOSE-6-PHOSPHATE

Cette deuxième étape est *réversible* et permet l'isomérisation du glucose-6-phosphate en fructose-6-phosphate à l'aide de l'enzyme *phosphohexoisomérase* selon l'équation suivante:

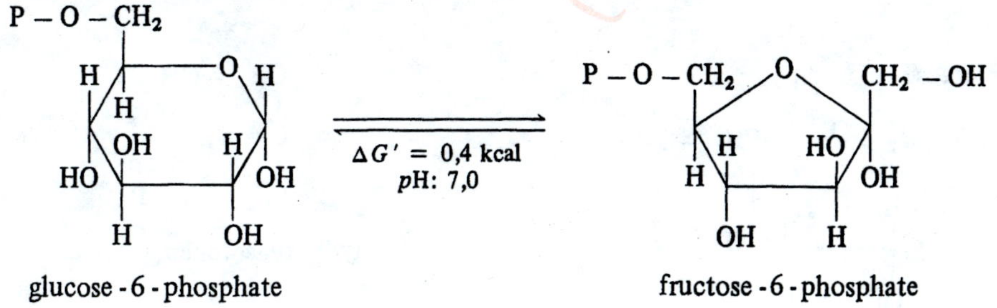

(8-2)

L'enzyme a une masse moléculaire de 130 000 environ et ne requiert la présence d'aucun cofacteur. Le $\Delta G'$ de la réaction est de 0,4 kcal (*p*H 7,0).

8.1.4 FORMATION DU FRUCTOSE-1,6-DIPHOSPHATE

La troisième étape consiste à phosphoryler, à l'aide d'une molécule d'ATP, le fructose-6-phosphate en fructose-1,6-diphosphate et un ADP selon l'équation:

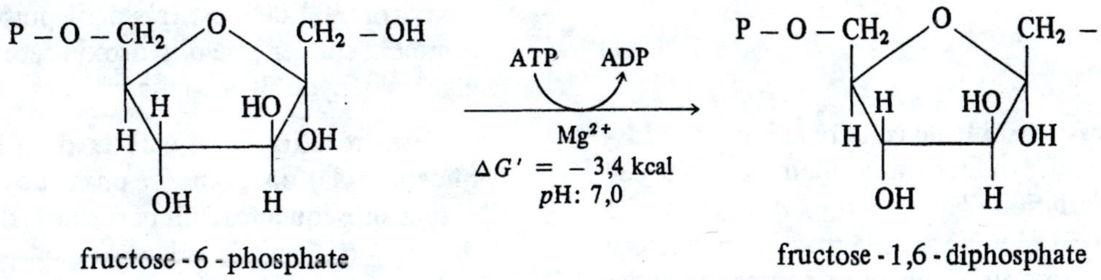

(8-3)

La réaction est catalysée par la *phosphofructokinase,* enzyme spécifique au fructose-6-phosphate et qui requiert la présence de Mg^{2+}. Sa masse moléculaire est d'environ 360 000, dissociable en quatre sous-unités.

La variation d'énergie libre, $\Delta G'$, de la réaction est de $-3{,}4$ kcal (*p*H 7,0). La réaction est donc fortement exergonique et *irréversible.*

8.1.5 FORMATION DES TRIOSES-PHOSPHATES

Cette quatrième étape permet la scission du fructose-1,6-diphosphate en deux molécules de trioses-phosphates, le dihydroxyacétone phosphate et le D-glycéraldéhyde-3-phosphate comme le présente l'équation suivante:

fructose-1-6-diphosphate

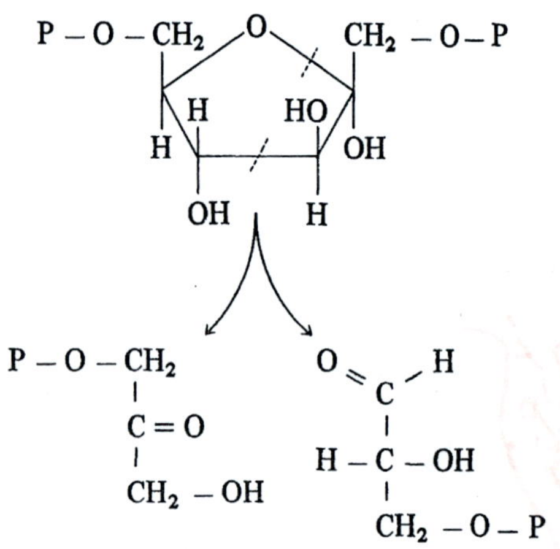

dihydroxy-acétonephosphate D-glycéraldéhyde-3-phosphate

$\Delta G' = 5{,}5$ kcal
pH: 7,0

(8-4)

L'enzyme responsable de cette réaction est l'*aldolase,* tétramère de masse moléculaire de 160 000 environ. La variation d'énergie libre, $\Delta G'$, est de 5,5 kcal (pH 7,0). Si l'équilibre de la réaction favorise la synthèse du fructose diphosphate, on peut se demander pourquoi sa scission est catalysée. C'est qu'au cours de la glycolyse, l'un des produits formés, le D-glycéraldéhyde-3-phosphate est substrat d'autres enzymes qui, en le transformant, l'éliminent du milieu réactionnel et favorisent la réaction en ce sens.

8.1.6 ISOMÉRISATION DES TRIOSES-PHOSPHATES

Cette cinquième étape consiste à transformer le dihydroxyacétonephosphate en glycéraldéhyde-3-phosphate sous l'action d'une *triose-phosphate isomérase* qui catalyse l'interconversion de ces deux trioses comme dans l'équation suivante:

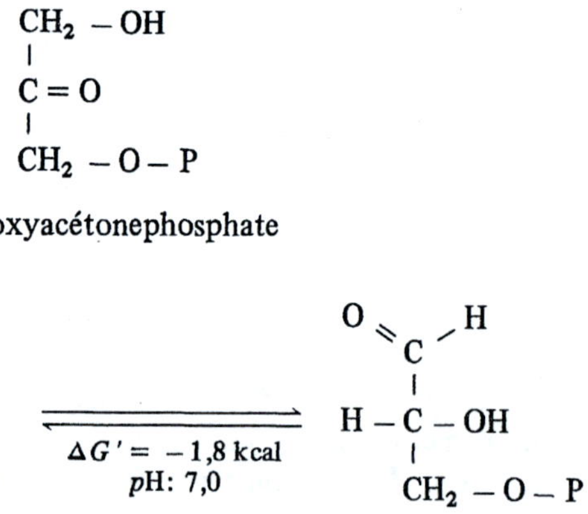

dihydroxyacétonephosphate

$\Delta G' = -1{,}8$ kcal
pH: 7,0

D-glycéraldéhyde-3-phosphate

(8-5)

La variation d'énergie libre, $\Delta G'$, est de $-1{,}8$ kcal (pH 7,0). L'enzyme dont la masse moléculaire est d'environ 100 000, est très actif puisqu'il doit constamment convertir le dihydroxyacétonephosphate en glycéraldéhyde-3-phosphate.

Cette réaction complète la dernière étape de la phosphorylation, première phase de la glycolyse. Les étapes subséquentes font partie de la deuxième phase, dite de formation de liaisons à haut potentiel énergétique.

8.1.7 OXYDATION DU D-GLYCÉRALDÉHYDE-3-PHOSPHATE

Cette première étape de la deuxième phase est la première à faire appel au mécanisme d'oxydo-réduction. Selon l'équation suivante, le D-glycéraldéhyde-3-phosphate est oxydé en 1,3-diphosphoglycérate.

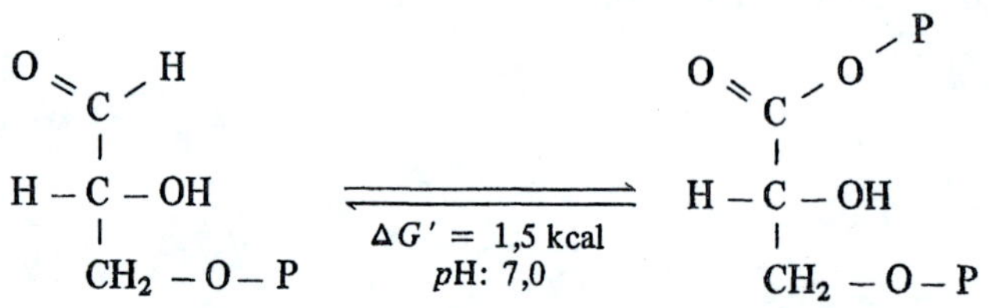

$\Delta G' = 1{,}5$ kcal
pH: 7,0

(8-6)

D-glycéraldéhyde-3-phosphate 1,3-diphosphoglycérate

Cette réaction, catalysée par la *glycéraldéhyde-3-phosphate déshydrogénase*, est d'un intérêt particulier car elle associe une phosphorylation à une déshydrogénation. L'enzyme catalyse donc cette réaction en deux opérations successives :

– le groupe aldéhydique se lie à l'un des groupements –SH de l'enzyme et les deux hydrogènes sont transférés sur le NAD^+ selon le mécanisme suivant :

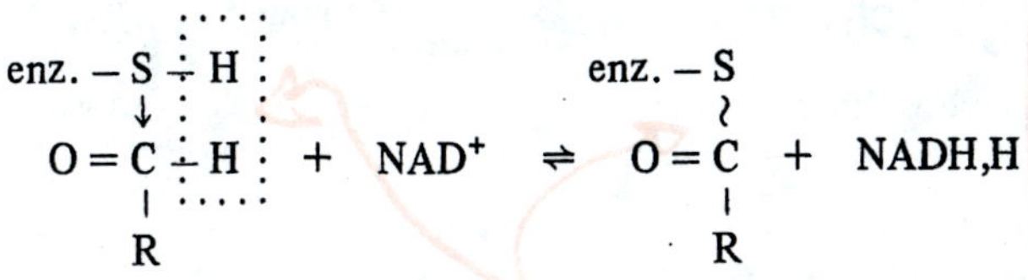

(8-6a)

C'est une réaction d'oxydo-réduction et la liaison thioester formée est une liaison à haut potentiel énergétique puisqu'elle provient de l'oxydation du groupement aldéhydique ;

– une phosphorylation à l'aide d'un phosphore inorganique selon le mécanisme suivant :

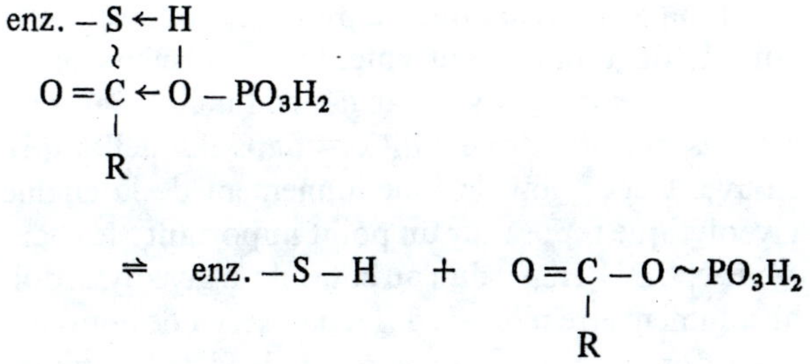

(8-6b)

Le potentiel d'hydrolyse de la liaison thioester étant plus élevé que celui de la liaison acyl phosphophoanhydride, cette dernière aura tendance à se former spontanément. L'étape critique est donc l'étape oxydative, c'est-à-dire celle qui a permis la formation d'une liaison à haut potentiel énergétique. C'est aussi la seule étape où le phosphore inorganique (P_i) passe à la forme organique. La variation d'énergie libre, $\Delta G'$, de cette double réaction est de 1,5 kcal (*p*H 7,0).

L'enzyme qui catalyse cette double réaction a une masse moléculaire de 145 000 ; il est formé de quatre sous-unités de 35 000 et chacune est liée à une molécule de NAD^+. Ici, l'enzyme *glycéraldéhyde-3-phosphate déshydrogénase*, en s'unissant au NAD^+, constitue une exception importante à la règle générale de NAD^+, puisque, comme coenzyme, celui-ci est généralement non lié à l'enzyme.

8.1.8 FORMATION D'ATP À PARTIR DU 1,3-DIPHOSPHOGLYCÉRATE

C'est pendant cette étape que s'effectue la première synthèse d'ATP. Cette réaction, catalysée par la *3-phosphoglycérate kinase*, permet le transfert du groupement 1-phosphoryle du 1,3-diphosphoglycérate sur l'ADP avec formation de 3-phosphoglycérate selon l'équation suivante :

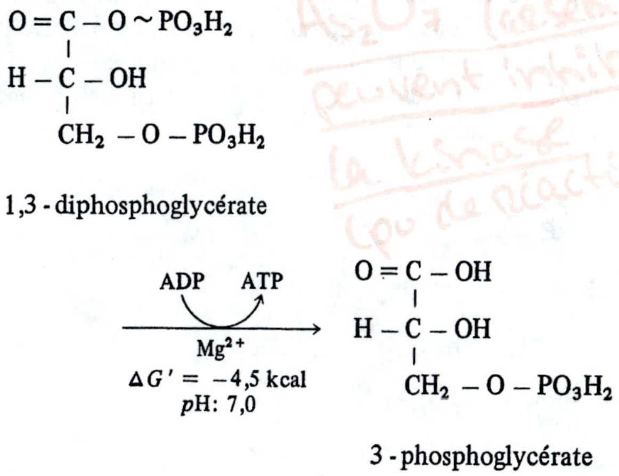

(8-7)

La variation d'énergie libre, $\Delta G'$, de cette réaction est de –4,5 kcal (*p*H 7,0). L'enzyme requiert la présence de Mg^{2+} ou Mn^{2+} comme activateur.

8.1.9 ISOMÉRISATION DU 3-PHOSPHOGLYCÉRATE

La *phosphoglycérate mutase*, qui catalyse la réaction suivante,

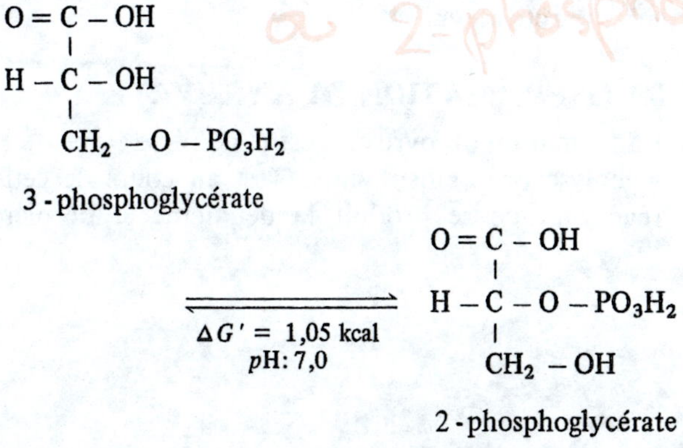

(8-8)

permet l'interconversion de deux acides phosphoglycériques, soit le 3-phosphoglycérate et le 2-phosphoglycérate. Le mécanisme de la réaction fait intervenir un intermédiaire commun, le 2, 3-diphosphoglycérate, qui sert de cofacteur à l'activité enzymatique.

La variation d'énergie libre, $\Delta G'$, de cette réaction est de 1,05 kcal (pH 7,0). La masse moléculaire de l'enzyme est d'environ 64 000.

8.1.10 FORMATION DU PHOSPHOÉNOLPYRUVATE

Cette réaction permet la déshydratation du 2-phosphoglycérate en phosphoénolpyruvate, composé dont le groupement énolphosphate est riche en énergie ($\Delta G' = -14{,}8$ kcal). Cette réaction est illustrée par l'équation suivante:

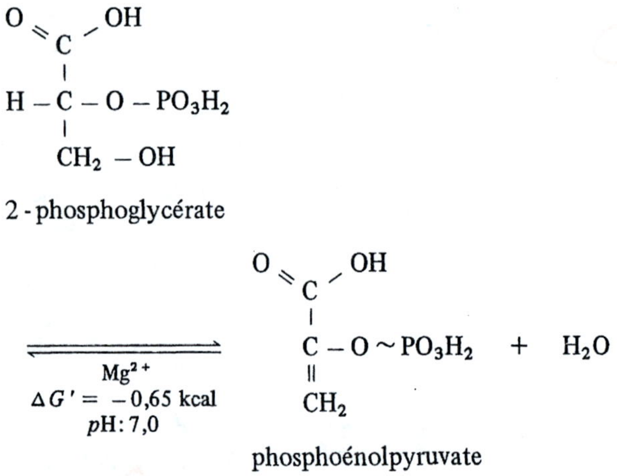

(8-9)

La variation d'énergie libre, $\Delta G'$, de cette réaction est de $-0{,}65$ kcal (pH 7,0) et l'enzyme responsable est une *énolase* qui requiert la présence de Mg^{2+} comme activateur.

8.1.11 FORMATION DU PYRUVATE

La formation du pyruvate est la dernière étape de la glycolyse proprement dite. C'est au cours de cette réaction que se produit la deuxième et dernière synthèse d'ATP. La *pyruvate kinase* catalyse le transfert du groupement phosphate du phosphoénolpyruvate sur l'ADP, pour produire le pyruvate et un ATP selon l'équation suivante:

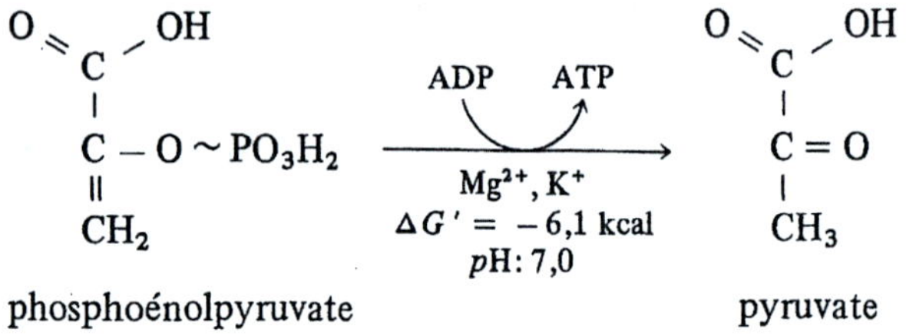

(8-10)

La variation d'énergie libre, $\Delta G'$, de la réaction est de $-6{,}1$ kcal (pH 7,0), et l'enzyme, un tétramère de masse moléculaire d'environ 165 000, requiert la présence de Mg^{2+} et de K^+ pour son activité.

8.2 RÉACTIONS TERMINALES DE LA GLYCOLYSE

La glycolyse, appelée aussi voie de EMBDEN-MEYERHOF, s'arrête donc au pyruvate et constitue la voie de dégradation du glucose de plusieurs organismes. Le sort du pyruvate dépend maintenant des cellules hôtes et des conditions dans lesquelles il se trouve. Cependant, le fonctionnement de la chaîne glycolytique repose sur un point important: le coenzyme NADH,H, produit au cours de la glycolyse, doit absolument être réoxydé de façon à servir de nouveau. C'est donc le NAD^+ qui constitue le facteur limitant de la glycolyse: s'il est épuisé ou s'il se trouve sous forme de NADH,H, l'ensemble des réactions s'arrête.

Cette réoxydation peut se faire en anaérobiose ou en aérobiose. Dans le premier cas, la réoxydation se fait par l'intermédiaire des réactions terminales de la fermentation alcoolique (figure 8.3) ou la formation de lactate dans les muscles (équations 8-11 et 8-12). Dans le deuxième cas, la réoxydation se fait par l'intermédiaire de la chaîne de l'acide tricarboxylique ou cycle de KREBS. Commençons par la première partie, c'est-à-dire la réoxydation en anaérobiose.

Figure 8.3 Glycolyse et fermentation alcoolique (dans le foie)

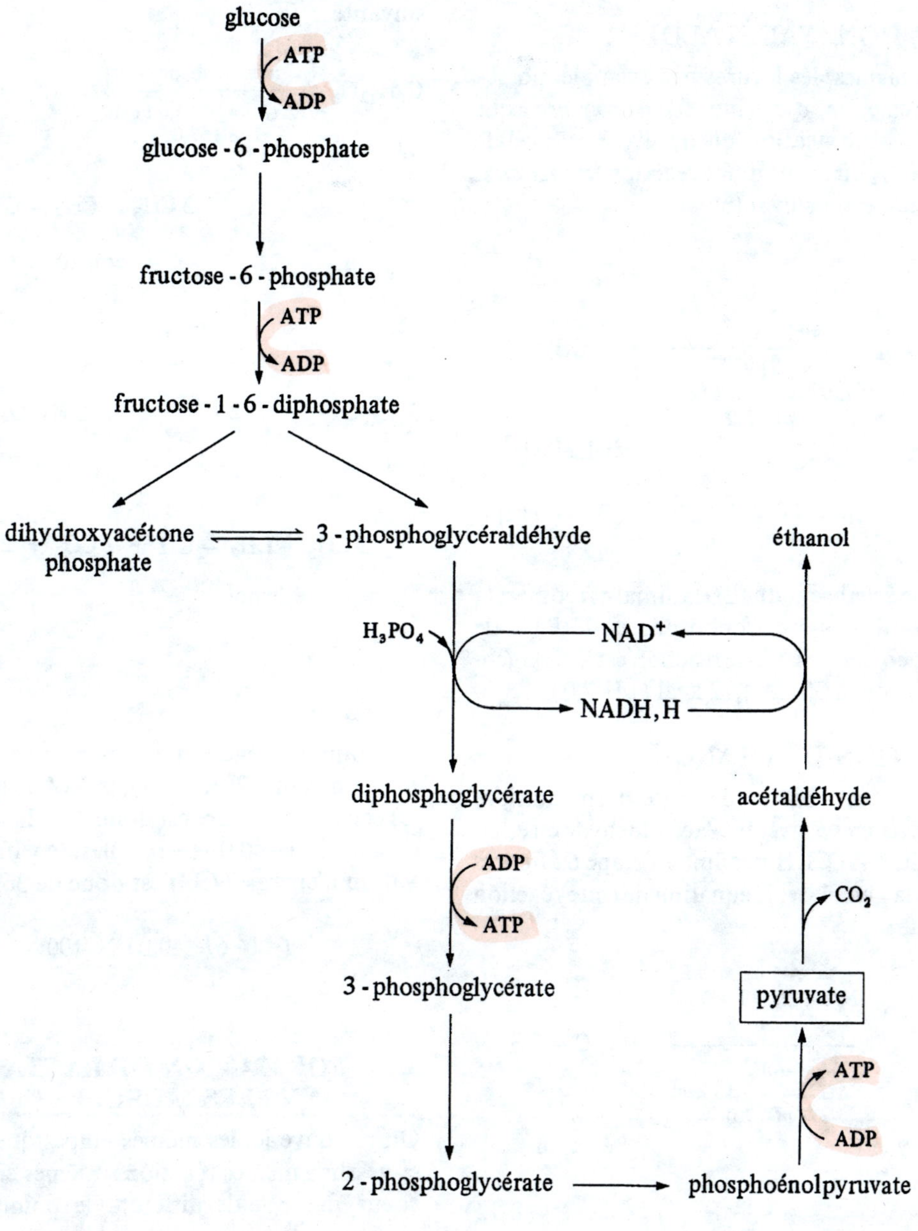

Bilan: ATP consommé = 2 } 2 ATP libérés
ATP libéré = 4

1 glucose aérobie = 8 ATP
1 glucose anaérobie = 2 ATP

8.2.1 FORMATION D'ÉTHANOL PAR LES LEVURES

A. FORMATION D'ACÉTALDÉHYDE

Certains organismes, les levures par exemple, possèdent un enzyme, la *pyruvate décarboxylase,* qui catalyse la décarboxylation du pyruvate en acétaldéhyde et en CO_2 au terme d'une réaction *irréversible* définie par l'équation suivante:

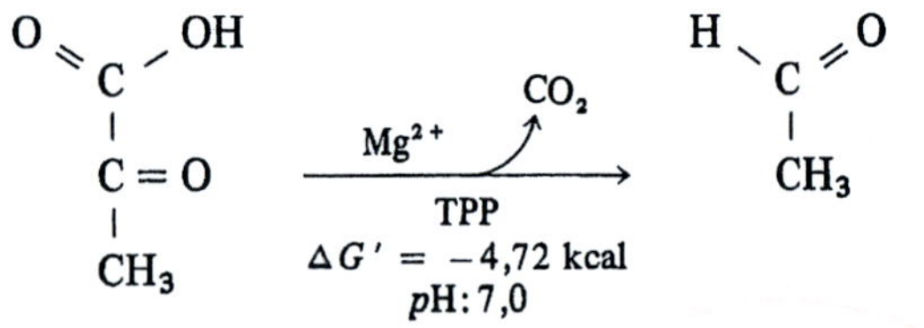

pyruvate — acétaldéhyde

(8-11)

Cet enzyme est absent du tissu animal et requiert la présence de la thiamine pyrophosphate (TPP) et de Mg^{2+} comme cofacteurs. Cette réaction est légèrement exergonique: son $\Delta G' = -4,72$ kcal (*p*H 7,0).

B. FORMATION D'ÉTHANOL

Dans la deuxième partie de cette fermentation, l'*alcool déshydrogénase* réduit l'acétaldéhyde en éthanol à l'aide du NADH,H produit à l'étape 6 (figures 8.2 et 8.3) de la glycolyse. L'équation de cette réaction est la suivante:

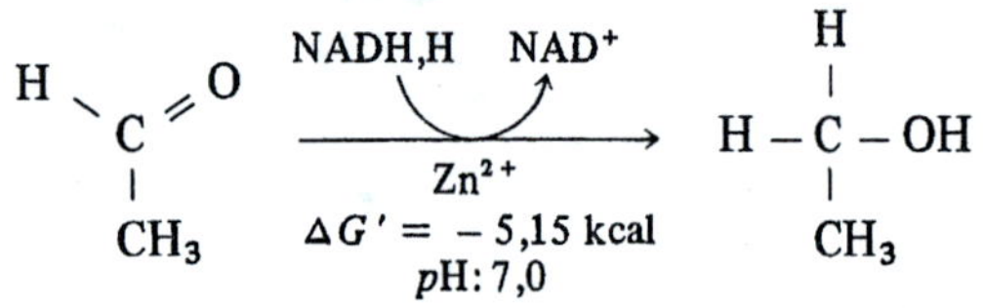

acétaldéhyde — éthanol

(8-12)

La variation d'énergie libre, $\Delta G'$, de la réaction est de $-5,15$ kcal (*p*H 7,0). L'enzyme est un tétramère de masse moléculaire d'environ 150 000; il possède quatre emplacements catalytiques indépendants et quatre atomes de Zn^{2+} dont l'élimination entraîne la dissociation de l'enzyme en sous-unités inactives.

On peut déterminer ici le bilan énergétique global de la fermentation alcoolique à partir des relations suivantes:

$$\underset{\text{glucose}}{C_6H_{12}O_6} \xrightarrow[\substack{\Delta G' = -40,0 \text{ kcal} \\ pH: 7,0}]{\text{in vitro}} \underset{\text{éthanol}}{2\,CH_3-CH_2-OH} + 2\,CO_2 \qquad (8\text{-}13)$$

$$\underset{\text{glucose}}{C_6H_{12}O_6} + 2\,\text{ADP} + 2\,H_3PO_4 \xrightarrow[\substack{\Delta G' = -25,4 \text{ kcal} \\ pH: 7,0}]{\text{in vivo}} \underset{\text{éthanol}}{2\,CH_3-CH_2-OH} + 2\,CO_2 + 2\,\text{ATP} + 2\,H_2O \qquad (8\text{-}14)$$

Comme la réaction met en réserve $-14,6$ kcal sous forme d'ATP ($2 \times -7,3$), le $\Delta G'$ de la réaction dans les cellules de levure est donc de $-25,4$ kcal (*p*H 7,0), c'est-à-dire ($-40,0-(-14,6)$). Le coefficient de conservation d'énergie (CC) est donc de 36,5%, soit:

$$(-14,6/-40,0) \times 100 = 36,5\%$$

8.2.2 FORMATION DE LACTATE DANS LES MUSCLES

On retrouve ici les mêmes étapes que celles décrites ci-dessus: mêmes réactions, mêmes enzymes, mêmes coenzymes. Seuls diffèrent le point de départ du processus de réactions qui est le glucose-1-phosphate et l'accepteur qui permet la régénération du NAD^+, le pyruvate.

A. POINT DE DÉPART

Le glucose libre n'est pas directement utilisé au point de départ, mais plutôt le glucose-1-phosphate provenant de la dégradation du glycogène. Cette réaction est catalysée par une *phosphorylase* qui permet de dégrader le glycogène musculaire en glucose-1-phosphate selon la réaction suivante:

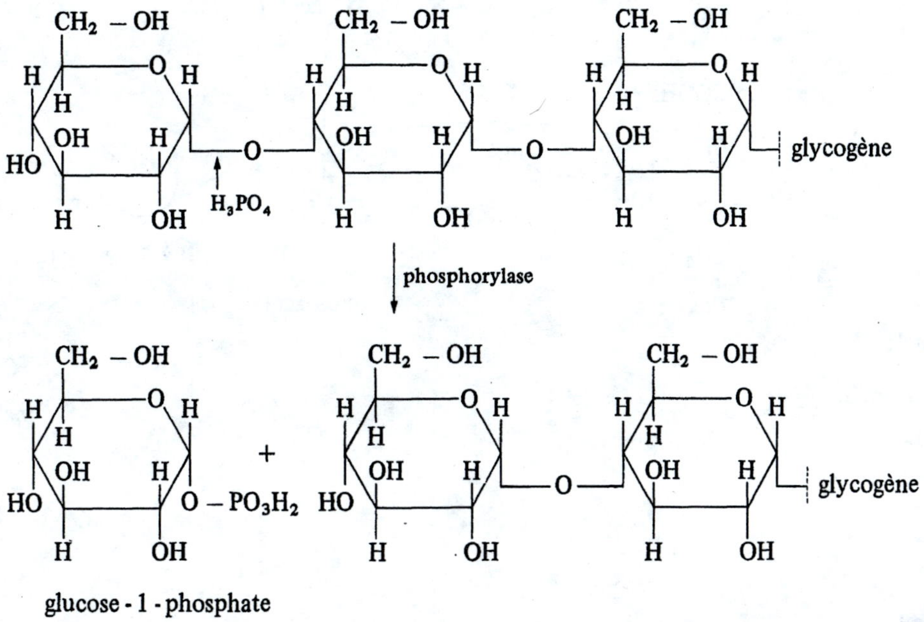

(8-15)

Cette réaction permet de constater que l'ATP n'est pas en cause, mais bien le phosphore inorganique.

Le glucose-1-phosphate est ensuite converti en glucose-6-phosphate sous l'action d'une *phosphoglucomutase* selon la réaction suivante:

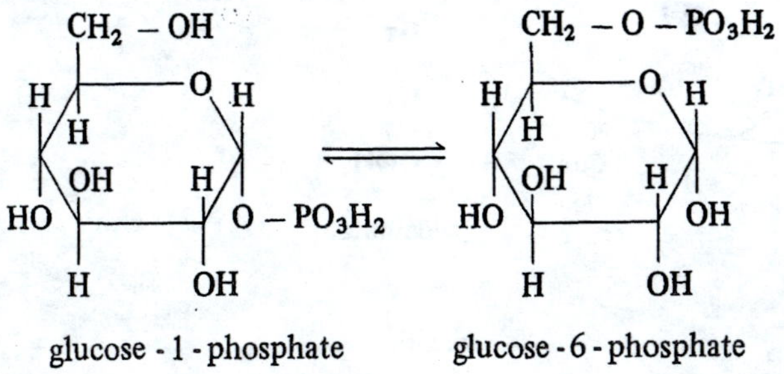

(8-16)

Le mécanisme de réaction est semblable à celui de la transformation du 3-phosphoglycérate en 2-phosphoglycérate. Il exige la présence d'un composé intermédiaire, le glucose-1,6-diphosphate, comme cofacteur.

À partir de ce moment, la glycolyse s'effectue normalement. On notera qu'elle fournit encore quatre molécules d'ATP, mais qu'une seule est consommée. Le résultat final se traduit donc par un gain net de trois molécules d'ATP.

Figure 8.4 Le cycle de l'acide tricarboxylique. (cycle de KREBS)

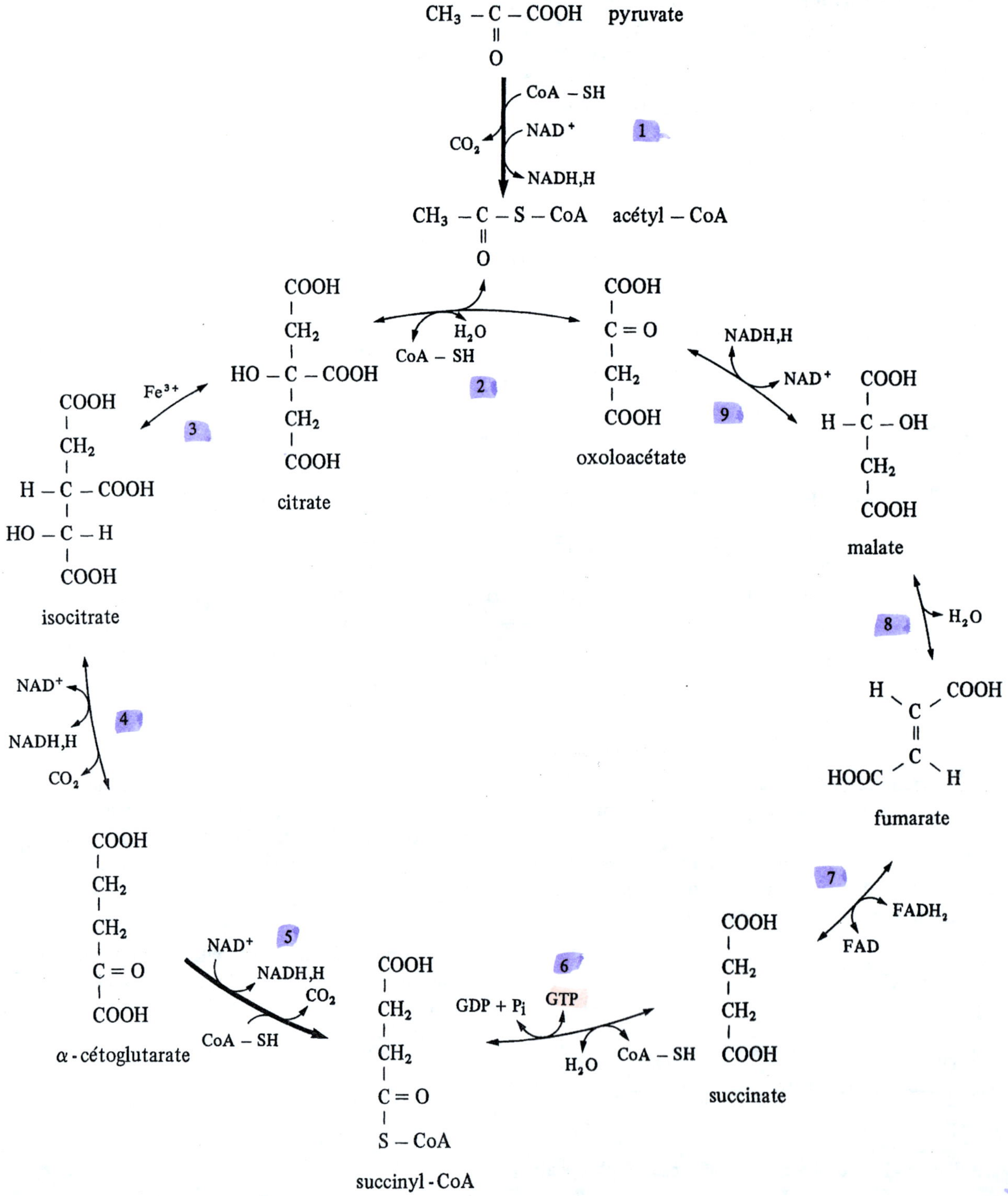

Légende des enzymes:

1 pyruvate déshydrogénase
2 citrate synthétase
3 aconitase
4 isocitrate déshydrogénase
5 α - cétoglutarate déshydrogénase
6 succinate thiokinase
7 succinate déshydrogénase
8 fumarase
9 malate déshydrogénase

15 ATP (x2)
36 ATP au total

B. FORMATION DU LACTATE

Cette réaction terminale de la glycolyse musculaire est le résultat de la production du L-(+)-lactate lorsque le pyruvate est réduit par le NADH,H. L'équation est la suivante :

$$\underset{\text{pyruvate}}{CH_3-CO-COOH} \xrightarrow[\Delta G' = -6{,}0 \text{ kcal, } pH: 7{,}0]{NADH,H \;\rightarrow\; NAD^+} \underset{\text{L-(+)-lactate}}{CH_3-CHOH-COOH} \quad (8\text{-}17)$$

Cette réaction est catalysée par l'enzyme *déshydrogénase lactique* (DL) et utilise le NADH,H produit à l'étape 6 (équation 8-6) de la glycolyse. La variation d'énergie libre, $\Delta G'$, de la réaction est de –6,0 kcal (pH 7,0). La déshydrogénase lactique est un tétramère formé de deux dimères H et M, comme on l'a vu au chapitre sur les enzymes.

La réaction finale de couplage s'écrit donc :

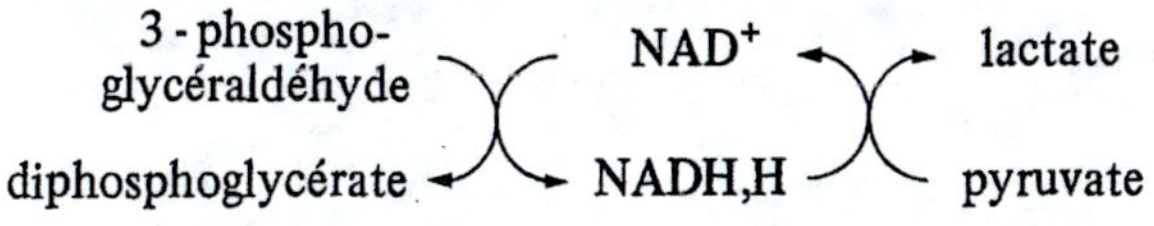

(8-18)

Le lactate ainsi formé au cours de la contraction musculaire n'est pas métabolisé mais bien éliminé des cellules dans la circulation sanguine, d'où il pourra présider à la formation d'autres composés, en particulier du glycogène.

Considérons maintenant le bilan énergétique final de la conversion d'une molécule de glucose-1-phosphate en deux molécules de lactate par glycolyse anaérobie. La réaction est la suivante :

$$\underset{\text{glucose}}{C_6H_{12}O_6} \xrightarrow[\Delta G' = -52{,}0 \text{ kcal, } pH: 7{,}0]{\text{in vitro}} \underset{\text{lactate}}{2\, CH_3-CHOH-COOH} \quad (8\text{-}19a)$$

$$\underset{\text{glycogène}}{(C_6H_{12}O_6)_x} + 3\,ADP + 3\,H_3PO_4 \xrightarrow[\Delta G' = -30{,}1 \text{ kcal, } pH: 7{,}0]{\text{in vivo}} \underset{\text{lactate}}{2\, CH_3-CHOH-COOH} + 3\,ATP + 2\,H_2O \quad (8\text{-}19b)$$

Puisque, dans la cellule, le glucose-1-phosphate est converti en deux molécules de lactate et trois ATP à partir de trois ADP et trois P_i la variation d'énergie libre finale de la réaction est donc de (–52,0 kcal –(3 × –7,3)), soit –30,1 kcal (pH 7,0). Il est donc possible de calculer le coefficient de conservation d'énergie (CC) qui sera de 42,1%, soit :

$$(-21{,}9/-52{,}0) \times 100 = 42{,}1\%$$

8.3 CYCLE DE L'ACIDE TRICARBOXYLIQUE

Le cycle de l'acide tricarboxylique est le processus par lequel le glucose est oxydé en CO_2 et H_2O avec libération d'énergie. L'oxydation complète du glucose en CO_2 et en H_2O donne une variation d'énergie libre $\Delta G'$, de –686,0 kcal (pH 7,0) selon l'équation suivante :

$$C_6H_{12}O_6 + 6\,O_2 \xrightarrow[\Delta G' = -686{,}0 \text{ kcal, } pH: 7{,}0]{} 6\,CO_2 + 6\,H_2O \quad (8\text{-}20)$$

Le cycle de l'acide tricarboxylique, dont le schéma apparaît à la figure 8.4, est aussi appelé cycle de Krebs, en l'honneur du biochimiste anglais Hans Krebs, qui, le premier, a déterminé la suite des réactions qui se produisent lors de l'oxydation du pyruvate en CO_2 et H_2O. L'ensemble des réactions assure trois fonctions essentielles :

- l'oxydation du pyruvate et de certains produits terminaux de la dégradation des acides gras et des acides aminés ;
- la production d'ATP ;
- la formation de squelettes carbonés précurseurs de la synthèse de lipides, de protéines et d'acides nucléiques.

Contrairement à ce qui se passe au cours de la glycolyse, les liaisons à haut potentiel énergétique ne sont pas formées (sauf pour une exception) lors de la transformation des substrats, mais plutôt au cours de processus de phosphorylations oxydatives couplées au transfert d'électrons.

Voyons maintenant chacune des étapes de ces réactions

8.3.1 OXYDATION DU PYRUVATE EN ACÉTYL-CoA

De façon stricte, le pyruvate n'est pas un intermédiaire du cycle tricarboxylique. En effet, il est transformé d'abord en Acétyl-CoA par un complexe multienzymatique connu sous le nom de *complexe de la pyruvate déshydrogénase*. Cette conversion, qui est en réalité une décarboxylation oxydative, se produit dans les mitochondries et nécessite trois enzymes (une décarboxylase, une transacétylase et une déshydrogénase) en plus de la présence de six cofacteurs, soit le coenzyme A, NAD^+, l'acide lipoïque, FAD, Mg^{2+} et TPP. La réaction globale est la suivante :

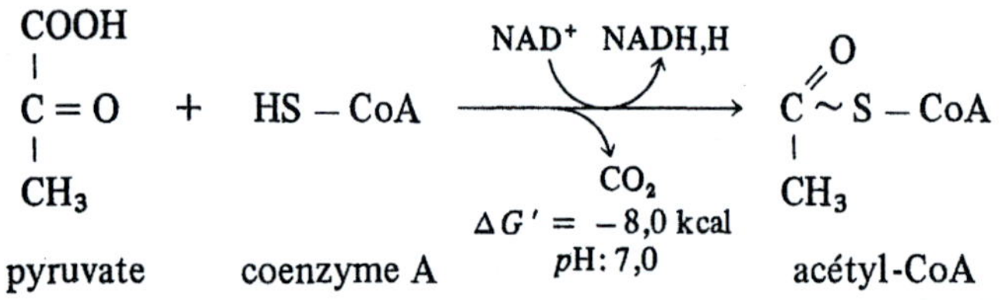

(8-21)

Le $\Delta G'$ de la réaction est de –8,0 kcal (*p*H 7,0) et la réaction est *irréversible.*

8.3.2 FORMATION DU CITRATE

L'enzyme qui catalyse l'entrée de l'acétyl-CoA dans le cycle de l'acide tricarboxylique est la *citrate synthétase.* C'est un enzyme de condensation puisqu'il est responsable de la synthèse du citrate à partir de l'acétyl-CoA et de l'oxaloacétate selon l'équation suivante :

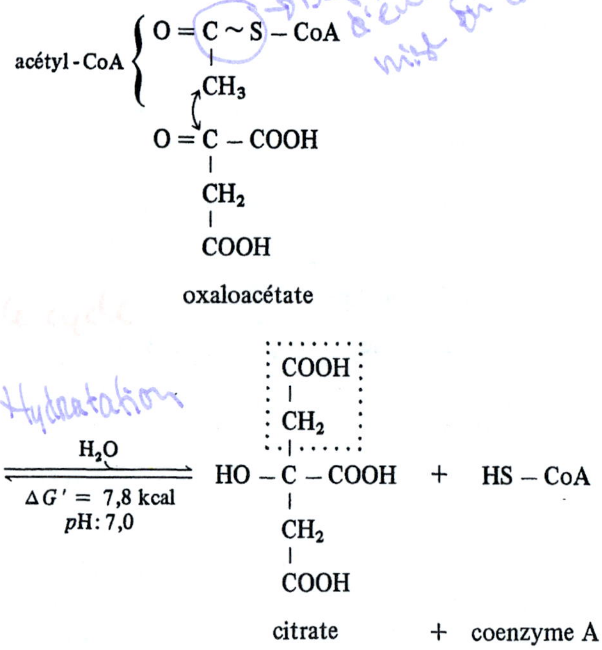

(8-22)

On assiste à une régénération du coenzyme A au cours de la réaction. Le $\Delta G'$ est de 7,8 kcal (*p*H 7,0).

Au cours des réactions suivantes, le groupement ($-CH_2-COOH$), qui provient de l'acétyl-CoA, est conservé alors que la partie oxaloacétate subit les transformations.

8.3.3 FORMATION DE L'ISOCITRATE

Cette réaction est catalysée par l'enzyme *aconitase* qui requiert la présence de Fe^{2+} et qui produit une réaction d'isomérisation entre le citrate, l'isocitrate et un intermédiaire de conversion, le cis-aconitate. Cette réaction est représentée par l'équation suivante:

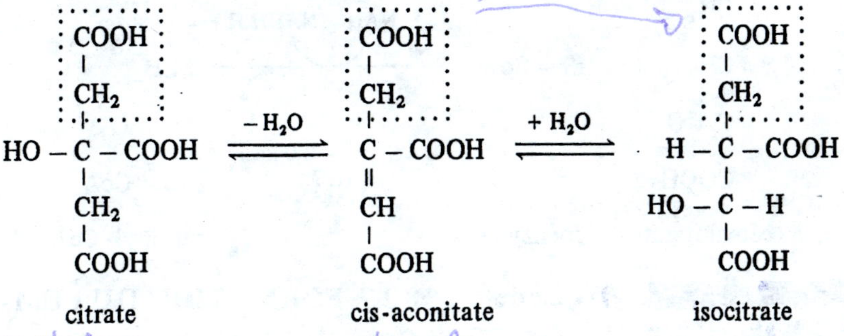

(8-23)

8.3.4 FORMATION DE L'α-CÉTOGLUTARATE

Cette réaction permet à l'enzyme *isocitrate déshydrogénase* de catalyser une β-décarboxylation oxydative de l'isocitrate en α-cétoglutarate avec libération de CO_2 en présence de cations bivalents (Mg^{2+} ou Mn^{2+}), selon l'équation suivante:

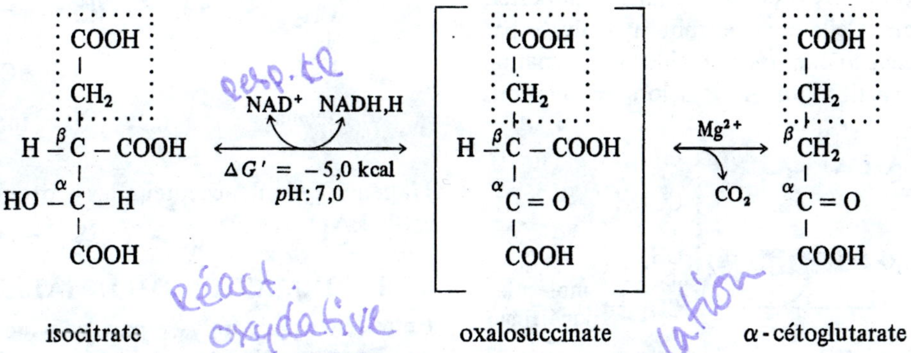

(8-24)

L'équation montre d'abord une réaction d'oxydation de l'isocitrate, à l'aide de NAD^+, pour donner un intermédiaire, l'oxalosuccinate, qui est aussitôt décarboxylé en position β pour produire l'α-cétoglutarate. Le $\Delta G'$ de la réaction est de –5,0 kcal (pH 7,0).

8.3.5 FORMATION DU SUCCINYL-CoA

Cette réaction implique la formation du succinyl-CoA par une α-décarboxylation oxydative de l'α-cétoglutarate selon l'équation suivante:

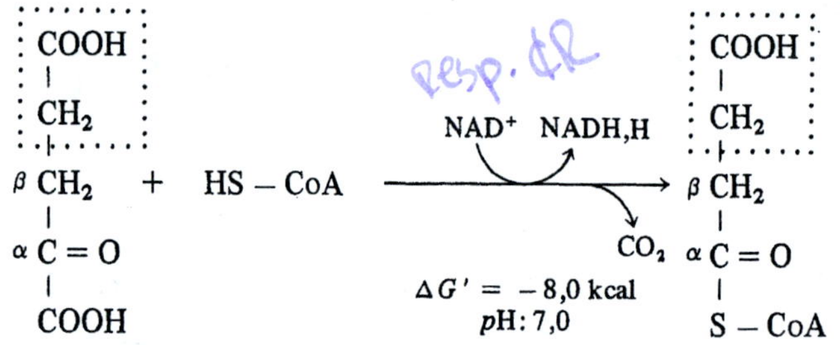

(8-25)

α-cétoglutarate coenzyme A succinyl-CoA

Cette réaction *irréversible* est analogue à celle de la formation de l'acétyl-CoA. En effet, elle est catalysée par un complexe multienzymatique appelé *complexe de l'α-cétoglutarate déshydrogénase* qui requiert aussi six cofacteurs: le coenzyme A, le NAD^+, l'acide lipoïque, le FAD, Mg^{2+} et TPP. Le $\Delta G'$ de la réaction est de –8,0 kcal (*p*H 7,0).

8.3.6 FORMATION DU SUCCINATE

La décarboxylation oxydative de la réaction précédente (équation 8-25) produit une liaison thioester, riche en énergie. Celle-ci est ensuite hydrolysée par l'enzyme *succinate thiokinase* pour aider à la formation d'un ATP à partir d'un ADP selon les relations suivantes:

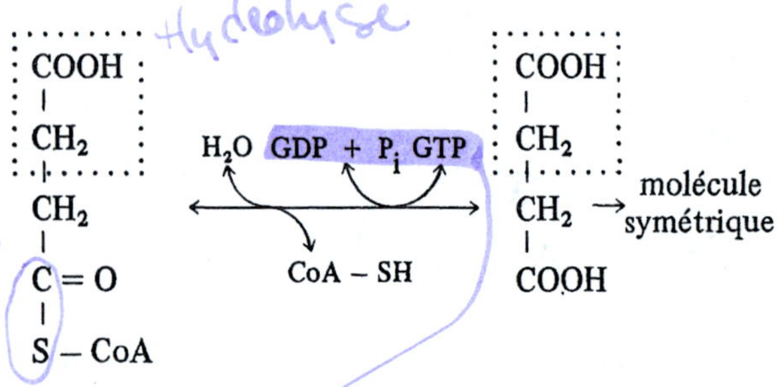

succinyl-CoA succinate

(8-26)

$$GTP + ADP \rightleftharpoons GDP + ATP \quad (8\text{-}27)$$

Ainsi, la molécule de GTP formée au cours de la réaction 8-26 réagit sous l'effet d'une *nucléoside diphosphokinase* avec un ADP pour donner du GDP et du ATP.

8.3.7 FORMATION DU FUMARATE

Cette réaction, catalysée par l'enzyme *succinate déshydrogénase* (enzyme de masse moléculaire d'environ 200 000 possédant quatre atomes de fer), consiste à enlever deux hydrogènes au succinate pour former le fumarate selon l'équation suivante:

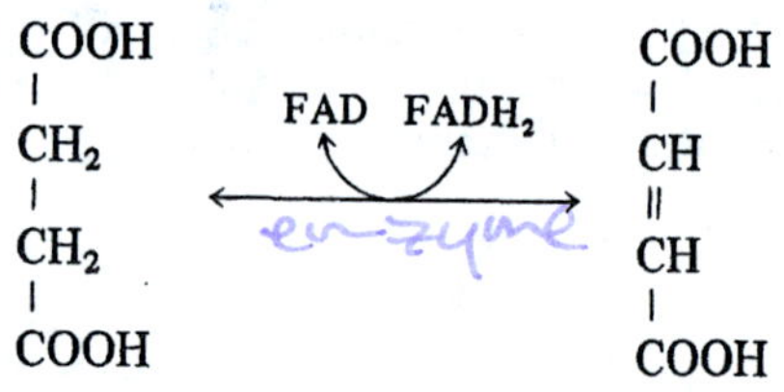

(8-28)

succinate fumarate

L'agent oxydant, accepteur des hydrogènes, utilisé ici est le FAD.

8.3.8 FORMATION DU L-MALATE

Cette réaction, catalysée par l'enzyme *fumarase*, est une addition d'eau sur le fumarate pour donner le L-malate selon l'équation:

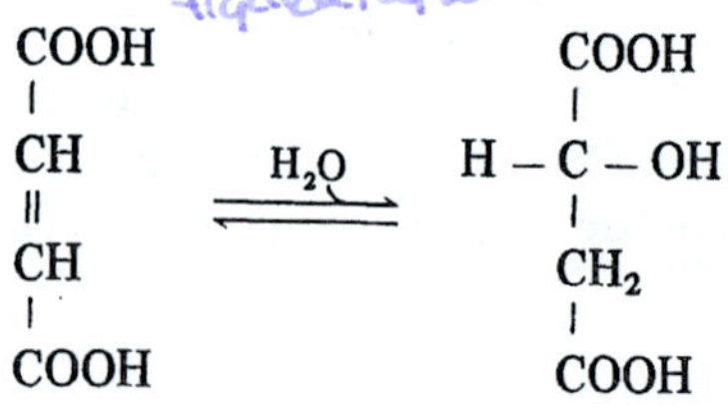

(8-29)

fumarate L-malate

L'enzyme fumarase est un tétramère de masse moléculaire voisine de 200 000.

8.3.9 FORMATION DE L'OXALOACÉTATE

Cette dernière réaction du cycle tricarboxylique se produit lorsque l'enzyme *malate déshydrogénase* catalyse l'oxydation du L-malate en oxaloacétate selon l'équation suivante:

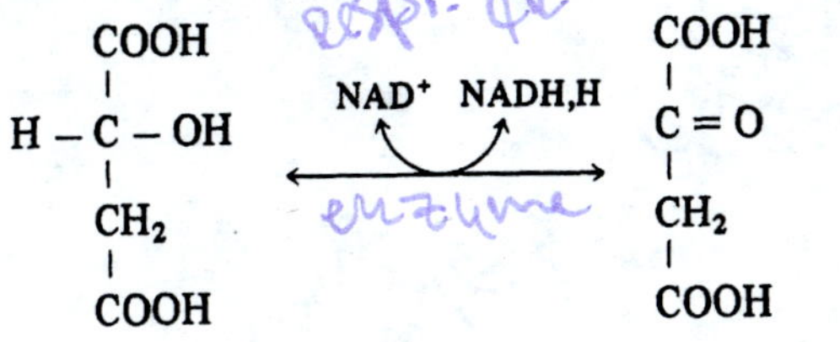

L-malate oxaloacétate

(8-30)

Cette réaction, utilisant le NAD^+ comme agent oxydant, est la quatrième et dernière réaction d'oxydo-réduction à se produire au cours du processus. Le cycle est donc complété et l'oxaloacétate peut de nouveau se condenser à une nouvelle molécule d'acétyl-CoA.

8.3.10 BILAN DU CYCLE TRICARBOXYLIQUE

Le bilan final d'une oxydation complète d'un pyruvate en CO_2, H_2O et ATP est le suivant:

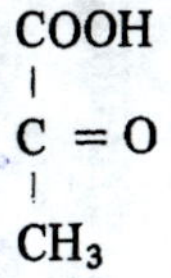

$+ \quad 2\,1/2\ O_2$

pyruvate

$$\rightarrow 3\ CO_2 + 2\ H_2O + 15\ ATP \qquad (8\text{-}31)$$

Examinons de plus près le bilan stœchiométrique.

- Cinq étapes d'oxydation utilisent le NAD^+. Ce sont les réactions 8-21, 8-24, 8-25 et 8-30, et la réaction 8-28 utilise le FAD. Si ces cinq coenzymes sont réoxydés par la voie de la chaîne respiratoire et que celle-ci utilise ½ O_2 à chaque fois, il y aura donc une consommation totale de 2½ molécules de O_2 avec production de cinq molécules d'eau et de quatorze molécules d'ATP. La relation est la suivante pour chaque étape d'oxydation:

$$1/2\ O_2 + 2\ H^+ + 2\ él^- + 3\ ADP + 3\ P_i \rightarrow H_2O + 3\ ATP \qquad (8\text{-}32)$$

Note: Lorsque le FAD est utilisé, il y a formation de deux ATP seulement.

Enfin, il faut ajouter l'ATP produit au cours de la scission du succinyl-CoA en succinate (équations 8-26 et 8-27) pour une production totale nette de quinze molécules d'ATP.

- La chaîne respiratoire préside donc à la formation de cinq molécules de H_2O. Cependant, au cours des réactions 8-22, 8-26 et 8-29, on remarque une consommation de trois molécules de H_2O pour une production nette de deux molécules de H_2O au cours du cycle.
- Finalement, trois molécules de CO_2 sont produites au cours du cycle; on les trouve aux réactions 8-21, 8-24 et 8-25.

Toutes les réactions du cycle de l'acide tricarboxylique sont réversibles à l'exception de la réaction 8-25, réaction analogue à la décarboxylation oxydative du pyruvate de la réaction 8-21. On comprend donc que le cycle ne peut procéder en direction inverse quoique certaines sections individuelles puissent le faire. De la même façon, l'acétyl-CoA et le CO_2 ne peuvent donner du pyruvate.

8.4 BILAN ÉNERGÉTIQUE

La figure 8.5 nous présente, de façon schématique, un bilan complet de l'oxydation aérobique d'une molécule de glucose en CO_2, en H_2O et en ATP. C'est pourquoi, à l'aide de cette figure, il est possible de vérifier la valeur de l'équation suivante:

$$C_6H_{12}O_6 + 6\ O_2 + 38\ ADP + 38\ H_3PO_4 \xrightarrow[\text{pH: 7,0}]{\Delta G' = -686{,}0\ \text{kcal}} 6\ CO_2 + 38\ ATP + 6\ H_2O \qquad (8\text{-}33)$$

Figure 8.5 Bilan énergétique (ATP) de la dégradation aérobique du glucose

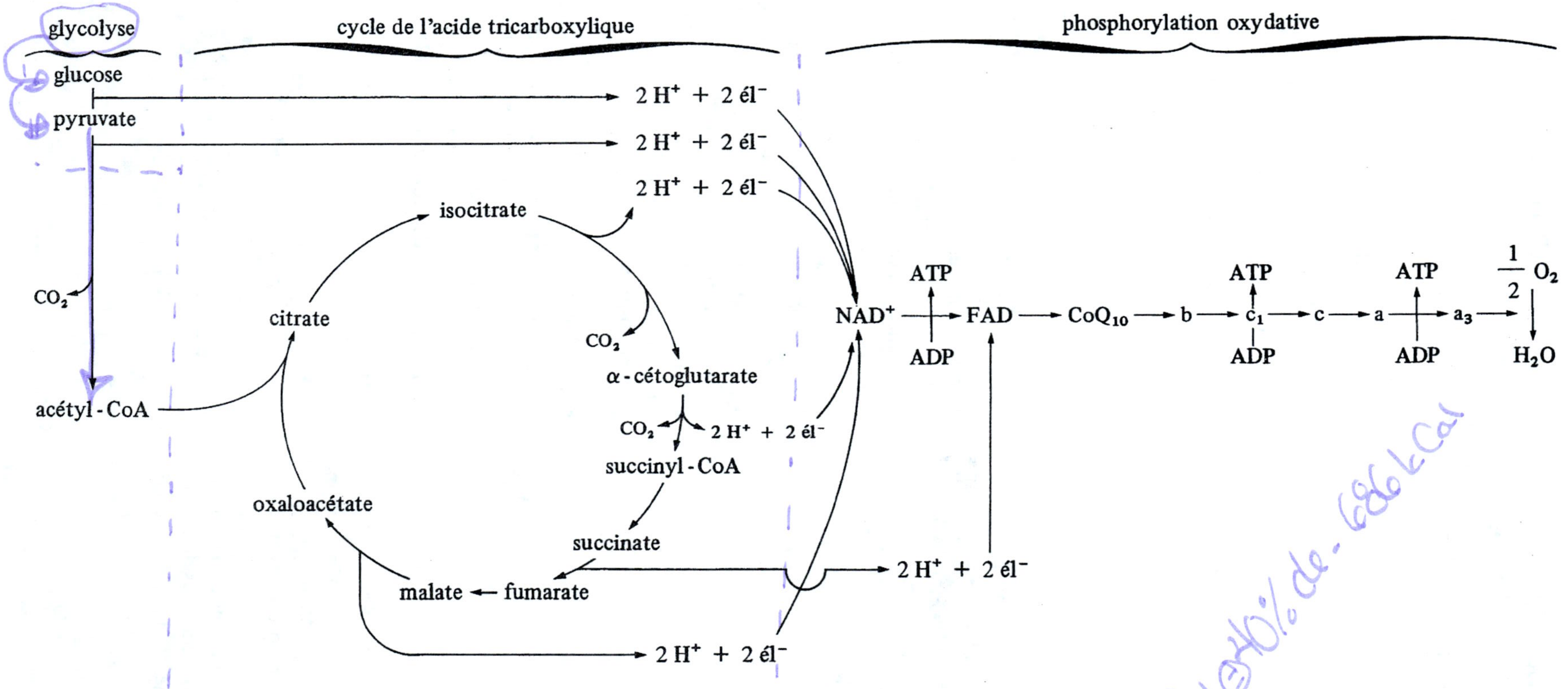

Bilan

glycolyse:	2 phosphorylations au niveau des substrats	→ 2 ATP
	2 phophorylations oxydatives (2 NADH,H)	→ 6 ATP
pyruvate → acétyl-CoA:	2 phosphorylations oxydatives (2 NADH,H)	→ 6 ATP
cycle de l'acide tricarboxilique:	6 phosphorylations oxydatives (6 NADH,H)	→ 18 ATP
	2 phosphorylations oxydatives ($2\ FADH_2$)	→ 4 ATP
	2 phosphorylations au niveau des substrats	→ 2 ATP
		38 ATP

8.4.1 O_2

La chaîne respiratoire consomme ½ O_2 chaque fois qu'elle est utilisée. Pour douze utilisations, il y a donc consommation de six molécules de O_2.

8.4.2 CO_2

Comme on l'a vu précédemment, chaque pyruvate passant dans le cycle de KREBS est transformé en trois CO_2. Comme le glucose fournit deux pyruvates, il y aura donc libération de six molécules de CO_2.

8.4.3 H_2O

Dans le cycle de KREBS, chaque pyruvate transformé libère deux molécules de H_2O. Le glucose qui fournit deux pyruvates, libère donc quatre molécules de H_2O auxquelles il faut ajouter les deux autres molécules de H_2O produites dans la voie de EMBDEN-MEYERHOF pour un total de six molécules.

8.4.4 ATP

La voie de EMBDEN-MEYERHOF produit huit molécules d'ATP, soit deux par phosphorylation des substrats et six à cause de la réoxydation, par la chaîne respiratoire, des deux NADH,H produits au cours de la glycolyse. Le cycle de l'acide tricarboxylique produit 30 molécules supplémentaires d'ATP, soit 24 par réoxydation de NADH,H, quatre par la réoxydation de $FADH_2$ par la chaîne respiratoire et deux par phosphorylation des substrats, pour un total de 38 molécules d'ATP.

8.4.5 COEFFICIENT DE CONSERVATION D'ÉNERGIE

Comme on peut voir à l'équation 8-33, le $\Delta G'$ de la réaction est de −686,0 kcal (*p*H 7,0) pour la réaction, avec une mise en réserve d'énergie de −277,9 kcal, soit 38 ATP × −7,3 kcal/ATP. Donc, le coefficient de conservation d'énergie (CC) pour cette réaction est de 40%, soit :

$$(-277{,}0/-686{,}0) \times 100 = 40\%$$

Ceci représente donc la quantité d'énergie mise en réserve pour une cellule vivante en aérobiose.

8.5 VOIE DES PENTOSES-PHOSPHATES

À la suite des travaux de WARBURG et CHRISTIAN, qui avaient mis en évidence la formation de 6-phosphogluconate à partir du glucose-6-phosphate, l'existence d'une importante voie alternative de dégradation du glucose, à côté de la voie glycolytique, a été clairement démontrée par les travaux de LIPMANN et DICKENS. Dans une cellule, cette voie peut être la seule que l'on rencontre mais elle peut aussi se présenter parallèlement à la voie de EMBDEN-MEYERHOF.

En effet, la voie des pentoses-phosphates peut être branchée sur la voie glycolytique en trois points précis : le glucose-6-phosphate, le fructose-6-phosphate et le glycéraldéhyde-3-phosphate. La séquence des réactions de la voie des pentoses-phosphates à partir du glucose est décrite à la figure 8.6.

La voie des pentoses-phosphates est constituée de deux phases : une phase oxydative irréversible (les trois premières réactions) et une phase non oxydative réversible (le reste des réactions). Nous allons maintenant aborder cette voie, étape par étape.

8.5.1 FORMATION DU 6-PHOSPHOGLUCONO-δ-LACTONE

L'oxydation du glucose-6-phosphate en 6-phosphoglucono-δ-lactone est catalysée par l'enzyme *glucose-6-phosphate déshydrogénase* qui fonctionne en présence de Mg^{2+} et avec le $NADP^+$ comme coenzyme selon l'équation suivante :

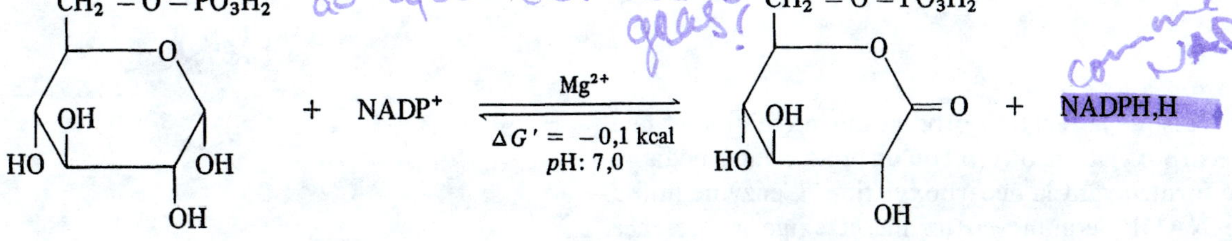

glucose-6-phosphate — 6-phosphoglucono-δ-lactone (8-34)

Le $\Delta G'$ de la réaction est −0,1 kcal (*p*H 7,0).

8.5.2 FORMATION DU 6-PHOSPHOGLUCONATE

L'hydrolyse du 6-phosphoglucono-δ-lactone en 6-phosphogluconate est habituellement spontanée puisque cette réaction est très exergonique ($\Delta G'$ = −5,0 kcal (*p*H 7,0)). Toutefois, il existe une *lactonase* spécifique qui catalyse cette réaction *irréversible.* En voici l'équation:

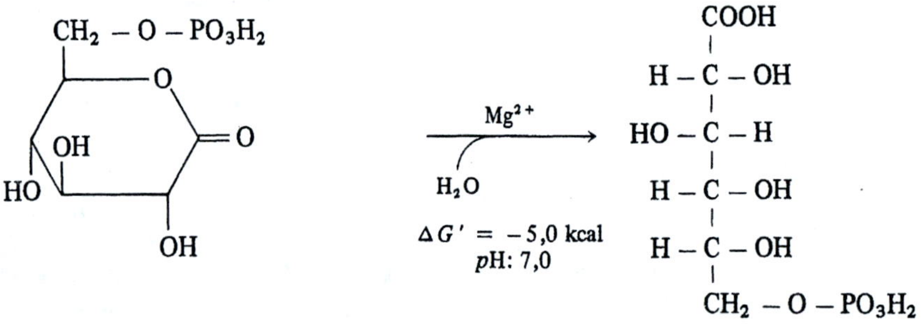

6 - phosphoglucono - δ - lactone   6 - phosphogluconate

(8-35)

8.5.3 FORMATION DU RIBULOSE-5-PHOSPHATE

La décarboxylation oxydative du 6-phosphogluconate en ribulose-5-phosphate est catalysée par l'enzyme *6-phosphogluconate déshydrogénase* comme à l'équation suivante:

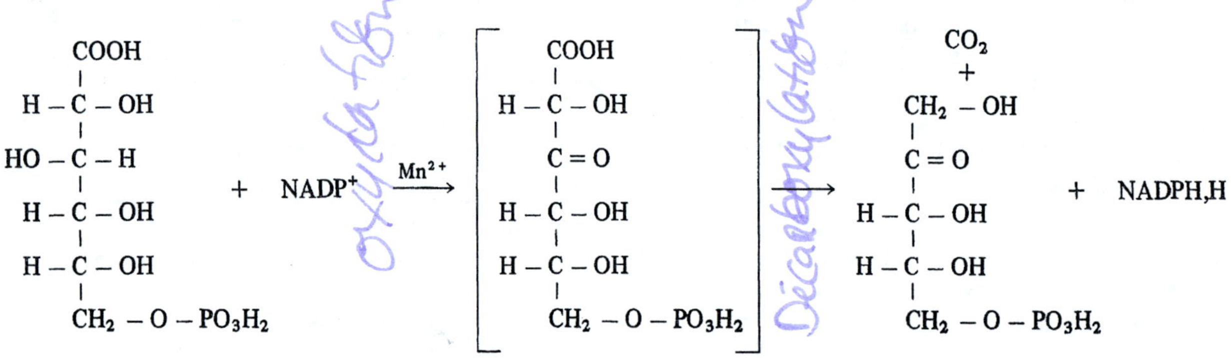

6 - phosphogluconate   3 - céto - 6 - phosphogluconate   ribulose - 5 - phosphate

(8-36)

Puisque la réaction produit une oxydation et une décarboxylation, on croit qu'un produit intermédiaire se forme avant la décarboxylation. L'enzyme utilise le $NADP^+$ comme coenzyme et exige la présence d'ions bivalents (Mg^{2+} ou Mn^{2+}) comme activateurs. La réaction est *irréversible.*

En conséquence, cette réaction, jumelée aux deux précédentes, forme la phase *oxydative irréversible* de la voie des pentoses-phosphates.

Figure 8.6 Voie des pentoses-phosphates

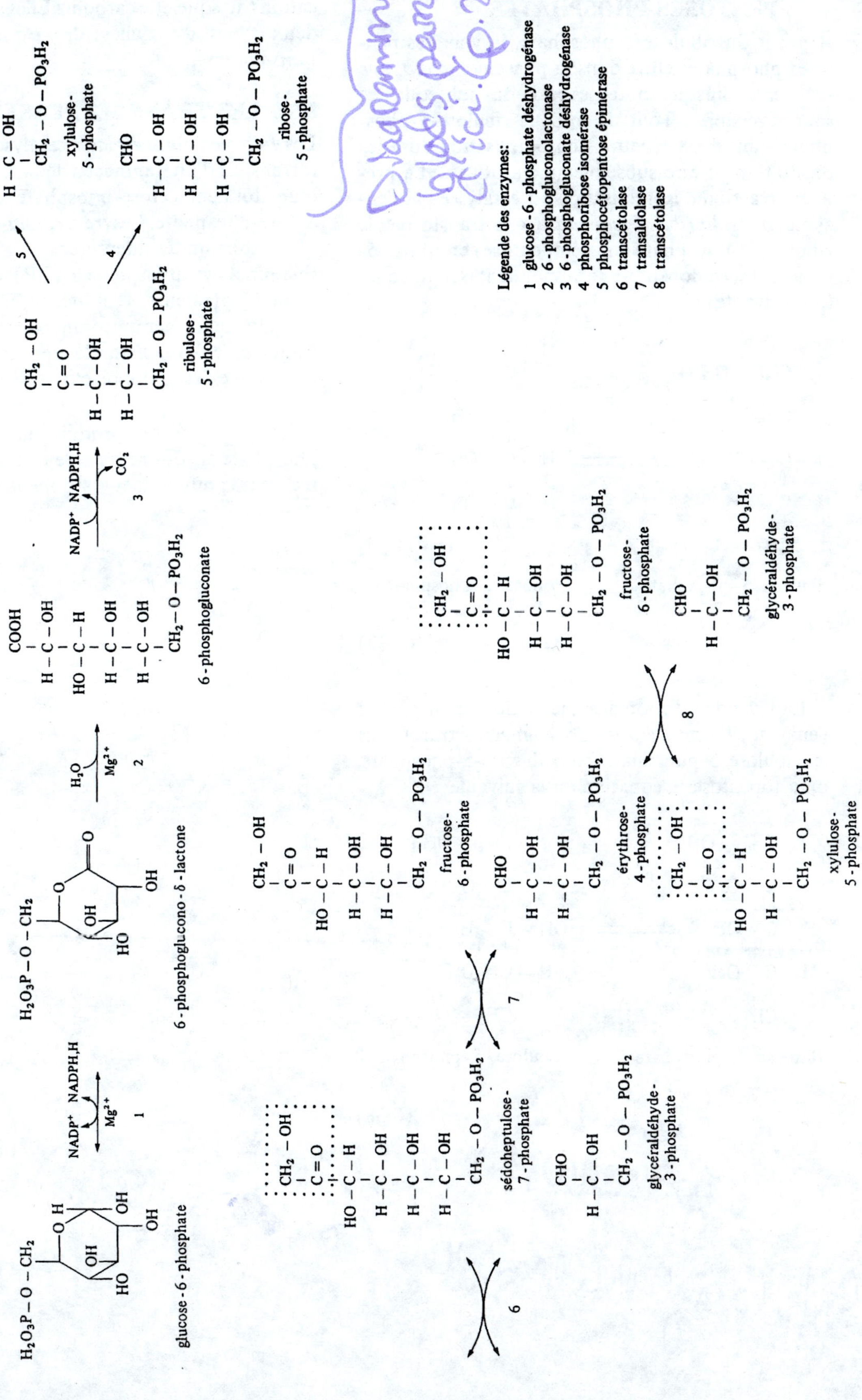

Légende des enzymes:

1 glucose-6-phosphate déshydrogénase
2 6-phosphogluconolactonase
3 6-phosphogluconate déshydrogénase
4 phosphoribose isomérase
5 phosphocétopentose épimérase
6 transcétolase
7 transaldolase
8 transcétolase

8.5.4 FORMATION DE DEUX AUTRES PENTOSES-PHOSPHATES

À partir du ribulose-5-phosphate, la voie des pentoses-phosphates entre dans sa phase *non oxydative réversible,* puisque toutes les réactions subséquentes sont réversibles. Tout d'abord, le ribulose-5-phosphate subit deux réactions d'isomérisation dont les produits vont être subséquemment utilisés. La première réaction d'isomérisation est catalysée par l'enzyme *phosphoribose isomérase* qui transforme le ribulose-5-phosphate (un cétopentose) en ribose-5-phosphate (l'aldopentose correspondant) selon l'équation suivante:

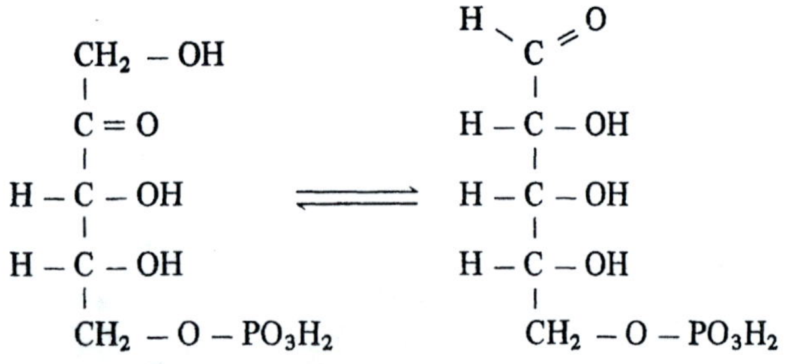

ribulose - 5 - phosphate   ribose - 5 - phosphate

(8-37)

La seconde réaction d'isomérisation, catalysée par l'enzyme *phosphocétopentose épimérase,* transforme le ribulose-5-phosphate en xylusose-5-phosphate, un cétopentose. L'équation est la suivante:

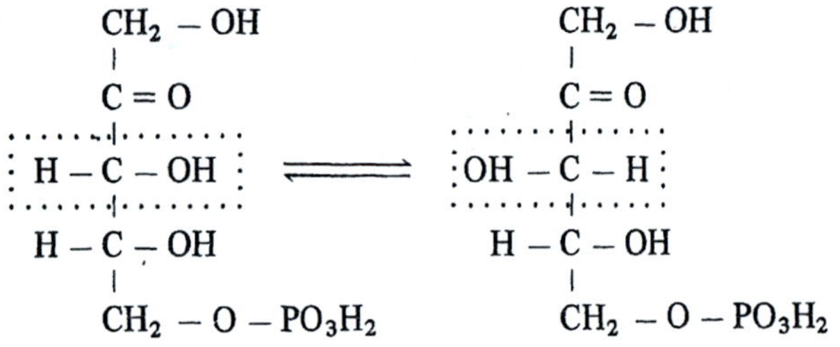

ribulose - 5 - phosphate   xylulose - 5 - phosphate

(8-38)

Les réactions suivantes conduisent à des translocations du squelette carboné. Elles sont catalysées par deux types d'enzymes: des *transcétolases* et une *transaldolase.*

8.5.5 LES TRANSCÉTOLASES

Les enzymes *transcétolases* catalysent réversiblement le transfert d'un fragment à deux carbones provenant d'un donneur cétose-phosphate vers un accepteur aldose-phosphate. Les *transcétolases* sont formées de deux sous-unités identiques qui se servent de la thiamine pyrophosphate (TPP) et des ions Mg^{2+} comme cofacteurs. L'utilité du TPP réside dans sa capacité de former un complexe de transition avec le fragment enlevé. Dans la voie des pentoses-phosphates, il existe deux réactions de ce type.

La première se produit entre le xylulose-5-phosphate (le donneur) et le ribose-5-phosphate (le receveur) pour donner le sédoheptulose-7-phosphate et le glycéraldéhyde-3-phosphate selon l'équation suivante:

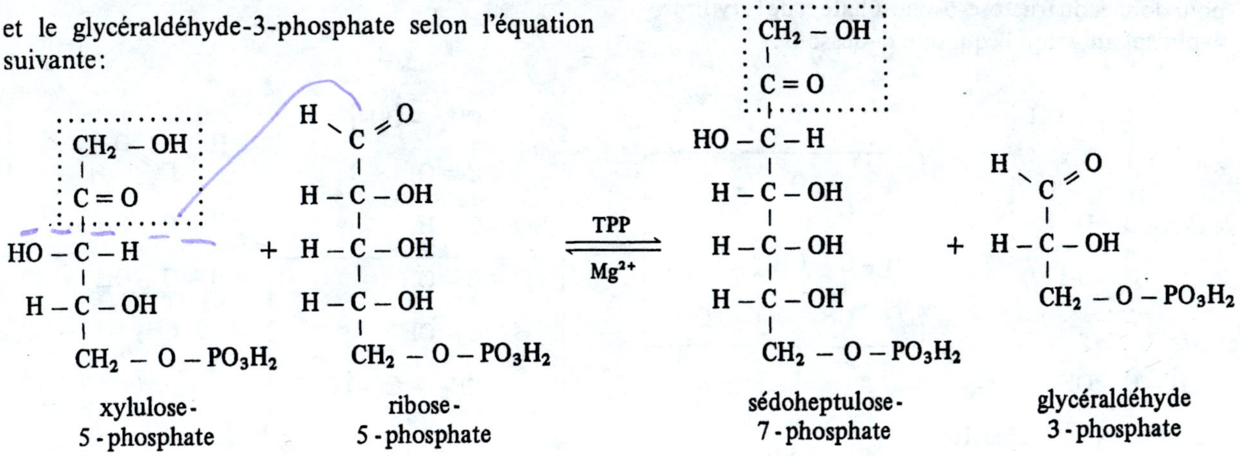

(8-39)

Le deuxième se produit à la fin de cette voie entre le xylulose-5-phosphate (le donneur) et l'érythrose-4-phosphate (le receveur) pour donner du fructose-6-phosphate et du glycéraldéhyde-3-phosphate. L'équation est la suivante:

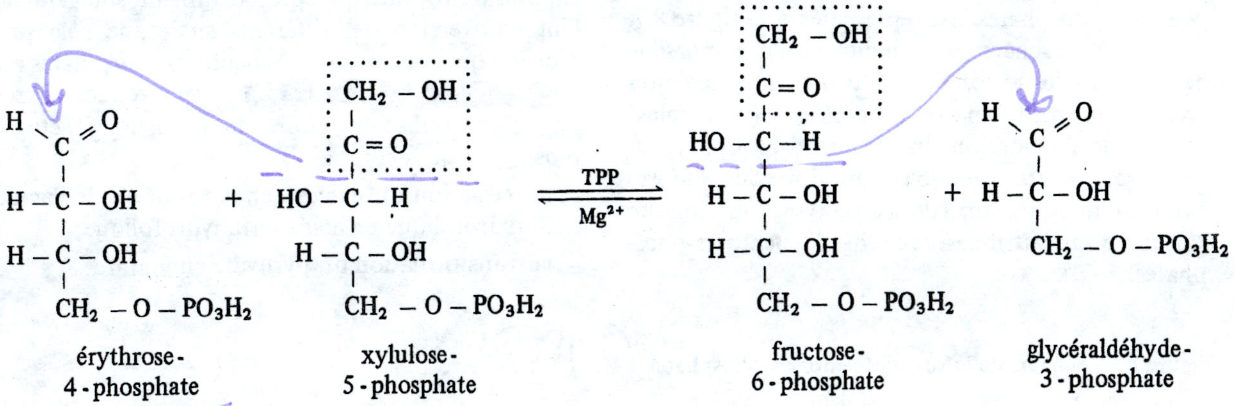

Acide aminés AROMATIQUES

(8-40)

8.5.6 LA TRANSALDOLASE

La *transaldolase* catalyse réversiblement le transfert d'un fragment à trois carbones (résidu dihydroxyacétone) d'un donneur, le sédoheptulose-7-phosphate, vers un receveur, le glycéraldéhyde-3-phosphate, pour donner du fructose-6-phosphate et de l'érythrose-4-phosphate selon l'équation ci-dessous :

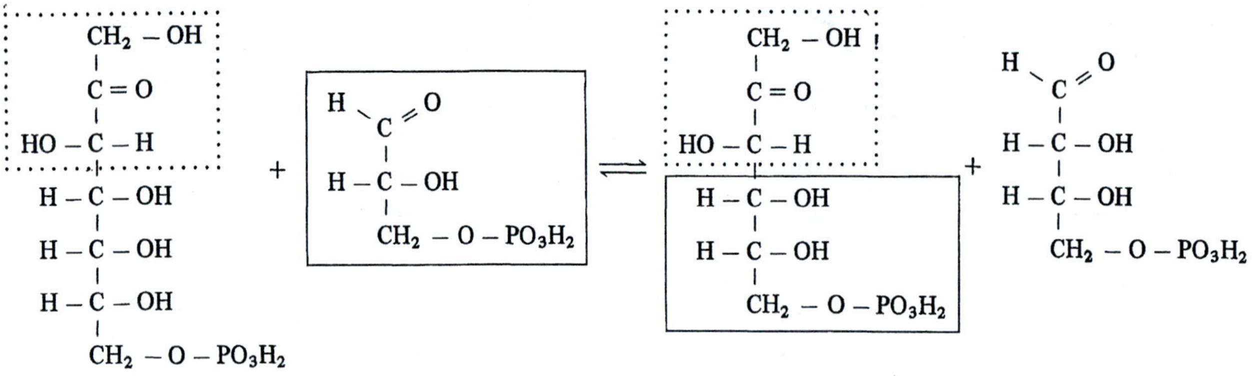

sédoheptulose-7-phosphate + glycéraldéhyde 3-phosphate ⇌ fructose-6-phosphate + érythrose-4-phosphate

(8-41)

Cette interconversion de trioses, tétroses, pentoses, hexoses et de heptoses-phosphates, qui se produit au cours de cette phase non oxydative de la voie des pentoses-phosphates, est représentée à la figure 8.7. L'étude de ce schéma nous indique qu'il est possible de produire des hexoses et des trioses intermédiaires (rectangles gris) à partir de pentoses (rectangles) dérivés de l'oxydation du glucose-6-phosphate. À l'inverse, il est aussi possible de produire des pentoses à partir d'intermédiaires de la glycolyse. C'est donc un rôle important attribué à cette voie des pentoses-phosphates.

8.5.7 RÔLES DE LA VOIE DES PENTOSES-PHOSPHATES

En plus du rôle attribué précédemment, soit celui de l'interconversion de différents sucres, le rôle primordial que joue la voie des pentoses-phosphates est de produire des NADPH,H, un agent réducteur très important utilisé au cours de plusieurs réactions biosynthétiques comme :

- la réduction du glucose en sorbitol ou de l'acide dihydrofolique en acide tétrahydrofolique;
- la transformation du pyruvate en malate;

Figure 8.7 Schéma de la voie des pentoses-phosphates

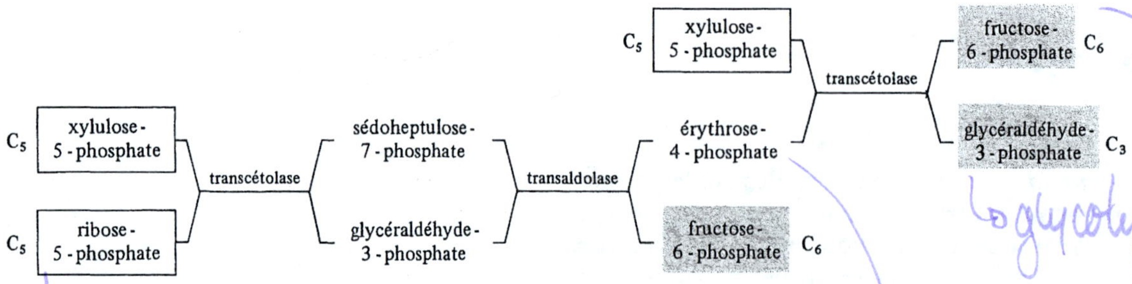

- la synthèse des acides gras;
- la conversion de la phénylalanine en tyrosine;
- la formation de certains stéroïdes.

Certains intermédiaires servent également de point de départ aux voies biosynthétiques:

- le ribose-5-phosphate pour la synthèse des nucléotides;
- l'érythrose-4-phosphate pour la synthèse d'acides aminés aromatiques tels que Phe, Tyr et Try.

8.6 GLYCOGÉNOLYSE ET GLYCOGÉNOGENÈSE

Le glycogène constitue pour les cellules animales une réserve de glucose facilement mobilisable. En effet, les chaînes extérieures des macromolécules de glycogène sont continuellement dégradées et resynthétisées suivant les besoins de la cellule et selon un processus étroitement lié au métabolisme intermédiaire du glucose.

8.6.1 GLYCOGÉNOLYSE

La glycogénolyse, ou processus enzymatique de dégradation du glycogène en glucose libre, est catalysée à l'origine par des phosphorylases. Elle conduit, à l'aide d'orthophosphates inorganiques, à la formation de glucose-1-phosphate selon l'équation suivante:

$$(\text{glycogène})_n + P_i \xrightleftharpoons{\text{phosphorylase}} (\text{glycogène})_{n-1} + \text{glucose-1-phosphate} \qquad (8\text{-}42)$$

Cette réaction est facilement réversible et fonctionne in vivo dans le sens de la dégradation. De plus, les phosphorylases existent sous deux formes: l'une, la *phosphorylase a,* est active en présence de l'AMP-cyclique, l'autre, la *phosphorylase b,* est inactive. Ces deux formes sont interconvertibles.

Le glucose-1-phosphate, sous l'action d'une phosphomutase, est ensuite transformé en glucose-6-phosphate selon l'équation:

$$\text{glucose-1-phosphate} \xrightleftharpoons{\text{phosphoglucomutase}} \text{glucose-6-phosphate} \qquad (8\text{-}43)$$

Le glucose-6-phosphate peut alors, ou bien entrer directement dans la voie glycolytique de dégradation du glucose, ou bien subir l'action d'une G-6-phosphatase capable de le transformer en glucose libre et diffuser directement dans le sang. La figure 8.8 illustre très bien le processus général de la glycogénolyse.

8.6.2 GLYCOGÉNOGENÈSE

La synthèse du glycogène (glycogénogenèse) se fait à partir du glucose-1-phosphate selon la séquence de réactions suivante:

$$\text{glucose-1-phosphate} + \text{UTP} \xrightleftharpoons{\text{UDPG-pyrophosphorylase}} \text{UDP-G} + \text{P}-\text{P} \qquad (8\text{-}44)$$

$$\text{UDP-G} + (\text{glycogène})_n \xrightleftharpoons{\text{glycogène synthétase}} (\text{glycogène})_{n+1} + \text{UDP} \qquad (8\text{-}45)$$

Ainsi l'enzyme *UDPG-pyrophosphorylase* active le glucose-1-phosphate, à l'aide de UTP, en unité glucosyle UDPG que la *glycogène synthétase* unit, par des liaisons α-(1→4), à une molécule de glycogène préformée.

Toutefois, ces deux phénomènes sont régularisés par des mécanismes beaucoup plus complexes qu'il serait trop long d'expliquer ici et qui dépassent le cadre de notre étude.

8.7 GLUCONÉOGENÈSE

La régénération du glucose et du glycogène, appelée *gluconéogenèse,* est un processus physiologique important pour un organisme supérieur. Celle-ci peut se faire, soit à partir du pyruvate ou du lactate, soit à partir de composés non glucidiques comme les lipides ou les acides aminés.

Normalement, les muscles squelettiques, qui ont un faible approvisionnement en O_2, mais qui sont riches en enzymes glycolytiques, utilisent la glycolyse pour leurs besoins immédiats en ATP. Ce faisant, les muscles produisent une quantité relativement grande de lactate qui diffuse dans le sang et qui est véhiculé jusqu'au foie. Dans cet organe, 80% du lactate est retransformé en glucose qui retourne aux muscles pour y reformer du glycogène. Le 20% qui reste est oxydé via la voie du cycle de l'acide tricarboxylique afin de fournir l'énergie nécessaire à la réaction précédente.

Figure 8.8 Mécanisme de la glycogénolyse

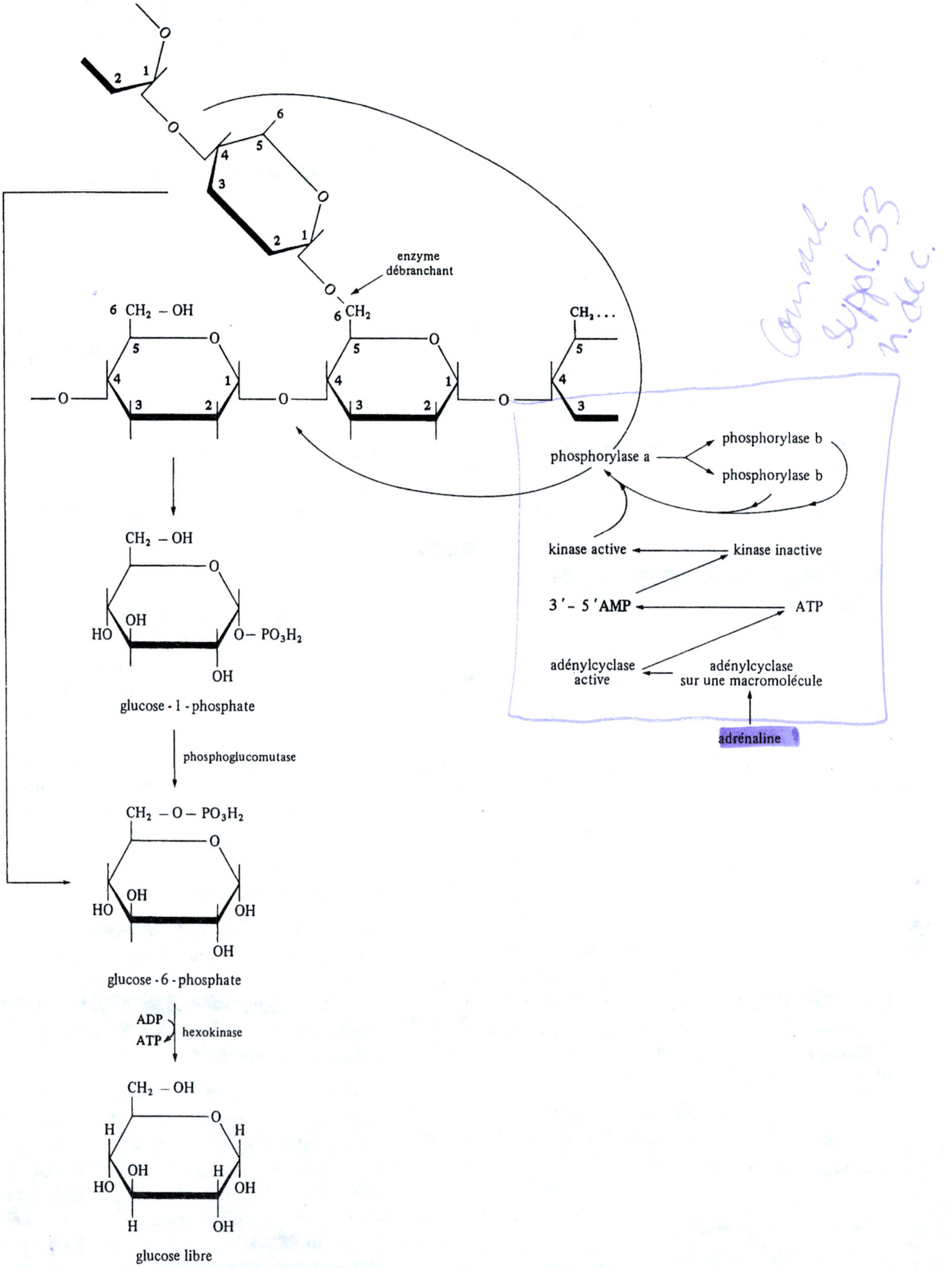

La gluconéogenèse peut aussi survenir à partir de composés autres que le lactate ; le pyruvate et l'oxaloacétate, intermédiaires du cycle tricarboxylique, peuvent aussi être convertis en glucose. De plus, comme plusieurs acides aminés (alanine, cystéine, sérine, acide aspartique) sont susceptibles d'être transformés en pyruvate et en oxaloacétate, ils peuvent donc, eux aussi, produire du glucose. Cependant, cette situation ne se présente qu'au cours de grandes périodes de jeûne où l'organisme ressent un urgent besoin de glucose et qu'aucune autre source de carbone n'est disponible à part les protéines. Cependant, tous ces composés doivent obligatoirement emprunter un cheminement métabolique permettant d'éviter certaines réactions irréversibles (équations 8-10, 8-3 et 8-1) de la glycolyse.

Le *bypassing* de la réaction 8-10 implique la participation de deux nouveaux enzymes qui catalysent la fixation de CO_2. Le premier, l'enzyme *pyruvate carboxylase*, est localisé dans les mitochondries et catalyse la transformation du pyruvate en oxaloacétate selon l'équation suivante :

$$\underset{\text{pyruvate}}{\begin{array}{c}\text{COOH}\\ |\\ \text{C}=\text{O}\\ |\\ \text{CH}_3\end{array}} + CO_2 + ATP \underset{\substack{Mg^{2+}\\ \Delta G' = -0{,}5 \text{ kcal}\\ pH: 7{,}0}}{\overset{\text{acétyl-CoA}}{\rightleftharpoons}} \underset{\text{oxaloacétate}}{\begin{array}{c}\text{COOH}\\ |\\ \text{C}=\text{O}\\ |\\ \text{CH}_2\\ |\\ \text{COOH}\end{array}} + ADP + H_3PO_4 \qquad (8\text{-}46)$$

Le $\Delta G'$ de la réaction est relativement faible (−0,5 kcal, *p*H 7,0) et rend donc la réaction facilement réversible. L'enzyme *pyruvate carboxylase*, de masse moléculaire d'environ 600 000, possède une structure tétramérique et exige la participation de l'acétyl-CoA et de Mg^{2+} comme activateurs.

La deuxième étape nécessite la participation de l'enzyme *phosphoénolpyruvate* (PEP) *carboxykinase* et catalyse la transformation de l'oxaloacétate en phosphoénolpyruvate selon l'équation suivante :

$$\underset{\text{oxaloacétate}}{\begin{array}{c}\text{COOH}\\ |\\ \text{C}=\text{O}\\ |\\ \text{CH}_2\\ |\\ \text{COOH}\end{array}} + GTP \underset{\substack{\Delta G' = 0{,}7 \text{ kcal}\\ pH: 7{,}0}}{\overset{Mg^{2+}}{\rightleftharpoons}} \underset{\text{phosphoénolpyruvate}}{\begin{array}{c}\text{COOH}\\ |\\ \text{C}-\text{O}-\text{PO}_3\text{H}_2\\ \|\\ \text{CH}_2\end{array}} + CO_2 + GDP \qquad (8\text{-}47)$$

Le $\Delta G'$ de la réaction est aussi très faible (0,7 kcal, *p*H 7,0) ; il est compensé par la première partie de la réaction. La somme des réactions donne le bilan suivant :

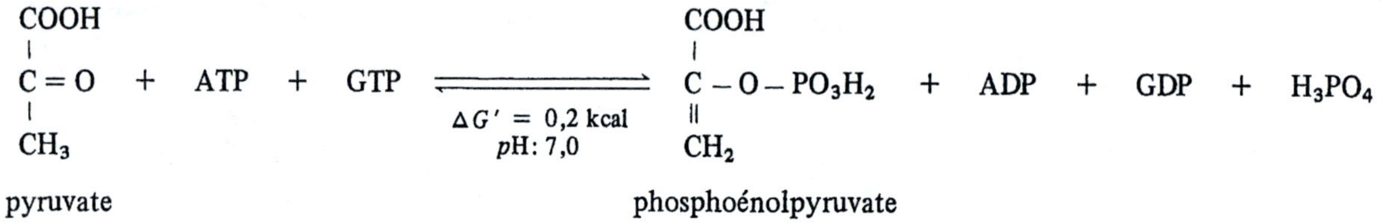

(8-48)

Il est important de noter ici que le $\Delta G'$ élevé de la réaction 8-10 a été éliminé (0,2 kcal au lieu de 6,1 kcal) mais que deux molécules d'ATP ont été utilisées pour y arriver.

Les réactions 8-3 et 8-1, qui utilisent le couple ATP-ADP, doivent aussi être évitées. La première étape est accomplie par une phosphatase, la *fructose diphosphatase* qui catalyse l'hydrolyse du fructose-1,6-diphosphate en fructose-6-phosphate selon l'équation suivante :

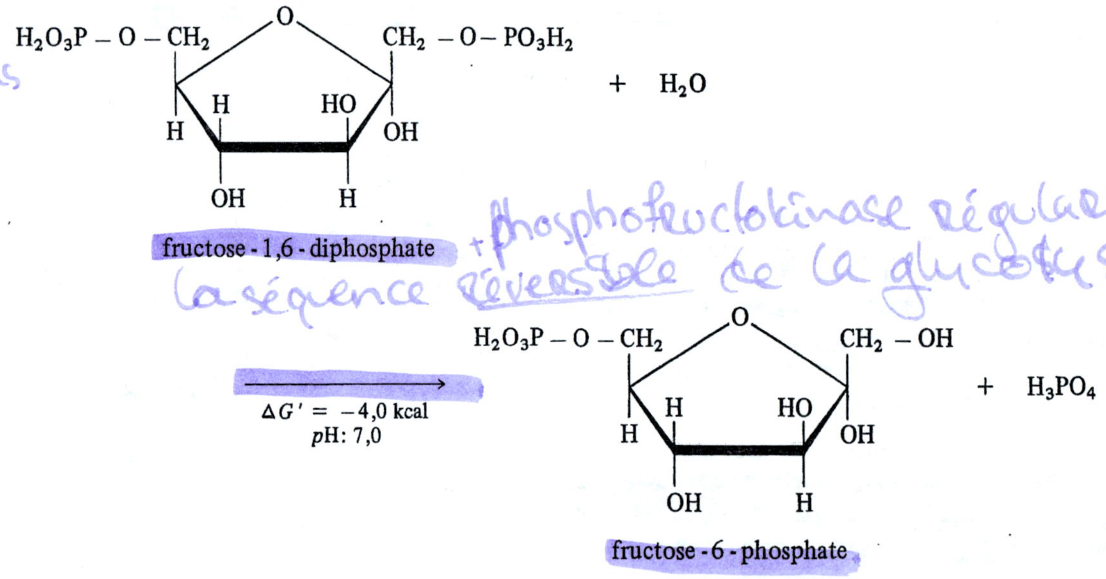

(8-49)

Le $\Delta G'$ de cette réaction est de −4,0 kcal (*p*H 7,0).

Cette phosphatase est largement distribuée dans les tissus et avec l'aide de la phosphofructokinase (équation 8-3), joue un rôle important dans la régulation des séquences réversibles de la glycolyse.

À la deuxième étape, on trouve aussi une phosphatase, la *glucose-6-phosphatase,* qui catalyse l'hydrolyse du glucose-6-phosphate en glucose. L'équation est la suivante :

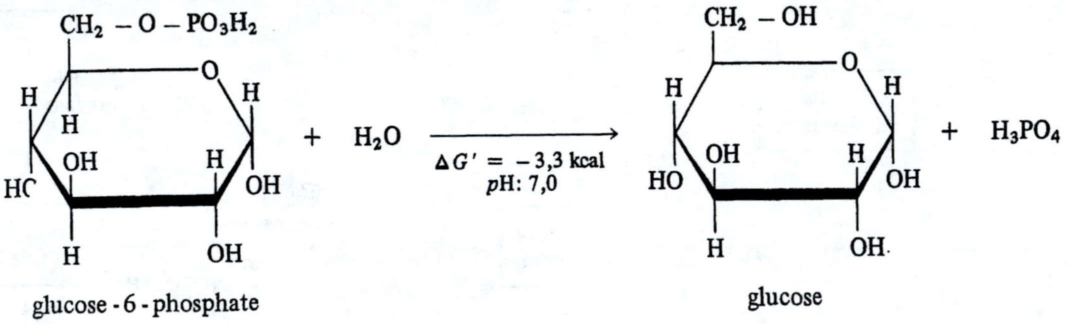

(8-50)

Le $\Delta G'$ de la réaction est de −3,3 kcal (*p*H 7,0).

Ainsi, à partir de deux molécules de lactate et en passant par les réactions 8-46, 8-47 et 8-9 jusqu'à 8-4, 8-49, 8-2 et 8-50, on peut écrire la suite des réactions de la gluconéogenèse (inverse de la glycolyse) selon la relation suivante :

$$2 \text{ lactates} + 4 \text{ ATP} + 2 \text{ GTP} + 6\, H_2O \longrightarrow \text{glucose} + 4 \text{ ADP} + 2 \text{ GDP} + 6\, H_3PO_4 \quad (8\text{-}51)$$

Il faut donc utiliser six phosphates riches en énergie pour faire une molécule de glucose, soit quatre ATP et deux GTP.

8.8 GLYCÉMIE

Les glucides représentent donc la source la plus importante d'énergie pour l'organisme. Après avoir été digérés, ils sont absorbés dans le sang via les intestins sous forme de monosaccharides dont le glucose constitue le principal représentant. C'est pourquoi la concentration du glucose dans le sang ou *glycémie* est un facteur vital pour l'organisme puisqu'il provient de l'équilibre entre les différents processus de glycolyse, de glycogénolyse, de glycogénogenèse et de gluconéogenèse, lesquels sont sous l'influence de plusieurs régulateurs hormonaux.

Ces facteurs d'équilibre du glucose sanguin sont illustrés à la figure 8.9.

8.8.1 RÉGULATION DU GLUCOSE SANGUIN

Durant une période de jeûne, le niveau de glucose sanguin est maintenu normal principalement par glycogénolyse du glycogène d'origine hépatique puisque le foie est le seul organe à posséder l'enzyme *glucose-6-phosphatase* qui convertit le glucose-6-phosphate en glucose. Le muscle squelettique, même s'il emmagasine du glycogène, ne possède pas cet enzyme et, par conséquent, ne peut fournir directement du glucose sanguin. Cependant, nous avons déjà vu qu'il peut le faire indirectement.

Lorsque le niveau de glucose sanguin s'élève, habituellement après une augmentation de l'absorption de glucides dans l'intestin, la glycogénolyse est remplacée par la glycogénogenèse qui convertit l'excès de glucose sanguin en glycogène hépatique et musculaire.

Figure 8.9 Facteurs hormonaux influencant la concentration du glucose sanguin

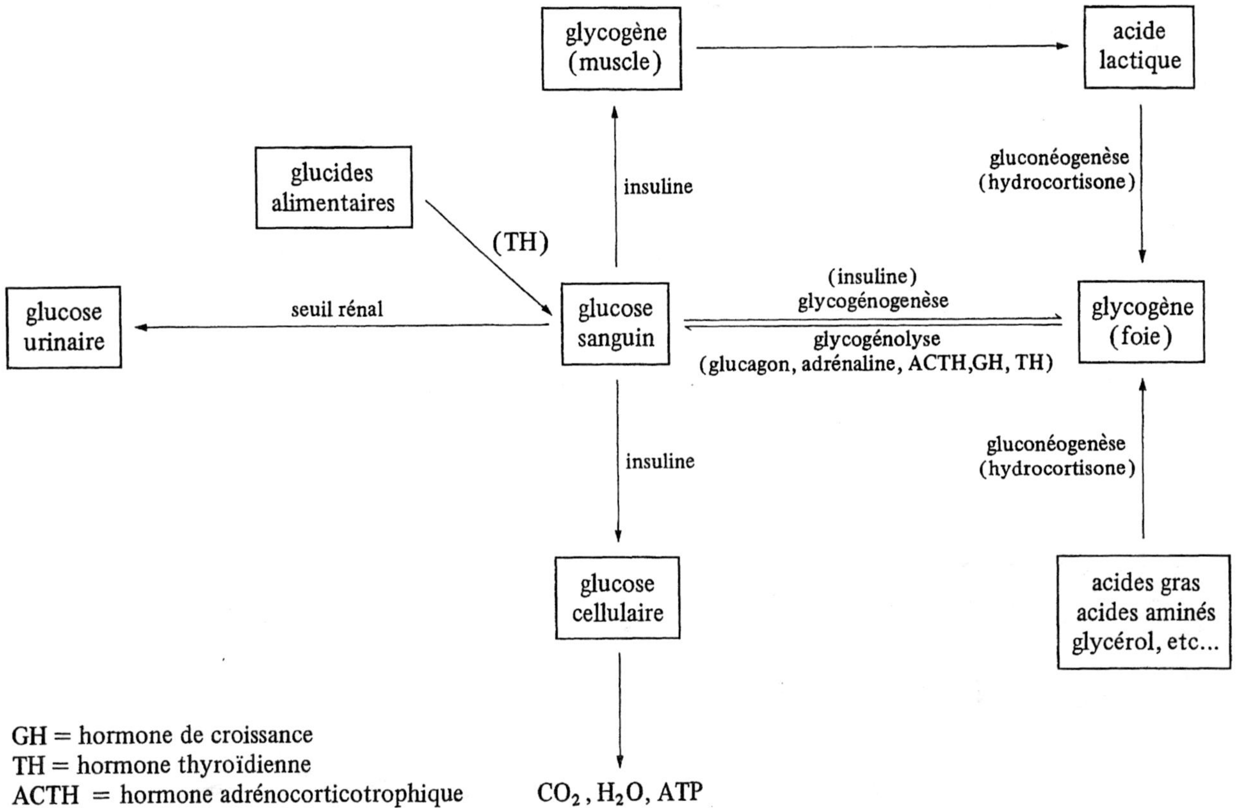

Cette régulation de la concentration du glucose sanguin est sous l'influence des hormones énumérées ci-dessous et dont voici les principales fonctions:

A. INSULINE

L'insuline est produite par les cellules bêta des ilôts de Langerhans du pancréas; elle favorise la glycogénogenèse et la lipogenèse (formation de lipides à partir de glucides), et contribue ainsi à diminuer la concentration du glucose sanguin. Elle favorise aussi l'entrée du glucose dans les cellules en augmentant la perméabilité des parois cellulaires à cette substance. L'insuline a donc un effet hypoglycémiant sur le glucose sanguin. Dans le cas de déficience effective (diabètes), l'organisme présente une difficulté à métaboliser le glucose dont la concentration s'élève dans le sang: c'est *l'hyperglycémie*. À l'inverse, si la concentration d'insuline augmente à cause d'une tumeur des ilôts de Langerhans, on remarque une diminution du glucose sanguin: c'est *l'hypoglycémie*.

B. HORMONE DE CROISSANCE (GH) ET HORMONE ADRÉNOCORTICOTROPHIQUE (ACTH)

Ces deux hormones, secrétées par le lobe antérieur de la pituitaire (hypophyse), ont une action contraire à celle de l'insuline puisqu'elles tendent à augmenter la concentration du glucose sanguin (effet hyperglycémiant).

C. HYDROCORTISONE ET AUTRES 11-OXYSTÉROÏDES

Ces hormones, secrétées par le cortex surrénalien, stimulent la gluconéogenèse qui tend à augmenter la concentration du glucose sanguin. Elles ont donc un effet hyperglycémiant, opposé à celui de l'insuline. C'est ici probablement que joue l'ACTH, puisque son action sur le cortex surrénalien stimule la production des 11-oxystéroïdes.

D. ADRÉNALINE

L'adrénaline, secrétée par la médullaire surrénalienne, stimule la glycogénolyse qui augmente la concentration du glucose sanguin. L'adrénaline a donc un effet hyperglycémiant. Habituellement, le stress émotionnel ou physique stimule la production d'adrénaline et provoque une augmentation immédiate du glucose sanguin pour répondre aux besoins énergétiques.

E. GLUCAGON

Le glucagon, secrété par les cellules alpha des ilôts de LANGERHANS du pancréas, augmente la concentration du glucose sanguin en stimulant la glycogénolyse hépatique; il a donc un effet hyperglycémiant. Toutefois, le glucagon n'a aucun effet sur le glycogène musculaire puisqu'on remarque une élévation importante de lactate et de pyruvate dans le sang après son ingestion.

F. THYROXINE

La thyroxine, secrétée par la thyroïde, semble aussi stimuler la glycogénolyse. En effet, des individus thyrotoxiques présentent des symptômes de diabète léger avec absence presque complète de glycogène hépatique. La thyroxine augmente aussi le degré d'absorption du glucose par l'intestin.

8.8.2 NORMALITÉ ET STABILITÉ

La concentration normale du glucose vrai dans le plasma ou le sérum, déterminée par des méthodes hautement spécifiques (enzymatiques), varie de 3,3 à 5,6 mmol/L. Cependant, lorsque des méthodes moins spécifiques sont utilisées, par exemple la méthode de réduction du cuivre de FOLIN-WU, l'écart de normalité augmente (de 4,4 à 6,7 mmol/L) à cause de la présence de substances réductrices appelées *saccharoïdes*. Ces saccharoïdes, comme par exemple le glutathione, l'ergothione, l'acide urique, la créatinine, etc. donnent donc une valeur de glucose apparent. L'utilisation d'un filtrat de NELSON-SOMOGYI peut cependant les éliminer, ce qui donne, avec une méthode rédox, une valeur se rapprochant de celle du glucose vrai. Le lecteur peut d'ailleurs se référer au chapitre sur les glucides pour avoir plus de détails sur les différentes méthodes de dosage du glucose et sur leurs normalités.

Il est important de savoir que le sang capillaire est essentiellement du sang artériel; à jeûn, la concentration du sang artériel ou capillaire est de 0,3 mmol/L supérieure à celle du sang veineux.

De plus, le taux de glucose contenu dans du sang entier, non centrifugé et laissé à la température ambiante, subit une diminution approximative de 7% à l'heure. Cependant, la concentration en glucose d'un sérum, non hémolysé et rapidement séparé de ses globules, est généralement stable et se maintient jusqu'à 8 heures à 25°C ou 72 heures à 4°C. On remarque une stabilité variable reliée à une contamination bactérienne durant de plus longues périodes d'emmagasinage.

L'addition du fluorure de sodium au spécimen empêche la glycolyse de se produire et stabilise la concentration du glucose sanguin pour une période de 24 heures et plus à la température ambiante.

La concentration normale du glucose dans le liquide céphalorachidien est d'environ 60 à 70 % de celle du glucose plasmatique; elle varie donc de 2,2 à 4,2 mmol/L.

8.8.3 TESTS DE TOLÉRANCE AU GLUCOSE

Les patients qui souffrent d'un diabète léger ou qui sont sous contrôle diététique peuvent présenter des niveaux de glucose sanguins normaux durant des périodes de jeûne, mais ils sont incapables de produire suffisamment d'insuline pour métaboliser rapidement une surcharge de glucose. Le glucose sanguin atteint alors des concentrations élevées et tarde considérablement à revenir à la normale, ce qui dénote une faible tolérance du patient à cette substance. C'est pourquoi, les tests de tolérance au glucose sont très utiles dans l'établissement des diagnostics de diabètes légers.

Lorsqu'une dose de 100 g de glucose est administrée par voie orale, l'absorption se fait rapidement dans l'intestin et la concentration du glucose sanguin s'élève. Cette situation stimule le pancréas qui augmente sa production d'insuline; après 30 à 60 minutes, le niveau de glucose sanguin commence à diminuer. Puisque la quantité d'insuline est maintenant supérieure à celle nécessaire dans le sang, la concentration de glucose tend, après une heure et demie à deux heures, à descendre à un niveau inférieur à celui du départ; le retour à la normale s'effectue après trois heures environ. La figure 8.10 présente des exemples de courbes de tolérance au glucose administré par voie orale. Ici, les valeurs du glucose sanguin sont approximativement de 10 à 15% plus élevées que celles du glucose vrai.

Figure 8.10 Courbes typiques de tests de tolérance au glucose par voie orale

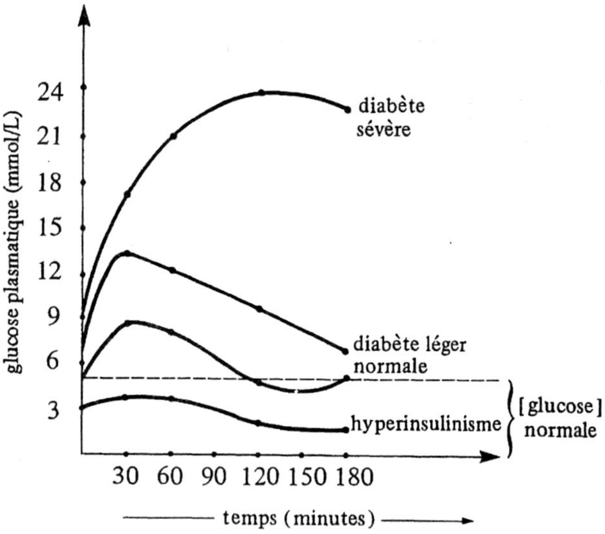

Les tests de tolérance au glucose se font normalement selon deux voies principales : la voie orale ou la voie intraveineuse.

A. VOIE ORALE

Trois jours avant le début d'un test de tolérance au glucose par voie orale, le patient est soumis à une diète lui fournissant 1,75 g de glucose par kilogramme de poids. Si cet apport demeure trop faible avant le test, la courbe de réponse pourrait être faussée.

Habituellement, on procède au test tôt le matin, puisque la concentration du glucose sanguin apparaît *normale* à cette période de la journée. Le patient doit être à jeun depuis le repas du soir, la veille, mais il peut boire de l'eau. Il doit demeurer au repos durant la durée du test et s'abstenir de manger ou de fumer. Juste avant le test, des spécimens de sang et d'urine doivent être prélevés.

On donne ensuite aux adultes une préparation contenant 100 g de glucose dans une solution à saveur de cola (glucola); pour les enfants, la dose recommandée est de 2 g de glucose par kilogramme de poids. Des spécimens sanguins sont ensuite collectés à une demi-heure, une heure, deux et trois heures après l'ingestion du glucose. Quelquefois, le prélèvement qui devait être effectué après une demi-heure est omis ou un autre, intercallé après une heure et demie est ajouté. Des spécimens d'urine sont aussi recueillis aux mêmes heures et analysés semi-quantitativement. Pour un individu normal, ils doivent être exempts de glucose en tout temps.

Le niveau de glucose plasmatique où le glucose commence à apparaître dans l'urine est appelé *seuil rénal* du glucose ; il se situe approximativement aux environs de 10 mmol / L. Cependant, certaines personnes peuvent présenter un seuil rénal plus bas et, par conséquent, éliminer du glucose dans l'urine même si leur courbe de tolérance est normale. Cette situation est habituellement considérée comme bénigne.

Le test de trois heures donne habituellement des résultats adéquats pour une évaluation de routine. Cependant, si l'on suspecte un cas d'hyperglycémie, des spécimens additionnels sont prélevés après quatre et cinq heures. On remarque aussi un faible taux de glucose sanguin chez les patients à jeun, atteints d'insuffisance surrénalienne ou affectés d'une tumeur des ilôts de LANGERHANS du pancréas. C'est pourquoi leur réponse à un test de tolérance au glucose peut paraître normale durant les trois premières heures, mais elle tend à diminuer durant la quatrième et la cinquième heure, produisant ainsi un état hypoglycémique.

B. VOIE INTRAVEINEUSE

Les difficultés d'absorption intestinale du glucose administré oralement peuvent provoquer une courbe de tolérance étalée. D'autre part, les patients qui viennent de subir une chirurgie gastrointestinale peuvent avoir une absorption intestinale accélérée du glucose, genre *dumping,* qui influence la courbe de tolérance. C'est pourquoi, dans ces cas, le test par voie intraveineuse peut être utile pour éliminer les facteurs reliés aux problèmes d'absorption intestinale.

Pour un test de tolérance par voie intraveineuse, la dose recommandée est de 0,5 g de glucose par kilogramme de poids contenu dans une solution à 25 g/dL. Cette dose est administrée au cours d'une période de deux à quatre minutes et les collectes de sang se font aux dix minutes, durant une heure. Si le test à l'insuline est aussi effectué, un spécimen est prélevé cinq minutes après le début de l'injection. La concentration de glucose sanguin diminue de façon exponentielle, tel qu'illustré à la figure 8.11, et le taux de diminution peut être calculé à partir de la formule suivante :

$$K = 70/t_{1/2} \qquad (8\text{-}52)$$

où $t_{1/2}$ est le nombre de minutes requis pour que la concentration de glucose sanguin diminue de la moitié de celle du spécimen recueilli au premier dix

Figure 8.11 Courbes typiques de tests de tolérance au glucose par voie intraveineuse. (Sur papier semi-logarythmique)

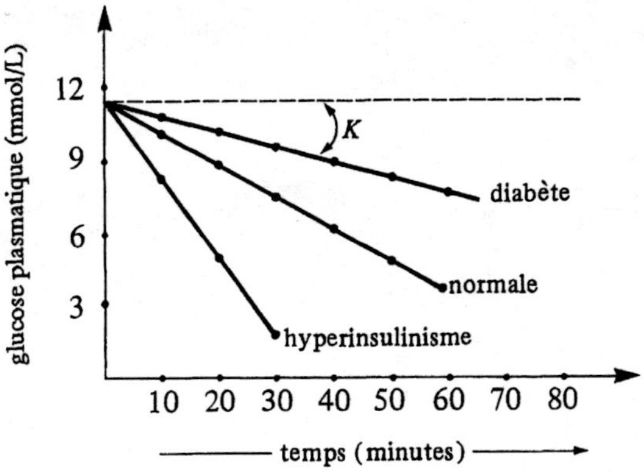

minutes et K, le taux de disparition du glucose sanguin exprimé en pourcentage par minute et calculé à partir du niveau noté au premier dix minutes. Chez les individus normaux, K excède 1,5%. Des valeurs inférieures à 1,0% permettent d'établir un diagnostic de diabète.

8.8.4 TEST DE TOLÉRANCE À L'INSULINE

Ce test est utile dans l'évaluation de patients insulino-résistants ou qui manifestent des désordres endocriniens. Le patient doit d'abord suivre une diète contenant au moins 300 g de glucose pendant les deux ou trois jours précédant le test. On prélève un spécimen sanguin lorsque le patient est à jeun le matin, pour établir la concentration de base du glucose, après quoi le médecin procède à une injection intraveineuse d'insuline (dose de 0,1 unité par kilogramme de poids). Des spécimens sanguins sont ensuite prélevés aux 20, 30, 45, 60, 90 et 120 minutes pour déterminer la concentration du glucose sanguin. Durant ce test, le patient doit être gardé sous étroite surveillance et le médecin doit pouvoir terminer le test sans qu'une réaction hypoglycémique ne se produise. À cet égard, une seringue contenant 50 mL d'une solution de glucose 50 g/dL doit être disponible pour injection intraveineuse en cas de besoin.

Normalement, après 30 minutes, le niveau de glucose sanguin diminue d'environ 50% avec un retour graduel à la normale de départ après 90 à 120 minutes, tel qu'illustré à la figure 8.12. Toutefois, les insulino-résistants présentent une légère diminution ou une diminution retardée du glucose sanguin ainsi qu'une hyperfonction du cortex adrénalien (syndrôme de CUSHING).

Figure 8.12 Courbes typiques de tests de tolérance à l'insuline

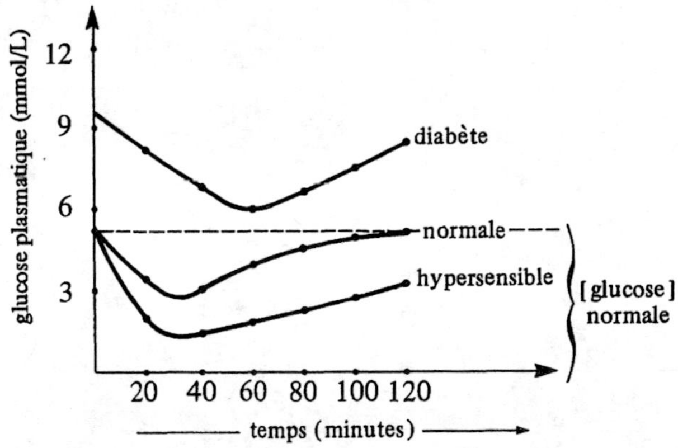

Lorsque le test est terminé, on doit normalement donner un jus de fruit ou une solution de glucose au patient.

9

MÉTABOLISME DES LIPIDES

9.0 INTRODUCTION

Chez les plantes et les animaux, les lipides sont principalement emmagasinés sous forme de triglycérides (triacylglycérols), molécules neutres hautement insolubles. Ces triglycérides sont rapidement mobilisés et dégradés pour les besoins énergétiques des cellules. En effet, lors de la combustion complète d'un acide gras typique, l'acide palmitique par exemple, la variation d'énergie libre, $\Delta G'$, du système donne une valeur fortement négative comme le montre l'équation suivante:

$$\underset{\text{acide palmitique}}{C_{15}H_{31}-COOH} + 23\,O_2 \rightarrow 16\,CO_2 + 16\,H_2O \qquad \Delta G' = -2\,340 \text{ kcal} \tag{9-1}$$

Cette grande variation négative d'énergie libre est due, en particulier, à l'oxydation de la longue chaîne aliphatique de l'acide gras qui, de tous les aliments, est le seul à posséder cette caractéristique. Aussi, les lipides possèdent-ils la meilleure valeur calorifique de tous les aliments, soit 9,3 kcal/g de lipides comparé à 4,1 kcal/g de glucides ou de protéines.

Lorsque l'apport calorifique en lipides surpasse les besoins, l'excès est invariablement emmagasiné dans le tissu adipeux sous forme de graisses de réserve (triglycérides) qui deviennent alors la principale forme d'emmagasinage d'énergie disponible pour les cellules animales.

Les lipides ont aussi une autre fonction importante, soit celle d'assurer la protection mécanique d'organes internes importants comme le cœur, le foie, les reins, etc. Enfin, le tissu nerveux, les membranes plasmatiques ainsi que les membranes de particules intracellulaires comme les mitochondries, le réticulum endoplasmique et le noyau ont des complexes lipidiques comme constituants essentiels.

9.1 DIGESTION, ABSORPTION ET TRANSPORT DES LIPIDES

La figure 9.1 présente, de façon schématique, les différents mécanismes de digestion, d'absorption et de transport des lipides dans les principaux compartiments de l'organisme. Toutefois, c'est surtout dans le foie et les tissus adipeux que sont concentrées les principales activités métaboliques des lipides; les autres compartiments, comme les muscles squelettiques et le muscle cardiaque, sont les principaux utilisateurs des acides gras et des corps cétoniques. Quant au plasma, il sert exclusivement au transport des lipides.

Figure 9.1 Schéma général du métabolisme des lipides

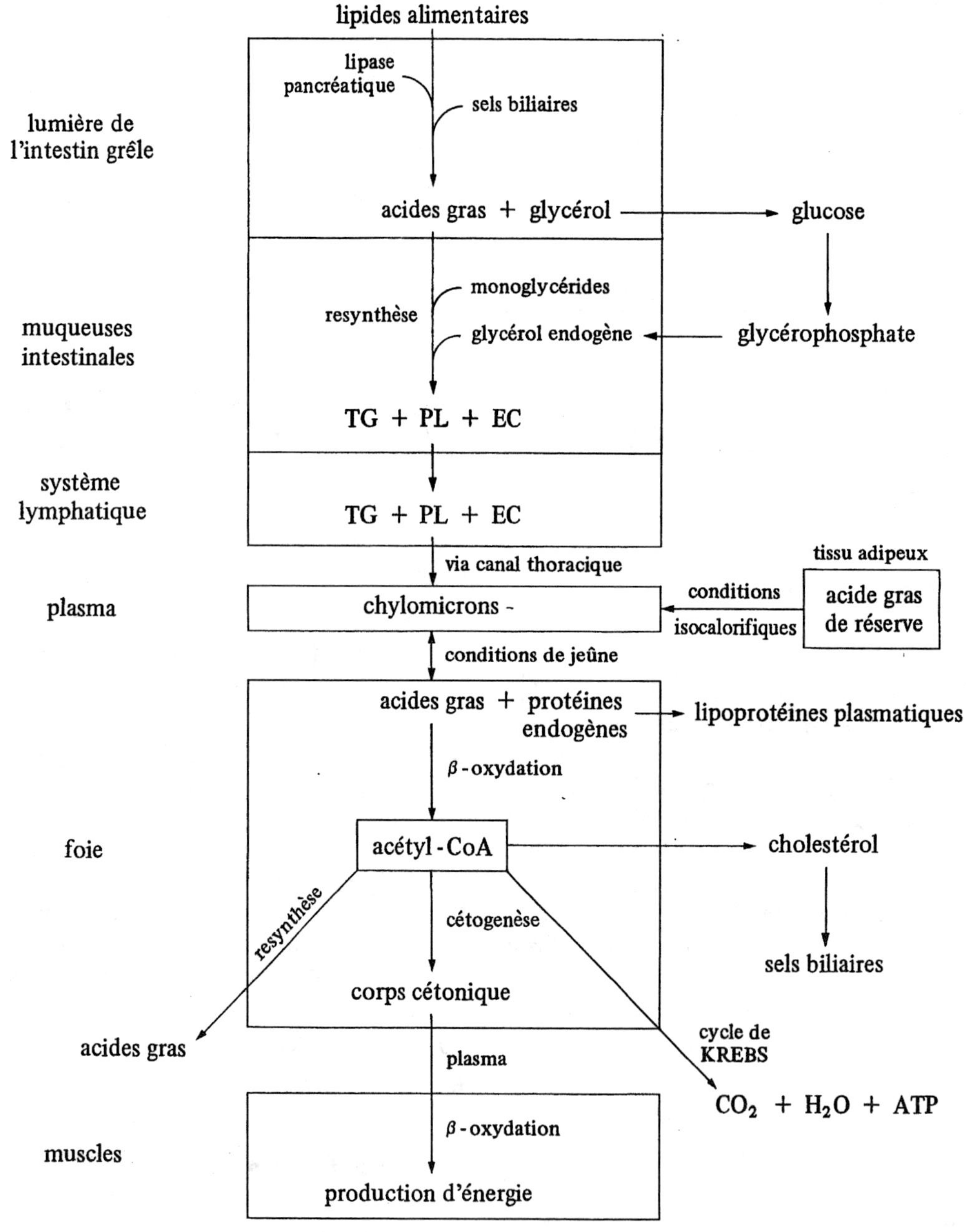

Légende
TG = triglycérides
PL = phospholipides (phosphatides)
EC = ester de cholestérol

9.1.1 DIGESTION

Les lipides alimentaires sont dégradés par les enzymes digestifs d'origine pancréatique en acides gras, en monoglycérides, en phosphates hydrosolubles, en cholestérol libre et en une variété de produits intermédiaires. Les triglycérides, qui forment la classe la plus importante des lipides, sont donc convertis en monoglycérides et en acides gras, lesquels sont absorbés sans autre transformation. Ce processus de digestion hydrolytique, effectué par la lipase pancréatique dans la lumière de l'intestin grêle, est grandement favorisé par les propriétés émulsifiantes des *sels biliaires,* eux-mêmes dérivés du cholestérol.

En effet, en absence de sels biliaires, la digestion des lipides est considérablement diminuée de sorte que l'on retrouve, dans les selles, des lipides non absorbés contenant des vitamines liposolubles; la mauvaise absorption des lipides pourra produire des déficiences en vitamines A et E, et possiblement en vitamines D et K.

9.1.2 ABSORPTION ET TRANSPORT

Les acides gras et les monoglycérides ainsi libérés dans l'intestin grêle forment, en présence des sels biliaires, des micelles dont la fraction non polaire est située au centre et la fraction polaire, à la surface (figure 9.2).

Figure 9.2 Structure d'un micelle

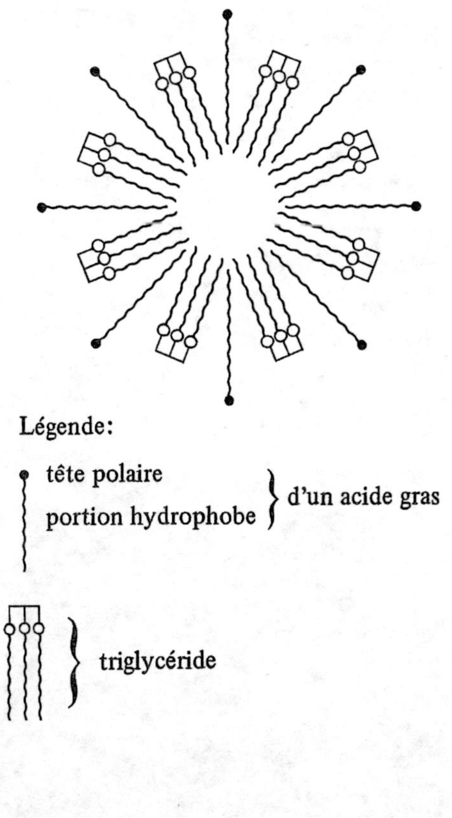

C'est donc sous cette forme qu'ils sont absorbés par la muqueuse intestinale, en même temps que tous les autres produits de la digestion. Ce phénomène d'absorption propre aux lipides s'appelle: la *pinocytose.* Les acides gras sont ensuite réassemblés pour reformer des triglycérides, des glycérophospholipides (phospholipides) et des esters de cholestérol. Il est important de noter ici que le glycérol de resynthèse des lipides n'est pas celui qui vient d'être fraîchement absorbé de la lumière intestinale, mais bien celui qui provient du métabolisme du glucose sous forme de *glycérophosphate.* En effet, les enzymes responsables de la formation des triglycérides ne transfèrent les acides gras que sur les glycérophosphates et les monoglycérides.

Les lipides ainsi reformés sont ensuite incorporés pour former des chylomicrons, particules qui sont par la suite libérées à travers les muqueuses intestinales dans le système lymphatique et qui atteignent finalement le plasma, via le canal thoracique.

Normalement, les niveaux plasmatique et lymphatique des chylomicrons s'élèvent rapidement après une ingestion importante de lipides alimentaires alors qu'ils demeurent très bas chez une personne qui jeûne ou qui est au repos. Habituellement, la présence de chylomicrons produit une turbidité du sérum (lipémie postprandiale) et lui donne une couleur blanchâtre; c'est la *lactescence* du sérum.

Dans des conditions isocalorifiques, la grande majorité des chylomicrons sont transportés vers les tissus adipeux pour y être emmagasinés. Cependant, durant une période de jeûne, où l'emmagasinage des lipides pourrait causer des inconvénients majeurs pour l'organisme, les chylomicrons sont utilisés par les muscles squelettiques, le muscle cardiaque et le foie pour combler leurs demandes énergétiques respectives. Puisque les chylomicrons doivent d'abord être dégradés en acides gras avant d'être utilisés par les tissus cibles, un important mécanisme régulateur, catalysé par la *lipase lipoprotéique* attachée aux cellules endothéliales, participe à ce processus selon la relation suivante :

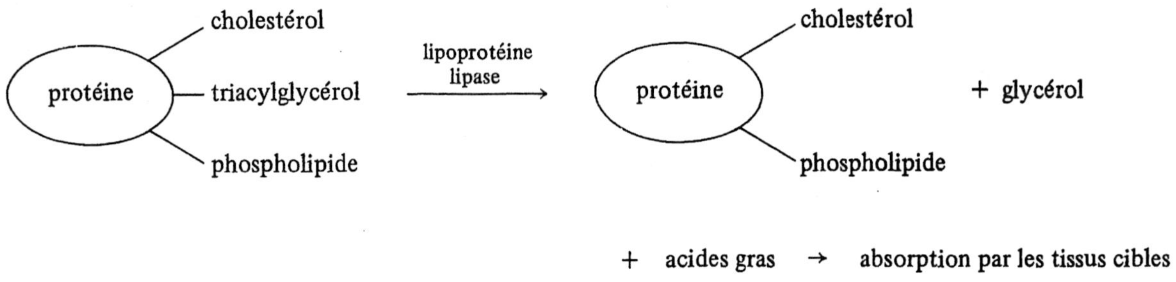

(9-2)

Dans des conditions isocalorifiques, c'est l'activité de cet enzyme situé dans le tissu adipeux, qui est la plus importante et qui permet aux acides gras dérivés des chylomicrons d'être emmagasinés. Par contre, dans des conditions de jeûne, c'est l'activité de l'enzyme situé dans les muscles squelettiques, dans le foie et dans le tissu cardiaque qui prédomine afin de répondre à la demande énergétique.

Voyons maintenant de quelle façon les acides gras sont catabolisés dans les principaux tissus cibles.

9.2 CATABOLISME DES ACIDES GRAS

9.2.1 HYPOTHÈSE DE KNOOP

Knoop fut le premier, en 1904, à découvrir, à l'aide d'expériences faites sur des chiens, une voie possible pour cataboliser les acides gras. Tout d'abord, il réussit à attacher, par synthèse chimique, un noyau *phényle* à l'extrémité de la chaîne carbonée de certains acides gras dont les carbones sont en nombre pair ou impair. L'addition de ce noyau à la chaîne des acides gras lui permettrait de le retrouver dans l'urine des chiens puisqu'il n'est pas métabolisé par l'organisme.

Ainsi, chaque fois qu'il administrait à ses chiens des acides gras phénylés à nombre impair de carbones, il obtenait de l'*acide benzoïque* dans l'urine alors que l'administration des acides gras phénylés à nombre pair de carbones produisait de l'*acide phényl-acétique* dans l'urine.

Il conclut donc que s'il scindait les acides gras par tranche de deux carbones comme le montre la figure 9.3, quel que soit le nombre de carbones sur la chaîne, il retrouverait toujours l'acide benzoïque dans le cas des acides gras à nombre impair de carbones et l'acide phényl-acétique, dans le cas des acides gras à nombre pair de carbones.

Figure 9.3 Hypothèse de KNOOP

A) Acides gras à nombre impair de carbones

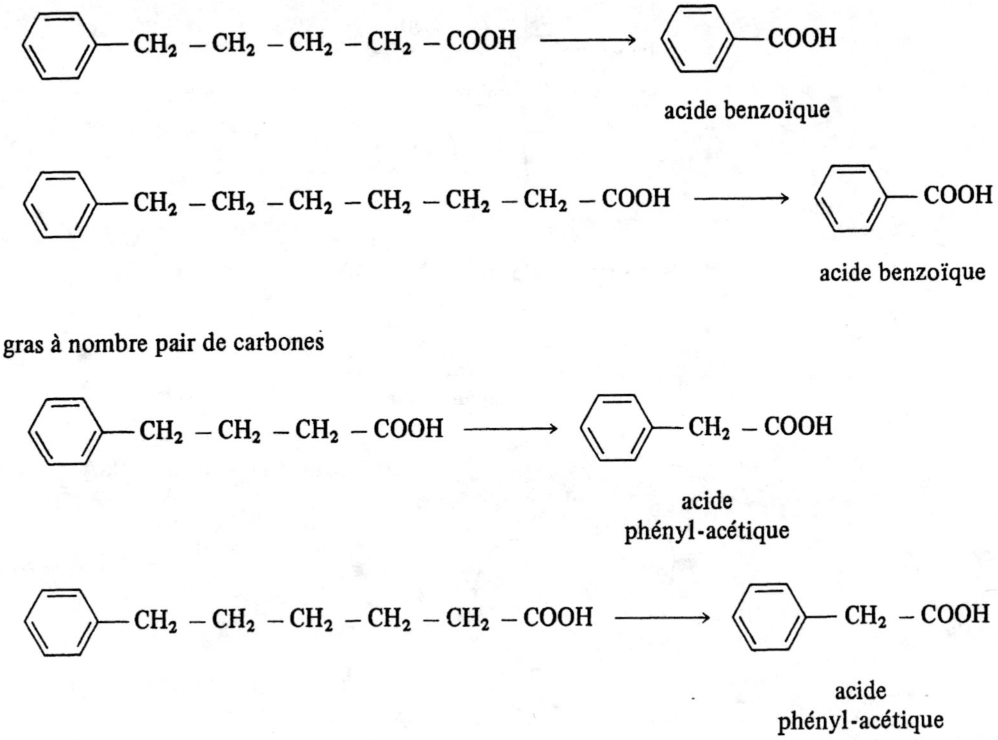

Il venait donc de faire les premiers pas dans la découverte du catabolisme des acides gras. Toutefois, il fallut attendre jusqu'en 1952 pour connaître le mécanisme exact par lequel les acides gras sont dégradés. L'honneur de cette découverte revient à LYNEN qui établit le mécanisme de la *β-oxydation,* appelée aussi l'*hélice catabolique* de LYNEN.

9.2.2 LA β-OXYDATION

Le mécanisme complet de la β-oxydation est représenté à la figure 9.4 où l'on peut voir une première réaction d'activation suivie de quatre autres appelées à se reproduire successivement. Étudions maintenant chacune des étapes de ces réactions.

A. FORMATION D'ACYL-CoA

Cette première étape du mécanisme de la β-oxydation permet l'activation des acides gras par l'*acyl-CoA synthétase.* Elle est décrite par la relation suivante :

$$\underset{\text{acide gras}}{R-COOH} + ATP + \underset{\text{coenzyme-A}}{CoA-SH} \underset{\Delta G' \,=\, \sim 0 \text{ kcal}}{\overset{Mg^{2+}}{\rightleftharpoons}} \underset{\text{acyl}-\text{CoA}}{R-CO-S-CoA} + AMP + P\text{-}P_i + H_2O \qquad (9\text{-}3)$$

Figure 9.4 Mécanisme de la β-oxydation ou l'hélice catabolique de LYNEN

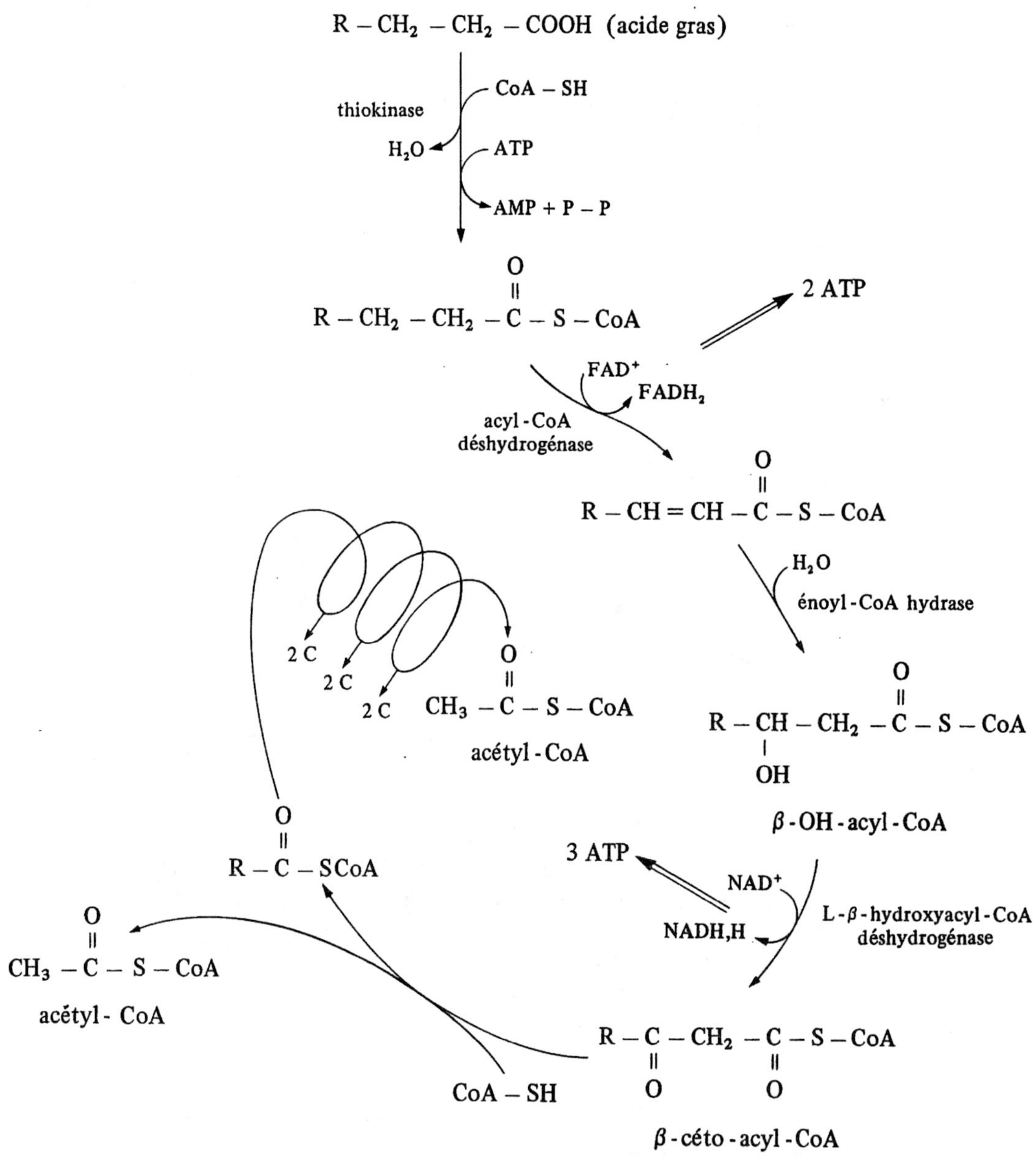

Note: À chaque tour, il y a libération d'un acétyl-CoA, sauf au dernier tour, où il y a 2 acétyl-CoA qui sont libérés.

Toutefois, cette réaction se produit en deux phases :

$$\text{R – COOH} + \text{ATP} + \text{enzyme} \rightleftharpoons \text{enzyme-acyladénylate} + \text{AMP} + \text{P-P}_i \quad (9\text{-}4)$$

$$\text{enzyme-acyladénylate} + \text{CoA – SH} \rightleftharpoons \text{enzyme} + \text{acyl – S – CoA} \quad (9\text{-}5)$$

Il existe trois synthétases différentes dans la cellule : l'une active l'acétate (C_2) et le propionate (C_3) en thioester correspondant, une autre active les chaînes intermédiaires d'acides gras entre C_4 et C_{10} et la troisième active les acides gras entre C_{10} et C_{20}. Les deux premières sont localisées dans la membrane extérieure des mitochondries et la troisième est associée à la membrane du réticulum endoplasmique (microsomes).

B. DÉSHYDROGÉNATION α, β DES ACYL-CoA

Cette réaction est donnée par la relation suivante :

$$\underset{\text{acyl-CoA}}{R-\underset{\beta}{CH_2}-\underset{\alpha}{CH_2}-CO-S-CoA} + FAD \xrightarrow[\Delta G' = -4{,}8 \text{ kcal}]{} R-\underset{\beta}{CH}=\underset{\alpha}{CH}-CO-S-CoA + FADH_2 \qquad (9\text{-}6)$$

Il existe également trois *acyl-CoA déshydrogénases* qui catalysent cette réaction; elles sont localisées dans les mitochondries et le FAD leur sert de groupement prosthétique. La première est spécifique aux acyl-CoA variant de C_4 à C_6, la deuxième aux acyl-CoA variant de C_6 à C_{14} et la troisième aux acyl-CoA variant de C_6 à C_{18}. Le $FADH_2$ produit au cours de cette réaction est ensuite réoxydé par la chaîne des cytochromes.

C. HYDRATATION DES ACYL-CoA α, β-INSATURÉS

Cette réaction correspond à la relation suivante :

$$R-\underset{\beta}{CH}\overset{\text{trans}}{=}\underset{\alpha}{CH}-CO-S-CoA + H_2O \underset{\Delta G' = -0{,}75 \text{ kcal}}{\rightleftharpoons} \underset{\text{L-(+)-}\beta\text{-hydroxyacyl-CoA}}{R-\underset{OH}{\overset{\beta}{CH}}-\overset{\alpha}{CH_2}-CO-S-CoA} \qquad (9\text{-}7)$$

C'est l'enzyme *énol-CoA hydrase* qui catalyse cette réaction. Cet enzyme est très spécifique car il ne réagit qu'avec les trans-α, β-acyl-CoA pour former des L-(+)-β-hydroxyacyl-CoA.

D. OXYDATION DES β-HYDROXYACYL-CoA

Cette réaction est donnée par la relation suivante :

$$R-\underset{OH}{CH}-CH_2-CO-S-CoA + NAD^+ \underset{\Delta G' = 3{,}75 \text{ kcal}}{\rightleftharpoons} \underset{\beta\text{-céto-acyl-CoA}}{R-\underset{\underset{O}{\|}}{C}-CH_2-CO-S-CoA} + NADH{,}H \qquad (9\text{-}8)$$

C'est l'enzyme *L-β-hydroxyacyl-CoA déshydrogénase* qui catalyse cette réaction où le NAD^+ sert de coenzyme. Cet enzyme est très spécifique à l'isomère L.

E. THIOLYSE

La relation suivante définit cette réaction:

$$R-\underset{\substack{\|\\ O}}{C}-CH_2-CO-S-CoA \;+\; CoA-SH \;\underset{\Delta G' \,=\, -6{,}65\ \text{kcal}}{\rightleftharpoons}\; R-\underset{\substack{\|\\ O}}{C}-S-CoA \;+\; \underset{\text{acétyl-CoA}}{CH_3-CO-S-CoA} \qquad (9\text{-}9)$$

C'est l'enzyme *thiolase* qui catalyse le clivage thiolytique du β-cétoacyl-CoA. Cet enzyme possède une très grande spécificité.

Cette réaction produit un acyl-CoA raccourci de deux carbones et un acétyl-CoA. La variation nette d'énergie libre négative ($\Delta G' = -8{,}45$ kcal) favorise grandement le sens de cette réaction. L'acyl-CoA ainsi formé est donc prêt pour un nouveau cycle d'oxydation. Ce système de la β-oxydation est présent dans tous les organismes, ce qui confirme son importance pour la dégradation des acides gras.

On peut donc noter qu'une seule molécule d'ATP n'est requise pour activer la dégradation complète d'un acide gras en acétyl-CoA, peu importe le nombre de carbones contenus sur sa chaîne. C'est pourquoi, il n'y aura toujours qu'une molécule d'ATP de consommée pour oxyder un acide gras contenant 4, 10 ou 16 carbones. L'oxydation des acides gras allie donc efficacité et économie d'énergie.

9.2.3 BILAN ÉNERGÉTIQUE

Pour constituer le bilan énergétique de la β-oxydation, il faut d'abord déterminer le nombre de fois que l'organisme a recours au mécanisme de la β-oxydation, ainsi que le nombre d'acétyl-CoA formés au cours du processus. Voyons, par exemple, le cas de la dégradation de l'acide hexanoïque qui compte une chaîne de 6 carbones.

A. NOMBRE DE TOURS UTILISÉS

Le nombre de tours utilisés est déterminé comme suit:

$$\text{nombre de tour} = \frac{n-2}{2} \qquad (9\text{-}10)$$

où « n » représente le nombre de carbones de la chaîne d'acides gras, le « 2 » au numérateur est nécessaire pour enlever 2 carbones à « n », puisqu'au dernier tour, il y aura libération de 2 acétyl-CoA; le « 2 » au dénominateur représente le nombre de carbones contenus dans chaque acétyl-CoA.

Or, à chaque tour, il y a production d'un $FADH_2$ et d'un NADH,H. Puisque ceux-ci sont réoxydés par la chaîne respiratoire, ils régénèrent respectivement 2 et 3 ATP pour un grand total de 5 ATP par tour. Ainsi, la dégradation de l'acide hexanoïque (C_6) par la β-oxydation se produit en 2 tours pour donner un total de 10 ATP. Cependant, il ne faut pas oublier d'enlever l'ATP de départ (activation de l'acide gras) pour un bilan final de 9 ATP.

B. NOMBRE D'ACÉTYL-CoA FOURNI

Le nombre d'acétyl-CoA fourni est toujours donné par la relation ci-dessous:

$$\text{nombre d'acétyl} - \text{CoA} = \frac{n}{2} \qquad (9\text{-}11)$$

où « n » représente le nombre de carbones de la chaîne d'acide gras et « 2 » le nombre de carbones contenus dans chaque acétyl-CoA.

La dégradation de l'acide hexanoïque par la β-oxydation fournit donc 3 acétyl-CoA. Or, en supposant que chaque acétyl-CoA peut entrer dans le cycle de Krebs pour y être oxydé en CO_2, H_2O et 12 ATP, il y aura production de 36 ATP supplémentaires (12 ATP/acétyl-CoA × 3 acétyl-CoA). Le bilan de l'oxydation totale de l'acide hexanoïque est donc de 45 ATP, soit 9 pour la β-oxydation et 36 pour le cycle de Krebs; il est maintenant possible de le comparer à celui du glucose, sucre comprenant également 6 carbones.

La variation d'énergie libre pour la combustion de l'acide hexanoïque est de −821,25 kcal dont −328,5 kcal (45 ATP × −7,3 kcal/ATP) est mise en réserve, ce qui donne un coefficient de conservation d'énergie de 40%. Comme on a vu au chapitre précédent, un calcul analogue effectué pour la combustion d'une molécule de glucose (C_6) donne un coefficient de conservation d'énergie de 40% pour une production de 38 ATP seulement. Ceci prouve donc que les acides gras constituent, comme les sucres, d'excellentes sources d'énergie, mais fournissent, à rendement égal, plus d'équivalents ATP par mole que les sucres.

9.2.4 SORT DES ACÉTYL-CoA

Les acétyl-CoA produits par la β-oxydation peuvent emprunter les voies suivantes qu'on retrouve d'ailleurs à la figure 9.1.

A. OXYDATION DANS LE CYCLE DE KREBS

Normalement, les molécules d'acétyl-CoA n'ont pas le temps de s'accumuler dans les cellules parce qu'elles se condensent facilement avec *l'oxaloacétate,* une molécule produite en abondance au cours du métabolisme des glucides. Comme on le sait déjà, le produit de cette réaction de condensation est le *citrate,* lui-même à l'origine du cycle tricarboxylique (cycle de KREBS). Le cycle de KREBS sert donc de voie normale à l'oxydation finale des lipides, tout comme il le fait pour les glucides et les protéines.

B. CÉTOGENÈSE ET CÉTOSE

Au cours d'un jeûne aigu ou d'une déficience du métabolisme des glucides, comme le diabète *mellitus* par exemple, l'apport d'acétyl-CoA devient plus grand que la disponibilité des *oxaloacétates.* Ce problème est causé par la dégradation excessive des acides gras, via le mécanisme de la β-oxydation dans les cellules du foie, afin de subvenir aux besoins énergétiques des cellules. Il en résulte donc une mobilisation excessive des acides gras à partir des tissus adipeux. En conséquence, les molécules d'acétyl-CoA prendront une voie de rechange appelée *cétogenèse,* dont le mécanisme est représenté à la figure 9.5.

Les trois produits formés au cours de la cétogenèse sont: l'acétoacétate, le β-hydroxybutyrate et l'acétone. Lorsque ces trois métabolites de la cétogenèse, connus sous le nom de *corps cétoniques,* s'accumulent dans le sang, ils produisent une condition anormale appelée *cétose* et peuvent conduire à une *acidose métabolique.*

À la figure 9.5, on peut voir qu'il se produit d'abord une condensation de deux molécules d'acétyl-CoA (à la place de l'oxaloacétate) pour donner un acétoacétyl-CoA. Ce dernier se condense à nouveau avec une troisième molécule d'acétyl-CoA pour former le β-hydroxy-β-méthylglutaryl-CoA lequel, par action enzymatique, se scinde en deux pour donner l'acétoacétate et régénérer un acétyl-CoA.

Cependant, l'acétoacétate libre, molécule instable, peut subir deux transformations: la première est une réaction de réduction dans le foie pour produire le β-hydroxybutyrate, alors que la deuxième est une réaction de décarboxylation qui décompose l'acétoacétate en acétone et en CO_2. Celle-ci est fréquemment observée dans des cas de diabète mellitus non traité.

Les muscles, le cœur et le cerveau ont la possibilité d'utiliser les *corps cétoniques* véhiculés par le sang en les transformant en dérivés CoA pour ensuite les oxyder par la β-oxydation afin de subvenir à leurs propres besoins énergétiques.

C. SYNTHÈSE DU CHOLESTÉROL

Une troisième voie possible est celle de la synthèse du cholestérol. En effet, la biosynthèse d'une molécule de cholestérol, de structure très complexe (figure 4.15) se fait à partir du squalène qui lui provient d'unités acétyl-CoA. Le foie, la peau, les surrénales, les gonades, les intestins et même l'aorte effectuent cette biosynthèse. On estime que le foie peut en produire à lui seul 1,5 g/jour et que la production des autres tissus s'élève à 0,5 g/jour. Habituellement, la quantité de cholestérol biosynthétisé à partir de l'acétyl-CoA est de deux à trois fois celle consommée par alimentation.

D. RESYNTHÈSE DES ACIDES GRAS

Bien que tous les enzymes de dégradation des acides gras catalysent des réactions théoriquement réversibles, ce sont d'autres enzymes, situés dans le cytoplasme, qui effectuent la biosynthèse des acides gras par une voie métabolique différente, illustrée à la figure 9.6. Cette biosynthèse se fait en deux étapes.

Première étape

a) Formation de malonyl-CoA

Au cours de la première étape, l'acétyl-CoA est transformé par carboxylation en malonyl-CoA. Cette réaction, catalysée par une *acétyl-CoA carboxylase*

Figure 9.5 Mécanisme de la cétogenèse

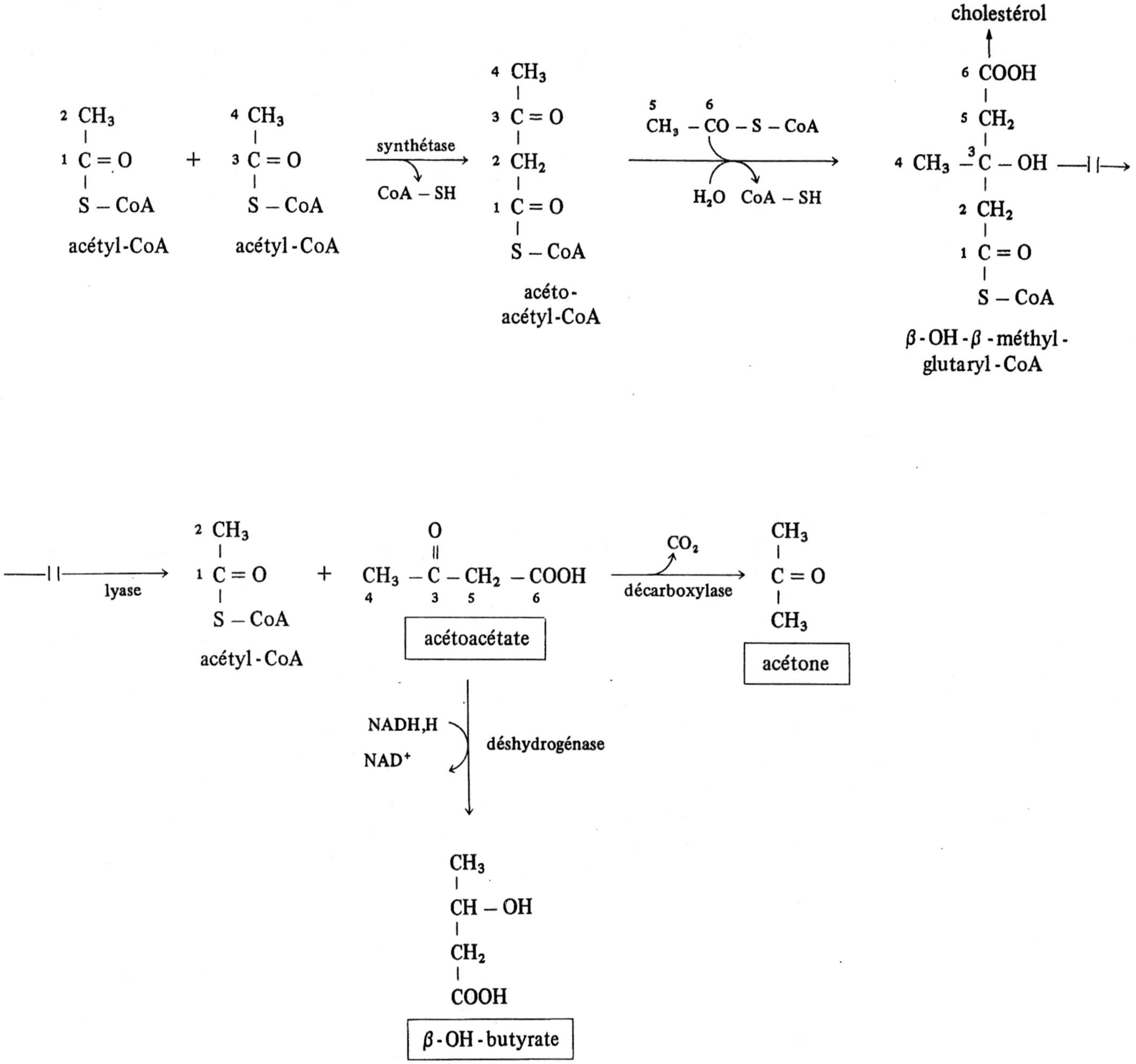

Figure 9.6 Biosynthèse des acides gras

1° étape: Formation de malonyl-CoA

$$CH_3-CO-S-CoA + {}^*CO_2 + ATP \longrightarrow \underset{|\atop {}^*COOH}{CH_2}-CO-S-CoA + ADP + P_i$$

acétyl-CoA — malonyl-CoA

2° étape: Cycle de synthèse

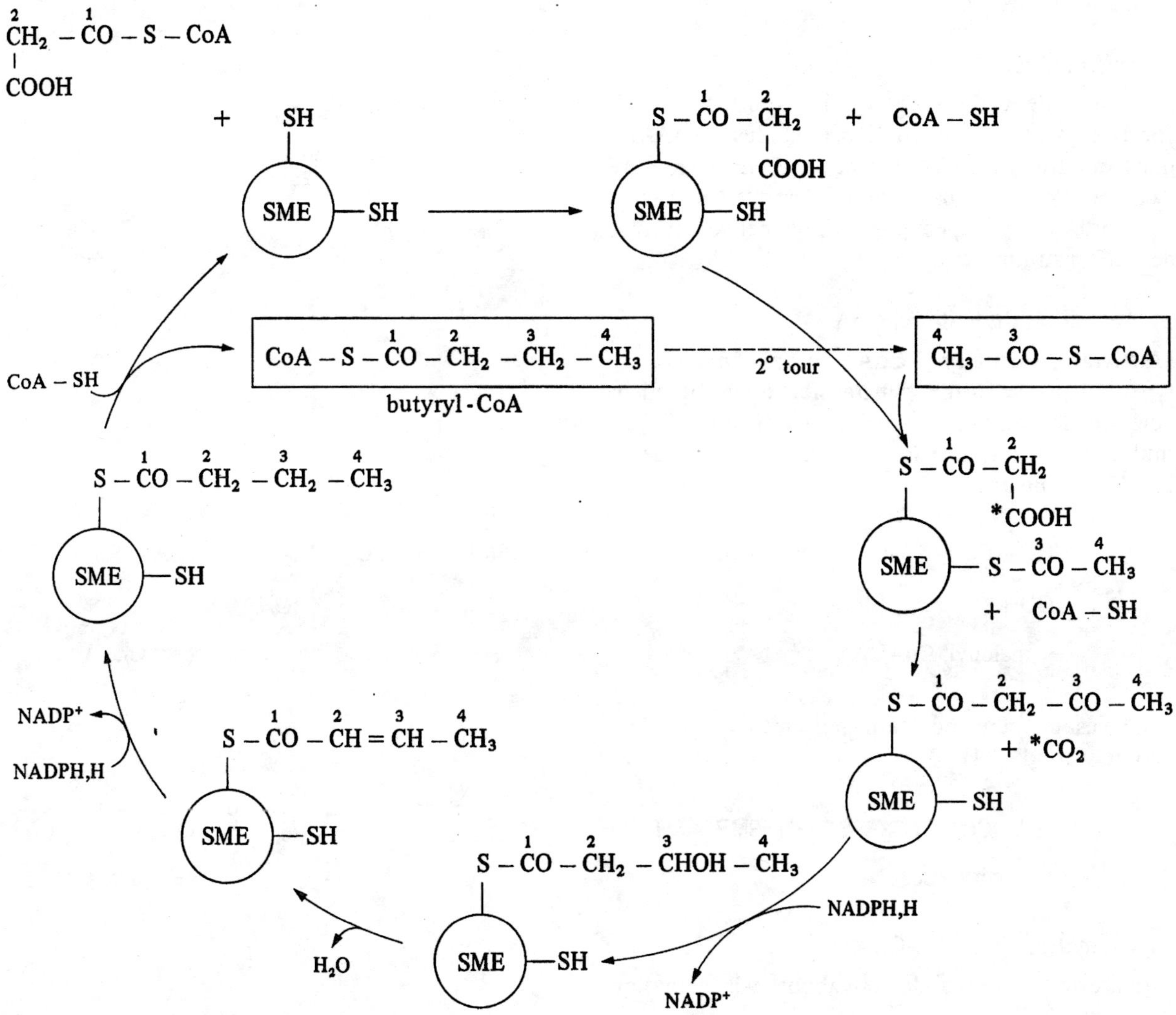

Note: SME = système multienzymatique

C*: ^{14}C radioactif

en présence de biotine comme coenzyme, utilise une molécule d'ATP comme suit:

$$\underset{\text{acétyl} - \text{CoA}}{CH_3 - CO - S - CoA} + {}^{*}CO_2 + ATP \longrightarrow \underset{\text{malonyl} - \text{CoA}}{\begin{array}{l} CH_2 - CO - S - CoA \\ | \\ {}^{*}COOH \end{array}} + ADP + P_i \qquad (9\text{-}12)$$

Le malonyl-CoA devient alors l'unité métabolique à partir de laquelle sera constituée la chaîne d'acide gras.

Deuxième étape

Au cours de cette étape, le transporteur d'acyl, contrairement à la β-oxydation, n'est plus le CoA-SH mais un *système multienzymatique* (SME) en mesure d'effectuer les réactions décrites ci-dessous. Ce système comporte deux groupements —SH qui peuvent former des liaisons thioester.

a) Activation du malonyl-CoA

L'activation du malonyl-CoA est cependant de même type puisqu'il se forme, par transfert du groupement acyl du malonyl-CoA sur un —SH du système multienzymatique, une nouvelle liaison thioester selon la relation suivante:

$$\underset{\text{malonyl-CoA}}{\begin{array}{l} CH_2 - CO - S - CoA \\ | \\ {}^{*}COOH \end{array}} + SME - SH \longrightarrow \begin{array}{l} SME - S - CO - CH_2 \\ \qquad\qquad\qquad | \\ \qquad\qquad\quad {}^{*}COOH \end{array} + \underset{\text{coenzyme-A}}{CoA - SH} \qquad (9\text{-}13)$$

Il en est de même pour une molécule d'acétyl-CoA avec le second —SH:

$$\underset{\text{acétyl-CoA}}{CH_3 - CO - S - CoA} + SME - SH \longrightarrow SME - S - CO - CH_3 + \underset{\text{coenzyme-A}}{CoA - SH} \qquad (9\text{-}14)$$

b) Formation d'un acyl-CoA

La suite de réactions ci-dessous aboutit à la formation d'un acyl-CoA.

Tout d'abord, la condensation d'un acétyl-CoA et d'un malonyl-CoA à l'aide d'une décarboxylation selon la relation :

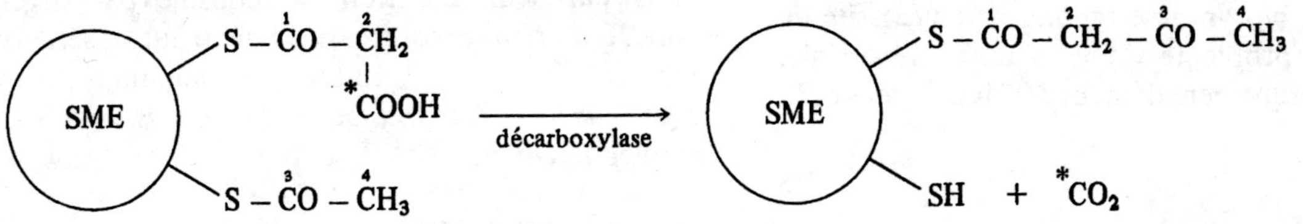

(9-15)

suivie d'une première réduction à l'aide de NADPH,H,

$$SME - S - CO - CH_2 - CO - CH_3 \xrightarrow{NADPH,H \quad NADP^+} SME - S - CO - CH_2 - \underset{\displaystyle OH}{\underset{|}{CH}} - CH_3 \qquad (9\text{-}16)$$

d'une déshydratation,

$$SME - S - CO - CH_2 - \underset{\displaystyle OH}{\underset{|}{CH}} - CH_3 \xrightarrow[H_2O]{} SME - S - CO - CH = CH - CH_3 \qquad (9\text{-}17)$$

d'une autre réduction à l'aide de NADPH,H

$$SME - S - CO - CH = CH - CH_3 \xrightarrow{NADPH,H \quad NADP^+} SME - S - CO - CH_2 - CH_2 - CH_3 \qquad (9\text{-}18)$$

pour se terminer par un transfert d'acyle sur un CoA-SH.

$$SME - S - CO - CH_2 - CH_2 - CH_3 \xrightarrow{CoA - SH} SME - SH + CoA - S - CO - CH_2 - CH_2 - CH_3 \qquad (9\text{-}19)$$

Un tel système peut être jugé plus efficace qu'un système comportant des enzymes isolés. En effet, les produits de chaque réaction n'ont plus à diffuser dans le milieu pour être utilisés par l'enzyme suivant puisque celui-ci fait partie du même agrégat protéique. Ainsi, les chaînes d'acides gras en cours de formation ne sont jamais libérées dans le milieu avant l'étape finale.

Il existe deux avantages à la séparation des voies métaboliques de synthèse et de dégradation des acides gras. Le premier est la *régulation différentielle* des deux voies par des enzymes différents, ce qui est irréalisable sur une réaction unique réversible fonctionnant dans les deux sens. Le deuxième est la nécessité d'économiser l'énergie requise par l'existence de réactions cataboliques théoriquement réversibles (LYNEN) mais ayant un $\Delta G'$ très négatif.

En effet, si l'on établit une comparaison avec la voie anabolique de LYNEN, à chaque tour de réactions, il y aurait utilisation de 5 ATP contre un seul pour le système multienzymatique. Ceci implique une économie appréciable de 4 ATP par tour. Par exemple, la synthèse de l'acide palmitique exigerait 35 ATP (7 tours × 5 ATP/tour) en suivant la voie anabolique de LYNEN comparativement à 7 (7 tours × 1 ATP/tour) pour le système multienzymatique, ce qui représente une économie de 28 ATP.

En conséquence, l'utilisation d'une voie indépendante pour la biosynthèse répond à la nécessité de surmonter le problème d'une réaction réversible, thermodynamiquement défavorisée dans le sens de la biosynthèse.

9.3 LIPÉMIE

La lipémie est l'ensemble des lipides que l'on trouve dans le sang. Comme on a déjà vu, tous les lipides qui circulent dans le sang (figure 9.7) sont combinés aux protéines pour former les *chylomicrons* et les différentes classes de *lipoprotéines* dont les caractéristiques sont énumérées au tableau 9.1. Les agents impliqués dans le métabolisme des lipides sont présentés au tableau 9.2. La concentration des lipides est fonction d'un équilibre entre, d'une part, les quantités fournies par l'alimentation ainsi que de leur biosynthèse et, d'autre part, leur utilisation (catabolisme) par l'organisme. Différents désordres dus à des troubles sérieux peuvent affecter cet équilibre. Les plus importants sont: la *cétose, l'accumulation de graisses au foie* et les *hyperlipémies.*

9.3.1 LA CÉTOSE

L'état de cétose est produit par une accumulation des corps cétoniques dans le sang causée par un jeûne sévère prolongé ou un diabète mellitus. Dans les deux cas, une dégradation excessive des acides gras par β-oxydation se produit dans les cellules du foie afin de suppléer aux glucides et subvenir aux besoins

Tableau 9.1 Caractéristiques des principales classes des lipoprotéines plasmatiques

Caractéristiques	Chylomicrons	VLDL	IDL	LDL	HDL
Diamètre (nm)	500 200 90	50	30	20	5
Masse volumique (g/mL)	< 0,95	0,95 – 1,006	1 006 – 1,019	1,019 – 1,065	1,065 – 1,121
Constante de flottaison (S_f)	> 400	20 – 400	10 – 20	0 – 10	–
Mobilité électrophorétique	origine	Pré-β	entre β et pré-β	β	α
Composition % • Lipides totaux triglycérides cholestérol phospholipides • Protéines	 98 86 5 7 2	 90 50 32 18 10	 85 35 30 20 15	 75 10 48 17 25	 50 5 20 25 50
Apoprotéines principales	AI – AII B CI, CII, CIII E	B CI, CII, CIII E	B CIII E	B	AI – AII
Apoprotéines secondaires	–	AI, AII	B	CI, CII, CIII	CI, CII, CIII D E

Figure 9.7 Schéma des voies métaboliques de différentes classes des lipoprotéines

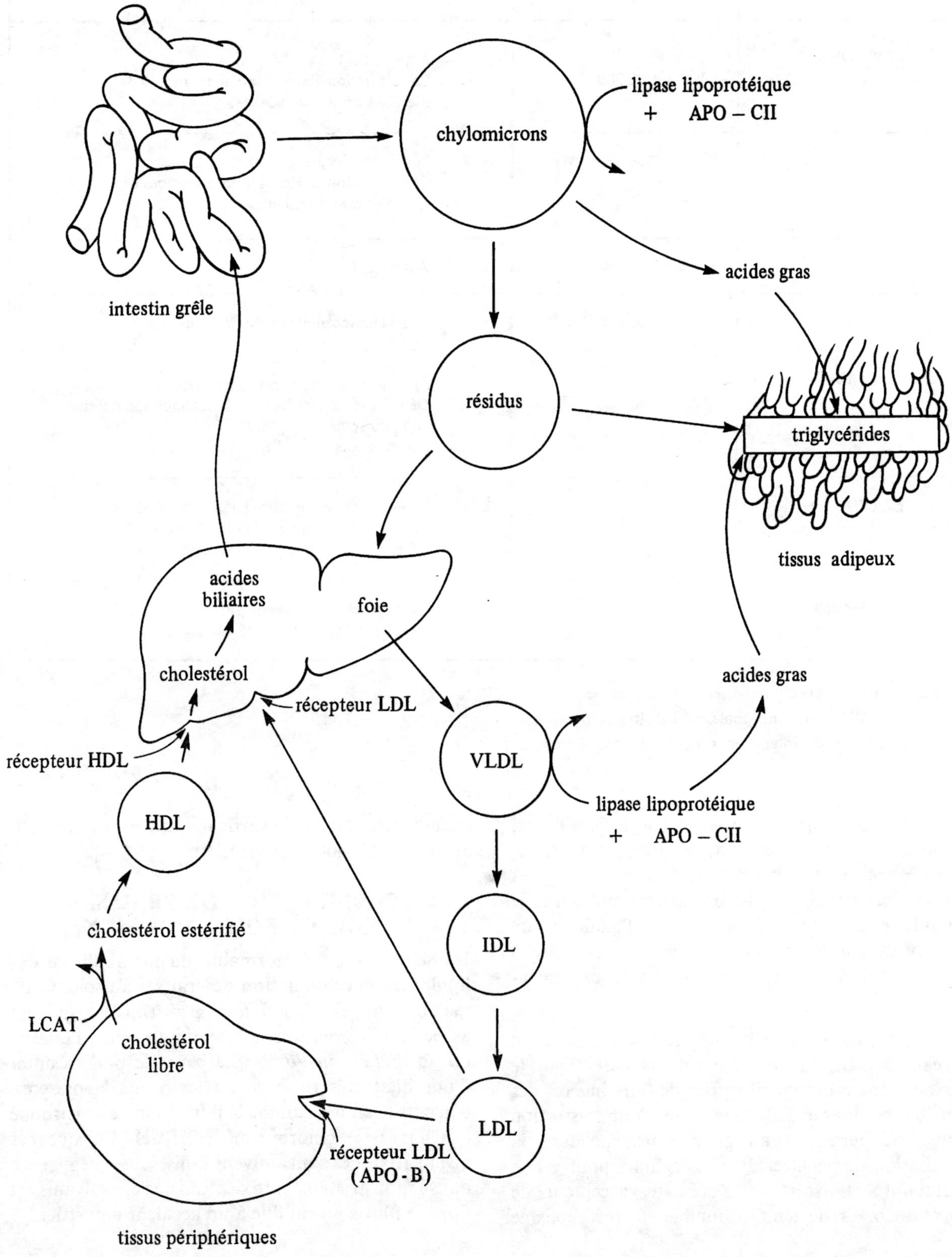

Tableau 9.2 Agents impliqués dans le métabolisme des lipides

Agents	Masse moléculaire (g)	Action
1 - Apoprotéines A-I	28 000	– Active LCAT; – Concentration élevée diminue les risques de maladies cardio-vasculaires.
B	250 000	– Se lie aux récepteurs LDL; – Concentration faible diminue les risques de maladies cardio-vasculaires.
C-II	9 000	– Active LPL.
E	35 000	– Se lie aux récepteurs spécifiques du foie.
2 - Enzymes LPL	65 000	– Synthétisé en partie par l'insuline; – Débarrasse l'hyperlipémie plasmatique alimentaire en hydrolysant les lipides; – Augmenté au cours d'exercices.
LCAT, ACAT	70 000	– Estérifient le cholestérol en ester de cholestérol qui sont véhiculés au foie sous forme de HDL; – ACAT a une fonction à l'intérieur des cellules.
3 - Récepteurs		– Glycoprotéine formée de 839 acides aminés; – Régularise l'endocytose de LDL.

Légende: ACAT: Acétyl-cholestérol acyltransférase
LCAT: Lécithine - cholestérol acyltransférase
LPL: Lipoprotéine lipase (lipase lipoprotéique)

énergétiques de l'organisme. Ainsi, l'organisme libère, à partir des dépôts adipeux, de grandes quantités d'acides gras pour pallier la déficience en glucose. Les niveaux cellulaires d'acyl-CoA augmentent donc, ce qui inhibe les enzymes producteurs de l'oxaloacétate à partir du glucose ou du glycogène. Ces conditions favorisent donc la cétogenèse par les cellules hépatiques.

On peut éliminer la cétose en restaurant, à un niveau adéquat, le métabolisme des glucides. Dans le cas de jeûne prolongé, il suffira de faire ingérer des glucides et, pour le diabète mellitus, l'administration d'insuline permettra au glucose présent dans la circulation de pénétrer dans les cellules pour y être métabolisé. Lorsque l'oxaloacétate, accepteur de l'acétyl-CoA redevient disponible, le métabolisme normal est rétabli et la sortie des acides gras du tissu adipeux est finalement arrêtée.

9.3.2 ACCUMULATION DE GRAISSES AU FOIE OU FOIE GRAISSEUX

Un second type d'anormalité du métabolisme des lipides est l'accumulation de graisses au foie. Cette maladie, appelée aussi *foie graisseux* est souvent associée à l'*alcoolisme*, à la *malnutrition*, à l'*obésité* ou au *diabète mellitus*. Elle peut, de plus, résulter d'une diète très riche en lipides ou de la présence d'agents toxiques comme la tétrachlorure de carbone (CCl_4) ou le chloroforme (CH_3Cl). Puisque ces agents toxiques sont souvent utilisés avec négligence dans l'industrie, une intoxication par ces solvants est donc le plus souvent due à un accident industriel.

Le mécanisme fondamental qui produit un *foie graisseux* est une synthèse inadéquate des phospholipides dont la fonction première est de limiter la synthèse hépatique de lipoprotéines pour ensuite libérer les lipides du foie vers le plasma. En effet, comme des quantités appréciables de lipides alimentaires sont transportées au foie, soit directement par la veine porte, soit par le système lymphatique, le foie doit synthétiser des lipoprotéines qui doivent contenir des phosphatides pour transporter les lipides du foie vers les tissus adipeux pour y être emmagasinés. Si des phosphatides comme la lécithine viennent à manquer, ou si la production totale des phosphatides est insuffisante, la synthèse de lipoprotéines reste alors incomplète et le transport des triglycérides à partir du foie est compromis.

C'est pourquoi la *choline* et la *méthionine* qui entrent dans la composition des phosphatides (phospholipides), sont reconnues comme des *facteurs lipotropes* parce qu'elles préviennent l'accumulation de graisses au foie en augmentant la synthèse des phosphatides essentiels à la sortie des triglycérides du foie via la synthèse des lipoprotéines plasmatiques.

9.3.3 LES HYPERLIPÉMIES

Les hyperlipémies constituent un ensemble de problèmes caractérisés par une augmentation des lipides dans le sérum. Habituellement, les hyperlipémies sont réparties en 5 classes bien distinctes appelées type I, IIa, IIb, III, IV et V (tableau 9.3); leurs électrophorégrammes sont présentés à la figure 9.8.

A. TYPE I

L'hyperlipémie de type I est induite par les graisses et caractérisée par une augmentation élective, dans le sérum, des triglycérides exogènes d'origine alimentaire. L'aspect du sérum présente alors une lactescence plus ou moins marquée; s'il est laissé au repos à 5°C, il est surmonté d'un collet crémeux, principal indice révélant la présence de chylomicrons dans un sérum. L'électrophorégramme de la figure 9.8 montre une augmentation très marquée des chylomicrons à l'origine. On note de plus une déficience de l'apoprotéine C-11 de même que de l'enzyme lipoprotéine-lipase (LPL). Dans ce cas, la concentration de cholestérol est habituellement normale.

B. TYPE IIa ET IIb

L'hypercholestérolémie familiale (type II) est une anomalie au niveau des récepteurs des LDL responsables de leur catabolisme. Les récepteurs peuvent être totalement absents mais, le plus souvent, ils sont en nombre insuffisant. Normalement, la cholestérolémie est de l'ordre de 350 mg/dL chez l'adulte présentant un phénotype IIa, c'est-à-dire un plasma normal (triglycérides normaux) et une accentuation

Tableau 9.3 Classification des hyperlipémies, selon FREDRICKSON

Types	Aspect du sérum	Lipides augmentés	Électrophorèse
I	– Lactescence plus ou moins marquée – Collet crémeux (au repos)	Triglycérides exogènes (> 1 000 mg/dL)	Chylomicrons
IIa	– Clair	Cholestérol	β
IIb	– Clair ou trouble	Cholestérol Triglycérides	β Pré-β
III	– Clair – Lactescence homogène	Cholestérol Triglycérides	Large β
IV	– Lactescence homogène	Triglycérides endogènes	Pré-β
V	– Lactescence homogène – Collet crémeux (au repos)	Triglycérides endogènes et exogènes (> 1 000 mg/dL)	Chylomicrons Pré-β

Figure 9.8 Électrophorégrammes des hyperlipémies

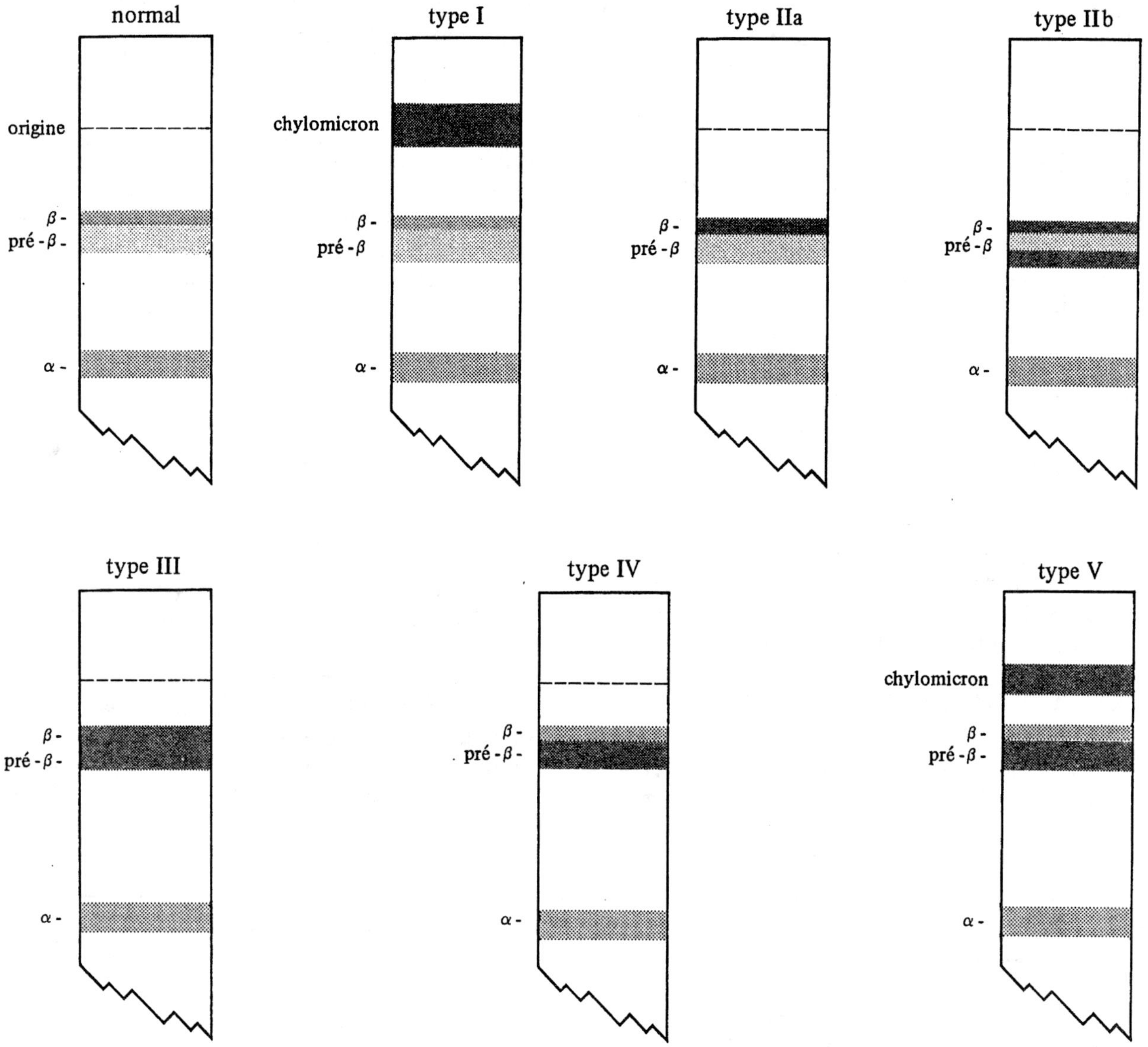

de la bande bêta (figure 9.8). Dans 15% des cas, l'hypercholestérolémie familiale se présente comme un type IIB. L'aspect du plasma est alors trouble si les triglycérides sont supérieurs à 300 mg/dL; les bandes pré-bêta et bêta sont accentuées avec une élévation à la fois du cholestérol et des triglycérides.

On observe donc une accumulation des LDL due à une déficience plus ou moins marquée des récepteurs des LDL. Les apoprotéines B sont par le fait même augmentées.

C. TYPE III

L'hyperlipémie de type III est caractérisée par la présence dans le sérum de bêta-lipoprotéines anormales (IDL) contenant des quantités très importantes de triglycérides endogènes d'origine hépatique. Le sérum présente une lactescence homogène sans formation de collet crémeux, même au repos à 5°C. Cette forme d'hyperlipémie est induite par les glucides et accentuée par une alimentation riche en cholestérol. À l'électrophorèse, les bêta et les pré-bêta-lipoprotéines ne forment plus qu'une bande anormalement large comme le montre l'électrophorégramme de la figure 9.8. On note enfin une déficience en apoprotéines E-III.

D. TYPE IV

L'hyperlipémie de type IV est caractérisée par une augmentation élective des triglycérides endogènes et des pré-bêta-lipoprotéines (VLDL) comme à la figure 9.8. Cette forme d'hyperlipémie est induite par une alimentation riche en glucides. Au repos à 5°C, le sérum révèle une lactescence homogène sans formation du collet crémeux caractéristique du type I. Habituellement, le rapport des apoprotéines C-II/C-III est diminué.

E. TYPE V

L'hyperlipémie de type V est une combinaison des types I et IV. C'est donc une hyperlipémie mixte induite à la fois par les lipides et les glucides. L'élévation des triglycérides sériques est due à l'augmentation des triglycérides exogènes (chylomicrons) et des triglycérides endogènes (pré-bêta-lipoprotéines) comme sur l'électrophorégramme de la figure 9.8. Le sérum présente, au repos à 5°C, une lactescence homogène surmontée d'un collet crémeux. On note, chez ces patients, une déficience partielle de l'enzyme lipoprotéine-lipase (LPL) de même qu'une diminution du rapport des apoprotéines C-II/C-III.

10

MÉTABOLISME DES PROTÉINES

10.0 INTRODUCTION

Quoique de structure très complexe, les protéines, comme on le verra, sont dégradés en leurs unités de base : les acides aminés. C'est donc les voies cataboliques générales des acides aminés, illustrées à la figure 10.1, que nous allons analyser pour aborder la dégradation des protéines puisque leur métabolisme se résume à celui des acides aminés.

Cependant, en ce qui concerne la synthèse des protéines, le mécanisme génétique qui en est responsable sera simplifié en faisant ressortir à la fois les étapes les plus importantes de leur formation et les principaux intervenants. Quant au principal produit de déchets du catabolisme des acides aminés, le NH_3, il existe une voie commune d'excrétion qui est le cycle de l'urée, appelé aussi uréogenèse.

10.1 DIGESTION ET ABSORPTION

La digestion des protéines, comme on le voit à la figure 10.1, se fait d'abord dans l'estomac, puis dans l'intestin.

La *digestion stomacale* : grâce à l'acide chlorhydrique (HCl) qui transforme le pepsinogène (enzyme inactif) en pepsine (enzyme actif), le suc gastrique dégrade les protéines en fragments plus petits, les peptides. La cathepsine, autre protéinase de l'estomac, dégrade aussi les protéines en peptides. Elle agit à un *p*H légèrement supérieur à la pepsine.

La *digestion intestinale* : les sécrétions de la muqueuse de l'intestin grêle contiennent des peptidases qui dissocient les peptides en acides aminés libres ; les principales peptidases sont les dipeptidases, les tripeptidases, les polypeptidases et l'aminopeptidase. Toutefois, les sécrétions alcalines d'origine pancréatique contiennent aussi des enzymes protéodigestifs comme la trypsine, la chymotrypsine et la carboxypeptidase.

Les acides aminés libres sont ensuite absorbés par un mécanisme actif dans l'intestin grêle vers la lymphe et le sang. Les acides aminés, une fois acheminés au foie, ont la possibilité de prendre plusieurs voies métaboliques comme à la figure 10.1. Ceux qui sont transportés aux tissus servent à la biosynthèse de leurs protéines alors que ceux qui sont véhiculés au foie peuvent, ou bien servir à la synthèse des protéines du foie et des protéines plasmatiques ou encore être dégradés par désamination oxydative en acides alpha-cétoniques. Ceux-ci pourront ensuite emprunter la voie de dégradation du cycle tricarboxylique, ou être décarboxylé, pour donner des amines. Enfin, la grande production d'ammoniac (NH_3), engendrée par le catabolisme des acides aminés, conduit à la production de l'urée.

10.2 SYNTHÈSE DES PROTÉINES

La synthèse des protéines se fait à partir du matériel génétique (ADN et ARN) suivant deux étapes importantes (figure 10.2) : la transcription et la traduction.

Figure 10.1 Schéma général du métabolisme des acides aminés

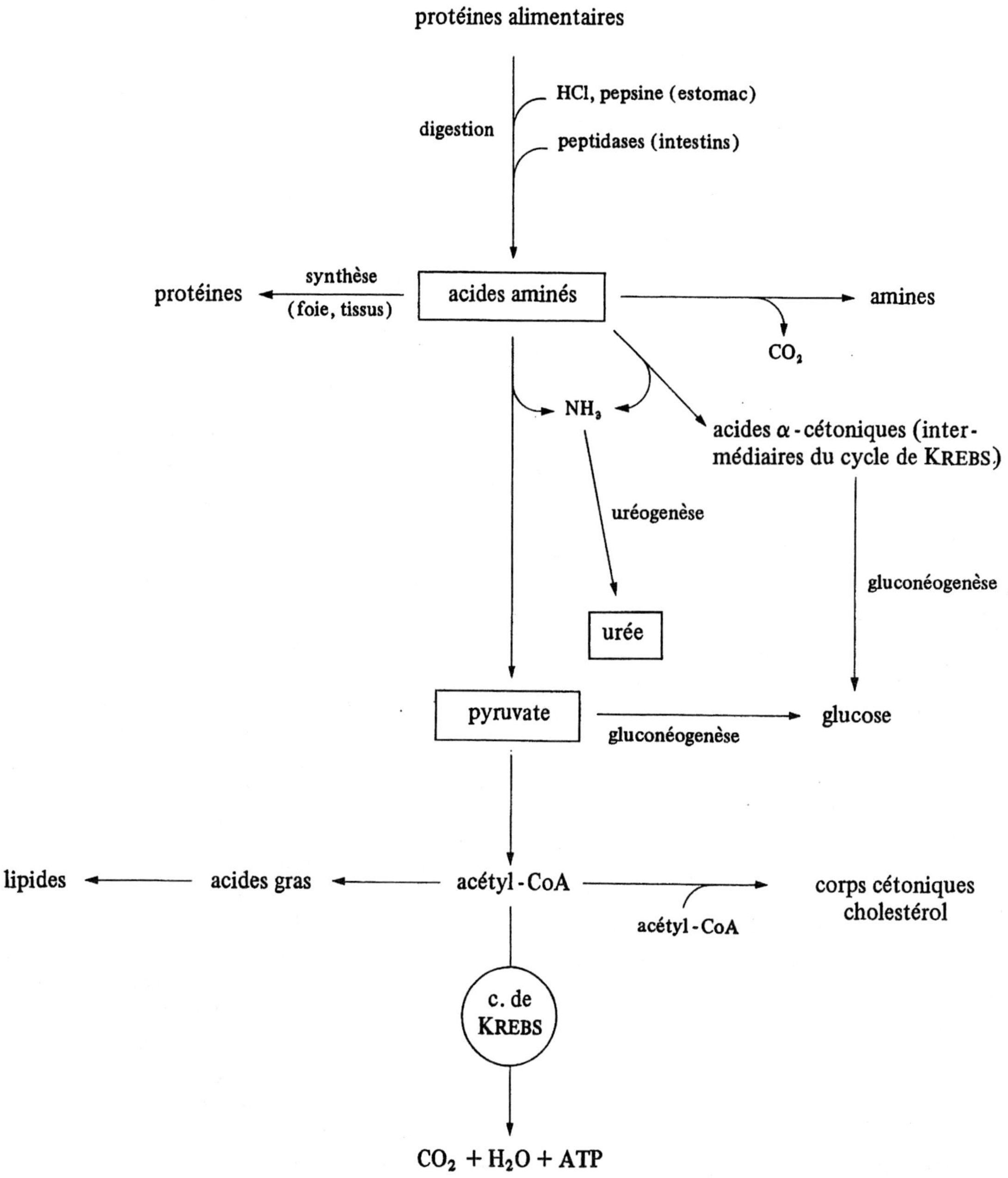

10.2.1 LA TRANSCRIPTION

L'ADN, situé dans le noyau cellulaire, est un matériel trop précieux pour intervenir directement dans la synthèse des protéines, puisque son altération, ou sa destruction, entraînerait des erreurs ou des mutations génétiques transmises de génération en génération. C'est pourquoi, il existe dans la cellule un système enzymatique, l'ARN polymérase, qui permet de copier l'ADN. C'est le mécanisme de la *transcription* et il fonctionne de la façon suivante : l'ARN polymérase permet de copier une chaîne polynucléotidique identique à l'une des chaînes complémentaires de l'ADN, comme illustré à la figure 10.2. Ce mécanisme permet donc de conserver la molécule originale d'ADN intacte et fournit une nouvelle molécule qui est la copie fidèle de l'une des deux branches de l'ADN.

Cette nouvelle molécule à chaîne est faite d'une autre forme d'acide nucléique : l'ARN. Celui-ci diffère de l'ADN en trois points principaux :

- il est constitué d'un seul montant de l'échelle pour former une chaîne unique ;
- le sucre support, le désoxy-ribose, est remplacé par un ribose ;
- toutes les bases thymines (T) sont remplacées par des uracyles (U), mais gardent la possibilité de se combiner à l'adénine (A).

Cette nouvelle copie s'appelle maintenant l'ARN messager (m-ARN) puisqu'il transporte le code génétique de l'ADN nécessaire à la synthèse d'une protéine.

10.2.2 LA TRADUCTION

L'ARN messager va ensuite se placer sur les ribosomes qui forment le système apte à lire le message envoyé par l'ARN messager et à le traduire en terme de protéine. Ce message codé de l'ARN messager est constitué d'un ensemble de trois bases successives, appelées *codons*, qui vont servir de modèle pour la synthèse d'une protéine.

Cependant, il manque une dernière pièce pour le fonctionnement complet de ce système à traduire, soit un *adapteur-décodeur,* appelé l'*ARN de transfert* (t-ARN), qui, placé entre le langage de l'ARN messager et celui de la protéine en fabrication, assure l'emplacement précis de chaque acide aminé le long de la chaîne protéique. Cet adapteur-décodeur possède, à l'une des extrémités en contact avec l'ARN messager, un *anticodon* complémentaire au codon de l'ARN messager et, à l'autre extrémité, un acide aminé spécifique qu'il transporte toujours avec lui.

Ainsi, il existe dans la cellule autant d'ARN de transfert (t-ARN) qu'il y a de codons pour chaque acide aminé. Pour que ces acides aminés s'attachent, ils doivent être placés tout près les uns des autres et dans l'ordre prévu pour chaque protéine. Les ARN de transfert utilisent donc pour cela un système très simple : ils reconnaissent leur place sur l'ARN messager en reformant localement, par petits morceaux, un montant de la double hélice (interaction codon-anticodon). Impossible donc pour l'anticodon d'un ARN de transfert portant un acide aminé donné de se placer sur un autre codon.

C'est cette interaction codon-anticodon qui permet aux acides aminés de s'attacher dans un ordre très rigoureux. Ils sont parfaitement positionnés au site de synthèse par la place qu'occupe l'ARN de transfert qui les porte.

Le ribosome, quant à lui, est responsable de l'harmonie de l'ensemble : il positionne l'ARN messager, assure les places aux ARN de transfert, permet l'apport d'énergie nécessaire au fonctionnement de cette mécanique, sert de matrice pour faire croître petit à petit la chaîne de protéine en construction et, enfin, fait avancer le tout par un mouvement de crémaillère similaire à celui de la tête de lecture d'un film ou d'une bande magnétique. Le ribosome construit donc une protéine en soudant un deuxième acide aminé au premier et ainsi de suite jusqu'à la fin de la chaîne.

Une fois l'acide aminé libéré à la position qui lui est assignée sur la chaîne, l'ARN de transfert repart chercher son acide aminé spécifique pour revenir trouver un autre codon correspondant.

Enfin, lorsque la chaîne protéique est totalement construite, l'ARN messager est aussitôt détruit ; il ne sert donc qu'à la production d'une seule protéine. « Donc, toute cette mécanique complexe constitue la phase de *traduction.* »

10.3 CATABOLISME DES ACIDES AMINÉS

Il convient ici de parler des réactions cataboliques générales des acides aminés et non pas des réactions spécifiques à chacun. En effet, il existe trois voies générales de dégradation des acides aminés : la désamination oxydative, la décarboxylation et la transami-

Figure 10.2 Schéma général de la synthèse des protéines

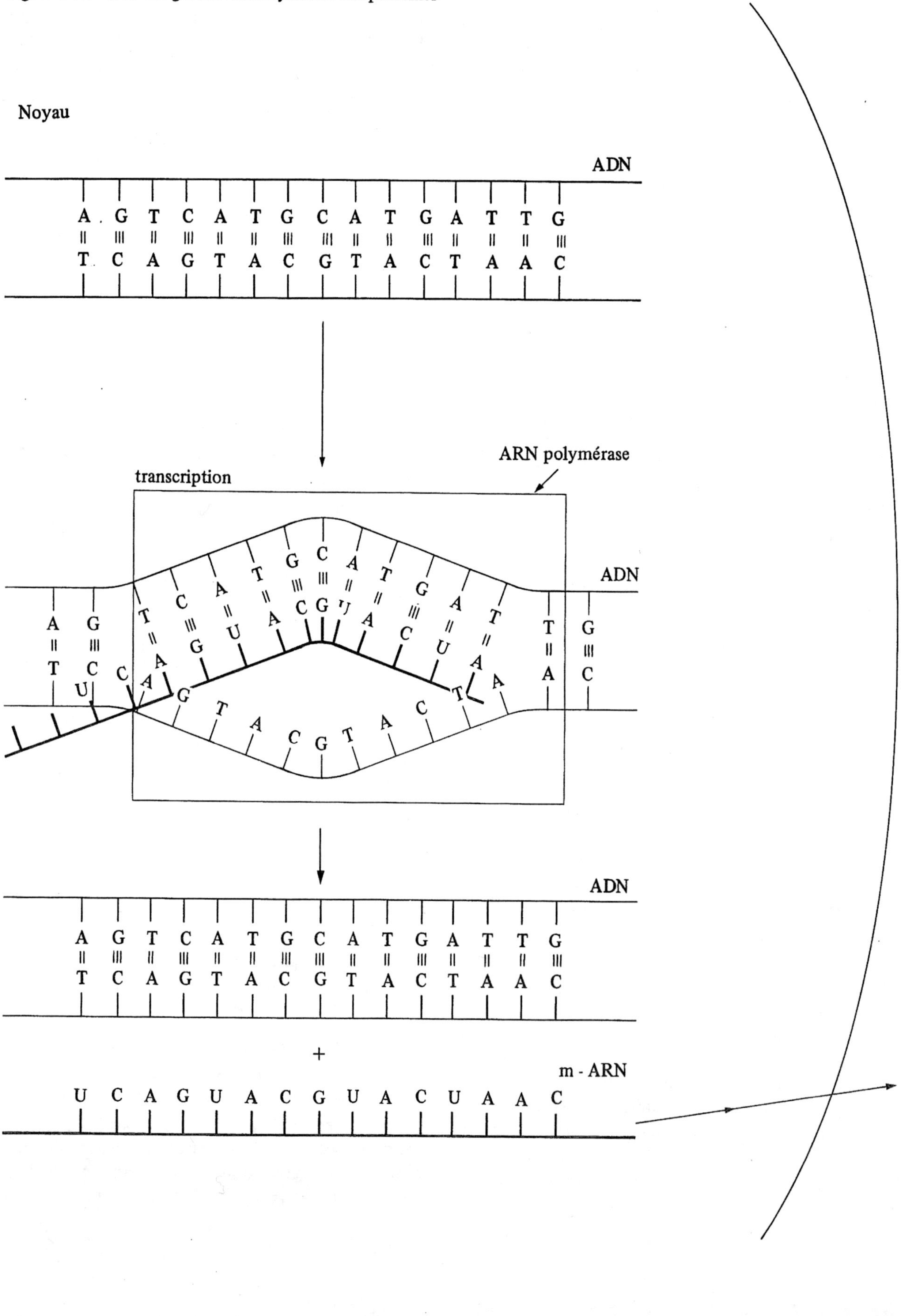

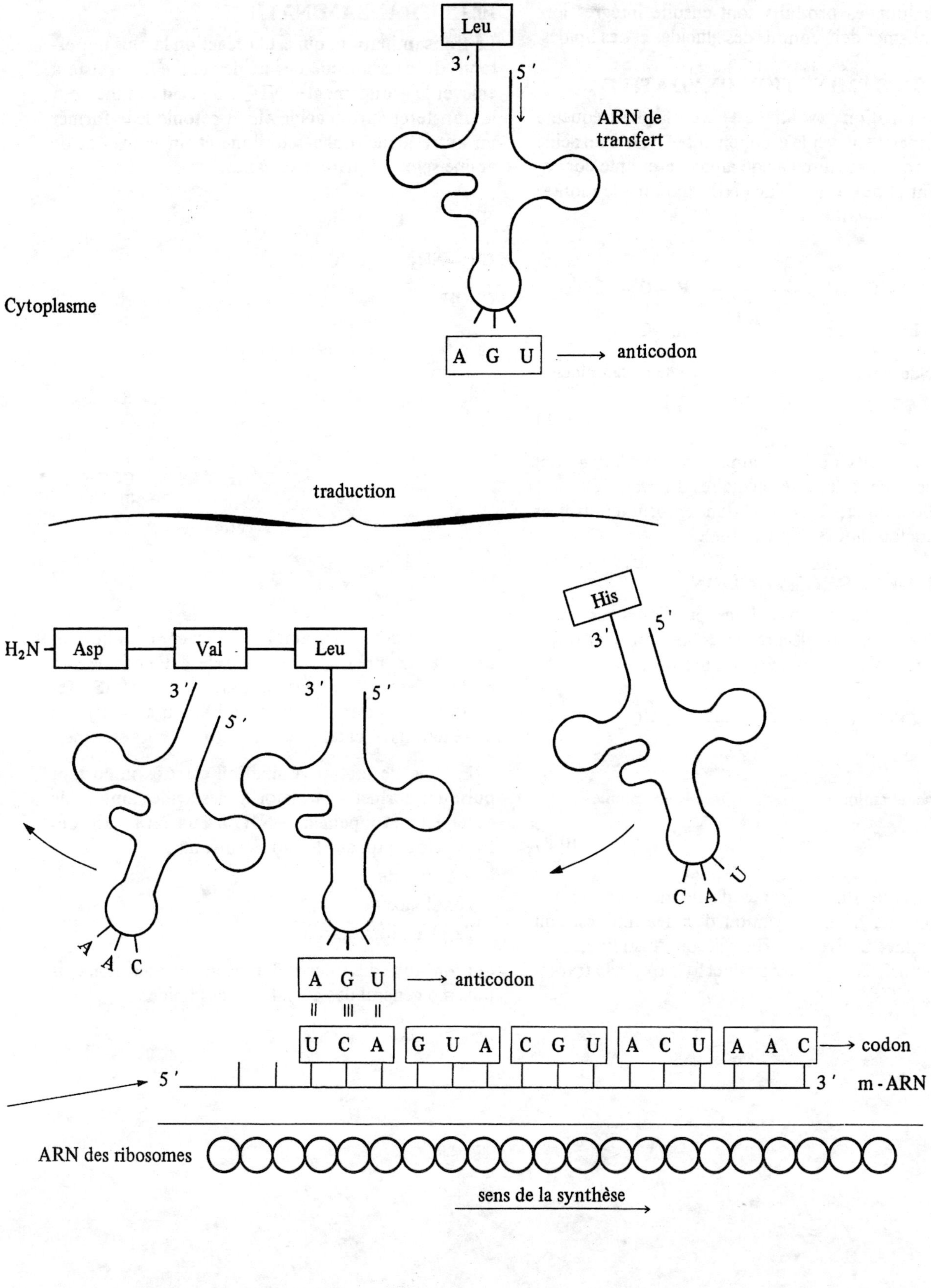
Leu
3'
5'
ARN de transfert
Cytoplasme
A G U
anticodon
traduction
His
3'
5'
H_2N
Asp
Val
Leu
3'
5'
3'
5'
C A U
A A C
A G U
anticodon
U C A
G U A
C G U
A C U
A A C
codon
5'
3'
m-ARN
ARN des ribosomes
sens de la synthèse

nation dont les produits sont ensuite intégrés aux métabolismes déjà connus des glucides et des lipides.

10.3.1 DÉSAMINATION OXYDATIVE

La désamination oxydative est la voie la plus fréquente qui permet d'enlever le groupement $-NH_2$ d'un acide aminé pour produire l'acide alpha-cétonique correspondant et de l'ammoniac (NH_3) comme le montre l'équation suivante:

$$\underset{\text{acide aminé}}{R-\underset{\displaystyle NH_2}{\underset{|}{CH}}-COOH} \xrightarrow[NH_3]{[O]} \underset{\text{acide } \alpha\text{-cétonique}}{R-\underset{\displaystyle O}{\underset{\|}{C}}-COOH} \tag{10-1}$$

Les produits de la désamination oxydative sont habituellement des intermédiaires du cycle de l'acide tricarboxylique; ils peuvent donc emprunter diverses voies métaboliques (figure 10.1).

10.3.2 DÉCARBOXYLATION

En présence de décarboxylases spécifiques, les acides aminés peuvent être décarboxylés pour former l'amine correspondante et du CO_2 comme suit:

$$\underset{\text{acide aminé}}{R-\underset{\displaystyle NH_2}{\underset{|}{CH}}-COOH} \xrightarrow[CO_2]{} \underset{\text{amine}}{R-CH_2-NH_2} \tag{10-2}$$

La figure 10.3 présente d'ailleurs deux dérivés courants de décarboxylation d'acides aminés, soit l'histamine, dérivé décarboxylé de l'histidine, et la sérotonine, dérivé décarboxylé et hydroxylé du tryptophane.

10.3.3 TRANSAMINATION

La transamination, qui est la réaction la plus importante du catabolisme des acides aminés, consiste à enlever le groupement $-NH_2$ d'un acide aminé pour le transférer sur un acide alpha-cétonique et former un autre acide alpha-cétonique et un nouvel acide aminé selon l'équation suivante:

$$\underset{(\text{a. a.})_1}{\begin{matrix} R_1 \\ | \\ CH-NH_2 \\ | \\ COOH \end{matrix}} + \underset{(\text{ac. }\alpha\text{-cétonique})_2}{\begin{matrix} R_2 \\ | \\ C=O \\ | \\ COOH \end{matrix}} \rightleftharpoons \underset{(\text{ac. }\alpha\text{-cétonique})_1}{\begin{matrix} R_1 \\ | \\ C=O \\ | \\ COOH \end{matrix}} + \underset{(\text{a. a.})_2}{\begin{matrix} R_2 \\ | \\ CH-NH_2 \\ | \\ COOH \end{matrix}} \tag{10-3}$$

Il existe deux transaminases bien connues qui ont un rôle essentiel à jouer dans le catabolisme des acides: ce sont l'aspartate aminotransférase (AST) et l'alanine aminotransférase (ALT) dont on a déjà vu les réactions de catalyse au chapitre 5 sur les enzymes.

Le rôle de la transamination est très important puisqu'il permet à la majorité des acides aminés de céder leur groupement $-NH_2$ à l'un ou l'autre des trois acides alpha-cétoniques suivants:

- le pyruvate
- l'oxaloacétate
- l'alpha-cétoglutarate

qui sont tous des intermédiaires importants du métabolisme général des glucides et des lipides.

Figure 10.3 Produits dérivés de la décarboxylation d'acides aminés

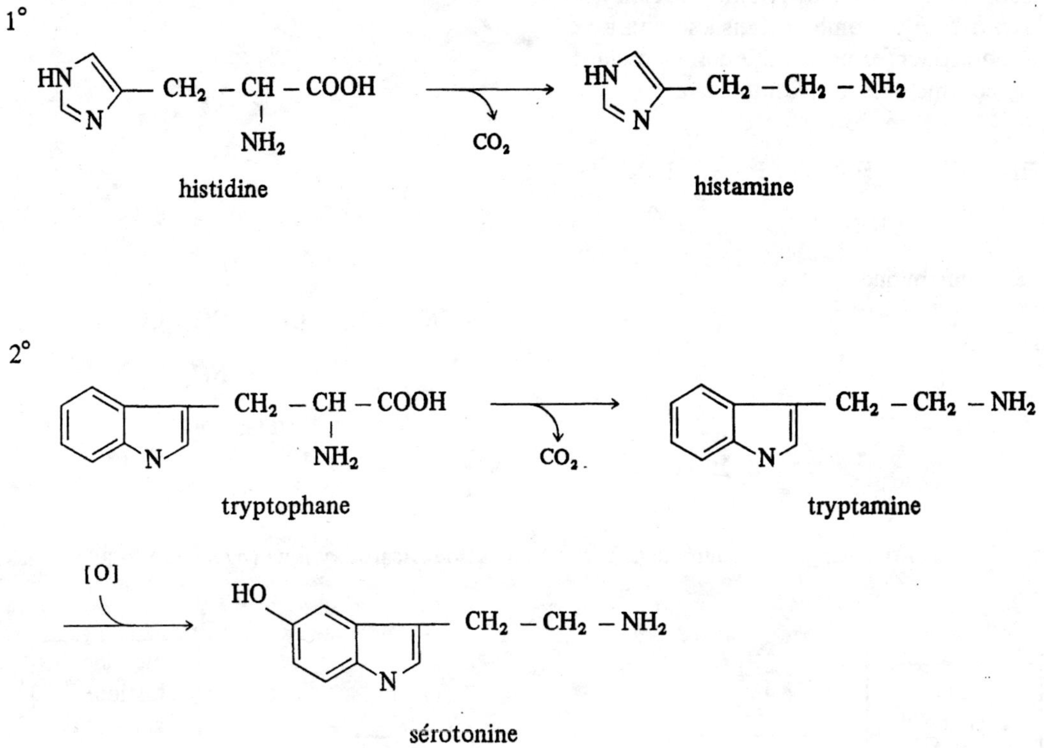

10.4 SORT RÉSERVÉ AUX PRODUITS DU CATABOLISME DES ACIDES AMINÉS

10.4.1 LES ACIDES ALPHA-CÉTONIQUES

Les acides alpha-cétoniques résultant de la perte du groupement $-NH_2$ peuvent emprunter les voies suivantes:

- être reconvertis en acides aminés par réamination ou par transamination;
- accroître l'ensemble des corps cétoniques de l'organisme si leur production est trop abondante.
- s'intégrer au métabolisme général selon leur structure spécifique pour y être transformés en glucose ou tout simplement oxydés en CO_2 et H_2O. Il va sans dire que cette dernière voie, représentée à la figure 10.4, est la plus importante des trois. On y constate donc que les portes d'entrée dans le cycle sont:
- l'acétyl-CoA
- l'alpha-cétoglutarate
- le succinate
- le fumarate
- l'oxaloacétate

10.4.2 LE $-NH_2$

Le $-NH_2$ libéré au cours du catabolisme des acides aminés peut subir deux voies principales d'élimination: l'ammoniogenèse et l'uréogenèse.

A. L'AMMONIOGENÈSE

Le groupement — NH_2 libéré, sous l'action de l'enzyme *glutamine-synthétase,* se combine dans les tissus avec l'acide glutamique pour former l'amide correspondant, la *glutamine,* comme dans l'équation suivante:

$$\underset{\text{acide glutamique}}{HOOC-CH_2-CH_2-\underset{\substack{|\\NH_2}}{CH}-COOH} + NH_3 + ATP \longrightarrow \underset{\text{glutamine}}{H_2N-OC-CH_2-CH_2-\underset{\substack{|\\NH_2}}{CH}-COOH} + ADP \quad (10\text{-}4)$$

Figure 10.4 Voies d'entrée des acides aminés dans le cycle de l'acide tricarboxylique (cycle de KREBS)

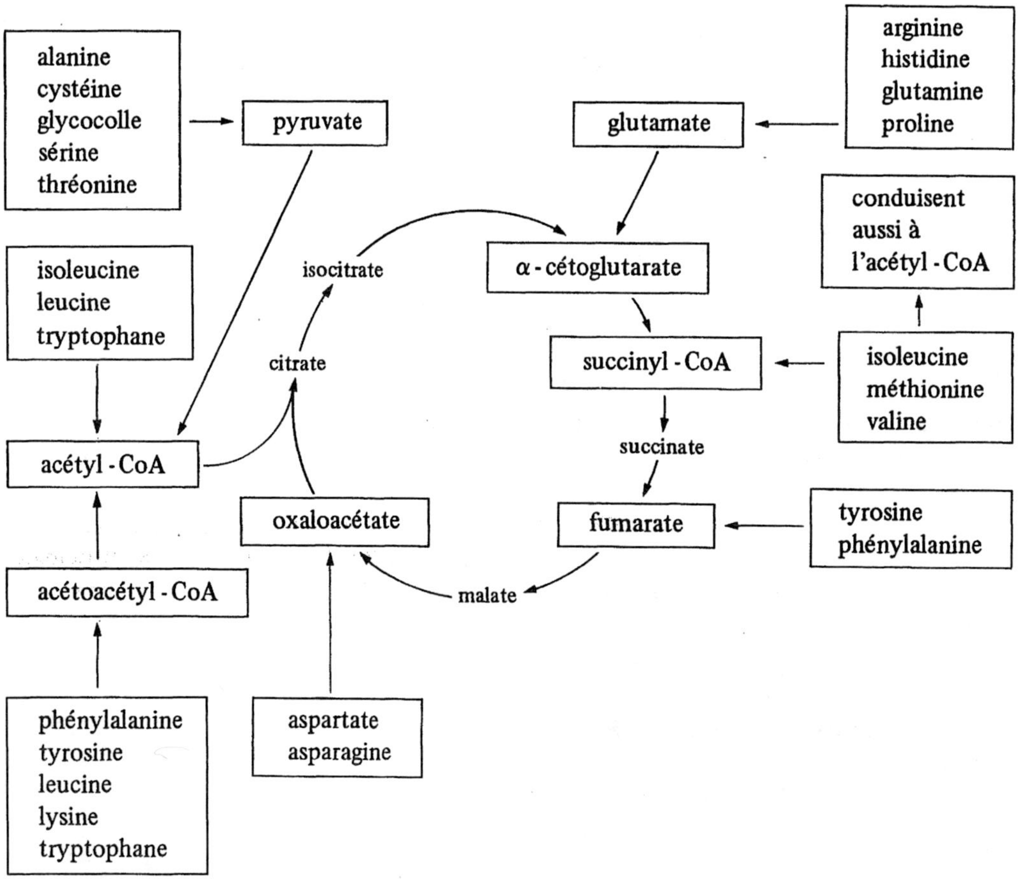

Ensuite, la glutamine quitte les tissus pour être véhiculée jusqu'aux reins où elle est hydrolysée sous l'action d'une glutaminase rénale. L'ammoniac (NH_3) ainsi libéré dans le filtrat glomérulaire est excrété sous forme de NH_4^+ et contribue alors à garder le *p*H urinaire aux environs de 6,0.

B. L'URÉOGENÈSE

L'uréogenèse, ou formation d'urée, constitue l'étape finale de la dégradation des protéines. En effet, comme il se produit une grande quantité d'ammoniac (mécanisme de désamination), l'organisme doit trouver un moyen de s'en débarrasser le plus rapidement possible. C'est donc sous forme d'urée que la plus grande quantité d'ammoniac sera éliminée par l'organisme. L'urée devient par conséquent le composé azoté le plus important à être excrété dans l'urine puisqu'il constitue plus de 50% de tous les composés azotés.

Le mécanisme de l'uréogenèse, connu aussi sous le nom de *cycle de Krebs-Henseleit* et qui se produit exclusivement dans le foie, est représenté à la figure 10.5. On y constate notamment que la formation d'urée se produit à partir de produits de déchets tels le CO_2 et le NH_3 et que le mécanisme de formation fait intervenir trois acides aminés dérivés, soit l'ornithine, la citrulline et l'arginine.

Dans les mitochondries du foie, l'enzyme *carbamyl-phosphate synthétase* catalyse la formation du carbamyl-phosphate à partir de CO_2 et NH_3 comme le montre l'équation suivante:

$$NH_3 + CO_2 + 2\,ATP \xrightarrow[\text{carbamyl-phosphate synthétase}]{Mg^{2+}} \underbrace{H_2O_3P-O-\overset{\overset{\displaystyle O}{\|}}{C}-NH_2}_{\text{carbamyl-phosphate}} + 2\,ADP + H_3PO_4 \qquad (10\text{-}5)$$

Ensuite, le carbamyl-phosphate, sous l'influence de l'*ornithine transcarbamylase,* réagit avec l'ornithine pour former la citrulline comme suit:

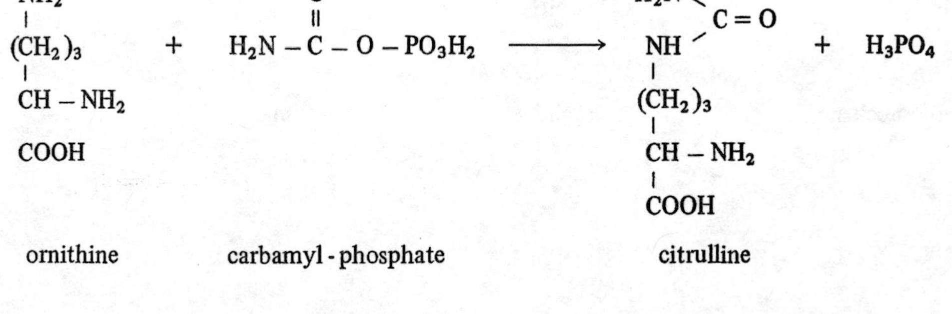

(10-6)

ornithine carbamyl-phosphate citrulline

La réaction suivante, soit la formation d'arginine à partir de la citrulline, se fait en deux étapes. La première, catalysée par l'*argininosuccinate synthétase,* produit l'argininosuccinate à partir de la citrulline et l'aspartate. L'équation est la suivante:

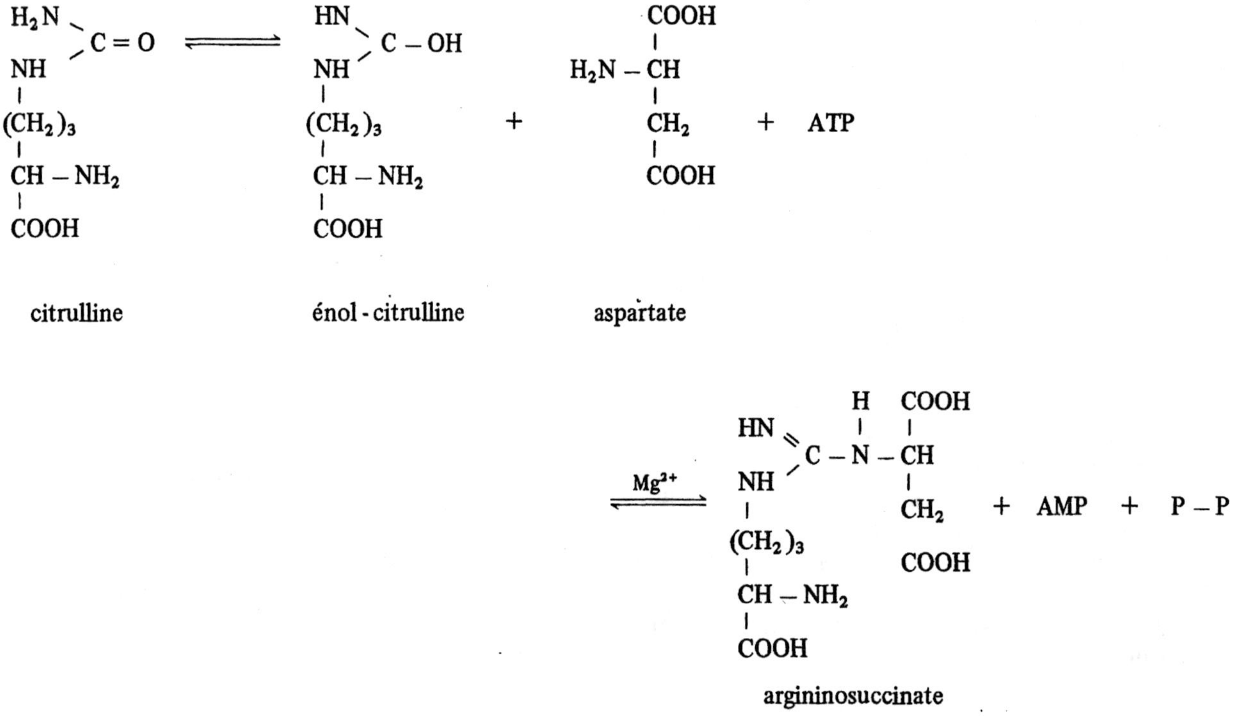

(10-7)

On constate ici la présence d'un intermédiaire énolique de la citrulline qui favorise la réaction. La deuxième étape de la réaction consiste à scinder, sous l'action de l'*argininosuccinate ligase,* l'argininosuccinate en arginine et en fumarate:

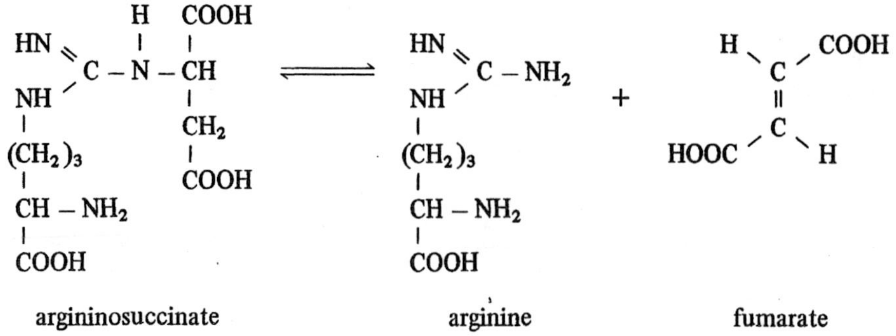

(10-8)

Figure 10.5 Le cycle de l'urée (KREBS-HENSELEIT)

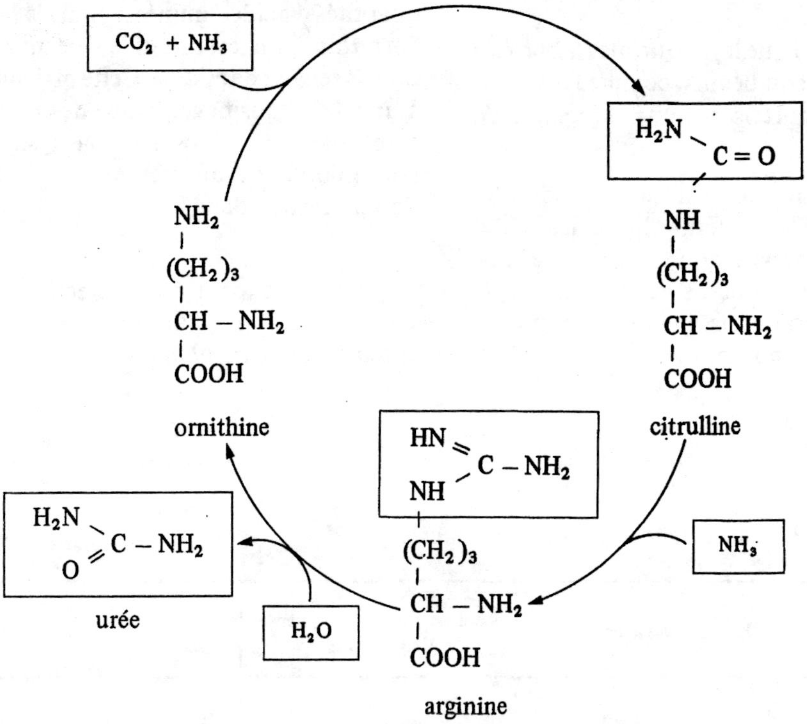

Enfin, l'enzyme *arginase* catalyse *irréversiblement* l'hydrolyse de l'arginine en ornithine et en urée selon l'équation ci-dessous:

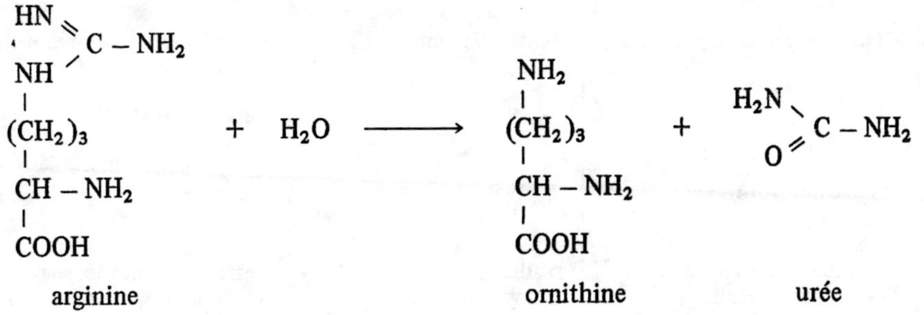

(10-9)

Cette dernière étape irréversible du mécanisme de l'uréogenèse assure donc la régénération constante de l'ornithine.

10.5 LES ERREURS INNÉES DU MÉTABOLISME DES ACIDES AMINÉS

Le terme *erreurs innées du métabolisme* a été utilisé pour la première fois par A.E. GARROD dans les années 1910-1911, alors qu'il étudiait les causes de l'*alkaptonurie,* maladie héréditaire qui causait le noircissement de l'urine dû à la présence de l'acide homogentisique, qui, normalement, ne se retrouve pas dans l'urine. Il avança donc que cette maladie, ainsi que d'autres maladies congénitales, pourraient être dues à une déficience enzymatique ou à la présence d'enzymes anormaux qui pouvaient entraîner l'arrêt du processus normal du métabolisme des acides aminés (et aussi celui des sucres) et causer une augmentation anormale de ces derniers dans le sérum ainsi qu'une élévation de leur taux d'excrétion dans l'urine.

Les symptômes ainsi que les pronostics associés à de tels désordres sont soit bénins, comme l'*alkaptonurie,* soit graves et mortels, comme la *maladie du sirop d'érable.*

D'ailleurs, le tableau 10.1 liste les maladies les plus importantes reliées au métabolisme des acides aminés. Cependant, nous n'allons décrire ici que quelques-unes de ces maladies, soit la cystinurie, la maladie du sirop d'érable, la phénylcétonurie, la tyrosinémie et l'alkaptonurie.

10.5.1 LA CYSTINURIE

La cystinurie est caractérisée par l'excrétion de grandes quantités d'acides aminés comme la lysine, l'arginine, l'ornithine et la cystine et leur tendance à former des calculs rénaux de cystine. Cette maladie est attribuable à une défectuosité génétique des tubules rénaux, les empêchant de réabsorber la lysine, l'arginine et l'ornithine, ce qui augmente considérablement l'excrétion de cystine dans l'urine.

La cystine peut être détectée dans l'urine par chromatographie, par le *test au nitroprussiate* ou le *test à l'acétate de plomb.*

Tableau 10.1 Maladies reliées au métabolisme des acides aminés

Maladie	Enzyme déficient	Acide aminé qui augmente dans le sang	Conséquences
β-alaninémie	β-alanine transaminase	β-alanine, Acide p-aminobutyrique	Retard mental; somnolence
Histidinémie	Histidine α-désaminase	Histidine	Retard mental; défaut de parole
Homocystinurie	Cystathionine synthétase	Homocystine, méthionine	Retard mental; anormalité squelettique; paraplégie
Hydroxyprolinémie	Hydroxyproline oxydase	Hydroxyproline	Retard mental; thrombopénie
Hyperglycinémie	------	Glycine	Retard mental
Lysinémie	Lysine déshydrogénase	Lysine	Retard mental; symptômes neurologiques
Maladie du sirop d'érable	Décarboxylase des acides α-cétoniques ramifiés	Valine, leucine, isoleucine	Retard mental; encéphalopathie toxique; odeur de sirop d'érable de l'urine
Phénylcétonurie	L-phénylalanine hydroxylase	Phénylalanine	Retard mental
Prolinémie	Proline oxydase	Proline	Problèmes rénaux; retard mental dans plusieurs cas
Tyrosinémie	Acide p-hydroxyphénylpyruvique oxydase	Tyrosine	Cirrhose hépatique; dommages rénaux
Valinémie	Valine transaminase	Valine	Retard physique et mental; hypotonie et vomissement

10.5.2 LA MALADIE DU SIROP D'ÉRABLE

La maladie du sirop d'érable est un désordre héréditaire caractérisé par l'incapacité de l'organisme à métaboliser les acides aminés à chaînes ramifiées comme la leucine, l'isoleucine et la valine. Ils s'accumulent dans le sang et l'urine avec leurs acides alpha-cétoniques correspondants.

Cette maladie produit un retard mental, une encéphalopathie toxique et une odeur caractéristique de sirop d'érable de l'urine. C'est une maladie très grave puisqu'elle conduit à la mort après quelques semaines seulement.

Ces acides aminés et leurs acides alpha-cétoniques correspondants peuvent facilement être détectés par chromatographie.

10.5.3 LA PHÉNYLCÉTONURIE

La phénylcétonurie est une maladie héréditaire caractérisée par l'incapacité de l'organisme à métaboliser l'acide aminé phénylalanine. Une personne sur 10 000 est atteinte de cette maladie causée par l'absence ou la déficience de l'enzyme *L-phénylalanine hydroxylase* qui transforme la phénylalanine en tyrosine selon l'équation suivante:

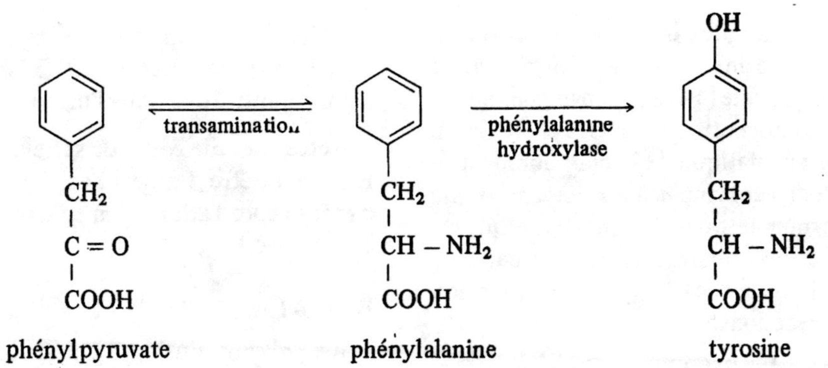

(10-10)

On constate donc une accumulation de la phénylalanine dans les tissus. Une partie est excrétée telle quelle dans l'urine, le reste étant, par transamination, désaminé en phénylpyruvate et excrété sous cette forme dans l'urine.

L'accumulation de la phénylalanine dans les tissus est apparemment très toxique, spécialement au cerveau où elle provoque des dommages importants et entraîne un retard mental.

La phénylalanine est séparée avec grand succès par chromatographie. Cependant, pour le phénylpyruvate seul, on peut utiliser le test microbiologique de GUTHRIE, le meilleur, ou le test au chlorure ferrique.

10.5.4 TYROSINÉMIE ET ALKAPTONURIE

Normalement, l'alimentation fournit une partie de la tyrosine et le reste provient de l'hydroxylation de la phénylalanine (équation 10-10). La tyrosine peut ensuite suivre plusieurs voies métaboliques. Dans l'une de celles-ci, de moindre importance cependant, elles est convertie en dihydroxyphénylalanine (DOPA en anglais) et devient alors le précurseur des hormones noradrénaline et adrénaline selon les réactions:

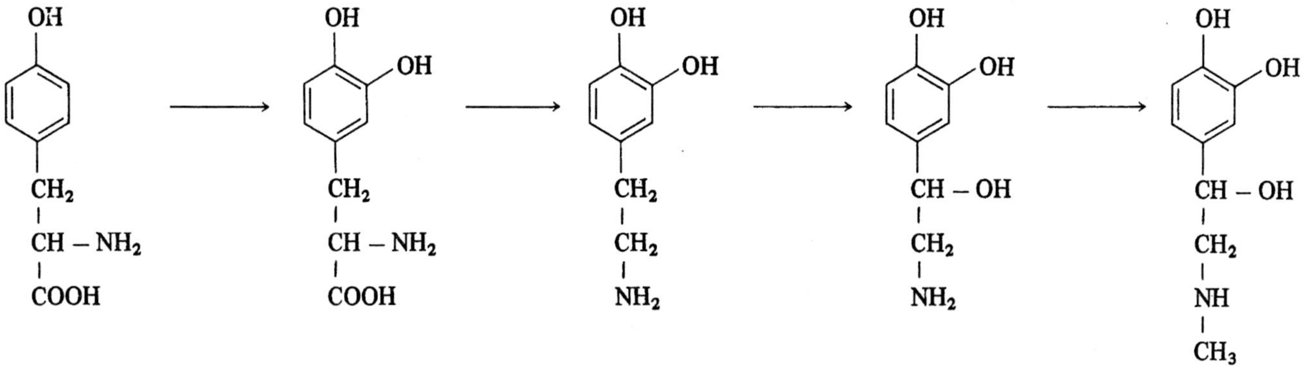

tyrosine — DOPA Dihydroxyphénylalanine — dopamine — noradrénaline — adrénaline

(10-11)

Dans une autre voie, plus importante celle-là, la désamination de la tyrosine conduit à la formation du p-hydroxyphénylpyruvate (PHPPA en anglais), puis à celle de l'acide homogentisique (HGA en anglais). Ensuite, l'anneau aromatique de l'acide homogentisique est ouvert par l'enzyme *acide homogentisique oxydase* pour former le maléylacétoacétate qui est ensuite hydrolysé en fumarate et en acétoacétate métabolisés dans le cycle tricarboxylique. L'équation 10-12 traduit ces réactions.

Des déficiences de PHPPA-oxydase et HGA-oxydase, d'origine génétique, conduisent à deux maladies biochimiques bien connues: la tyrosinémie et l'alkaptonurie.

A. LA TYROSINÉMIE

Dans la tyrosinémie, il y a peu ou pas de HGA et le niveau de tyrosine sérique augmente. La tyrosine et le p-hydroxyphénylpyruvate de même que DOPA et le p-hydroxyphényllactate (PHPLA) s'accumulent de façon significative dans l'urine.

Cette maladie cause de sérieux dommages au foie. Elle peut être fatale chez l'enfant ou causer une cirrhose chez l'adulte. On en trouve de nombreux cas au Québec.

B. L'ALKAPTONURIE

Dans l'alkaptonurie, il y a accumulation de l'acide homogentisique dans l'urine et l'oxydation, par l'oxygène, de son anneau para-dihydroxy aromatique en pigment brun-noir fait noircir l'urine au repos, spécialement si elle est alcaline. L'alkaptonurie est bénigne jusqu'à ce qu'on ait atteint l'âge moyen; dès lors, les pigments peuvent s'accumuler suffisamment dans les cartilages pour causer de l'arthrite et la pigmentation des oreilles (orchronose).

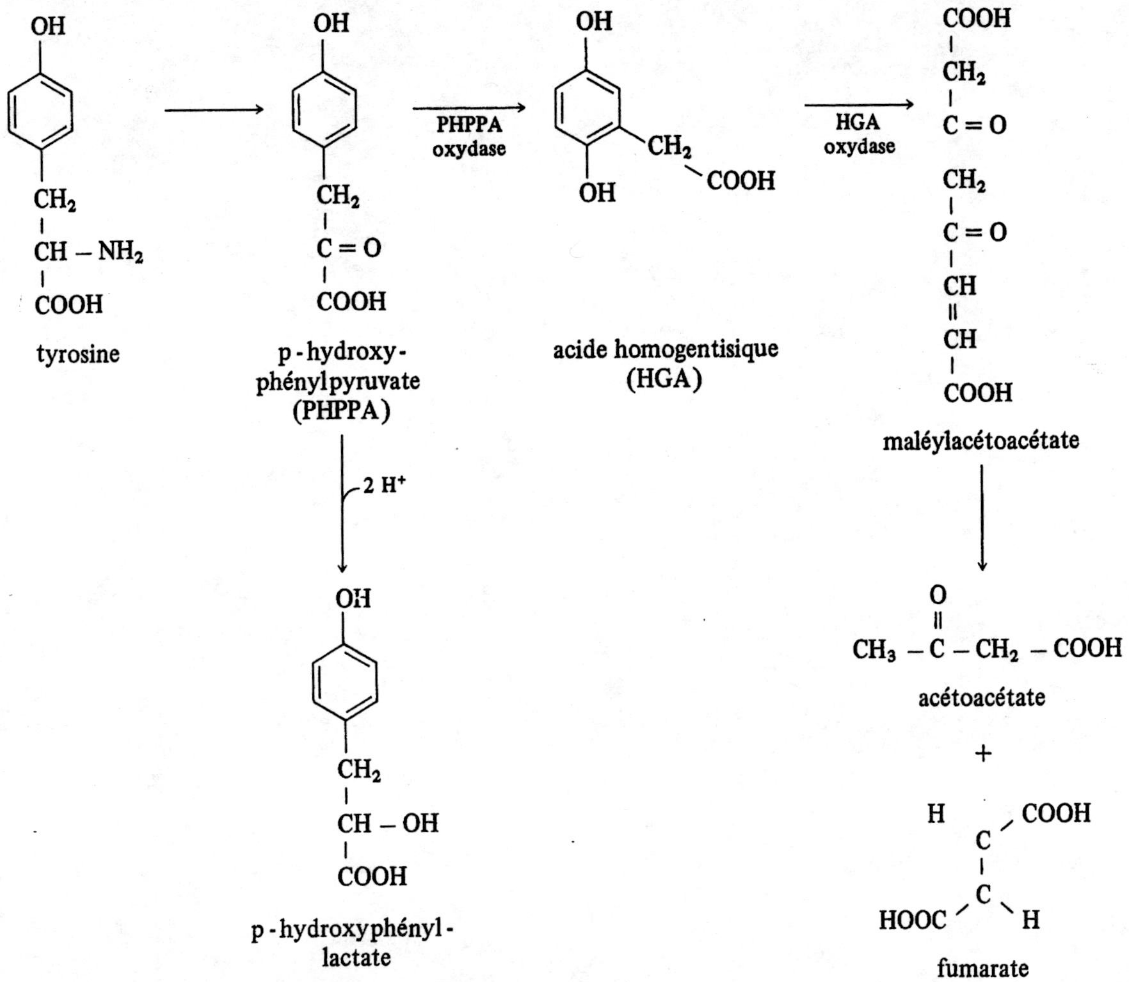

tyrosine
PHPPA
oxydase
p-hydroxy-phénylpyruvate (PHPPA)
acide homogentisique (HGA)
HGA
oxydase
maléylacétoacétate
2 H⁺
p-hydroxyphényl-lactate
acétoacétate
fumarate

(10-12)

BIBLIOGRAPHIE

AUBERT, J.P., J.M. DUBERT, F. GROS et J. TAVLITZKI, *Introduction à la biochimie*, Édiscience/McGraw-Hill, Paris, 1974.

BAUER, John D., Philip G. ACKERMANN et Gelson TORO, *Clinical Laboratory Methods*, The C.V. Mosby Company, 1974.

BMC, *Enzymology*, Bio-Dynamics/BMC, Indianapolis, 1980.

CHAPEVILLE, F et H. CLAUSER, *Biochimie*, Hermann, Paris, 1974.

CONN, Eric E. et P.K. STUMPT, *Outlines of Biochemistry*, John Wiley and Sons, New York — London — Sydney — Toronto, 1976.

HARPER, Harold A., *Précis de biochimie*, Presses de l'Université Laval, Québec, 1977.

LEHNINGER, Albert L., *Biochemistry*, Worth Publishers Inc., 1978.

RAPHAEL, Stanley S., *Lynch's Medical Laboratory Technology*, W.B. Saunders Company, Philadelphia — London — Toronto, 1976.

TIETZ, Norbert W., éd., *Fundamentals of Clinical Chemistry*, W.B. Saunders Company, Philadelphia — London — Toronto, 1976.

YON, Jeannine, *Structure et dynamique conformationnelle des protéines*, Hermann, Paris, 1969.

INDEX